상상력과 문화콘텐츠

바슐라르와 뒤랑을 중심으로

상상력과 문화콘텐츠

바슐라르와 뒤랑을 중심으로

박치완, 김성수 외

HUEBOOKs

프롤로그

문화콘텐츠 시대, '창의적 상상력'의 역학을 파헤치다!

현대를 '문화콘텐츠의 시대'라고 말해도 무리는 아닐 것이다. 싸이의 강남스타일은 전 세계 시장에서 5억불에 달하는 수익을 창출했고, 빅뱅은 대만에서 콘서트 수익으로만 50억을 벌어들였고, 국내 시장에서 영화 <광해>는 1000만 관객을 돌파하였으며, 영미권에서 전자책 콘텐츠가 종이책의 판매량을 뛰어 넘은지 이미 오래다. 첨단 디지털 기술에 힘입어 그야말로 문화콘텐츠가 세상을 점령한 것 같은 이 시대에 우리가 고민해야 할 것은 무엇일까?

이 책은 바로 이 질문을 해명해보려는 취지로 기획되었다. 특히 문화콘텐츠를 연구하는 학도에게 있어 문화콘텐츠 시대를 구성하는 다양한 요소들에 대한 인문학적 고민과 깊이 있는 이해는 필수적이다. 이에 우리는 문화콘텐츠 시대의 핵심 키워드로서 '상상력' 개념을 상정했고, 상상력 이론 연구들과 상상력 개념이 반영된 문화콘텐츠 연구 사례들을 발굴하여 소개하는데 집중했다.

상상력 전공자로 널리 알려진 홍익대 진형준 교수는 다양한 인간의 인식, 삶, 문화를 하나의 유기적 구조물로 이해하기 위해서는 무엇보다 인간을 '상상적 동물'의 관점에서 바라볼 것을 강조하는데, 이는 인간에 관한 것이면 그 어느 것도 낯설지 않다는 포용적인 관점을 갖는 것이다. 포용적 관점을 가질 때만 인간에 대한 '섬세한 이해'가 가능하다는 얘기다. 상상력이란 인간의 본질이다. 선사 시대부터 인간은 생존을 위해 또는 개인과 집단의 안위를 위해 상상력을 발휘해 왔다. 사냥으로, 종교의 식으로, 과학으로, 예술로, 유토피아를 그리는 사회 운동 등. 상상력의 발현은 이렇게 인류의 다양한 문화 발전과 그 궤적을 같이해 온 것이다. 시대와 장소를 초월하여, 개인의 상상력에서 인류 보편의 상상력에 이르기까지 상상력은 인류의 역사 속에서 문화의 찬란함을 빛나게 해주는 정신의 원동력이었다.

상상력은 감성, 이성, 오성, 지성 등과 분리해서는 생각할 수 없다. 인간의 지식 및 문화와 관련해 중핵적인 위치를 차지하고 있는 것 또한 상상력이다. 인간의 정신은 상상력을 통해야만 하나의 '문화'로 발현되어 빛날 수 있다. "상상력은 지식보다 더 중요하다"는 아인슈타인의 말이나 "한 나라의 진정한 부의 원천은 그 나라 국민들의 창의적 상상력에 있다"는 애덤 스미스의 말을 빌지 않더라도 현재 문화콘텐츠 시대에 있어 상상력은 그 가치와 위상을 재고해야 할 당위가 있다. 수많은 문화콘텐츠상품들이 기획, 제작되고 문화조차도 상품으로서 향유와 전파를 위해 상호 경쟁하는 현 상황에서 '창의적 상상력'은 많은 이들이 즐기고 재미를 찾고 감동을 받을 수 있는 양질의 문화콘텐츠의 토대가 된다. 다양한 형태의 문화콘텐츠를 여러 경로로 접할 수 있게 된 현대인들에게 관심과 집중의 대상이 될 수 있는 콘텐츠는 '창의적 상상력'에 의거한 인간의 작품인 것이다. 결국 새롭고 재미있는 문화콘텐츠는 상상력에서 나온다고 해도 과언이 아니다.

이 책은 이 같은 현재의 시대적 상황과 쟁점을 '문화콘텐츠 및 상상력 연구'라는 견지에서 접근하였다. 책을 엮으면서 가스통 바슐라르

(Gaston Bachelard)나 질베르 뒤랑(Gilbert Durand) 등 과거 상상력 연구자들의 논의가 여전히 문화콘텐츠 관련 연구의 이론적 배경으로 유효하다는 것을 확인할 수 있었다. 상상력과 문화콘텐츠가 긴밀하게 결합될 수밖에 없는 이유와 더불어 문화콘텐츠 연구 내에서 상상력 개념이 어떻게 수용될 수 있는지를 '이론과 사례'라는 두 가지 큰 틀을 통해 설명하고자 노력했다. 이는 기존에 풍부하게 논의되었던 상상력 연구 개념 및 이론들을 문화콘텐츠의 기획, 제작, 비평이라는 차원에서 문화콘텐츠학 내로 적극 수용하는 적절한 방안이 될 수 있을 것이다. 이로 인해 특정 문화콘텐츠에 대한 논의 스펙트럼 역시 보다 더 넓어지고 깊어질 수 있으리라 예상된다.

바슐라르와 뒤랑의 상상력 이론과 그 문화적 실천이라는 화두로 총 3부, 15개의 논문으로 구성된 이 책은 국내 유수의 중견, 신진 학자들이 함께 고민하고 뜻을 모아 만든 국내 최초의 문화콘텐츠와 상상력에 관한 저서이다. 특히 문화콘텐츠학 전공자들, 대중문화 연구자들이 이 책의 주요 독자 대상이 될 것이다. 또한 문화콘텐츠 및 상상력에 관심을 가지고 있는 일반인들에게도 심화된 교양 차원에서 많은 읽을거리를 제공할 수 있으리라 기대한다.

이 책에 실린 원고 한편 한편은 지난 몇 년에 걸쳐 학회 발표 및 학술지 게재를 통해 이미 검증된 연구 결과물이다. '창의적 상상력'이라는 화두만을 가지고 시작된 미미한 출발이었지만 많은 문화콘텐츠 연구자들의 도움을 통해 보다 종합적인 시각을 제시할 수 있게 되어 나름 기껍게 생각한다. 연구자들의 인문학적 고민과 미학적 깊이, 세상에 대한 관심, 문화콘텐츠 연구에 대한 열정이 이 책이 고스란히 담겨있다. 옥고를 출판할 수 있도록 기꺼이 허락해주신 저자분들께 다시 한 번 감사의 말씀을 올린다. 그리고 기획 단계에서부터 아이디어를 내고 저자를 섭외하고 원고를 수합하여 편집하는 등 많은 수고를 해주신 김성수 박사에게도 감사의 말을 전한다. '한 술에 배부를 수 없다'고 했다. 이 책이 밑거름이 되어 향후 상상력과 문화콘텐츠에 관한 보다 다각적인 논의들이 생산될 수 있기를 희망하면서...

2012년 12월

대표저자 박 치 완

차례

프롤로그 / i

내용 소개 / vii

I 바슐라르, 뒤랑 그리고 문화상상력

제1장 상상력과 이미지란 무엇인가 ····· 3
제2장 질베르 뒤랑의 이미지와 상징 해석이 갖는 현대적 의의 ····· 29
제3장 상상계의 구조로 본 예술 ····· 55
제4장 바슐라르의 윤리적 상상력과 풍경의 상상학 ····· 81
제5장 김동률의 노랫말에 투영된 공기적 상상력에 관한 고찰 ····· 115

II 문화, 문화콘텐츠에 투영된 4원소론

제6장 불과 비주얼 사이버공간의 폭력 이미지 ····· 137
제7장 바슐라르와 물의 심상들 ····· 169
제8장 공기, 헤르메스, 그리고 현대 디지털 아트 ····· 199
제9장 대지와 디지털 보헤미안의 상상력 ····· 225
제10장 4원소의 도시 이스탄불 ····· 255

III 문화콘텐츠의 이미지와 상상력

제11장 이미지와 상징의 배열, 신화를 다시 그리다 ··· 279

제12장 훈데르트바서의 건축물에 나타난 역동성과 소통의 이미지 ·· 305

제13장 찰나의 예술 '사진', 새롭게 보기 ··· 333

제14장 미각적 상상력, 음식 스토리텔링, 만화 ··· 355

제15장 발효음식과 연금술적 상상력 ··· 389

참고문헌 / 413

찾아보기 / 431

필자소개 (게재 순) / 435

내용 소개

본문에 앞서 총 3부, 15개의 논문으로 구성된 내용을 간단히 소개하면 다음과 같다.

제1부는 바슐라르와 뒤랑의 상상력 이론 및 개념들에 관한 글이다. 기존의 상상력 연구에서 행해진 내용들을 문화, 예술과 연계하여 종합적으로 정리하면서 문화콘텐츠 영역에서 상상력을 어떻게 다루어야 할지 그 이론적 배경을 살펴보았다.

먼저 홍명희 선생님은 바슐라르와 뒤랑이 강조하는 상상력이 이미지 개념 및 문학과 어떻게 연결되고 있는지를 포괄적으로 설명한다. 그는 이 글에서 시각, 청각, 미각 등 인간이 감각할 수 있는 모든 형태의 이미지를 언급하면서 이런 다양한 이미지가 상상력, 사유력 및 창조력 등을 매개할 수 있는 개념이라는 측면에 주목하고 있다. 그렇기에 바슐라르에게 있어서의 상상력은 인간을 조건지우는 가장 상위의 능력이자 감성과 이성 등을 모두 포괄할 수 있는 인간 고유의 능력이라고 주장한다. 또한 상상력은 의식, 무의식을 포괄하는 심리학적인 개념 중 하나이며, 이는 문학에서의 창조력과 직결된다는 면이 강조된다. 상상력은 인간의 심리, 언어, 정신 활동 등을 포괄할 수 있는 인간 존재에 있어서의 중핵적인 개념으로 파악한 것이다. 홍명희 선생님의 글은 문화콘텐츠의 기획 및 제작이 실제로는 인간의 상상력의 발현이자 산물이라는 면을 이해하는데 큰 도움을 줄 것으로 기대된다.

두 번째 글은 박치완 선생님의 글로, 뒤랑의 이미지와 상징 개념을 현대적 의미로 풀이한 것이다. 뒤랑에 따르면 아리스토텔레스 이래로 이미지와 상징, 신화와 원형, 상상과 상상력 등의 개념은 폐쇄적 이성의 논리에 따라 평가절하되어 왔다. 하지만 이와 같은 상상력의 폄하는 기본적으로 상상력에 대한 몰이해에서 기인한다. 바로 여기에 뒤랑의 역할이 있다. 뒤랑은 이미지와 상징을 단순히 언어·기호학적 측면, 의미의 차원으로 해석하는데 그치지 않고 인간 존재의 가능태적이고 역동적인 다양성 및 비가시성으로 파악한다. 이 말은 상상력 자체가 인간을 인간이게끔 하는 능력이라는 말에 다름 아니다. 뒤랑이 "호모 사피언스는 곧 호모 심볼리쿠스"라고 제언할 수 있었던 이유일 것이다. 뒤랑의 이미지와 상징해석에 대한 담론은 상상력 개념에서 벗어날 수 없는 인간이 왜 문화와 문화콘텐츠를 제작할 수밖에 없는 존재인가를 잘 보여준다고 해도 과언이 아니다.

세 번째로 박기현 선생님의 글은 상상계의 구조로 본 예술이란 주제를 다루고 있다. 서양의 회화 역사를 뒤랑의 상상력 개념 및 원형 이론, 의미의 물줄기 이론 등과 연관시켜 해석한 글이다. 먼저 이 글에서는 인간의 몸짓을 연구하는 반사학자들은 인간에게서 세 가지의 지배 반사를 본다는 점이 부각된다. 그것들은 인간의 균형을 유지시키는 '자세' 지배 반사, 신생아의 '영양 섭취' 지배 반사, '짝짓기' 지배 반사다. 뒤랑은 이 3개의 틀을 분열형태(영웅적)구조, 신비(반어적)구조, 종합(극적)구조와 대응시켜, 이 구조가 인간의 원형적 형태와 연결되고 있음을 강조한다. 즉 자세 지배는 제작적, 영양 섭취 지배는 끈기와 이질화를, 짝짓기 지배는 종합과 모순의 병존 및 체계화로 연결된다는 것이다. 따라서 이 측면에서 보면 의미의 물줄기 이론 역시 인간의 특정 정신적 사조가 생겨나고 합쳐지고 강해지고 사멸한다는 모습을 그리고 있는 것에 다름 아님을 알 수 있게 된다. 나아가 박기현 선생님은 뒤랑의 이 세 가지 구조와 의미의 물줄기 개념이 서양의 예술사가 역사적 결정론에 의거하지 않고, 세 가지 거울이라는 은유적인 원형 개념과 연결되고 있음을 밝힌다. 이는 색채와 사실주의 미적 성향을 상징하는 제욱시스의 거울, 인상주의 및 추상주의 미적 성향을 강조하는 피그말리온의 거울, 그리고 점·선·면 등과 연결되는 원근법과 같은 조형미적 성향을 강조하는 나르키소스의 거울이다. 인간의 원형적 모습, 서양의 미술사가 의미의 물줄기 및 이 세 거울을 통해 진행되어 왔다는 규정은 문화콘텐츠 연구에서도 의미하는 바가 크다. 특히 문화콘텐츠에서의 비주얼 이미지 발현 상황과도 대비해 심화된 연구가 가능할 것으로 생각된다.

박치완 선생님의 네 번째 글은 바슐라르의 철학과 판화가 플로꽁의 작품 세계를 검토하면서 '원(原)풍경'의 중요성을 독자들에게 일깨워주고 있다. 알베르 플로꽁의 『풍경』에 소개된 판화들을 박치완 선생님은 바슐라르의 상상력 이론을 재구성하여 현대의 기계 문명 속에서의 인간의 고뇌와 그로부터의 탈출 시도라는 관점에서 새로운 해석을 시도한다. 그리고 이러한 관점을 확대하여 '윤리적 상상력'의 필요성을 강조한다. 인간을 위해 자연을 보전하는 것이 아니라 인간도 곧 자연의 일부라는 사고 전환이 요구되는 시대에 우리가 살고 있다는 점에 천착한 것이다. 이런 맥락에서 박치완 선생님은 우리가 회복해야 할 자연을 '원풍경'에 비유한 것이다. 이 글은, 내용과는 별개로, 특정의 문화콘텐츠를 어떻게 기존의 상상력 개념을 통해 분석할 수 있는가를 예시로 보여준 글에 해당한다. 이 장은 바슐라르가 말한 자연의 미, 몽상의 상상력 개념이 분석도구로 사용되어 플로꽁의 그림들에 적용되는 내용을 밝히기도 했지만, 바슐라르가 플로꽁의 그림들을 분석한 것을 재분석한 것이기도 하다. 플로꽁의 작품 속에 담겨져 있는 주제를 특정 문화콘텐츠에서의 주제 전개로 치환해서 생각한다면, 이 글은 실제 다양한 콘텐츠들 속에 담긴 주제가 어떻게 새롭게 분석될 수 있는지를 보여준 것이라 할 수 있다.

다섯 번째로 김정희 선생님은 바슐라르나 뒤랑의 상상력 이론이 김동률의 노랫말 속에서 어떻게 실제적으로 발현되고 있는지를 보여준다. 김동률은 1990년대 초반 <기억의 습작>으로 유명했던 2인조 그룹 '전람회' 멤버이며, 그 후 독창적인 자신의 음악 세계를 구축한 가수로 잘 알려져 있다. 김정희 선생님은 대중가수 김동률의 노랫말을 특히 바슐라르의 '공기적 상상력'과 비교분석하는데, 그의 세계에서는 '여기'와 '저기'라는 공간적 대립의 양상이 드러난다는 점, 화자가 끊임없이 길을 떠나는 여행자의 모습을 띠고 있다는 점을 밝힌다. 노랫말 속 그 여행자는 공기의 한 형태인 떠도는 바람의 이미지를 띠면서 이방인의 모습을 드러내고 있는 까닭에, 화자의 움직임이 수직축으로 전환되면서 무한한 하늘을 향해 날아가는 구도자의 모습을 보여준다는 것이다. 결과적으로 우리는 상상력에 의한 이미지들의 예기치 않은 결합이 기존의 이미지들을 해방시키고 새로운 문학을 창조한다는 점을 이 장에서 인지할 수 있게 된다. 김정희 선생님은 자신만의 고유하고 일관된 세계관을 드러내고자 하는 한 싱어 송 라이터의 노랫말을 통해 우리에게 풍부한 물질적 이미지에 대한 분석을 제공함으로써 우리를 꿈꾸게 만드는 대중문화 텍스트의 가치를 재고하게 한다는데 의의가 있다.

제2부는 제1부에서 제시된 상상력 이론들이 문화해석 또는 문화콘텐츠 영역과 어떻게 접목되고 있는지를 살펴보는데 중점을 두었다.

먼저 김성수 선생님은 '불의 상상력'과 비주얼 사이버공간에서의 폭력 이미지들을 다루고 있는데, 세계적인 킬러콘텐츠, 비디오게임의 고전 중 하나로 유명한 미국의 <둠> 시리즈를 분석하고 있다. 주지하듯 폭력은 인간의 진화 및 역사와 함께 시작된 가장 원초적인 개념들 중 하나다. 그러나 폭력은 인간적인 것이 아니라 동물적인 것으로 보통 간주되기도 하지만, 폭력을 만들어 낸 인간은 폭력을 즐기고 이겨낼 수 있는 존재인 동시에 폭력 속으로 함몰될 수 있는 존재라는 차원에서 결국 폭력은 인간의 문화에서 삶과 대비되는 주요한 부분이라고 할 수 있다. 폭력은 예나 지금이나 일반적으로 용인되지 않는 경향이지만, 그럼에도 일종의 '삶에의 의지'를 보여준다는 측면에서 늘 우리 곁에 상존하는 것이기도 하다. 그런데 최근 이러한 폭력은 가상화되어 비주얼 사이버공간에서 놀이의 일종으로 활성화되고 있으며, 공포와 몽상 사이를 오가는 바슐라르의 불의 이미지를 연상시키는 측면이 있다. 특히 90년대 초반에 제작되어 세계적으로 히트를 기록한 FPS 게임인 <둠>은 이러한 상황을 잘 보여준다(현재의 FPS 게임들 역시 대부분 이 <둠> 시리즈의 스타일에서 크게 벗어나지 못하고 있다). 한편 이 <둠>을 비롯한 FPS 게임은 가상화된 무차별적 폭력으로 스트레스를 해소할 수 있게 구성되어 현실의 폭력을 억제한다는 긍정적인 역할 뿐만 아니라 가상 폭력이 현실 폭력으로 전이될 가능성이 높다는 부정적인 측면을 지적하는 사람들도 있다. 김성수 선생님은 이에 대한 하나의 답변을 제시하고 있는데, 비주얼 사이버공간 역시 하나의 현실 공간이라는 것이 바로 그것이다.

다음은 송종인 선생님과 박치완 선생님이 바슐라르의 '물의 상상력'을 집중 분석한 글이다. 잘 알려져 있듯, 바슐라르 사상의 두 줄기는 과학철학에 대한 연구와 상상력에 대한 연구이다. 과학적 사유와 연관성이 깊은 불이란 심상에 대해 연구서를 낸 바슐라르는, 이어 물의 심상에 대한 연구를 수행함으로써 인간의 상상력이 지니는 물질성에 대해 좀 더 깊게 천착해 들어간 바 있다. 이 장에서 송종인 선생님과 박치완 선생님은 바슐라르의 『물과 꿈』 1~3장을 중심으로 바슐라르가 전개했던 물에 의해 야기되는 심상들이 어떤 식으로 서로 연계되어 있는지를 살핀다. 비록 이 장은 특정 문화콘텐츠와 직접적으로 연결되어 있다고 보기는 어렵지만, 물의 이미지에 관한 상상력이 문화 전반에 어떻게 드러날 수 있는지, 물의 이미지와 관련된 문화콘텐츠 기획 및 접근은 어떠해야 하는가를 미루어 추측케 해준다는 점에서 의의가 있다. 바슐라르가 이미 물이 지니는 표면과 깊이의 대립 안에서 인간의 영혼이 체험하는 삶과 죽음의 변증법을 보여주고 있는 한편 물의 심상이 관여하는 상상을 통해 죽음을 극복하는 동시에 아름다움을 꿈꾸는 인간 존재에 대한 깊은 성찰을 보여주고 있기 때문이기도 하다. 송종인 선생님과 박치완 선생님은 이러한 바슐라르의 성찰에 주목하여 '(물의) 표면-삶-나르시스-아름다움-백조-형상적 상상력'과 '(물의) 심연-죽음-우울-히드라-물질적 상상력'이라는 새로운 해석을 제시하며, 이 이중의 계열이 카론의 콤플렉스와 오필리어 콤플렉스에 의해 변증법적 종합을 이룬다고 강조한다.

세 번째로 송희영 선생님은 바슐라르의 '공기적 상상력'과, 헤르메스, 현대 디지털 아트를 연결시킨다. '예술은 무엇인가?', '예술가로 하여금 작품을 창조하게끔 만드는 힘(원천)은 무엇인가?', '사람들을 감동시키며 유혹하는 예술작품의 힘은 무엇인가, 즉 예술이 가지고 있는 의미는 무엇인가?'라는 세 가지 물음에 기초한 이 장은 이러한 문제제기의 심층에 상상력이 있다고 역설한다. 상상력은 현실이 아닌 비현실적인 것, 그러나 없는 것이 아니라, 있을 수 있는 그 무엇을 지향하는 인간의 꿈이므로 희망인 동시에 의지인 까닭이다. 바슐라르는 『공기와 꿈』에서 가벼우면서도 눈에 보이지 않으며, 어디든지 이동이 자유롭고, 멀리 떨어져 있는 공간과 공간, 이질적인 존재와 존재를 연결해주고 융합해주는, 나아가 생명체에게 필수적인 숨(호흡)을 제공하는 공기의 이미지를 역설했다. 송희영 선생님은 이로부터 우리가 그리스 신화 속에서 상이한 것들 간의 소통과 융합, 경계를 무너뜨림으로써 탄생되는 새로운 창조의 상징으로 인식되는 공기적 상상력을 지닌 헤르메스의 이미지를 유추할 수 있고, 나아가 현대의 뉴테크놀로지의 발달에 힘입은 예술과 과학의 만남으로 파생된 현대 뉴미디어아트의 탄생과 발전을 고찰할 수 있다고 말한다. 이 글에서 송희영 선생님은 기존 예술의 질서에 반기를 든 플럭서스 운동으로부터 비디오아트, 설치예술, 퍼포먼스아트, 디지털아트, 컴퓨터아트, 쌍방향 참여예술의 개념을 두루 포괄하는 의미로 확장된 21세기 뉴미디어아트의 발전 역사를 되돌아보면서 뉴미디어아트가 현대 사회에 끼치고 있는 긍정적인 힘과 부정적인 결과들, 그리고 앞으로 우리가 해결해야 할 문제점들을 짚었다. 결론 부분에서는 미래를 향한 비상의 벡터를 가진 공기적 상상력이 우리에게 전파하는 변화와 전이, 소통과 융합, 교착점과 화해를 만들어 가는 헤르메스적 지혜를 강조한다.

다음으로 구모니카 선생님은 바슐라르의 '흙의 상상력'에 대해 분석한다. 본래 대지에는 '정착과 안정'이라는 속성이 들어 있지만, 변증법적 상상력을 통해 대지에서 '정착'과 더불어 '방랑' 또한 동시에 몽상될 수도 있다고 강조한다. 구모니카 선생님이 바슐라르가 설파한 대지 이미지에 천착해 '현대적 의미의 대지'를 재평가하는 작업을 수행한다. 근원이나 탄생으로서의 신성한 대지 이미지보다는 소음, 혼란, 공격과 같은 죽음의 이미지에 더 적합하다고 할 수 있는 현대적 의미의 대지, 이러한 대지는 도시에서 살아가는 현대인에게 '참된 피난처'와는 거리가 멀다. 그런 의미에서 대지의 '정착' 혹은 '휴식' 이미지는 재고되어야 한다고 주장한다. 또한 유비쿼터스라는 '경계 없음'의 시대를 사는 현대인에게 대지가 갖는 안정 지향적 이미지가 진정 심리적 자유를 부여하는가라는 의문도 제기한다. 이는 현대가 안정성보다 역동성, 무한성이 요구되는 시대라는 판단에 근거한 것이다. 구모니카 선생님은 이를 반영하는 현상으로서 '유비쿼터스'라는 기제 속에서 구현되는 현대인의 새로운 삶을 '디지털 노마디즘'이라는 개념 속에서 규정하고, 새로운 삶의 양식을 살펴보려 했다. 이는 인간 나아가 생명 자체에 내재된 유목민적 본성의 발로이자 유비쿼터스 시대에 부합하는 정신이라는 것이다. 결론에서 구모니카 선생님은 그간 우리의 상상력을 제한해 온 대지의 안정성에 얽매이지 않고 새로운 시·공간성을 창조해가고 있는 삶, 무위(無爲)와 경계 없음이라는 저항적 상상력을 토대로 한 자유의지와 자발성에 충실한 '디지털 보헤미안'의 삶을 제언한다.

바슐라르의 4원소론과 문화, 문화콘텐츠를 종합적으로 성찰하는 제2부의 마지막은 홍종열 선생님의 터키 이스탄불을 소개한 글이다. 오랜 시간 동안 유럽과 아시아 문명의 교차로 역할을 담당해 왔던 이스탄불은 잘 알려져 있듯 기독교와 이슬람 문화가 현재에도 공존하며 살아 숨쉬는 역사의 도시이자 문화유산의 보고다. 이스탄불은 고대 알렉산더 제국의 수도였으며, 역사의 소용돌이 속에서 부침은 있었지만 과거의 명예를 다시 세계인들에게 전하고자 노력하고 있는 도시 중 하나다. 도시의 역사와 기존의 문화유적들을 어떻게 활용하여 새로운 문화도시로 거듭날 수 있을지를 깊게 고민하고 있는 것이다. 홍종열 선생님의 연구에 따르면, 최근 이스탄불에서는 유럽문화수도 프로그램을 통해 새로운 도약의 전기를 마련하고 있다. <이스탄불 2010 유럽문화수도 프로그램>이 '4원소의 도시 이스탄불'이라는 콘셉트로 제시되었다는 것은 상상력 연구에 있어 아주 고무적인 결과라 할 수 있다. 이 프로그램에서 우리는 상상력이 어떻게 구체적 현실에서 응용되고 있는지를 살펴볼 수 있다.

제3부는 다양한 문화콘텐츠들이 상상력 이론과 어떻게 결합되고 있는지를 살펴보는 자리이다. 제1부와 제2부가 상상력 이론 내지 문화 이론에 중심을 둔 문화콘텐츠 분석에 천착했다면, 제3부에서는 그 구체적 응용 사례들을 살펴보는데 초점이 있다.

첫 번째로 이수진 선생님은 자비에 루벤탈의 <이피게니아>라는 주제 및 만화를 집중 분석하고 있다. 주지하듯 트로이 전쟁 속의 인물인 이피게니아는 노한 아르테미스 여신을 달래기 위해서 아버지 아가멤논 왕에 의해 제물로 바쳐진 공주다. 이야기는 단순하다. 하지만 운명, 부모-자식의 관계를 상징하고 있는 까닭에, 서구 문화에서는 문학, 예술 등 다양한 방식으로 그 스토리가 확대 재생산되는 작품이다. 즉 이피게니아 스토리는 특정의 신화가 서로 다른 작품들에서 어떻게 구현되고, 장르에 따라 어떻게 변형되는가를 살펴볼 수 있는 대표적 사례다. 인간 존재에 대한 철학적 물음을 담아내는 내용의 신화, 이러한 신화 내용을 구현시키기 위해 발전된 시각적 표상, 즉 시각화의 역할이 두드러진 공연 무대, 영화의 배경, 만화 등. 루벤탈의 『이피게니아』가 문화콘텐츠적 관점에서 주목받는 이유가 여기에 있다. 이 만화는 심오한 신화적 주제에서 출발하고 있지만 지적 쾌락을 제공하는가 하면, 수려한 그림과 상징적인 색의 선택으로 시각적 쾌락을 동시에 제공하는 아주 훌륭한 문화콘텐츠이다. 이 글에서 이수진 선생님은 『이피게니아』가 신화적 내용과 연결되는 다양한 공간들, 빛들 그리고 색감들을 통해 독자를 현실 너머의 세계로 초대한다고 강조한다.

두 번째로 김양수 선생님은 김정희, 송희영 선생님에 이어 바슐라르의 '공기적 상상력'을 건축과 연결시키고 있다. 본래 건축물은 회화, 조각, 패션 디자인, 사진 등과 더불어 넌버벌 문화콘텐츠 중 하나이다. 이러한 맥락에서 김양수 선생님은 오스트리아의 프리덴슈라이히 훈데르트바서의 건축 작품들을 바슐라르의 공기적 상상력 개념을 통해 재해석한다. 원래 화가였던 훈데르트바서는 환경운동가로서의 독특한 건축물을 많이 남기기로 유명했는데, 이를 공기의 숨과 호흡과 자유로운 활동으로 이해해 보려 한 것이다. 그는 기능주의와 실용주의에만 바탕을 둔 현대의 건축물들이 도시와 사람을 메마르게 만든다고 비판하고, 이런 기존의 건축물들을 치료적 차원에서 재디자인해서 변화시키고자 노력했다. 회화와 자연과 인간의 상상력이 한데 어우러지는 건축물들이 인간과 사회와 도시를 아름답게 만들 수 있을 것이라고 믿었기 때문이다. 화가였던 그의 모습은 다양한 색감과 표현 방식을 자유자재로 사용하는 건축가로 드러났다. 삭막한 도시를 인간이 꿈꿀 수 있는 공간으로 바꾸고자 했던 훈데르트바서의 작업은 상상력의 힘이 없었다면 불가능했을 것이다. 김양수 선생님은 이 부분에 초점을 맞추어 훈데르트바서를 분석하고 있다.

세 번째로 조소연 선생님은 예술 사진과 상상력의 관계를 진단하면서, 앙리 카르티에 브레송과 김아타의 사진을 소개한다. 이미지의 시대라고도 불리는 현대 사회에서 현대인들은 늘 사진, 영상을 접하며 살아간다. 초기 사진 이론들에서는 이미지의 일방적인 전달로 인해 그 수용자가 영향을 받게 되지만, 현대 이론들에서는 이미지의 일방적인 발신보다 수용자에 의한 해석을 중시한다. 즉 그 의미는 주어진 것이 아니라 수용자의 경험, 기억들을 통해 재생산된다. 조소연 선생님은 이글에서 수용자의 사진 해석 과정을 하나의 '지속' 개념으로 전제하고 사진 해석의 새로운 장을 마련코자 한다. 또한 사진의 철학, 사진 이미지의 해석이 시대에 따라 어떻게 달라졌는지를 밝히고, 현대에 이르러서는 사진 해석에서 작가와 함께 그것을 보는 수용자 (관객)의 역할이 확대되었음도 지적한다. '순간'의 예술이라는 사진을 베르그송의 '지속' 개념을 통해 재해석한 부분이 돋보이는 글이라 할 수 있고, 그 예를 조소연 선생님은 김아타의 작품을 통해 설명한다. 사진은 일상의 연장이다. 그런 점에서 이 글은 사진을 대하는 우리의 태도를 일신시키는데 도움을 주리라 생각한다.

네 번째로 김기홍 선생님은 음식 스토리텔링에 얽혀 있는 미각적 상상력의 문제를 다루고 있다. 주지하듯 집단의 생존이라는 측면에서 음식은 매우 오래 전부터 인류의 주된 정보 획득과 전달의 대상이었다. 이를 위해 구전, 미디어 등이 적극 사용되었다. 기원전 4세기로 거슬러 올라갈 만큼 오랜 역사를 가진 음식 관련 서적들은 인쇄술의 발명으로 인해 대중화되기에 이른다. 하지만 대중의 출현, 대중매체의 발전은 음식 정보 전달의 단순성에 만족하지 않고 인포테인먼트와 같은 오락성과 스토리텔링을 요구한다. 김기홍 선생님이 TV의 요리프로그램에서 영화, 드라마, 만화 등 창작물에 이르기까지, 음식이야기의 스토리텔링 방식이 음식 그 자체의 특성 전달에서 점점 멀어지고 있다는 점에 주목한 이유가 여기에 있다. 음식만화만 해도 단지 만화에 그치지 않고 원소스 멀티유스(one source multi use)를 지향해 여타 매체에 큰 영향을 미친다. 음식 관련 서사적 특성이 무협서사로 변용되기도 한다. 음식만화의 주인공은 대개 요리사임에도 영웅성과 대결구도가 부각되고 있는 점과 무협(武俠)의 개념이 장인정신과 결합하여 동양적인 윤리관, 미의식을 자아내는 점 때문에 그렇다고 볼 수 있다. 이 장에서는 음식이 인간관계 매개의 상징으로 작용하는 관습도 무협서사 변용과 함께 음식만화 스토리텔링의 한 축을 이루고 있다는 면을 밝히며, 더불어 그 의미와 관습이 함께 검토되고 있다.

책의 마지막 글에서 최인령·오정호 선생님은 우리나라의 발효음식과 연금술적 상상력의 관계를 동양철학적인 맥락에서 새롭게 정위하고 있다. 한국인의 일상적 식생활은 발효음식에 기반을 두고 있으며, 이 기반이 전통으로 자리 잡은 지 오래다. 최근에는 발효식품을 소재로 한 영화, 드라마, 다큐멘터리 등 다양한 영상콘텐츠들까지 제작·방영되고 있다. 이 장에서 최인령·오정호 선생님은 오랜 역사적 흐름 속에서 한국인의 문화코드로 자리잡은 발효음식과 우리의 정신문화적 원형인 음양오행사상과의 관련성에 대해 심층적으로 고찰하면서단맛, 신맛, 짠맛, 쓴맛과 구별되는 제5의 맛으로서 '감칠맛'이란 언어표현의 분석을 통해 그 속에 담겨있는 한국의 발효음식의 문화적 가치를 부각시키는가 하면 향후 발효문화의 콘텐츠 개발을 위해 요구되는 사항들이 무엇인지를 제시하고 있다. 비록 인문학적 관점에서 발효음식에 대해 접근한 글이긴 하지만 그 원리를 연금술 및 음양오행사상과 연결시켜 설명한 점에 주목할 필요가 있다. 최인령·오정호 선생님이 강조한대로 발효문화는 한국문화의 정체성과도 직결되어 있다. 또 이러한 한국문화의 전통은 음식문화에만 국한되지 않고 한옥, 한복 태극도의 곡선미와도 맞닿아 있다.

I

바술라르, 뒤랑 그리고 문화상상력

제1장 상상력과 이미지란 무엇인가

제2장 질베르 뒤랑의 이미지와 상징 해석이 갖는 현대적 의의

제3장 상상계의 구조로 본 예술

제4장 바슐라르의 윤리적 상상력과 풍경의 상상학

제5장 김동률의 노랫말에 투영된 공기적 상상력에 관한 고찰

1

상상력과 이미지란 무엇인가

홍 명 희

1. 상상력과 이미지

상상력은 인간 정신활동의 결과물이라 할 수 있는 이미지를 만들어내는 능력 전반을 가르치는 용어이다. 그러나 '상상력'과 '이미지' 이 두 용어는 그 어원의 인과 관계에도 불구하고 서로 다른 개념으로 이해되고 사용되는 경향이 있다. 이것은 '이미지'라는 개념이 가지고 있는 시각적 특성, 즉 시각적 이미지의 인상이 지나치게 강하기 때문이다. 인간의 시각을 통해 인식되고 표현되는 이미지를 뜻하는 시각적 이미지는 오랜 세월 동안 유일한 이미지로서 인식되어 왔다. 그 결과 이미지는 곧 그림이라는 도식이 성립되었고, 상상력과도 분리되어 사용되어 왔다. 그러나 이미지는 인간의 상상력이 만들어내는 결과물이고, 시각적 이미지는 수많은 종류의 이미지들 중의 하나이다. 이미지의 유형은 시간을 기준으로 하여 과거, 현재, 미래에 상응하는 지각 이미지, 기억 이미지, 예견 이미지 등으로 구별할 수 있고, 이미지의 탄생의 기원을 기준으로 보면, 개인이나 집단의 경험을 바탕으로 사물을 재현해 내는 재현적 이미지와 기존의 경험의 틀을 벗어나 새로운 의미를 갖는 창조적 이미지로 구분할 수 있다. 또 다른 개념에 의한 구분으로는 무의식적 이미지, 언어적 이미지, 모태 이미지, 물질적 이미지 등이 있고, 이외에도 표현 매체에 의한 분류, 표현 형태에 의한 분류, 이미지 생산 기술에 의한 분류 등이 가능하다.[1]

상상력은 이미지의 창조라는 의미 외에도 많은 것을 담고 있다. 전통적으로 상상력에 대한 정의는 동서양 간에 차이가 있어 왔다. 서구에서는 상상력을 이미지를 만들어내는 과정으로서의 인간 정신활동으로 파악했던 반면에, 동양에서는 무에서 유를 창조하는 창조적인 인간 능력으로 파악해 왔다. 즉 서구에서는 상상력을 모든 종류의 이미지의 창출과 관련된 능력으로 보는 반면에, 동양에서는 창조적 이미지의 창출에 집중적으로 그 의미를 부여해 왔다. 이러한 동서양의 이해의 차이를 모두 포함하여 상상력의 개념을 간략하게 표현하자면, 상상력이란 주어진 대상을 가지고 이미지를 만들어 가는 일련의 과정을 인도하는 정신적 능력, 즉 이미지를 인간의 마음속에 그려보거나 떠오르게 하는 능력이라 할 수 있을 것이다. 그러나 이러한 정의는 상상력이 차지하는 전체의 의미 중 극히 일부분의 모습에 지나지 않는다. 왜냐하면 상상력이 '이미지를 인간의 마음속에 그려보거나 떠오르게 하는' 능력이란 정의는 구체적으로는 이미지의 대상을 전제로 하는 것인데, 현실적으로 이미지의 대상은 주체의 내부와 외부에서 동시에 주어지게 되고, 또 스스로 생겨나기도 하기 때문이다. 이미지의 대상은 현실적인 것일 수도, 비현실적인 것일 수도 있고, 또는 경험이나 기억에 의한 것일 수도, 아니면 순수한 창조에 의한 것일 수도 있다. 엄밀한 의미에서 이미지의 대상은 우리에게 주어지는 것이 아니라, 우리가 만들어 내는 것이다. 그러므로 상상

1 유평근·진형준, 『이미지』, 살림, 2001, pp.38~60 참고.

력의 활동은 이미지를 생산해 내는 작업을 포함하여 인간 정신활동 전반에 걸친 매우 광범위한 것이다. 또한 이미지가 상상력의 소산이라고 해서 이미지가 상상력 활동의 단순한 결과물에 불과한 것은 아니다. 이미지는 일단 창조되고 나면, 하나의 독자적인 생명체로서 존재하게 되고, 끊임없이 스스로를 변화시키면서 상상력의 활동을 자극하게 된다. 일상생활에 있어서 상상력의 활동은 대개 아무것도 없는 무(無)의 상태에서 이미지를 만들어내는 것이 아니라, 외부에서 들어온 이미지를 변형시키는 능력으로 작용하게 된다.

> 심리학적인 문제들과 마찬가지로, 상상력에 관한 연구들 역시 어원학적인 그릇된 조명 때문에 혼란에 빠져있다. 사람들은 언제나 상상력이란 이미지들을 만드는 능력이라고 생각한다. 사실은 상상력은 오히려 지각에 의해 받아들여진 이미지를 변형하는 능력이다. 그것은, 무엇보다도 최초의 이미지들로부터 우리들을 자유롭게 해주는 능력이고, 이미지들을 변형시키는 능력이다.[2]

이와 같이 이미지와 상상력은 서로가 서로에게 긴밀한 영향을 미치면서 하나의 상상계(想像界)를 구성해 나가게 된다. 이러한 이미지와 상상력의 활동, 그리고 그 결과들을 모두 포함하는 포괄적 개념에 대한 연구는 20세기에 들어서면서 본격적으로 시작되었다. 그 이전까지 이미지는 인류의 삶에 있어서 핵심적인 가치가 아니라 언제나 이성과의 대립과정에 의해서만 평가되는 주변적 가치였다. 심지어 역사적으로 성상파괴주의(iconoclasme)에서 보듯이 이미지와 상상력은 악의 근원으로까지 배척되었다. 합리주의가 득세한 17세기 이후로 이미지와 상상력은 악이 근원이라는 오명을 벗기는 하였으나, 여전히 이들은 언제나 이성의 활동을 방해하는 방해물로 취급되었다. 20세기 중반에 들어서면서 이러한

---

2 Bachelard, *L'air et les songes*, p.7

이미지와 상상력을 올바로 보기 위한 일련의 움직임이 일기 시작한다. 즉 이미지와 상상력을 우리의 삶에서 하나의 현실로 인정하고, 현실적 가치로서 본격적으로 이론적인 연구를 시작하게 된 것이다. 이미지 연구의 새로운 장을 열은 바슐라르는 문학적 이미지 연구를 통하여 이미지의 위상을 기존의 이성의 종속물 내지는 방해물로부터 인간 활동의 근원적 원천으로까지 혁신적으로 끌어올림으로서 이미지와 상상력 연구에 있어서 '코페르니쿠스적 혁명'을 이룩하였다. 그의 업적은 문학비평을 위시한 거의 전 인문학 분야로 퍼져 나갔고, 바슐라르의 승계자인 질베르 뒤랑은 이미지와 상상력의 범위를 인간의 모든 정신 활동을 대상으로 하는 '상상계의 인류학'을 구성하는 것을 목표로 하여 상상력 연구의 범위를 무한대로 확장시켰다. 이와 같이 20세기 중반 이후로 활발히 이루어진 새로운 시각의 이미지와 상상력 연구들은 이미지가 인간의 합리적 판단을 흐리게 하는 방해물이 아니라 오히려 풍부한 감성 지대를 거느리며 인간의 이성적 활동의 기반이 된다는 것을 밝혀주었다. 즉 상상력과 이미지로 이루어져 있는 상상계야 말로 진정한 인간 행동 양식의 원동력이라는 새로운 평가와 인식이 나타나기 시작한 것이다. 이와 같은 새로운 이미지에 대한 연구는 이미지와 상상력에 대한 근본적인 시각을 바꿔 놓았다. 즉, 이미지와 상상력을 단순한 인간 정신활동의 부차적인 또는 이차적인 결과물로 보는 것이 아니라, 인간 존재의 근원적인 힘으로서 인식하게 된 것이다.

2. 존재의 근원으로서의 이미지와 상상력

1) 이원론적 삶의 이해의 허구성 —합리주의와 상상계

전통적으로 서구사상사는 이원론에 기초하고 있었다. 이원론은 소크라테스 이후 플라톤과 아리스토텔레스를 거치며 진실을 추구하는 유일한 방법론으로 자리 잡게 되면서 이원론적 변증법으로 발달하게 된다. 이원론적 변증법은 기본적으로 제3자 배제의 원칙에 기초하고 있다. 즉 모든 것은 '절대 참' 아니면 '절대 거짓'의 세계로 양분된다. 절대 참과 절대 거짓의 범주에 들지 못하는 가치들은 인위적으로 둘 중의 하나에 편입되거나 버려짐으로서 인위적인 이원론의 세계를 구성하는 것이다. 이와 같은 양분 논리는 문제의 핵심을 간단명료하게 편집하여 주체의 판단을 용이하게 하는 듯이 보이나, 그 이면에서 다양한 제 3의 해결책들을 배제시킨다. 또한 겉보기에는 참과 거짓 두 요소의 조화에 의해 세계가 구성되는 것처럼 보이지만 실상은 절대 참의 가치가 자신 이외의 것을 모두 배척하거나 흡수한다는 점에서 동등한 두 요소의 대립이라 보기 어렵다.

이원론적 사고방식이 문제가 되는 것은 그것의 배타적 성격 때문이다. 서구 사상사에서 이원론은 단순히 동등한 가치를 가지고 있는 두 요소의 대립을 뜻하지 않는다. 중요한 것은 그 두 요소간의 관계이다. 이원론의 두 가치들은 서로 분리되고 대결하고 있으며, 그 대결 구조는 어느 한쪽이 다른 편을 압도할 때까지 영원히 끝나지 않는다. 그 결과 이원론은 흔히 한편이 강화되게 되면 다른 편을 전적으로 배제하려 하는 독단론으로 흐르게 된다. 세상을 선과 악, 진실과 거짓, 낮과 밤 식의 두 가지 가치로 양분한다는 것은 사실 절대 진리나 절대 참의 경지를 상정하고, 나머지 것들을 모두 부정적인 가치로 몰아붙이는 폭력이다. 흔히 이원론과 비교되는 일원론이 외견상 유일한 가치 하나만을 주장하는 독단론처럼 오해되기 쉬우나, 사실은 오히려 그 반대라 볼 수 있다. 일원론적인 세계관은 다양한 현상들의 내부에 있는 모태는 동일하다는 사고의 결과이다. 즉 겉보기에는 전혀 다른 것들처럼 보이는 것들 일지라도, 동일한 핏줄에서 나왔기 때문에 서로 공유하는 요소가 있고, 그렇기 때문에 서로를 이해하고 화합할 수 있다는 결론에 도달한다. 결국 일원론은 다양한 것들 간의 조화를 중시하는 다원주의로 자연스럽게 연결이 된다. 그렇기 때문에 다원주의의 반대 개념은 일원론이 아니라 오히려 이원론인 것이다.[3]

서구 사상사에서 인간의 정신에 적용된 이원론의 두 요소는 이성과 감성이었다. 겉으로 보기에는 진리와 선으로서의 이성과, 거짓과 오류의 원천으로서의 감성의 양분이지만 실제로는 이성과 나머지 것들, 즉 이성과 비이성의 양분이었다. 즉 이성으로 설명할 수 없는 것들은 모두 비이성적인 것들로 치부하면서 기피해야 할 것으로 여겨왔다. 결국 서구의 이원론적 시각으로 볼 때, 인간의 정신사는 이성과 합리주의를 기초로 하여 파악되어진 역사이며, 절대 선인 이성의 적들을 수단과 방법을 가리지 않고 물리쳐온 이성의 투쟁의 역사인 것이다. 이와 같은 서구의 이원론적 문화에서 자연히 이미지와 상상력은 인정을 받을 수가 없었다. 왜냐하면 이성의 특성은 논리학으로 대변되는 형식논리에 있는데, 이미지는 그 속성상 형식논리로 정의 할 수 없는 것이기 때문이다. 이점은 어느 정도 이미지와 상상력 자체의 성격에서 기인하는 측면도 있다. 즉 상상력과 이미지는 근본적으로 인간의 정신활동 속에서 거의 무한할 정도의 다양한 변이체로 나타나는데, 이들은 하나의 형태로 고정되는 것이 아니라 끊임없이 변화한다. 명확한 실체가 없이 변화의 과정으로써만, 즉 언제나 현재 진행의 형태로만 존재한다는 것은 객관적인 서술이나 묘사를 어렵게 한다. 그 결과 감성이나 지성은 감각적 기관이라든지 이성적 활동 등 비교적 명확한 뿌리를 유추해내고 확인해 볼 수 있는 반면에, 판타지나, 몽상, 허구, 상징적 사고 등은 기존의 개념들과 공통되는 요소가 많지 않기 때문에 감성이나 지성과 같은 지위를 인

---

3 일원론과 이원론의 비교에 대해서는 진형준, 『성상 파괴주의와 성상 옹호주의』, pp.9~27 참조.

정받지 못했다. 결국 서구 사회에서 상상력은 오랫동안 '거짓과 오류의 원흉'으로 낙인찍히게 되고, 이미지는 인간의 눈을 현혹하여 잘못된 길에 이르게 하는 악의 결과물이라는 평가를 받게 된다. 결국 이미지와 상상력은 현실에서 주체적인 실체로 인정받지 못하고, '하나의 감추어진 현실'에 불과한 것이었다.

그러나 이성과 합리주의로 대표되는 객관화의 흐름의 이면에는 감성과 비합리주의로 이루어진 상상력의 흐름이 있으며, 이들은 끊임없이 서로 영향을 미치면서 발전해 왔다. 다시 말해 인간의 사상사는 두 개의 축을 따라 이루어져 왔다고 볼 수 있다. 즉 이성-합리주의-실증주의-결정주의-객관성의 축과 감성-비합리주의-비결정론-주관성-창조적 상상력의 축이다. 이 후자의 축이 20세기 후반 들어 그 본래의 가치를 인정받기 시작한 상상계의 축이다. 사실 서구 합리주의의 근원으로 여겨지는 플라톤 자신도 이성의 불완전성에 대해서 많은 여지를 남겼다. 즉 그는 영혼의 실존이나, 죽음 너머의 세계, 사랑의 신비 등 증명하기 어려운 진실이 있다는 것을 인정하고 이러한 것들은 인간이 파악하기 어려운 현실너머의 세계에, 즉 이데아의 세계에 속한다고 말했다. 또한 기독교 등장 이전의 다신교들은 풍부한 이미지와 상상력에 의해 발생, 유지되어 왔는데, 기독교의 등장 이후로도 이러한 다신론적 경향은 꾸준히 존재하여 왔다. 즉 기독교의 성상 파괴와 동시에 복수숭배나 다신교적 숭배의 전통도 서구 사상사에서 꾸준히 이면에서 이어져 내려온 것이다. 12세기 프랑스의 성 베르나르(Saint Bernard)의 시토(Cîteaux) 수도회 전통은 완화된 성상파괴주의를 채택하게 되었고, 그리스 문명에 뿌리를 두고 있는 비잔틴 미학은 신성에 의해 변모된 인간의 이미지를 구현하는데 주력하게 된다. 그리하여 자연스럽게 종교에 자연이 도입되게 되었는데 이것은 곧 종교에 문화적 감수성이 도입되게 됨을 뜻한다. 그리하여 일반인들은 당시의 유일한 공식적 회화 장르였던 종교화 속에 자연의 풍물이 등장하는 것을 선호하게 되었으며, 이는 자연스럽게 인간의 자연으로의 회귀를 유도하게 된다. 이러한 범신론적 이교도의 모습은 종교 개혁을 거쳐 낭만주의-상징주의-초현실주의의 흐름을 이루는 또 하나의 축을 형성하게 된다. 그 후 20세기에 들어서면서 긍정적 가치를 가진 이미지와 상상력에 대한 본격적인 철학적·이론적 연구가 시작되었고, 오늘날 감성-이미지-상상력으로 이루어지는 상상계의 축은 이성의 축과 맞설만한 위력을 갖추게 되었다.

이러한 양상은 마치 이성과 감성 내지는 이성과 상상력의 이원론적 구도를 구성하고 있는듯 보이기도 한다. 그러나 한 가지 알아두어야 할 것은 이 두 가지 흐름이라는 것 자체가 이원론적 사고방식에 의해 도식화 된 것일 뿐이고, 현실에서는 이 두 흐름이 서로 뒤섞여 있어서 분리 자체가 곤란한 경우가 많다는 것이다. 이 두 흐름은 동전의 양면과 같이 서로 분리 할 수 없는 것이다. 실제로 우리들의 삶은 이 두 가지 흐름이 뒤섞여 있는 하나의 역동적 전체이다. 시각적으로 나타나는 이성과 합리주의의 흐름은 인간의 삶의 모습 중 구체적으로 설명이 가능한 일부일 뿐이다. 오히려 우리의 삶은 직관적으로 설명이 가능하지 않은 부분이 대부분을 차지하며, 그것은 상상계에 속하는 것이다. 그러므로 상상계란 이성의 대립 항이 아니라 이성을 포함하는 더 크고 넓은 개념이다. 인간의 삶을 이성과 비이성적인 것의 대립으로 파악한다는 것 자체가, 합리주의적 세계관에 의해 만들어진 것이고, 또 그 세계관 안에서만 의미를 가질 뿐이다. 마치 뉴턴의 역학이나 유클리드 기하학이 물리적으로 측정이 가능한 제한된 범위 안에서는 참이지만, 일정 범위를 넘어서면 더 이상 참이 되지 못하는 것과 같다. 결국 이성적 합리주의란 인류가 구성해 온 거대한 상상계의 한 모습일 뿐이다.

2) 상상력과 사유

인간의 사유 행위는 정신의 고유한 영역으로서 인간 활동의 가장 핵심적인 기능으로 알려져 있다. 인간의 사유는 가장 합리적이고, 논리적인 전개를 통해 그 영역을 넓혀가면서 주어진 문제를 해결하기도 하고, 새로운 문제를 만들어 나가기도 한다. 흔히 사유는 인간의 의식 속에서 이루어지는 이성의 활동 중 가장 대표적인 것으로 알려져 있다. 이성이 그 권위를 획득하게 된 것도 따지고 보면 이 사유 행위를 가능하게 하기 때문이다. 그러나 이 사유라는 것이야말로 인간 능력 중 가장 정의 내릴 수 없는 행위 중의 하나다. 왜냐하면 인간의 사유야말로 인간 개개인의 고유한 환경에 따라 시시각각 변화하는 것이고, 그 모습은 개개인에 따라 모두 다른 모습을 띄고 있기 때문이다. 흔히 교육 또는 사회화라는 이름으로 인간의 사유 행위를 인도할 수 있다고 말해지고 있으나, 이것도 엄밀한 의미에서 사유의 교육은 아니다. 교육은 방향을 제시해 주는 것에 그친다. 다시 말해 교육은 인간 사유 행위의 안내자일 뿐이지, 사유 자체를 심어 주지 못한다. 왜냐하면 이 사유 행위의 바탕에 깔려있는 것은 인간의 상상력의 활동이기 때문이다. 구체적으로 사유의 과정은 머릿속에 떠오르는 여러 가지 가능성들 중의 하나를 선택해 나가는 과정이다. 충실한 사유는 이 과정에서 가능한 한 많은 가능성들을 상정하고, 그 가능성들의 각각의 진전 상황을 충실히 예측해 볼 때에만 가능하게 된다. 결국 사유의 행위는 이성보다는 사유자의 상상력에 더 크게 영향을 받게 되는 것이다.

사유는 경험적으로 체험된 사실을 하나의 개념으로 정립하여 간다. 그러나 이때의 개념은 이미 존재하는 요소들의 단순한 일대일 대응에 의해 짝지어지는 것이 아니라, 선험적인 어떤 지적 능력에 의하여 점차적으로 형성되어 가는 것이다. 칸트의 경우 이것을 선험적 종합의 과정이라 부르고 있다. 이 종합의 과정은 수동적으로 우리가 받아들인 감각과 지적인 자발성을 종합해서 연결시키는 매개의 역할을 하는 영역 안에서 이루어진다. 그것은 바로 이미지를 만들어내는 상상력의 영역으로서, 상상력의 영역은 경험에 앞서 선험적으로 존재한다. 결국 사유라는 것은 상상력이라는 선험적 힘에 의해 미지의 내용을 우리가 알고 있는 지적 형태 하에 포섭하는 것이다. 인간의 인식 활동이란 미지의 대상에 대한 수용이 아니라, 자유로운 상상력의 활동 속에서 새로움을 찾아가는 것이다. 다시 말해 인식이란 감각적인 세계를 수동적으로 수용하는 것이 아니라, 주체적인 구조, 즉 상상력에 의해 감각적인 세계의 형상을 만들어 가는 것이다. 결국 상상력은 모든 사물들의 객관적 표현 너머에 존재하는 전체에 대해 성찰할 수 있게 해주며, 극단의 경우 그 어떤 개념과도 부합하지 않는, 표현할 수 없는 이데아를 형상화하기도 한다.

바슐라르 이전까지의 상상력에 대한 연구는 인간이 기존의 경험했던 현실을 재현해 내는 능력으로서의 상상력에 대한 관심으로부터 시작되었다. 그러나 상상력이 단순한 재현적 이미지를 유도해 내는 능력이 아니라 새로운 이미지를 창조해 내는 능력이라는 것에 관심을 갖게 되면서부터 상상력은 단순한 인간 능력의 일부가 아니라, 모든 인간 능력의 원동력이라는 시각이 형성되게 되었다. 상상력이 창조의 원동력이 된다는 사실은 새로운 이미지가 모든 창작 활동의 출발점이라는 것에 비추어 보면 명확하다. 이미지는 고정된 것이 아니라 항상 변화하고 진화해 나간다. 이것이 가능한 것은 그 이미지를 형성하는 상상력이 우리 내부에서 항상 역동적으로 활동하고 있기 때문이다. 실제로 인간의 정신현상에서의 이미지와 상상력은 '하나의 이미지에 하나의 상상력'이라는 단순한 일차적 관계가 아니다. 이미지들은 끊임없이 생성, 변화되면서 복잡한 다층 구조를 형성하게 되고, 그 다층 구조를 가로지르면서, 기억, 추억, 연상, 영감, 아이디어, 꿈, 몽상 등의 형태로 서로 서로 영향을 미치게 된다. 상상력은 이러한 복합 구조를 총괄하면서, 끊임없이 변화하는 이미지라는 복합구조체의 원동력이 된다.

그리하여 인간의 역사가 시작된 이래로 항상 주변적인 가치만을 가지고 있던 이미지와 상상력은 현대에 들어서야 비로소 새로운 시각으로, 새로운 평가를 받기 시작하였다. 이러한 위상의 전환 뒤에는 무엇보다도 합리주의적 사고방식이 한계에 도달하였다는 점을 들 수 있다. 서구 역사의 기본 원리로서 서구의 정신세계를 이끌어 오던 이성 우위의 합리주의는 복잡한 현대에 이르러 더 이상 모든 것을 설명할 수 있는 명확한 분석의 도구로 이용될 수 없게 되었다. 이에 따라 더욱 더 원천적인 문제, 즉 그동안 폄하되고 있었던 상상력과 이미지의 역할에 대해 자문을 해야 할 필요성이 대두되게 된 것이다. 상상력은 인간의 합리적 판단을 흐리게 하는 방해물이 아니라 오히려 풍부한 감성 지대를 거느리며 인간의 이성적 활동의 기반이 된다. 상상력과 이미지야말로 진정한 인간 행동 양식의 원동력인 것이다.

3. 상상력과 의식

1) 사유하는 의식과 상상하는 의식

인간의 정신활동은 일반적으로 지각, 사고, 기억의 3단계로 이루어진다. 이중 지각과 사고는 의식에 의해 인도되는 정신 활동이라 할 수 있다. 지각과 사고의 과정 중 우리는 자아의 의식의 성향에 강하게 영향을 받으며, 지각과 사고의 모든 복잡한 내적 과정이 의식에 의해 통제된다. 그러므로 의식은 인간 정신의 핵심적 요소라 할 수 있다. 이러한 중요성으로 인하여 자연히 의식의 문제는 오랫동안 철학의 핵심적인 주제 중의 하나였다. 고대 철학 이래 의식의 문제는 항상 철학자들의 주된 관심사 중의 하나였으며, 거의 모든 철학자들이 이 의식의 문제를 크게든 작게든 다루어 왔다.

20세기 들어서 등장한 현상학은 새로운 철학적 방법론으로 자리 잡으면서 이 의식의 문제를 인간의 인식 활동의 핵심적 요소로 부각시켰다. 현상학의 창시자인 후설에게 있어서 의식은 인간 정신 활동의 주된 모티프이다. 그는 인간의 모든 정신적 활동은 의식과 연결되어 있다고 본다. 주체와 대상의 관계, 자아와 세계의 관계, 자아와 타자의 관계, 이 모든 것들은 의식의 상태에 의해 영향을 받는 것이다. 그에게 있어서 의식이란 무엇보다도 지각작용의 의식이다. 의식은 항상 '그 무엇의 의식(une conscience de quelque chose)'이고, 모든 대상은 의식을 위한 대상이다. 그러므로 진정한 인식을 위해서는 대상이 아니라, 이 대상과 의식의 관계를 묘사해야 한다. 그래서 실제 작업에 있어서는 이 의식의 변화상에 대한 극도의 정밀하고도 유연한 묘사가 필요하다. 다만 묘사는 실제 의식에 대해 행해져야지, 객관화된 대리물에 대해 행해져서는 안 된다. 그러므로 자연히 이 의식과 대상의 관계는 자아와 주관성의 관계에 대한 분석을 요구하게 된다. 이러한 후설의 의식의 개념은 인간 이성의 절대적 경지로서의 의식을 의미한다. 'conscientia'라는 라틴어 어원이 의미하듯이 의식은 주체와 대상의 상호적 관계를 의미한다.[4] 즉 의식은 주체의 대상에 대한 인식작용의 주된 모티프이고, 대상은 의식에 의해서 주체에게 하나의 참조물이 된다. 이 의식은 사물이나 정신적 기능이 아니다. 그것은 인간 존재의 능력이다. 다시 말해 의식은 인간의 정신적 삶의 역동적이면서도 개인적인 유기적 구조인 것이다.

현상학 쪽에서 보면, 의식은 존재의 한 양태이다. 존재는 의식이라는 양태를 통해 인식작용의 주체가 되고, 자신의 고유한 삶의 주인이 된다.

---

4 conscientia는 cum(같이, 함께)과 scientia(인식)의 합성어로서, 어떠한 사물에 대해 다른 사람과 공유하는 인식, 공동의 인식이라는 의미를 가지고 있다. 독일어에서의 Bewusstein과 유사한 뉘앙스를 지닌다.

즉, 의식적 존재의 통시적, 공시적 양태들이 주체가 자신과 자신의 세계로부터 취하는 인식작용을 결정짓는 것이다. 그러므로 의식적 존재와 그 생성은 주체의 경험의 형태와 방향을 구성하는 것이다. 이렇듯 모든 정신적 활동이 의식의 차원에서 이루어진다는 사실 때문에, 의식은 흔히 정신상태(Psychisme) 그 자체의 동등체, 내지는 정신상태의 총체로 취급되어진다. 정신분석학 쪽에서 보면 의식은 무의식에 대한 반대명제로서, 인간 정신의 가시적인 부분을 구성하는 요소이다. 프로이트에 의해 무의식의 개념이 발견된 이후로, 정신분석학의 의식은 끊임없이 무의식을 억압하면서, 또 동시에, 무의식의 충동에 의해 영향을 받는 인간 정신의 에너지이다.

사르트르는 '상상하는 의식'의 개념을 내세우며, 창조적 상상력이 기존의 재현적 상상력과는 다른 차원에서 이루어지는 것이라는 밝힘으로서 상상력의 현실 기능을 인정한다. 그러나 사르트르의 창조적 상상력은 그의 연구 기반인 현상학의 부수적 도구에 지나지 않는다. 즉 합리적 현상학을 지향하는 사르트르로서는 인식의 과정에서 대상(objet)의 부(不)존재를 인정하지 않는다. 그에게 있어서 모든 의식은 항상 '무엇에 대한 의식'이기 때문에 대상이 없는 의식의 인식 구도는 성립할 수 없다. 그러나 현실적으로는 담화의 순간에 존재하지 않는 대상에 대해서도 담화가 이루어 질 수 있다. 이러한 현상을 설명하기 위해서 그는 가상의 대상의 기능을 하는 이미지의 개념을 만들어 내었다. 예를 들어 A라는 사람이 B라는 사람과 그 자리에 있지 않은 C라는 사람에 대해 이야기 할 때, 두 사람은 C가 현실적으로 그 자리에 존재하지 않고 있음에도 불구하고 동일한 C라는 사람의 정보를 가지고 이야기 할 수 있다. 이것은 두 사람이 C의 이미지를 공유하고 있기 때문이다. 이때의 C는 그 자리에 있지 않아도 이미지로서 두 사람의 인식의 대상의 역할을 한다. 이러한 사르트르의 창조적 이미지는 그 태생적 성격상 적극적인 현실 기능을 갖지 못하고 합리주의적 사고 체계의 수동적인 도구로 전락하게 된다.

2) 몽상의 의식 —바슐라르

이와 같은 의식의 정의는 바슐라르에 이르러 새로운 위상을 부여받게 된다. 바슐라르는 『공간의 시학』 이후로 상상력의 현상학을 전개해 나가면서, 상상한다는 것은 결국 몽상하는 사람의 의식의 포착이라고 말한다. 즉 상상한다는 행위는 결국 인간 의식과 밀접한 관계를 가지고 있기 때문이다. 그러나 이때 바슐라르가 의식이라는 말로 의도하고자 하는 것을, 의식에 대한 철학 일반의 정의들과는 구별을 할 필요가 있다. 바슐라르가 의식이라는 용어로서 의미하고자 하는 것은 합리성의 의식이나 인식 작용에 있어서의 의식이 아니다. 바슐라르는 의식의 개념을 그것의 일반적 의미가 아닌 특수한 의미로 사용하였다. 즉 바슐라르가 사용한 의식의 개념은 철학 일반의 잣대로는 취급할 수 없는 특수한 의식이다. 그것은 정신 분석학에서 말하는 무의식의 반대 명제도 아니고, 현상학 일반에서 말하는 인식의 주체도 아니다. 그것은 정신의 의식처럼 명확한 것도 아니고, 정신상태 전체를 지배하지도 않는다. 그것은 정신분석학적 무의식과는 충분히 구별될 정도의 명확성을 가지고 있지만, 데카르트나 현상학에서 말하는 의식 같은 철학 일반의 의식의 개념과 같이 분류되기에는 너무도 미묘하다. 그것은 차라리 영혼의 묘사라 할만하다. 지정학적 개념을 차용하자면, 바슐라르의 의식은 정신분석학적 무의식과 현상학적 의식의 중간지대에 위치하고 있다라고 말할 수 있다. 그것은 현실 세계에 속하는 것도, 비현실 세계에 속하는 것도 아니다. 그것은 이 두 세계 사이에서 작용하지만, 이 두 세계 어느 쪽도 그의 활동을 구속할 수는 없다. 조르쥬 풀레는 이러한 바슐라르적 의식의 특수성을 잘 지적하고 있다.

> 밤의 무의식과 빛이 가득한 의식 사이의 중간지대 그 어딘가에 위치하고 있는 의식. 비-의식의 상태로부터 떠오를 수 있을 정도의 최소한의 밝기만을 가진 의식, 가능한 가장 작은 존재의 의식, 그것이 바로 몽상가 바슐라르가 즐겨 찾고, 묘사하고자 하는 상태이다.[5]

이러한 의식은 명확한 존재의 의식이 아니다. 그렇지만 아무것도 없는 상태(le néant) 또한 아니다. 그것은 차라리 존재가 형성되기 직전의 영혼의 상태이다. 그것은 존재 이전의 상태가 존재하기 위해 시도하려는 상태이다. 이러한 영혼의 상태 속에서는 존재와 비존재의 대립은 더 이상 존재하지 않는다. 논리적 대립의 문제도 아니다. 간단히 말하자면 바슐라르의 의식은 존재의 아래에, 무(無)의 위에 위치하고 있는 영혼의 상태이고, 존재하려고 시도하는 인간의 모든 떠오름이다. 합리적 의식과 무의식의 사이에 위치하고 있는 의식, 현실 세계와 비현실 세계의 매개 지대를 탐색하는 의식, 끊임없이 시적 몽상을 유발하는 의식, 존재 이전의 상태로부터 나오는 의식. 이러한 의식은 기존의 철학적 의식의 개념으로는 설명될 수 없는, 새로운 카테고리로 분류될 자격이 있는 의식이다. 이것은 '몽상의 의식'이라 불릴만한 의식이다.

바슐라르의 의식에 대한 관심은 무엇보다도 주관성에의 보장을 뜻한다. 이미지란, 원칙적으로, 우리들 의식의 현상이고, 그럼으로써 주관적 가치를 부여받은 현상이다. 경험과학에 의해 폄하 되어 왔던 이 주관적 가치는 객관성의 관점에서는 정당한 평가를 받을 수 없었다. 합리적 인식의 궁극적 목표인 객관성은 주관적 가치들을 인정하지 않아 왔고, 그 결과 오랫동안 주관성은 객관성의 장애물 또는 대립물로 여겨져 왔다. 이때의 객관성이란, 주관적이지 않은 것, 모든 주관적인 가치들을 배제한 것을 뜻한다. 그러나 현실적으로는, 이러한 순수한 가치란 존재하지

---

5 G. Poulet, *La conscience critique*, p.196.

않는다. 만일 객관성이란 것이 주관적인 가치들을 제거하고 남은 것이라면, 주관적 가치들을 제거하기 위한 기준 자체가 모호해 지기 때문이다. 결국 어떠한 판정도 종국에 가서는 결국 주관적일 수밖에 없다. 이렇게 볼 때 결국 우리가 객관성이라고 부르는 것은 결국 그 시대의 주관성의 또 다른 형태일 뿐이다. 즉, 주관성이 없다면, 객관성도 존재 할 수 없다. 이런 맥락에서, 의식의 포착이라는 현상학적 관점은 바슐라르에게 이미지의 현상을 연구하는 데 매우 효과적인 것으로 보였다. 왜냐하면, 시적 이미지란 주관성의 종합인 것이고, 그렇기 때문에 이 주관성을 존중하는 방법론에 의해서만 연구될 수 있는 것이기 때문이다. "근대의 현상학이 모든 정신(psyché)의 현상에 합류시키고자 하는 이 의식의 포착이란 것은 우리가 보기에는 흔히 의심스러운 객관성, 내지는 잠시 머물다 사라지는 객관성밖에 가지지 못하는 이미지들에게 지속적인 주관적 가치를 부여하는 것처럼 보인다"[6] 라고 바슐라르는 말한다.

이 몽상의 의식은 우리들의 상상력의 원천적 힘이다. 왜냐하면 그것은 무엇보다도 '상상하는 의식'이기 때문이다. 의식은 새로운 이미지의 원천에 위치하고 있다. 왜냐하면 새로운 이미지들은 몽상하는 의식의 창조성으로부터 태어나기 때문이다. 상상력의 현상학이란 시적 이미지의 본질적 새로움에의 접근이라 볼 수 있다. 이 시적 이미지의 새로움은 우리들의 상상하는 의식의 산물이다. "이 창조성에 의하여, 상상하는 의식은, 아주 단순하게 그러나 매우 순수하게, 하나의 원천이 된다."[7]라고 바슐라르는 말하고 있다. 사실, 상상력의 현상학의 실질적인 작업은 이 몽상의 의식에 의해 태어난 시적 이미지의 원천적 가치를 찾는 것에 다름 아니다. 이러한 의미에서, 시적 의식은 이 몽상의 의식의 실현이다. 그것이 언어와 연결될 때, 몽상의 의식은 시를 창조하고 감상하는 의식

---

6 G. Bachelard, *La poétique de la reverie*, p.1.

7 G. Bachelard, *La poétique de l'espace*, p.8.

이 된다. 미묘한 몽상의 의식의 특징들이 장점들이 되는 것은 바로 이점에 있어서이다. 시적 의식으로서 몽상의 의식은 언어를 통해 나타나는 이미지에 의해 흡수된다. 시적 이미지와 함께, 그것은 시의 창조 속에서 새로운 이미지가 되는 새로운 언어를 말한다. 이러한 실현은 몽상의 의식이 순진한 의식, 다시 말해, 영혼과 연결된 의식이기 때문이다. 바슐라르는 이미 이 영혼과 연결된 의식이 "정신의 현상들에 연결된 의식보다 더욱 이완되어 있고, 덜 지향성을 띤다"[8]라고 말하고 있다. 영혼의 의식은 정신의 긴장으로부터 전적으로 자유로운 의식이다. 그것은 우리들의 상상력이 꽃 피는 것을 도와주고, 이완된 의식의 자유로운 활동 속에서 새로운 이미지들이 태어난다.

4. 문학과 상상력

1) 언어와 이미지

인간의 상상 현상은 그 구현 양태에 있어서 언어라는 도구를 사용하게 된다. 이것은 언어를 통하지 않고서는 상상력의 활동의 결과가 전달될 수 없다는 뜻뿐만 아니라, 상상력의 활동 자체에 언어의 개념이 들어있다는 뜻이다. 메를로-퐁티는 언어가 없이는 사유 자체가 존재하지 않는다고 말하였지만, 이 표현은 철학적 사유의 영역에서 뿐만 아니라 문학의 영역에서도 동일하게 적용된다. 문학적 표현은 근본적으로 언어에 기반하고 있기 때문이다. 그러므로 이미지도 언어의 문제로부터 결코 자유로울 수는 없다. 이것은 언어가 하나의 도구가 아니라 우리 인간 상상력의 근원을 이루는 기초 개념이기 때문이다.

사실 상상력 뿐만 아니라 모든 인간의 활동은 언어에 기반하고 있다

8 위의 책, p.5

고 말할 수 있다. 언어가 없이는 모든 인간 활동은 그 완전한 의미를 가질 수 없다. 좁은 의미에서 언어는 발화 주체의 의미 전달 도구이다. 그러나 그것은 언어의 기능중의 하나인 의사 전달 기능에 불과하다. 넓은 의미에서의 언어는 정신적, 물질적 인간 활동 전역과 연관되어 있다. 예를 들어 우리가 무엇인가를 생각한다는 상황을 보면, 이 '무엇에 대해서 사고한다'라는 현상은 언어가 없이는 존재 불가능하다. 사고의 과정 속에서 우리는 끊임없이 현행의 문제에 대해서 자신에게 질문을 던진다. 이 순간에는 우리의 머릿속은 언어 표현들로 가득 차게 되고 궁극적으로는 언어와 사고의 구별 자체가 불가능해 지고 또 그런 구별이 무의미해진다. 왜냐하면 언어와 사고는 서로 다른 요소가 아니라 인간 존재의 양면이기 때문이다. 바슐라르도 이러한 점을 "인간에 있어서 모든 인간적으로 특별한 것은 로고스이다"[9]라고 지적하고 있다.

메를로-퐁티의 입장에서 보면 언어는 인간이 세상과 관계를 가지는 비전이라는 도구이다. 왜냐하면 언어 자체가 이 세상에 던지는 시선이기 때문이다. 인간은 언어를 통해 세상을 바라보고, 동시에 그 세상에 참여한다. 언어는 인간이 묘사하는 대상과 무관한 기호체계가 아니라, 그 대상의 확장 또는 변형물이다. 언어의 의미는 대상의 의미와 일치하며, 그것은 곧 그 대상의 의미세계를 대변한다. 언어 그 자체는 사고를 담고 있지 않다. 그러나 사고가 단순히 언어의 효과가 아니듯이, 언어도 그 내면에서 결코 자신에 대해서 닫혀있는 사고가 아니다. 사고는 언어의 사용에 의해 끊임없이 변화한다. 그러므로 사고와 언어와의 관계는 구체적으로 말하면 사고와 파롤(parole)의 관계이다.

> 표현한다는 활동은 사유하는 파롤과 발화하는 사유 사이에서 일어나는 것이지, 우리가 가볍게 말하듯이 사유와 언어 사이에서 일어나는 것이 아니다.[10]

---

9 위의 책, p.5

메를로-퐁티는 언어 이전의 의미인 몸짓 언어를 개념적 의미인 언어와 구별한다. 몸짓 언어는 언어에 비해 즉각적이고, 언어에 내포한다. 즉 그것은 몸짓 언어가 언어의 일부분을 구성한다는 뜻이다. 몸짓 언어는 개념적인 의미를 담을 수 있다. 몸짓에 의한 의미가 추상적인 의미로 더욱 정교해 질 때 우리는 대상에 대한 더욱 구체적인 의미를 파악할 수 있는 것이다. 이때의 언어는 '발화 주체'를 대변한다고 할 수 있다. 그러나 언어는 그 자체로는 아무 것도 뜻하지 않고, 의미란 그 언어를 사용하는 발화 주체와 따로 생각할 수 없는 것이다. 그러므로 메를로-퐁티에게 있어서 '로고스'란 결국 언어에 다름이 아니다. 이때의 언어는 결국 파롤, 즉 '발화된 언어'이다.

바슐라르 역시 언어의 본질을 이 '파롤'에서 찾고 있다. 그는 "시적 언어는 파롤의 높이를 향한 열림이다"[11]라고 표현하고 있다. 파롤은 자신만의 고유한 자율성을 가지고 있으며 우리들의 대화를 이끌어간다. 사실 파롤은 우리들의 '말하고자 하는 의지'의 본질이다. 우리는 일상생활에서 이러저러한 사유의 결과를 전달하기 위하여 언어라는 도구를 사용한다라고 생각한다. 처음에는 파롤은 말하는 주체의 도구로서 나타난다. 말하는 주체는 이미 존재하는 사유에 따라서 언어적 표현으로 대화를 전개해 나간다. 그러나 발화를 계속해 나가는 동안 파롤은 사유 자체와 섞이게 되고 점차로 발화 행위의 주도권을 잡아가게 된다. 즉 말하는 사람은 말을 해 나가면 나갈수록 자신의 표현이 긍정적인 방향이든 부정적인 방향이든 자신이 최초에 의도했던 것과는 다른 방향으로 수정되어 나가는 것을 느끼게 된다. 결국에 가서는 말하는 사람은 자신이 표현하는 것이 더 이상 자신의 생각, 즉 원래의 사유의 결과인지 말 자체인지를 구별할 수 없게 된다. 바슐라르는 이러한 현상을 로고스의 의지 속

10 M. Merleau-Ponty, *Signe*, p.26

11 G. Bachelard, *Fragments d'une poétique du feu*, p.49

에서 일어나는 이성과 파롤의 변증법이라고 말한다. 그에 의하면 언어 현상에는 언제나 이성과 파롤의 두 가지 요소가 대립하게 된다. 이 두 요소는 서로 대척점에 서서 발화 현상에 영향을 미치게 된다. 이성은 성찰을 기본으로 하여 대화를 끌어가려는 반면에, 파롤은 언제나 자신을 표현하고자 하는 강렬한 의지를 드러낸다. 그러므로 우리의 발화 행위는 이성과 파롤의 끊임없는 대립이자 혼합체인 것이다. 이러한 발화의 성격은 이전에는 뚜렷한 구별 없이 단순하게 여겨지던 것들이다.

> 이 로고스의 의지라는 원초적인 현상들은 막바로 이성과 파롤의 변증법, 즉 사유하는 것과 자신을 표현해내는 것의 변증법을 받아들이게 된다. 이성과 파롤이 동일한 언어적 표현 안에서, 또 사유와 언어라는 무기력한 전통 안에서 서로 혼동되면서 변질될 수 있다는 사실을 확인한다는 것은 참으로 기이한 일이다. [12]

바슐라르가 메를로-퐁티나 다른 철학자들과 다른 것은 파롤의 본질은 이미지라고 생각한다는 점이다. 그에게 있어서 파롤은 견고한 개념들의 모임이 아니라, 풍부한 암시와 비유, 비약과 생략이 살아 숨 쉬는 장, 즉 우리들의 상상력이 활발하게 활동을 할 수 있는 마당이며 새로운 이미지들이 솟아나오는 장이다. 바슐라르 식으로 표현하자면, '인간은 말을 하면서 사유하는 것이 아니라 말을 하면서 꿈을 꾸는 것이다'라고 할 수 있을 것이다. 이때의 이미지들을 바슐라르는 언어적 이미지라고 표현하고 있다. 언어적 이미지는 단순한 시각적 이미지가 아니라 총체적인 이미지들이다. 그것들은 매우 빠르게 변화하는 끝없는 역동적인 비약을 자신의 특질로 한다. 바로 이러한 이미지의 역동성이야 말로 인간의 가장 원초적인 존재 이유 즉 존재론적인 근거가 된다. 이미지는 인간의 가장 주관적인 표현 형태이고, 그 주관성 때문에 오랫동안 정당한

---

12 G. Bachelard, *L'air et les songes*, p.278

평가를 받지 못했지만, 바슐라르는 오히려 그 주관성 때문에 이미지가 언어에 선행한다고 생각한다.

2) 문학이미지

인간의 가장 원초적이면서도 가장 총체적인 이미지, 구체적으로는 언어적 이미지가 가장 드러나고, 가장 잘 활동할 수 있는 곳은 바로 언어의 예술이라고 불리우는 문학이다. 문학은 이미지와 상상력이 가장 자유롭고도 편안하게 그 기능을 발휘할 수 있는 몽상의 장이다. 그렇기 때문에 문학 속에서 구현되고 찾아볼 수 있는 문학이미지야말로 우리들의 상상계의 본질을 보여줄 수 있는 가장 궁극적인 이미지들이 되는 것이다. 문학 이미지는 그 태생상 자연히 언어 이미지이자 시적이미지가 된다. 서구 문학사에서 오랫동안 이미지와 언어는 서로 대립되는 것으로 인식되어 왔다. 왜냐하면 언어는 단어와 문법이라는 전승된 일반적 규칙을 준수하는 반면에 이미지는 정형화된 규칙에 따르지 않는, 그렇기 때문에 통제할 수 없고, 객관적인 가치가 떨어지는 것으로 생각되었기 때문이다. 그 결과 언어의 표현양식인 문자는 정신적 상호관계의 주요한 매체로 자리하게 되었고, 문자 언어가 대중적으로 일반화되어 감에 따라 이미지에 대한 평가는 갈수록 축소되게 되었다. 그 결과 언어로 대변되는 가시적인 정신은 가독적인 정신으로 대체되고 이미지로 대변되는 시각문화는 개념적 문화로 발달하게 되었다. 그러나 언어와 이미지는 서로 대립하는 개념이라기보다는 공존하는 개념들이다. 왜냐하면 이미지가 언어를 대체하는 것이 아니기 때문이다. 즉 언어로도 될 수 있는 것을 이미지로 표현하는 것이 아니라 이미지는 사물의 전혀 다른 측면을 표현하는 것이다.

시적 이미지란 시인에 의해 언어의 형태로 주어진 이미지들이다. 시인의 역할은 일상 언어를 사용하여 새로운 이미지를 창조해 내는데 있다. 이때의 언어는 더 이상 기존의 일상적 의사소통의 언어가 아니라 새로운 이미지의 가치를 지니게 된 새로운 언어가 된다. 즉 하나의 언어이면서 동시에 이미지인 언어 이미지가 되는 것이다. "문학이란 그 안에서 이미지들이 자신들의 상상적 통사구조를 지니고 있는 거대한 언어의 작업이다"[13]라는 바슐라르의 말은 바로 이러한 언어 이미지의 가치를 규정하는 것이라 하겠다. 이러한 언어 이미지들은 문학 창작 과정에서 곧바로 시적 언어의 위치를 차지하게 된다. 시적 언어는 시적 상상력의 체계 속에서 자신만의 고유한 의미를 지닐 수 있는 파롤들의 종합이다. 그것은 작가의 의식, 즉 작가의 '말하고자 하는 의식', 몽상의 의식의 구체적 표현 형태이다.

결국 시적 이미지란 근본적으로 '로고스의 사건'이기 때문에 문학이 갖는 의미는 근본적으로 새로운 이미지들을 만들면서 언어를 새롭게 하는 것이다.

> 새로운 이미지들을 창조해 내면서 언어를 다시 활성화시키는 것. 그것이 바로 문학과 시의 기능이다. 즉, 모든 새로운 문학이미지는 언어의 독창적인 텍스트이다.[14]

새로운 이미지란 그 이전의 자신의 모습과 다른 가치를 추구하며 끊임없이 변화하는 이미지를 뜻한다. 우리의 삶에서 어떠한 경로를 통해서든 한번 생성된 이미지는 다음번 경험에는 이미 기존의 이미지가 된다. 그러나 항상 신선한 이미지는 다시 접할 때마다 새로운 모습으로 변화하기 때문이다. 이때의 이미지는 이미 그 이전의 이미지가 아니다. 예

13 G. Bachelard, *La terre est les rêveries du repos,* pp.278~279.
14 G. Bachelard, *La terrre et les rêveries de la volonté*, p.6

를 들어 나로서는 수십 번 보아서 이미 식상해진 영화가 그것을 처음 보는 사람에게는 얼마든지 감동을 줄 수 있다. 또 이전에 이미 감동을 체험했던 영화라도 다시 볼 때 새로운 감동을 줄 수도 있다. 이것은 우리가 동일한 주어진 현상으로부터 새로운—그 강도의 차이든 전혀 다른 것이든—경험을 만들어 내기 때문이다.

바슐라르는 시의 이상적인 구현 양태를 절대 승화의 경지로 표현하였다. 원래 정신분석학 용어였던 승화는 문학에 도입되면서 가장 기본적인 문학의 기능을 나타내는 용어로 정착하게 되었다. 정신과 정서의 고양이라는 의미를 담고 있는 시적 승화는 문학이 지니는 가장 중요한 특질을 나타내고 있다. 혼돈스러운 일상적 삶으로부터 숱한 모순과 갈등에 시달리면서도 조화로움을 추구하는 것이 문학일 때, 시적 승화는 "인간 정신의 가장 자연스러운 역동성"[15]을 이룬다. 바슐라르에게 있어서 이 승화의 개념은 현실의 대상들을 미학적 가치를 지닌 이미지로 변모시키는 기능을 한다. 즉 이 승화는 아름다운 이미지를 만드는 힘이고, 그 결과 우리가 살고 있는 세상을 아름답게 만든다. 시적 승화에 의해서 인간 존재의 가장 깊은 곳에 있는 가치들이 이미지의 형태로 드러날 수 있는 것이다. 이 '가장 깊은 곳에 있는 가치들'은 융이 표현한 원형의 개념과도 비슷하다. 그러므로 이미지는 단순한 정신 현상이 아니라 인간의 속에 감추어진 가치들을 담고 있는 정신 현상인 것이다.

이러한 승화의 개념은 바슐라르의 이미지의 현상학에 이르러서 '절대 승화'의 개념으로 발전한다. 바슐라르의 절대 승화는 모든 유기적, 정신적 무게로부터 벗어나 있는 절대적 경지로 의 승화를 뜻한다. 그것은 모든 열정의 짐으로부터 벗어나고, 모든 욕망의 억압으로부터 자유로운 승화이다. 한마디로 절대 승화는 승화의 극이고, 상승의 극한 상태

15 위의 책, p.4

라 할 수 있다.

이러한 절대 승화의 개념은 바슐라르의 순수 이미지 또는 절대 이미지에 의해서 가능하게 된다. 이미지의 현상학에 이르러서 바슐라르는 이미지가 더 이상 현상 세계나 인간 존재에 종속된 것이 아니라, 그 자체로 존재 의미를 지니게 되는 절대 이미지의 개념을 상정하게 된다. 절대 이미지는 재현적 이미지와 달리 이미지의 대상이 없어도 스스로 탄생하며, 스스로 확장되어 나간다. 즉 이미지는 그 자체로 생명력을 가지는 것이다. 바슐라르는 이 절대 이미지가 현실적으로 구현된 형태의 전형적인 예가 시적 이미지라고 본다. 시적 이미지가 시각적으로 명확한 대상을 제시하지 않으면서도 독자들에게 감동을 일으킬 수 있는 것은 바로 이러한 이미지의 절대성 때문인 것이다. 절대 승화는 다시 말해 이 절대 이미지와의 결합이라고 말할 수 있다.

5. 인간과 상상력

이상에서 살펴본 것과 같이 상상력과 이미지는 단순히 인간의 정신 상태를 구체화 시키는 능력과 그 결과물이 아니라, 인간의 정신적 삶 자체를 구성하고 지탱하는 근본적인 힘이다. 인간의 정신은 결코 하나의 대상을 객관적으로 직관에 의해 파악할 수 없고, 그 어느 대상을 만나건 그것을 즉각적으로 하나의 의미 속에 편입시켜, 일종의 의미의 조직화를 행하게 된다. 즉 모든 대상을 파악하는 기본은 주체의 주관성에 기반하고 있다. 20세기 이후로 인식론의 주된 문제 중의 하나였던 주관성과 객관성의 문제는 '객관화의 불가능성' 쪽으로 결론이 나고 있는 상태이다. 즉 인식에 있어서 주체와 대상의 구별이 갈수록 의미가 없어지고 있다.

하나의 대상에 대한 직관적인 객관적 파악이 불가능하고 거기에 언제나 주관적 의미를 부여하게 되어 있다는 의미에서 어찌 보면 일종의 무력함이라고 할 수 있을 그러한 현상을 카시러는 '상징적 함축성'이라고 불렀다. 그러나 이러한 무력함은 역설적으로 인간의 인식 현상에는 무한한 가능성이 존재한다는 것을 말해 준다. 모든 것은 인간의 의식에 단순히 나타나는 것이 아니다.

인간에게는 외부에서 들어온 정보를 자신에게 있어서 하나의 재현, 구체적으로는 상징적 재현이 되게끔 하는 기능이 존재한다. 이 상징적 재현을 구현하는 것이 상상력이다. 이 과정이 객관화가 불가능한 것은 이 과정에서 활동하는 상상력이 지극히 자유롭고 그 활동범위가 이성의 합리적인 논리로서는 다 커버할 수 없을 만큼 광범위하기 때문이다. 그러므로 합리성만으로는 설명이 불가능한 상상력은, 역설적으로, 인간의 정신 활동의 실질적 매개체이자 근원적인 원천이며, 이미지는 사고에 선행하는 인간의 가장 원초적인 능력이라는 것을 알 수 있다.

20세기에 들어서서 바슐라르를 시초로 하여 상상력과 이미지에 대한 올바른 이해를 위한 많은 노력이 이루어지고 있다. 특히 바슐라르의 제자인 질베르 뒤랑의 역할은 결정적이다. 뒤랑은 1960년대 초에 이미 상상계 연구소를 설립하여 오늘날에는 프랑스 국내뿐만 아니라 우리나라를 포함한 여러 나라에 상상계에 대한 연구의 씨앗을 뿌려놓았다. 오늘날 '상상학'이라 불리울만한 이 괄목할만한 연구 결과들은 인간의 본질을 이해하기 위한 인문학적 사색뿐 만아니라 한 사회의 운영원리로서도 이해될 만큼 갈수록 그 탐구의 폭을 넓히고 있다.

2

질베르 뒤랑의 이미지와 상징 해석이 갖는 현대적 의의

—『상징적 상상력』과『신화비평과 신화분석』을 중심으로

박 치 완

"(서구에서) 이미지란 1% 정도의 가치 밖에 없는[마치 공공건물의 기념물 장식을 위해 전체 건축 비용의 1%를 책정하듯] 하나의 장식이나 미적 유희로 여겨졌고, 그 반대편에 현실적으로 유익하고 진지한 지식, 지각과 개념을 통해 얻은 지식, '이미지 없는 사고'에서 비롯된 지극히 소중하고 값나가는 그런 지식이 자리잡고 있다."

—『신화비평과 신화분석』

"상상계의 힘, 상징적 재현을 호모 사피엔스의 사고의 근본에 위치시킨다는 것은, 그 목표가 결국은 성상 파괴주의적인 '의식의 진보'의 신화를 거부하는 것, 또한 현대 유럽의 일방 통행적 결정주의의 산물인 역사주의의 너무 짧고, 너무 국부적인 전망을 거부하는 것을 의미한다."

—『상상력의 과학과 철학』

1. 수의 그늘, 수량화의 독재

이 시대의 거센 물줄기는 모든 것을 수량화하려고 안달이다. 학문 및 연구 분야에서도 수량화의 잣대가 도입되어 모든 연구자들을 일렬로 줄을 세워 등급을 매기고 있다. 기계적·계량적 평가시스템을 도입해 맥도날드 점원의 친절도를 평가하는 방식으로 학술 논문의 질을 평가하는가 하면, 공공연하게 연구자를 A, B, C 등급으로 나누어 차등 대우하고 있다. 우리나라의 경우 대학은 이미 20여 년 전부터 이러한 평가시스템이 도입되어 거의 모든 대학에서 현재 '기계적으로' 작동중이고, 동일 시스템으로 전국의 모든 교수들을 마치 '사물'처럼 저울질하고 있다. 그리고 최근엔 초중고교원에까지 전면적 평가를 시행하려는 법제화 움직임까지 있다.

맥도날드에 이달의 점원이 있듯, 이번호의 사이언스나 네이쳐지(誌)에 대한민국의 어떤 교수의 논문이 실렸는지가 신문 지상(紙上)의 특필사항인 것도 이런 이유 때문이다. AERES, 즉 연구 및 고등교육평가기구란 괴물이 바로 그 주범이다. 영미권은 말할 것도 없고, 한국을 비롯하여 소위 세계화를 지향한다는 대부분의 나라들에서 앞을 다투어 이 제도를 도입한 상태지만, 유럽 특히 프랑스에서는 이의 제도화를 놓고 반발이 거세다.[1] 측정 방식에 문제가 있을 뿐만 아니라 학문 발전을 가로막는다는 이유 때문이다. 피에르 주르드의 지적대로라면, 이와 같은 평가시스템은 "아무짝에도 쓸모가 없다."[2] 그 단적인 반증은 우리에게 널리 알려진 철학자 플라톤이나 아리스토텔레스의 연구가 이 시스템에 의해 점수를 계산해보니 아주 시원치 않은 점수가 나왔다는 데서도 찾을 수 있지만, 세계수학자대회에서 매 4년마다 시상하는 필즈상을 수상한

---

1 *Le Monde diplomatique*(한국판), 2009년 1월호, 제24면 참조.
2 위의 글, 24면.

바 있는 로랑 라포르그의 논문이 당시 임팩트 팩터가 제로였다고 한다.[3] 그렇게 보면 우리가 AERES를 믿고 따른다는 것은 곧 세계의 모든 기업과 금융시장의 자유화를 받아들인 모든 국가들에 대해 등급을 매기고 있는 무디스, 에스앤피, 피치의 평가를 존중해야 한다는 것과 하나도 다를 것이 없다. 미국의 국가공인통제평가기관(NRSRO)에서 왜 남의 나라 기업과 은행, 나아가서는 국가의 신용도를 평가해 공개하는 것인가?

금융수학이나 금융공학이 세계경제를 살릴 수 없듯, h지수, g지수, 임팩트 팩터 등에 기초한 계량서지학이 학문의 질을 높인다고 생각할 사람은 아무도 없다. 그런데도 많은 나라들에서 평가라는 미명하에 이를 제도적으로 받아들여 실행하고 있다. 평가를 위해서인가, 정부나 행정가들이 연구자들을 믿지 못해서인가?! 솔직히 AERES가, 우리가 미국식 학부제 시행을 통해서도 쓰라린 경험을 한 바 있듯, 우리 한국인의 '정서'에 잘 맞는 제도인지도 의문이다. 빅맥 지수(Big Mac Index)나 카페라테 지수(Caffe Latte Index)로 각국의 물가 수준을 평가하는 것에 동의한다면, 그럴 수 있다. 하지만 문화적 정서는 문화권마다 약간씩 차이를 보인다. 때문에 문화적 정서는 동일 잣대로 수량화할 수 없다. 문화권에 따라 선호하는 것이 다르고, 지향하는 삶의 목표와 사회·국가상이 서로 판이하다.

누구를 위한 평가인지, 그 평가가 학문의 질을 높이는 것인지, 또 학문간 차이는 없는 것인지 등에 관한 고민이 필요한 것도 이 때문이다. 방법론이 다르고 연구 대상이 다른데 어떻게 동일 잣대로 서로 다른 분야의 논문들을 획일적으로 평가할 수 있느냐는 것이다. 그리고 AERES가 설사 평가를 위해 도입한 시스템이라 치자. 하지만 그렇다고 그것이 연구자 위에 군림하는 제도여서는 곤란하다. 다분히 '기계적인' 평가 시

3 위의 글, 24면.

스템을 위해 인간이 복무할 수는 없지 않는가. 잘못된 평가시스템, 수량화가 제일 척도인 시스템이 따라서 거부반응에 직면하는 것이 당연하고 백번 그래야 옳다. 빅맥에 카페라테를 마시며 그것을 식사로 대신하는 사람과 김치와 국에 밥을 먹어야 식사라고 생각하는 사람을 한 테이블 위에 놓고 동일 잣대로 평가할 수 없다는 뜻이다.

그런데도 문제는 이러한 '학문의 세계화' 경향에 대해 아무도 비판의 방울을 달려하지 않는다는 사실이다. 하지만 사람들은 잘 안다. 목적이 아닌 수단이, 질이 아닌 양이 절대권을 행사하는 이 시대는 진실이 아닌 허위 믿음에 의해 조작되고 있다고. 동원된 관객처럼, 기술 선진국에서 개발한 거대 평가 시스템에 의해 자율권을 포기당한 채 그것에 맞추어 행동하는 주변인들, 인문·예술학도들! 누가 알았으랴, 통계와 평가가 오늘날처럼 이렇게 무소불위의 권력을 발휘하게 될 줄을, 인격의 도야와 분리될 수 없는 지식이 "사용 가치를 상실한 채" "팔리기 위해 생산되고, 또한 새로운 생산에서 더 높은 가치를 부여받기 위해 소비되고" 오직 "교환되고 소비되는" 지식으로 전락하게 될 줄을![4]

'분위기'는 철저히 진실을 조작하며 환상만을 양산한다. 그런 분위기에 동조하여 마지못해 따라간다면 우리 모두는 헤어날 수 없는 수와 양의 수렁에 빠지고 말 것이다. 주지하듯, 분위기의 정체는 모호한 것이 특징이며, 아무도 이에 대해 책임을 지지 않는다는 것이 또 다른 특징이다. 정체불명의 분위기에 휩쓸려 질을 양으로 평가하려는 것을 방기하는 것은 '경제'를 국가시책으로 선택해서 경제가 더 어려워졌다며 그 책

4 장-프랑수아 리오타르, 『포스트모던적 조건』, 이현복 옮김, 서광사, 1992, p.21. 때문에 오늘날과 같이 사용가치보다 교환가치가 중요하게 평가받는 시대에서 우리는 지식인의 역할이 무엇인지 진지하게 자문해볼 필요가 있다. 그렇지 않고는 리오타르가 예견한 바대로 비극적 상황이 현실화될 것이기 때문이다: "지식은 교화적(formatrice) 가치(…)에 따라 확산되는 것이 아니라 화폐와 동일한 망에 따라 회전되며, 지식에 대한 적절한 구분은 지식/무지가 아니라 화폐에서 지불 지식/투자 지식과 같은 것이다(같은 책, p.24)."

임을 국민에게 묻는 위정자와 다르지 않다. 때문에 자신의 연구를 수량화된 평가에 맡기는 것은 연구자 본인에게도 책임이 없지 않다. 그러한 평가시스템을 만들어낸 연구자의 책임은 두말할 것도 없다. 그들이 바로 대학 교수요 박사이며 대한민국의 '정상인'이라는 것이 문제이다. 그들이 원하는 것이 연구의 질이 아닌 논문 편수와 인용지수라는 것이 문제이다. 수의 그늘에서 숨죽이고 있는 대중 다수가 수량화의 독재를 잘도 견딘다는 것도 또한 문제이다. 자본주의가 인도적이라는, 변절이 실용주의적 선택이라고 강변하는 그들?

이 시대가 얼굴도 이름도 감춘 채 하데스(Hadès)처럼 '죽음의 연극'을 조종하는 수의 그늘, 수량화의 독재에 휘둘리고 있다는 것은 결국 숫자의 유희에 의해 이 시대가 언젠가 쇠망(衰亡)하게 될 것이라는 징조가 아니고 무엇인가. 『어린 왕자』에서 수만 세며 남은 생을 보내고 있는 4번째 혹성의 늙은 영감처럼 우리가 그렇게 수의 노예가 되어야 할까?

우리가 뒤랑의 『상징적 상상력』과 『신화비평과 신화분석』에 관심을 갖게 된 이유가 여기에 있다.[5] 뒤랑은 이 두 권의 책에서 뿐만 아니라 그의 전 생애를 통해서 수나 양이 아닌 '질의 개척'에 혼력(魂力)을 쏟아부은 학자다. 그는 상상계(l'imaginaire)를 통해 삶의 표면보다는 깊이, 즉 인류의 공통 토대라고 할 수 있는 원형(archétype)을 제시하며 (내일의) 학문(인류학)이 나아가야 할 방향을 '인식론적으로' 구축하는데 일생을 바쳤다. 특히 그가 새롭게 제안하고 있는 인식론은 특수화된 어떤 하나의 과학에 복무하기 위한 것이 아니라 인류의 지적 유산 전체를 수렴하

---

5 질베르 뒤랑의 주저서 2권은 다음의 방식으로 약식 인용한다: 『상징적 상상력』, 진형준 역, 문학과 지성사, 1990(S-00); 『신화비평과 신화분석 —심층사회학을 위하여』, 유평근 옮김, 살림, 1998(M-00). 그리고 동일 저서의 단독 인용의 경우는 인용부 안에, 복수 인용의 경우는 마지막 인용부 밖에 약식 인용을 위치시킬 것이며, 역자들의 의견을 존중해 시니피앙/시니피에와 기표/기의는 간혹 혼용하는 경우도 있지만 용어 사용의 일관성을 위해 최대한 시니피앙/시니피에로 통일하기로 함.

면서 통합하려는 의도로 창안된, 초합리성(hyper-rationalité)에 기초한 '과학', 즉 이미지와 상징, 신화의 인식론을 '의미론적으로' 재구성하는 데 있다. 그렇게 뒤랑은 인류학적 의미론을 통해 모든 기지(旣知)와 미지(未知)의 것들을 포섭하면서도 각각의 경계들이 상상계라는 장(場) 안에서 새 생명을 얻는 "하나의 새로운 철학", "전적으로 새로우며, 국경이 없는(sans frontières) 철학, 그런 철학(M-305)"을 꿈꾸었던 것이다.

뒤랑 사상의 이런 면면들이 바로 이 장을 이끌어가는 원동력이라고 할 수 있다. 그가 계량주의적 방법과 숫자의 지배를 받으며 단지 '피상적인 환상'만을 쫓는 현대의 문명·문화에 맞서 이미지와 상징, 상상력과 상상계에 대한 새로운 해석을 통해 우리에게 어떤 질과 깊이를 제시하는지, 그 전망을 함께 공유해보려는 것이 이 장의 목표이다.[6]

2. 뒤랑의 '현대성'에 대한 진단과 이미지와 상상력의 복권 문제

우리가 말머리로 삼은 수의 그늘, 수량화의 독재는, 뒤랑 식으로 바꿔 표현하면, 근대를 시점으로 더욱 강화된 '논리-이성-과학-실증주의'가 양산한 필연적 귀결이다. 뒤랑에 따르자면 결국 논리-이성-과학-실증주의가 우리에게 질과 의미와는 무관한 삶을 살아가도록 추동한 시근(始根)이며, "지식을 방수 처리된 병에 가두어버리는(M-255)" 것은 물론 일종의 "인식론적 게토(M-217)"까지 형성한 장본인이다. 그리고 이미지와 상상력의 폄하는 서양 사상사 내에서 보자면 전적으로 이 게토 안에서 자행되었다는 것이 뒤랑의 진단이다.

---

6 뒤랑은 M-59~63에서 계량주의적 방법과 과학적 방법, 불가지론적 방법을 추종해온 프랑스의 실증주의적 교육시스템과 시청자의 숫자라는 은밀한 법칙의 지배를 받고 있는 대중 매체 등에 대해 강하게 비판하고 있다.

뒤랑이 이렇게 이미지와 상상력의 복권을 목표로 하여 현대성(contemporanéité) 자체를 책문한 것은 다른 학자들이 고민하고 있는 현대성의 문제와 판연히 다르다. 구체적으로, 뒤랑은 자신의 문제의식을 "서구의 이원론적 합리주의 내에서 억압받아온 인식 형태"에 초점을 맞추어 "서구적 인식론 전체의 총체적 재해석"을 통해 "이미지, 상징, 신화에 입각한 새로운 인식론과 새로운 인류학"을 세워보려 한다.[7] 바로 이 점이 우리의 눈길을 사로잡는 부분이다.

구체적 논의에 앞서 이미지에 대한 해명부터 시도해보자. 이미지(image), 상상력(imagination)은 주지하듯 라틴어 <imago>에서 파생된 것이다. 그리고 이마고는 '절대자인 신을 모방하다(imitor)'라는 의미와 직결된다. 절대자 신(Dieu absolu)을 구체적 형상의 힘을 빌어 표현하는 유비적 재현(représentation analogique)이 결국 이미지의 핵심인 것이다. 하나의 형상으로 가시화된 것을 통해 인간을 비가시적 세계로 유도하려는 것이 이마고의 본질이라고나 할까. 그리고 주지하듯 그렇게 재현된 것들이 바로 아이콘(eikon), 즉 성상들이다. 아이콘은 결국 비가시적인 세계의 원흔(原痕)이 가시적인 세계로 재현된 것이며, 이점에 있어서 이마고는 분명 가시적인 세계와 비가시적인 세계의 중개자, 즉 연결고리라고 할 수 있다. 특히 이마고가 비가시적인 세계, 즉 '다른 세계'를 초상화나 가면 등 물리적인 방식으로 재현할 때 이마고는 도상에서처럼 시각적인(visuel) 차원에만 머물러 있지 않고 지표적인(indiciel) 차원까지 재현해낸다.

이렇듯 이마고는 부재(과거)하는 것을 존재 세계(현재) 안으로 불러내는 것, 부언컨대 다른 세계, 즉 초월 세계에 속하는 것을 가시적인 인간 세계, 현세(現世) 안으로 소환한다는데 그 의의가 있다.[8] 그런데 시간이

---

7 진형준, 「이미지론」, 『불어불문학연구』 제43집, 2000, p.287.

8 <이마고>에 대한 원론적 설명은, 『이미지와 기호』, pp.83~84 참조. 이와 같은

흐르면서 이 이마고 개념은 기독교 전통에서 '신의 형상(聖像)'으로 그 의미가 축소·고정되기에 이른다. 이를 둘러싼 성상옹호(iconolâtrie) 또는 성상파괴(iconoclasie)의 문제는 오늘날에도 여전히 논쟁 중이지만[9], 중요한 것은 굳이 종교·신앙인이 아닌 보통 사람들의 경우도 이 이마고를 현실세계와 구분된 일종의 초월(정신)세계의 전형으로 널리 받아들이고 있다는 점이다.[10] 부언컨대 이마고는 단지 기독교 전통 내에서만 전유(專有)하고 있는(경배의 대상으로 또는 그 반대로) 특정의 문제가 아니라는 사실이다. 범위를 조금 더 확대해서 볼 때, 이마고는 모든 종교의 세계에서 작동되는 일종의 '신적 존재(être divin)', 즉 원형에 해당한다고 볼 수 있으며[11], 또한 모든 신앙인은 물론 일반인들까지도, 고대에나 현대에나 할 것 없이, 그 의미나 형태는 서로 다를 수 있지만, 일종

비가시적 세계의 형상화로서 이미지 개념에 대해서는, 박치완, 「P. 베르낭의 비가시적 세계의 형상화로서 이미지 개념」, 『해석학 연구』 제23집, 2009 참조. 그리고 이 장에서 자주 등장하게 될 뒤랑의 <imaginaire(상상계)>는 <imago>에 근간한 <imaginer(상상하다)>와 <aire(활동 공간, 지대, 영역)>의 합성어(imagin + aire)로서 '개인과 집단이 상상력을 통해 구축한 잠재 세계' 정도로 풀이가 가능할지 모르겠다. 우리가 '잠재'란 표현을 쓴 것은 그 세계가 형성 중이라는 의미에서이다. 뒤랑 스스로도 『상상계의 인류학적 구조들』 제10판(Dunod, 1992) 서문에서 상상계를 "우리의 은하수"라고 표현하면서 이 점을 예시하고 있다: "(첨단 과학 이론들이 합류하면서]20년간 탐사해온 상상계의 은하수가 20세기 말의 어두운 여명기에 떠오르는 인식론과 철학의 새로운 하늘임을 우리에게 확신시켜주었다(같은 책, p.6)." 그리고 결론에서도 역시 자신의 방법론이 형성되어 가는 것이라는 면에서 유보적 태도를 취한다: "비록 우리가 제시한 방법(mythocritique, mythanalyse, mythodologie]이 확고한 것은 아니더라도 우리로서는 좀 더 정확한 이후의 연구들을 위한 길잡이 구실을 할 수 있었으면 하는 야심을 갖고 있었다(같은 책, p.661)."

9 질베르 뒤랑, 『상상력의 과학과 철학』, 진형준 옮김, 살림, 2003, pp.24~37 참조; 진형준, 『성상파괴주의와 성상옹호주의』, 살림, 2003 참조.

10 이정우, 「여러 세계 속에서 살아가기」, 『철학의 21세기』, 소명출판사, 2002, pp.112~119 참조.

11 <원형>은 주지하듯 칼 구스타프 융의 핵심 개념으로 '잠재성의 체계', '불가시적 힘의 중심', '역동적인 핵심', '심리 현실의 강력한 구조 요인들'을 의미하는데, 뒤랑은 이를 "개인적이고 전기적인, 지역적이고 사회적인 이미지들이 형성되는 구체화를 뛰어넘는" "역동적 형태이며 구조"라고 해석하고 있다(S-75).

의 이마고를 의식하지 않으면서 생활한다는 것 자체가 불가능하다고 감히 말할 수 있다.

그리고 더욱 중요한 사실은 대부분의 서양 철학자들도, 플라톤부터 데카르트, 라이프니츠, 스피노자, 칸트를 거쳐 니체, 야스퍼스, 하이데거에 이르기까지, 예외 없이 '그들 나름의 이마고'를 제시하고 있다는 점을 정확히 인식할 필요가 있다.[12] 각기 자신들의 형이상학적 이념을 '이데아', '실체', '모나드', '코기토', '존재'와 같이 그 호명은 달리하고 있지만 그들의 철학적 체계의 중심에는 항상 일종의 '이마고'가 작용하고 있다는 뜻이다.

뒤랑의 "이미지의 복권(M-22)" 선언이 함축하는 바도 넓게 보면 이와 맥락이 크게 다르지 않다. 다시 말해 서구 역사에서 '논리-이성-과학-실증주의'에 의해 파괴된 이마고로서의 성상(聖像), 상상계(想像界), 원형(原型)을 바로 세워, 무의미·무가치한 시니피앙들에 의해 포위된 채 피폐해진 인간의 영혼에 어떻게 하면 새롭게 활력을 불어넣을 수 있을 것인지, 그리고 이를 통해 사회·문화를 수와 양의 늪에서 질과 깊이의 신세계로 전환시킬 수 있을 것인지가 뒤랑의 주관심사였다고 할 수 있기 때문이다.[13] 단적으로 말해, "초월에 관계하는 인간의 능력"을 "신학적 교조주의, (…) 형이상학적 개념주의, 그리고 마지막으로 실증주의적 기호주의"(S-49)로부터 해방시켜 오염되지 않은 순수 상태(nature humaine)로 복구하려는데 뒤랑의 이미지의 복권 선언의 진정한 목표가 있는 것이다. 따라서 뒤랑이 강조한 이미지, 나아가 상상력의 복권은 "20세기 초엽부터 시청각 기술의 비약적 발전에 힘입어(M-19)" 분출하기 시작한 다분히 감각추동적인 이미지들을 맥루한이나 플루서처럼 애써 이론화

---

12 빌헬름 바이셰델, 『철학자들의 신』, 최상욱 옮김, 동문선, 2003; 발터 슐츠, 『철학자의 신』, 이정복 옮김, 사랑의 학교, 1995 참조.

13 G. Durand, *L'âme tigrée. Les pluriels de psyché*, Denoël/Gonthier, 1980 참조.

하려는 작업[14]과는 정반대의 길을 간다고 보면 틀리지 않다. 뒤랑이 "미디어의 힘에 의해 강화(M-23)"되어 개인이나 사회 전체를 "이미지의 해일(M-23)"에 휩싸이게 한 이와 같은 기술·매체적 이미지를 맥루한이나 플루서와는 달리 강하게 비판하고 나선 것도 이런 이유 때문이다.

단적으로 말해, 이미지들로부터의 "안전지대(M-23)"가 없을 정도로 이 시대는 무의미한 이미지들이 무한 폭발하고 있다는 것이 뒤랑의 현대성에 대한 근본적 문제의식이다. 표면적이고 무의미한 기술·매체적 이미지들의 범람은 철저히 이마고로서 이미지, 일단(一團)의 의미로 농축된 상징의 도착적 결과라는 것이고[15], 뒤랑이 이미지의 복권을 선언하게 된 직접적 동기도 바로 여기에서 발원한다고 보면 될 것이다.[16]

뒤랑이 이미지의 복권을 선언한 것은 부언컨대 현대에 이르러 과잉 공급되고 있는 이미지들, 특히 시각적이고 감각 추동적이며 무의미한 이미지들(des images visuelles et superficielles)로부터 이미지 자체, 즉 이마고를 구해내려는데 있으며, 나아가 "이미지에 대한 일종의 파문자(破門者)라고 할 수 있는" "이미지를 생산하는 기구들을 만들어내" "서구 문명이 이미지와는 아주 거리가 먼 과학기술의 정교화"로 치닫게 한 실증주의나 "수학적 합리주의"(M-20)로부터 해방시켜 진정한 의미의 상상계(l'imaginaire)를 구축하려는 것과 직결되어 있다.

---

14 마셜 맥루한, 『미디어의 이해』, 김성기 외 옮김, 민음사, 2002; 빌렘 플루서, 『피상성 예찬』, 김성재 옮김, 커뮤니케이션북스, 2004 참조.

15 특히 뒤랑은 비디오의 폭발에 대해 예의주시하면서, "실증주의적 교육의 승리로 귀결된 기술과학적 성상 파괴주의", "성상 파괴적 합리주의의 방법 및 실험, 수학적 이론의 승리에 근거한 물리학, 화학에서의 진보, 바로 그 진보가 빚은 결과가 도착성"의 원인이라고 지적한다. —질베르 뒤랑, 『상상력의 과학과 철학』, pp.38~39.

16 참고로 에드가 모렝도 이와 같이 폭발하고 있는 기술적 이미지들에 의해 인간의 본성(nature humaine)이 바뀌었다고, 호모 사피엔스(*homo sapiens*)가 호모 데멘스(*homo demens*)가 되어간다고 염려하고 있다 —E. Morin, *Le paradigme perdu, la nature humaine*, Seuil, 1973. 참조.

뒤랑의 분석에 따르면, 실증주의와 수학적 합리주의는 그 근원을 추적해보면 아리스토텔레스와 데카르트의 망령이 버티고 있다.[17] 그리고 특히 아리스토텔레스의 자기동일성의 논리(logique de l'identité), 즉 제3자 배제의 논리(logique du tiers-exclu)와 개념주의(conceptualisme)가 결국 이미지와 상징, 상상계를 환상, 비합리, 비현실의 어둠 속으로 몰아낸 주범이라고 뒤랑은 지목한다.[18]

> "우리는 이제까지 이미지와 개념, 그 힘의 분열 속에서 살아온 것이다. 그리고 이미지가 이렇게 가치론적으로 평가절하 되어 온 역사를 되짚어본다면 우리 정신사에 있어서의 고대, 즉 아리스토텔레스 시대로까지 거슬러 올라갈 수 있게 된다. 우리 서구에서는 이미지를 꿈이나 환상이라는 저열한 영역에 가두어버렸으며, 18세기의 데카르트주의 작가인 말르브랑쉬는 눈 하나 깜짝 않고 상상력을 '공상(folle du logis)이라고 이름붙이기에 이르렀다. (…) 이미지에 대한 그러한 홀대의 당연한 결과이자 원인이지만, 서구에서는 아리스토텔레스가 자기 지식의 자양분으로 삼은 두 양식, 즉 지각할 수 있는 실험(경험)과 개념 및 논리—삼단논법과 수학에 근거한 그런 개념과 논리—만을 존중하였던 것이다(M-27)."

뒤랑에 의하면 결국 서양문화권 내에서 볼 때 인간의 지성과 의식으로 직접 경험 내지 지각하거나 파악하기 어려운 대상, 부언컨대 대상의

---

17 뒤랑은 데카르트와 데카르트주의자들에 의해서도 상상력과 상징이 철저히 배척되었다고 파악하고 있는데, 그원인은 분석적 방법과 수학적 산식에 기인한 것이라고 지적하고 있다(S-29~31 참조).

18 이 자리에서 우리는 뒤랑의 아리스토텔레스 비판을 오직 아리스토텔레스의 논리학에 한정할 필요가 있다. 실제 뒤랑의 의견과는 달리 아리스토텔레스는 모델과 복사본 간의 관계를 중시하는 플라톤의 미메시스(재현) 개념을 벗어나 "상상력을 감각적인 것과 가지적인 것의 중개자"로 보았으며 "이미지가 없이는 사유도 불가능하다", "영혼은 이미지 없이는 결코 사유할 수 없다"는 입장을 취했다. 부언컨대 아리스토텔레스에게 있어서 "이미지는 추상적 사유의 필연적 조건(condition nécessaire de la pensée abstraite)"에 해당한다 —보다 상세한 논의는 H. Védrine, *Les grandes conceptions de l'imaginaire. De Platon à Sartre et Lacan*, Librairie Générale Française, 1990. pp.29~42 참조.

구체적 번역이나 과학적이고 객관적 인식의 사유틀 안에 포함시킬 수 없는 것들 전반을 통틀어 '이미지'라 치부한 것이고, 그런 이유 때문에 이미지와 상상력은 줄곧 지성의 영역과 상충(相衝)하는 감각의 영역에 처단되어 평가절하되는 운명을 겪을 수밖에 없었던 것이다. 소위 '서구 합리주의'의 희생양이 된 것이다.

여기서 우리는 뒤랑이 이상과 같은 현대성 비판을 통해 우리에게 제시하고자 하는 것이 무엇인지, 그 핵심을 어렵지 않게 요약할 수 있다. 그것은 단적으로 언어와 기호, 개념과 논리 등에 의해서는 도저히 '경제적으로' 설명·표현·형상화할 수 없는 어떤 것, 다시 말해 비가시적인 것, 초월적인 것, 비의적이며 신비적이기까지 한 것이 우리에게 엄연히 존재한다는 사실이다. 이것들이야말로 인간의 삶과 사고 과정에 있어서 결코 간과할 수 없을 만큼 중요한 것들이며, 핵심적인 것들이다. 단적으로 말해, "언어를 통해 보편화가 불가능한(S-61)", 그럼에도 불구하고 "무궁무진한 함의(M-85)"를 지닌 채 인간의 영혼에 풍요로운 양식(良識)을 제공하는 '시니피에'를 향해 뒤랑 본인의 상상력의 항해도 시작된 것이다. 바로 이와 같은 견지에서 뒤랑은 "파우스트적이 아닌 사회[지식과 권력을 위해 악마에게 자신의 영혼을 파는 사회]는 존재할 수 있어도 시인·예술가, 혹은 가치부여 작용이 없는 사회는 존재하지 않는다(S-124)"고 강조하기까지 한다.

요인즉 현존하는 눈앞의 대상, 즉 가시·가지적인 것의 환상에 침잠하지 말라는 의미다. 그에 따르면 우리가 이미지와 상상력을 통해 추구해야 할 '시니피에'는 현실 속에 있는 구체적 대상과 함께 존재하지 않는 경우가 다반사이고, 항상 가시·가지적인 것 너머에 존재한다. 여기서 중요한 것은 바로 이러한 대상 일반(objet indirect), 즉 앞서 언급한 성상, 상상계, 원형 등이 "'이미지'를 통해 우리의 의식 안에 '재현(représenté)'되어 나타난다(S-12)"는데 있다.

뒤랑의 현대성에 대한 물음은 이렇듯 아리스토텔레스로부터 시작되어 데카르트를 거쳐 19세기의 콩트에 이르러 그 절정에 달한 실증주의, 과학주의, 진보사관, 실용주의 등과 같은 소위 "성상파괴주의적인 서구(M-70)"의 학문적 풍토, 단적으로 말해 타자나 차이를 전혀 인정하지 않는 "합리주의적 도그마(M-29)"의 폭력과 병폐를 적나라하게 폭로하면서[19], 그와 같은 폭력과 병폐로 인해 그동안 서구적 '에피스테메'의 표면 아래에서 줄곧 숨죽인 채 지내야했던 이미지와 상상력 및 상징을 시원(始原)의 위치로 되돌려 놓으려는데 있다.

이런 이유 때문에 뒤랑의 이와 같은 기획은 "사물 혹은 대상의 실증성, 합리적 추론, 기계(M-29)" 등으로 의기양양한 "서구의 신화(M-29)", "빛의 신화(M-42)"가 상대화내지 해체되지 않고는 성사되기 힘들다. 소위 '비합리적인 것'으로 배척되어왔던 것들, 즉 감성, 본능, 우연, 무질서 등이 모두 제 고유의 이름을 부여받기 위해서는 사유의 일대 전환이 요구된다는 뜻이다. H. 베드린도 적고 있듯, "상상력이 모든 철학들의 내부[거대한 철학적 체계들의 내부]에서 주어진 소임을 다해야"하는 이유가 여기에 있다. "익숙한 것 속에 낯선 것, 명증성 속에 불투명한 것을 침입(intrusion)"시킴으로써 궁극적으로 철학자들에게 기존에 습관적으로 보고 판단해온 것을 "다르게 보게(voir autrement)"하는 것이 상상력의 직임(職任)이다.[20] 뒤랑의 전문 용어로 표현하자면 '의미의 물줄기'

---

19 뒤랑은 서구 합리주의의 도그마가 괴력을 행사한 것의 중심에는 기본적으로 실증주의가 그 핵심에 있다고 보고 있으며, 따라서 논리-이성(로고스) 중심의 합리주의에 대한 뒤랑의 일격은 결국 합리주의 자체를 상대화시켜 상상력을 포함한 보다 포괄적이고 종합적인 인간학을 지향하는데 목표를 두고 있다. 이에 대한 상세한 언급은, 진형준, 『싫증주의 시대의 힘, 상상력』, 살림, 2009, pp.31~35 참조.

20 H. Védrine, *Les grandes conceptions de l'imaginaire. De Platon à Sartre et Lacan*, p.158. 솔직히 이 '다르게 보기'는 철학자들에게만 부여된 임무는 아니며 현대 과학 분야에서도 이와 관련 다양한 연구 성과들을 내놓고 있다. 플랑크, 아인슈타인, 보어, 하이젠베르크, 리만 이후, "우리들의 세기는 인식론적 전복의 세기

가 이제 분수기를 지나 새로운 이성과 새로운 인식론의 방향으로 합류되어가고 있는 셈이다.[21]

3. '인간'에 대한 새로운 탐문과 호모 심볼리쿠스

학문적으로 20세기는 자기반성의 시대이자 자기비판의 시대라 할 수 있다. 상상력, 욕망, 무의식, 광기, 타자, 차이와 같이 이전 세기의 주요 사유 흐름들에 의해 간과되었거나 배척되었던 것들, 푸코의 표현대로라면 비사유된 것들(impensés)의 가치를 재발견하고 복원하는 시대라고나 할까. 돌려 말해 프로메테우스적 이성이 비등점을 지나 그 위력을 잃기 시작하면서, 다시 말해 "이성 자체의 비(非)유클리드적이고, 비(非)데카르트적이며 비(非)뉴튼적인 면모(M-42)"가 내속(內屬)하고 있던 역량들을 가시적으로 발휘하기 시작하면서 "빛의 세기(M-43)", "진보라는 영웅적 교향곡(M-46)"이 연주되던 시대에는 감히 상상할 수도 없었던, 학문의 경계 내지 위계가 무너지고 학문들 간의 융합이 활발하게 진행되고 있다.[22]

철학사가들의 표현대로라면, 이러한 일련의 현상을 우리는 '해체적 전환'이라고 지칭할 수 있을 것이다.[23] 사실 이러한 운동의 씨앗은 『야

(M-40)"라고 할 정도로 실제 고전적 이성과 고전적 논리학에 대(對)한 격전(激戰)이 진행되고 있다고 해도 과언이 아니다.

21 뒤랑은 역사의 흐름을 의미의 물줄기에 비유하며, 그 과정을 새로운 흐름들이 형성되는 <스며나옴> → 상상계의 체제들이 싸우고 대립하는 <분수기> → 하나의 큰 흐름이 여러 흐름들을 모으는 <합류기> → 큰 흐름이 전형적인 의미의 물줄기를 보여주는 <강에 이름> → 철학적 양식이 공고화되는 <연안구획> → 공고화 이후에 곡류와 변이들이 새롭게 형성되는 <델타로 남기> 등으로 구분하면서, 이 과정은, 원형이 그렇듯, 역사 속에서 반복된다고 강조하고 있다(M-122~124 참조).

22 대표적으로 우리는 질 들뢰즈 & 펠릭스 가타리의 『앙띠 오이디푸스: 자본주의와 정신분열증』(최명관 옮김, 민음사, 1994) 같은 책을 예로 들 수 있을 것이다.

23 Ch. Norris, *The Deconstructive Turn: Essays in the Rhetoric of Philosophy*, Routledge, 1983 참조.

생적 사고』로 널리 알려진 인류학자 레비-스트로스가 '야만인들' 역시 "'흰색의, 성숙하고, 문명화된' 인간들"과 마찬가지로 "언제나 똑같이 잘 생각해왔다"(M-43)는 사실을 밝혀 논리-이성-과학-실증주의의 허상을 비판한 것에서도 그 예증을 찾을 수 있다.

근대적 이성의 시각에서 보자면, 이와 같은 새로운 흐름의 분출은 분명 상궤 또는 정상성이나 질서에서 벗어난 것이라 할 수 있다. 하지만 이와 같은 이성의 자기비판(또는 부정)에서부터 시작된 일종의 반이성, 비합리에의 관심이 가져온 성과 또한 적지 않으니, 뒤랑은 이러한 역파(逆波)로 인해 실제로는 "온갖 상이한 지평들이 인간의 과학(Science de l'Homme) 안에서 마침내 결합(M-44)"될 수 있는 기회가 되었다고 진단한다.[24] 앞서 언급한 것처럼, '분수기 이후의 합류기'를 맞이한 것이다. 인류가 이성을 앞세워 오랜 기간 동안 자행해온 평준화, 획일화, 중성화, 비인칭화 등의 허울로부터 벗어나 차이, 다양성, 복합성의 중요성을 깨닫기 시작한 것이다. 뒤랑이 바슐라르의 '새로운 과학 정신(nouvel esprit scientifique)'을 계승하여 '새로운 인류학적 정신(nouvel esprit anthropologique)'을 주창하게 된 소이도 여기에 있다. 그리고 우리가 뒤랑이 새롭게 의미부여한 "이미지의 힘과 상징의 실재(M-44)"를 모토로 인간과 인간의 인식 체계 자체를 새롭게 갱신하지 않으면 안 된다고 감히 주장할 수 있는 것도 마찬가지 이유에서다.

뒤랑이 염두하고 있는 이미지의 힘과 상징의 실재는 기본적으로, 앞 장에서도 언급했듯, 근대적 이성의 언어나 관습적인 기호로는 도통 설

---

24 이에 대한 보다 상세한 논구는, G. Durand, *Science de l'homme et tradition. Le nouvel esprit anthropologique*, Berg International, 1979 참조. 동일 내용은 『알록달록한 영혼』에서도 언급되고 있는데, 여기서는 전통의 존재론 및 "정신의 과학들(sciences de l'Esprit)"을 인식론과 방법론으로 쇄신시킬 수 있는 것이 "인간의 과학(*la* Science de l'Homme)이라고 강조하고 있다 —*L'âme tigrée. Les pluriels de psyché*, p.147.

명·표현·형상화할 수 없는 것들에 속한다. 그럼에도 끝없이 자신을 '감춰진' 상태 그대로 우리 앞에 의미로 모습을 드러내며, 그런 방식으로 자신을 우리에게 알림으로써 이미지와 상징은 기능하고 또한 작동된다. 뒤랑은 이를 한마디로 "그것이 나를 주시한다(Ça me regarde!)"고 표현했다(M-261). 이미지와 상징의 시선이 설명·표현·형상화할 있는 것 뒤 안쪽에 숨어서 우리를 묵시(默視)한다는 뜻이다. 때문에 우리는 이미지와 상징이 비과학적이고 엄밀하지 않다며 쉬 등을 돌려버릴 것이 아니라 오히려 그것들을 다르게 보아야(voir autrement) 하는 것이다.

요인즉 이미지와 상징에 새로운 시선으로 접근해서 눈을 맞추라는 뜻이다. "시선들 간의 교차(M-261)"가 이루어지는 바로 그곳(lieu commun)에 이미지와 상징의 본의(本義)가 있다. 때문에 뒤랑에게 있어 표현된 것과 감춰진 것, 시니피앙과 시니피에는 서로 이율배반적이고 분리된 둘이 아니라 시선을 교차하면서 늘 서로를 보완한다. 그런데 이 둘을 완전히 배타적인 것으로 치부했던 고전적 의미의 이성은, 그에 따른 "합리적 사고(M-29)"[25]는, 아래 인용문에서 확인할 수 있듯, 서구 사회 전체가 두 개의 상반된 힘에 의해 충돌하도록 폐치(廢置)했던 것이다.

> "서구 사회에는 두 개의 상이한 힘(pouvoir)이 존재했으며, 그중 하나는 강한 것으로서 아리스토텔레스로부터 나와 뉴튼과 빛의 세기에 이르러 절정에 달했던 고전적 합리주의의 힘이고, 다른 하나는 약한 것으로서—터무니없을 정도로!—상상계에서나 허용된다든지 시(詩)나 예술 작품에서 겨우 그 힘이 발휘될 정도로 미약한 대접을 받았다. 이러한 사실을 기억한다면, 강한 힘이 풍화되고 금이 가서 붕괴한다면 약한 힘이 자동적으로 그 빈자리를 일종의 '연통관(vases communicants)효과'에 의해 차지하게 되리라고 우리는 짐작할 수 있다. 한쪽이

25 뒤랑은 이와 같은 분리 때문에 사고에 있어 일종의 "재난이 오게 된 것"이라고까지 비판하면서, 서양의 "합리적 사고"와 견주어 동양의 "견자적 사유(pensée voyante)"를 언급하고 있다(M-29).

비워지게 되면 다른 쪽이 채워지게 되는 것이다! 그뿐만이 아니다. 가차 없는 변증법, 가치론적인 배제, 인식론적인 파문이 사라진다. 그리고 그때부터 과학적 과정과 시적 담론 사이의 경계선이 지워진다(M-41~42)."

여기서 중요한 것은 뒤랑이 논리-이성-과학-실증주의로 대변되는 "강한 힘"이 풍화되고 붕괴되어 "약한 힘"에 해당한다고 볼 수 있는 이미지와 상징, 상상력과 신화가 그 자리를 대체하기 시작했다고 해석한 점이다. 물론 뒤랑에 따를 때, 강한 힘과 약한 힘은 언제나 상호보완적이고, 서로 교류한다. 이것들이 상호보완적이고 서로 교류한다는 것은 당연 하나가 다른 하나를 지배하는 일이 더 이상 일어나지 않는다는 말과 같다. 이로부터 "온갖 상이한 지평들"이 "마침내 결합"될 수 있는 새로운 사유의 장이 마련되며, 결국 효력을 다한 전통의 배타적 이원론의 경계선들이 설 자리를 잃게 된다.

배타적 이원론의 경계선들이 설 자리를 잃었다는 것은 결국 인간에 의해 편의나 유용성의 이름으로 조작된 인위적인 구분들이, 만일 그것이 배제와 파문, 왜곡과 갈등을 야기하는 것이었다면, 이제는 사라져야 한다는 뜻이 숨어 있다. 뒤랑이 『상징적 상상력』에서 다음과 같이 주장할 수 있었던 것도 같은 맥락에서라고 할 수 있다.

"이성적인 것과 상상적인 것 사이에는 단절이 존재하지 않는다. 즉 이성적 합리주의라는 것은 이미지들이 구성하는 각 국면들 중에서 특별히 한쪽에 치우친 구조에 불과하다(S-97)."

근대적인 '합리적·실증적' 사유에 길들여져 이미 품부(稟賦)한 자연적 상호 교류를 부정하고 한쪽에만 치우쳐 사물을 평가하고 세계를 재단하는데 익숙해져버린 우리 스스로에게 문제가 있다는 것이다. 그렇게 사물을 평가하고 세계를 재단하는데 능란한 우리가 우리 자신 속에 공존하고 있는 이성적인 것과 상상적인 것마저 분리해야 한다는 생각이 결국 문제라는 것이다. 이것들의 상호 교류, 작용과 반작용, 변화와 운동을 막아설 자 누구인가?[26]

단언컨대, 아무도 없을 것이다. 뒤랑에 따르자면, 바로 이와 같은 이유 때문에 우리는 아리스토텔레스의 논리와는 다른 논리, 새로운 견지에서 이미지와 상징은 물론이고 "'인간'의 과학"을 새롭게 구성해야 한다는 것이다. 특히 뒤랑이 새로운 인류학적 정신에 따라 '인간 자체(Science de l'Homme)'를 새롭게 연구해야만 한다고 강조한 것도, 그에게 있어 호모 사피엔스란 기본적으로 이성적으로 사고하면서 동시에 상상하는, "겹존재(être double)"라는 점 때문이며, 빅토르 위고의 표현대로 "알록달록한 영혼(âme tigrée)"의 소유자라는 점 때문이다.[27] 그러니 좌뇌부만 기형적으로 발달한 인간, 일종의 '기계인(homme-machine)', 도구적 이성의 노예인 '일차원적 인간'을 인간의 전형으로 착각해서는 안 될 일이다.[28]

재삼 강조하지만, 인간 안에서 이성적인 것과 상상적인 것은 양립 불가능한, 적대적 둘이 아니다. 이성적인 능력과 상상적인 능력은 공히 모든 인간에 내재된 것이다. 각자는 고정된 속지를 가지고 있는 것이 아니

26 전통의 이분법적 나눔, 분리, 차별의 논리에 대한 재고 작업(해체) 자체가 곧 현대 철학의 중심이라고 해도 무방할 것이다. 헤아릴 수 없을 정도로 많은 저서들이 있지만 여기서는 몇 편만을 소개해본다: V. Jankélévitch, *Le pur et l'impur*, Flammarion, 1960; M. Merleau-Ponty, *Le visible et l'invisible*, Gallimard, 1964; I. Prigogine et I. Stengers, *La nouvelle alliance: Métamorphose de la science*, Gallimard, 1986; J.-L. Nancy, *Etre singulier pluriel*, Galilée, 1986.

27 *L'âme tigrée. Les pluriels de psyché*, p.67. 뒤랑은 개인뿐 아니라 "한 집단(민족, 국가, 부족 등)의 영혼"도 "언제나 '알록달록'하다는 사실을 염두"해야 한다고 강조한다(M-297). 영혼에 대한 보다 일반적인 논의는 뒤랑의 『신화비평과 신화분석』에 출간사를 헌사한 바 있는 M. Cazenave, *La science et l'Âme du Monde*, Imago, 1983 참조.

28 H. Marcuse, *L'Homme unidimensionnel*, Minuit, 1968 참조.

라 공유지를 함께 누리면서 조화와 균형을 취한다. 이렇듯 양자가 서로를 보완하면서 역동적 섞임이 자연스럽게 진행될 때, 그 때 비로소 우리는 그 인간을 '건강한' 존재라고 말할 수 있다. 부언컨대 양자는 공히 상대 없이는 존재할 수 없다. 그렇다. 때문에 이성적인 것에 대한 편애와 상상적인 것에 대한 편견, 분별심이 자신의 건강(정신적이고 동시에 육체적인)을 해치는 것은 물론 사회 전체를 갈등과 투쟁의 도가니로 몰아넣는 원인이라는 것을 숙지할 필요가 있다. 여기서 중요한 것은 이성적인 것과 상상적인 것이, 밤과 낮이 교차하듯, 해와 달이 연(連)해서 생하고 멸하듯, 우리 안에서, 사회 안에서 동등한 가치로 공존한다는 사실을 자각하는데 있고, 그 때문에 이성적인 것만을 보는 인위적 편파성의 노예가 되지 말라는 것이다. 인위적 편파성의 노예가 되는 순간 이성적인 것과 상상적인 것의 자연적 교류 자체가 부자연스러운 것으로 변질되어버리기 때문이다.

뒤랑은 이렇듯 이미지와 상징에 대해 새로운 해석을 하면서 동시에 호모 사피엔스의 고유한 본질이 무엇인지를 궁구했다. 그에 따르면 기본적으로 "상징화의 능력(M-44)"을 가진 인간, 즉 "호모 사피엔스란 결국 호모 심볼리쿠스(homo symbolicus)에 다름 아니며(S-73)", 호모 심볼리쿠스는 "자아 밖에 있는 그 무엇[이미지, 상징, 신화]을 재현(M-275)"하는 동물이다. 결국 호모 심볼리쿠스는 뒤랑이 재건하려고 하는 현대의 '새로운 인간의 상'이라고 할 수 있으며, 이 새로운 인간상을 통해 뒤랑은 "인간의 영혼의 휴머니즘(S-128)"의 시대를 앞당기려 했던 것이리라. 뒤랑이 자신의 "'인간'의 과학", 다시 말해 "일반적인 원형학"을 "상상계 자원들의 일반적인 목록"을 통해 구상하고[29] "주체의 절대적 욕망과 객관적 환경의 소환 사이에 존재하는 균형과 합의"에서 "상징의 본령"을 찾으려는[30] 것도 이런 이유 때문이다.

---

29 질베르 뒤랑, 『『상상계의 인류학적 구조들』, p.664.

뒤랑이 여러 저서들에서 누차 강조하듯, '재현적 동물'인 인간에게 있어[31] 상징은 직접적 지각이나 사고의 대상이 아니라 간접적 대상이지만, 이미지를 통해 우리의 의식 안에서 '재현'된다는 특징을 갖는다.[32] 이렇게 의식 안에 재현된 이미지가, 뒤랑의 전문 표현으로 바꾸면, 곧 "상징적 이미지(image symbolique, Sinnbild)"이다. 그리고 이 상징적 이미지는 "감추어진 의미를 나타나게 하는 재현"이면서 결코 추상적이거나 허구적인 것이 아니라 "구체적 재현(S-17)"이다.

이런 측면에서 뒤랑이 말하는 상징적 이미지는 일반 의미론의 영역에 속하는 것이 아니라 "특수한 의미론의 영역"에 속한다.[33] 뒤랑의 고유 레테르라고 할 수 있는 '상징적 상상력(imagination symbolique)'의 역할은 바로 이 특수한 의미론의 영역을 규명하는데 있다.

> "상징적 상상력이란 시니피에가 전혀 겉으로 드러나 보이지 않는 경우, 즉 하나의 기호가 감각으로 느낄 수 있는 하나의 대상을 지칭하는 것이 아니라 하나의 '의미'로만 귀결되는 경우를 말한다(S-15)."

뒤랑의 해석대로라면, 상징적 상상력은 플라톤의 대화편들에 등장하

---

30 위의 책, p.610.

31 M-99: "인간은 재현, 다시 말해 상징에 다름 아닌 간접적 사고를 그 특징으로 하는 동물인 것이다."

32 S-11~12: "의식을 외계에 표출시키는 방법은 두 가지로 구분될 수 있다. 그 하나는 직접적인 방법으로서, 지각이나 단순한 감각 내에서 이루어지는 것처럼 대상이 직접 정신에 드러나는 것을 말한다. 다른 하나는 간접적인 방법인데, 우리가 우리의 유년기에 대해 회상을 할 때나, 화성의 풍경을 상상할 때 혹은 원자핵 주위를 돌고 있는 전자에 대한 지식을 요구할 때나 죽음 저 너머에 있는 세계를 보여주고자 할 때 등과 같이 그 나름대로의 이유가 있어, 대상이 우리의 감수성에 직접적으로 나타나지 않는 경우를 말한다. 간접적 의식의 모든 경우에 있어서, <현존하고 있지 않은> 대상은, 그 말의 아주 광범위한 의미에서 <이미지>를 통해 우리의 의식에 <再現> 되어 나타난다."

33 질베르 뒤랑, 『상상계의 인류학적 구조들』, 진형준 역, 문학동네, 2007, p.33.

는 종말론적 신화, 다시 말해 "인간이 결코 경험할 수 없는 영역, 즉 죽음 너머의 세계에 대한 묘사(S-16)"에서 잘 나타난다. 상징은 이렇듯 "시니피앙에 의해, 혹은 시니피앙 속에 설명할 수 없는 것이 나타나 있음을 뜻한다(S-16)." 설명할 수 없는 것이 '나'에게 나타남, 이것이 인간의 의식 안에서 보편적으로 재현됨! 바로 이것이 상징적 이미지 나아가 상징화된 이미지의 근본 특질인 것이다.

> "이 부재하는, 혹은 [기본적으로 비감각적 영역에 속하기 때문에] 지각하기 불가능한 대상들은, 그들만이 지닌 독특한 방법에 의해 형이상학, 예술, 종교, 마술 등의 주제가 되며, 최초의 동기, 최후의 목적, '끝이 없는 궁극성', 영혼, 정신, 신들이 바로 여기에 해당한다."[34]

인간의 의식 안에 이미지로 재현된 상징은 바로 이런 점에서 일시적 상(像)인 시니피앙으로서보다 본래적 의미인 시니피에로 우리에게 전달되는 것이 관건으로 부상한다. 그런데 문제는 그것이 말처럼 쉽지 않다는데 있다. 뒤랑이 상징을 '암호해독'을 인유(引喩)하여 설명한 이유가 여기에 있다.

> "하나의 상징이 암호해독(déchiffrement)을 필요로 하는 것이라면, 그것은 바로 상징 자체가 하나의 암호, 감추어져 있으면서 간접적인 암호문이기 때문이다(S-63~64)."

돌려 말해 직접적으로 우리 앞에 현시되지 않는 상징의 의미를 우리가 어떻게 해독할지가 늘 숙제라는 것이다. 이-세계와 저-세계, 현실계와 초월계를 '중개(중재)'하는 기능을 안담(按擔)하고 있는 상징 속에는

34 S-16~17 —일부 문구 수정.

이와 같이 늘 난제(難題)가 주어져 있다. 우리의 이러한 상식적 의문을 뒤랑은 어떻게 해결할까?

물음에 답하기 위해서는 뒤랑 스스로가 설명하고 있는 상징에 대한 어원적 풀이부터 살펴볼 필요가 있다. 뒤랑은 <symbole>의 어원을 독일어 <Sinnbild>에서 찾는다. 그의 개념풀이에 따르면 <Sinn>은 의식이 부여한 의미이며, <Bild>는 아리스토텔레스의 용어인 제1질료 또는 그것의 이미지, 상(像)이다. 이 둘의 결합 형태인 상징은 이런 이유 때문에 기본적으로는 "인간 내에서의 모순이 결합되는 통로", 초월자, 신 등과의 "연결선", "중개자"의 의미로 일반적으로 이해되고 있지만[35], 우리의 논의와 직접 관련해서는, "상(像)인 시니피앙과 의미인 시니피에의 일관적 대립성의 공존(coincidentia oppositorum: S-125)"을 뜻한다.

뒤랑이 대립성의 공존을 해명하기 위해 '변증법'이란 개념을 즐겨 사용하는 까닭도 여기에 있다. 다음 기회에 구체적으로 논할 생각이지만, 뒤랑의 '제3의 논리'도 이 대립성의 공존을 해명하는데 할애된다. 뒤랑에게 있어서는 "상징적 상상력" 자체가 "인간 영혼 자체의 변증법적 활동(S-125)"이다. 그런가 하면 아래 인용에서도 재삼 확인할 수 있듯, 상징 자체에도 변증법적 성격이 내속되어 있다. "변증법이, 변증법의 살아 움직이는 힘인 상징이, 창조적인 긴장 자체인 상징이, 그 궁극적인 목표에 도달"했을 때 마침내 우리가 그려볼 수 있는 "상징적 인류학은, 그것이 지닌 온갖 대립적인 긴장 속에서 하나의 현현(顯現)[대표적으로 지고(至高)의 존재인 신의 현현을 들 수 있다[36]]을 재정립하며", "일시적인 것

35 S-77 참조.

36 이런 이유 때문에 우리는 뒤랑을 넓게 보아 영지주의자(gnostique)라고 볼 수 있다. 영지주의(gnosticisme)는 여러 종교들로부터 영향을 받고 또 영향을 주었지만, 그 근간은 정신(선한 신)과 물질(악의 원리)의 형이상학적 이원론에 기초하고 있다. 물론 뒤랑의 사상은 이와 같은 이원론의 극복에 최대 관심사가 있다는 것을 모르는 바는 아니며, '신의 인식(gnose)'을 "영지주의자들에게서처럼 신성불가침적이고 성직자주의적인 중개의 필요 없이" "축복을 느끼는 인식", "구원

안에 영원한 것을 중개해 주는 모델 자체를 구성하게 된다(S-141~142).”

여기에 그치지 않고 뒤랑은 “상(像)인 Bild(이미지)도 궁극적으로 의미(Sinn)를 추구하는 변증법(S-140)”에 동참한다고까지 말한다. 결국 뒤랑에게 있어 변증법의 진정한 의미는 헤겔적 의미의 선형적 ‘종합화’에 있는 것이 아니라 이미지, 상징, 인간 영혼을 모두 ‘긴장’ 속에서 하나로 아우르는데 있다는 것을 알 수 있으며, “모순된 것들 간에 존재하는 긴장(S-125)”을 적극적으로 살리는 뒤랑 식의 변증법에서는 상징이 곧 이미지가 되고, 또한 이미지가 상징이 되는 길이 예비되어 있다. 호모 심볼리쿠스를 통해 뒤랑은 이렇듯 인간 “영혼의 활동 자체”에 “최상의 가치 영역”을 건립하고자 했으며, 모든 배타적인 성상 파괴주의적 흐름에 대수(對手)하여 “내일의 휴머니즘”을 열고자 했다.[37]

이로써 우리는 왜 뒤랑이 『신화비평과 신화분석』에서 “한쪽이 비워지게 되면 다른 쪽이 채워지게 되는 것이다(M-41)”고 강조했는지 그리고 『상징적 상상력』에서 “이성적인 것과 상상적인 것 사이에는 단절이 존재하지 않는다”고 역설한 그 이유가 무엇인지를 충분히 밝혔다고 자임한다. 이는 근본적으로 상상력, 상징화의 능력을 천부적으로 가지고 태어난 호모 심볼리쿠스에게[38] “새로운 신분증”을 부여하여 모든 “인간

을 받은 인식”으로 해석하고 있다는 점이 차이이다. 다시 말해 뒤랑은 개인의 “구체적이고 경험적 인식”으로써 그노스를 중시한다(S-44). 그러나 앞서 본문에서 언급한 바 있듯 논리-이성-과학-실증주의 등에 의해서는 이러한 인식에 다다를 수 없다. 정신적·초자연적·신비적 지식은 결국 그노스에 의해서만 가능하며, 뒤랑에게서는 그 역할을 상징(Sinn+Bild)이 떠맡고 있다. 이에 대해 상론할 공간은 없지만, 어쨌건 상징학자의 한 사람으로서 뒤랑이 그노스를 차용하여 “현현의 보편성(l'universalité de la théophanie)”에 기초해 상징, 상상계를 설명하고 있다는 것은 사실이고, 그런 점에서 그는 기독교의 관점에서 보자면 분명 어느 정도 ‘세속화’의 길을 걸은 것이라고 할 수 있다.

37 S-140, 128, 142 참조.

38 『상상력의 과학과 철학』에서 뒤랑은 인간은 지상에 출현하면서부터 다른 생물들과 구별되었으며, 그 특징이 바로 “자신을 상징인(homo symbolicus)으로 만들 뇌를 보유하고 있었던 것”이라고 적고 있다. ―질베르 뒤랑, 『상상력의 과학과

에게 공통되는 가치들"(M-304)이 무엇인지를 탐문하고[39] 이미지와 상징, 신화 등에 감춰진 심오하고 복합적인 의미들을 시니피에의 인식론으로 종합하여 "온전한 휴머니즘", "새로운 휴머니즘"[40]을 개현(開顯)하기 위해서였던 것이다.

4. 새로운 인간상, 영혼의 인간학을 위하여

우리는 뒤랑의 논의를 좇아 현대의 스펙터클화된 이미지들에 대해 비판하면서 이마고로서 이미지, 시니피에로서 상징 등에 관해 나름의 견분(見分)을 부각시켜보았다. 혹자는 지금까지의 논의를 따라오면서 우리가 본의 아니게 이미지와 상징을 복원시키기 위해 논리나 기호, 이성과 과학이 강조해온 온 종전의 인식과 사유틀에 대한 역경계를 세웠다고 반문할지 모른다. 하지만 경우에 따라서는 역경계가 필요할 때도 있다고 생각한다. 20세기에 접어들면서 '과잉' 생산되고 있는, 거의 빅뱅처럼 모든 경계와 가치들을 무화시켜버리는, 부언컨대 인간의 건전한 상식과 사고 능력까지 마비시키고 있는 이미지들에 대해서는 최소한 거리두기가 필요하다는데 필자도 뒤랑의 의견에 십분 공감하기 때문이다.

서론에서부터 우리가 '수량화'를 문제삼아온 이유가 여기에 있다. 수량화의 기치는 기본적으로 지식까지 상품화시키며, 특히 '이미지' 혹은 '상징'에 국한해서 볼 때 그 속의 질적 가치를 말살한다. 질적 가치가 부재한 이미지들의 양산은 결국 현대인들을 스펙터클의 노예로 만들고

철학』, pp.56~57 참조.

39 뒤랑에 따르면, 그가 마련한 '인류학적 공간'에 거하게 될 인간은 "제3자 배제 원칙의 지배"를 받아 분류된 인간이나 현대 과학에서 의기양양하게 주장하는 "유전자나 염색체 도표에 의존"해서 호적 등본에 배열된 인간이 아니라 "인간에게 공통되는 가치들[명사가 아니라 형용사와 동사의 가치로서 상징과 이미지, 신화 등]에 참여함으로써 얻어지는 열매"이다(M-304~305).

40 질베르 뒤랑, 『상상계의 인류학적 구조들 』, pp.665~666 참조.

있는 것이다. 스펙터클이 우리의 천공을 먹구름처럼 뒤덮고 있는 한, 그곳에 시뮬라크르화된 무한 욕망의 기호들만이 판을 치고 있는 한, 인간이란 종족은 지구촌에서 설 자리를 잃을 수밖에 없다. 심하게 표현하면, 오늘날과 같은 기술·매체시대, 전자정보시대에 있어 '인간'은 어쩌면 기본 매뉴얼에서 제외되어 있는지도 모른다. 그뿐 아니라 우리가 전통적으로 중요하게 생각해왔던 모든 가치들이 허구로 치부되고 있는 현실에서 우리는 살고 있다. 단적으로, 현대는 허구나 가상이 현실과 진실을 좌지우지하면서 모든 가치들을 전도시키고 있다. 뒤랑의 지적대로, "다양한 매체를 동원한 이미지의 배포"는 "정체를 알 수 없는 이미지 생산자에 의한 윤리의 조작, 정보의 차단을 가능케 한다. 정보의 자유가 정보 차단의 자유로 대체되고 있는" 셈이다.[41]

뒤랑이 오직 정보의 전유와 자본가의 이득만을 위해 복무하는 스펙터클, 시뮬라크르로 변질된 이미지와 상징을 보다 근원적으로 고찰할 필요가 있다고 제안한 것, 그것들의 시니피앙보다는 이마고, 즉 시니피에의 복원을 시도한 것은 바로 이런 이유 때문이고, 이것들의 의미 회복을 통해 그는 '새로운 인간상'을 열려고 했던 것이다. 그리고 그에게 있어 인간학(Science de l'Homme)은 기본적으로 인간의 영혼(psyché)이 균형을 취해 현실 세계에서 잘 살 수 있도록(bien vivre) 지도하고 돕는 학문이다.

우리가 굳이 뒤랑에 의지해 이야기하지 않더라도 이른바 인간의 영혼은 그 어떤 이유에서도 수나 양으로 환원될 수 없고, 상품화될 수 없다. 당연 논리로 그 테두리를 지을 수 없는 무한한 깊이를 가지고 있다. 인간의 영혼이 추구하는 것은 논리적으로 설명할 수 있는 것에 국한되지 않고 늘 비논리적인(alogique) 세계의 풍요로움에 맞닿아 있다. 바로

---

41 질베르 뒤랑, 『상상력의 과학과 철학』, pp.124~125.

거기에서 뒤랑은 '인류학적 이드', 즉 모든 인간의 원형적 공동 토대인 이미지와 상징을 발견하고서 스스로 '헤르메스'가 되어 이를 우리에게 새로운 논리와 인식론을 통해 알리고 소개하는데 반세기 가량을 진력한 것이다.

뒤랑과 더불어 성찰한 이미지, 상징, 상상력, 상상계는 그 스스로도 밝히고 있듯 단순히 "수동적 부대현상"이나 "과거에 대한 성찰"[42]이 아니라 인류의 미래를 위한 일종의 바로미터이다. 『상상계의 인류학적 구조들』의 결론에서 강조하고 있듯, 뒤랑에게 "상상계는 우리의 의식이 궁극적으로 의지하는 존재이며, 영혼이 살아 있는 심장이다."[43] 결국 그 심장의 고동 소리에 맞추어 배타적이기만 했던 자기동일성의 논리가 폐지되고 방향도 목표도 없이 그저 무정부주의적으로 분기하고 있는 현대의 극단화된 성상파괴주의적 흐름들이 치유되지 않으면 안 된다는 것이 뒤랑의 기본 구상이다. 창조적 상상력의 활동을 통해 세상을 이렇게 "완곡화해서 근본적으로 변화시키는 것"[44], 바로 그것이 뒤랑이 목표로 삼고 있었던 바이다.

지식의 본질을 변형시킬 정도로 수량화가 지배적인 현대성에 대(對)한 '투쟁'을 통해 뒤랑은 이렇듯 인간과 사회가 변화되기를 간구(懇求)하고 있다.[45] 문화 해석가이자 상징·신화학자이며, 사회학자이자 연금술사이기도 한 뒤랑의 사상을 철학 영역에서도 적극적으로 수용한다면, 분명 오늘날과 같이 궁지에 처한 철학이 새로운 노동거리, 활로를 찾을 수 있을 것으로 믿어 의심치 않는다.

---

42 질베르 뒤랑, 『상상계의 인류학적 구조들』, p.666.

43 위의 책, p.667.

44 위의 책, p.667.

45 M-218~219: "나는 더 이상 낭만주의자가 아니라는 사실, 나는 역사의 종말이, 투쟁의 끝이 있다고 믿지 않는다는 사실(…). 나는 사회란 바로 그 사회를 구성하고 또한 움직이게 하는 변증법적 긴장 자체에 토대를 두고 있다는 생각을 하고 있다."

3

상상계의 구조로 본 예술

박기현

1. 미술사와 거울의 현상학

일반적으로 서양의 회화를 현대적으로 그리고 최소한으로 정의한다면 "색채들이 모여서 어떤 질서를 이루고 있는 하나의 평평한 표면"이라고 할 수 있을 것이다. 이 평평한 표면이라는 표현이 암시하듯이 서양 미학에서는 회화를 오래전부터 '거울'이라는 은유에 비교하여 왔고 일반적으로 '거울'의 논리학과 현상학은 두 개의 가능성을 제시하여 왔다. 그 첫째는 인간의 작품은 우주를 반영한다는 '모방론'이다. 둘째는 우주와 그 재현이 깊은 거울에서처럼 인간의 감정들, 욕망들, 정열들을 반영한다는 일종의 '표현론'이다. 이 모방론과 표현론은 서양의 이원론적 구도 속에서 서양 미학의 핵심을 이루어왔다.[1] 그러나 질베르 뒤랑(Gilbert Durand) 에 의하면 세 번째의 거울이 존재한다. 세 번째는 어린 시절의

1 진중권은 자신의 미학 에세이에서 전통적인 미학의 핵심으로 피그말리온과 제욱시스를 통해 자신의 사유를 진전시킨다. 역시 전통적인 이원론의 방법이다. 진중권, 『앙겔루스 노부스』, 아웃 사이더, 2003, p.36 이하 참조.

장난감인 만화경이나 혹은 거울로 이루어진 방 속에서의 거울처럼 거울을 비쳐주는 거울이다. 1989년 발표한 『예술과 원형들 *Beaux-arts et Archétypes*』 속에서 뒤랑은 세 가지 거울에 각각 '제욱시스', '피그말리온', '나르키소스'라는 신화적인 이름을 명명하고 세 개의 원형적 거울을 통하여 서양의 미술사를 분석하고 있다. 이러한 세 가지 원형적 거울들은 뒤랑이 이미 50 여년 전에 발표한 『상상계의 인류학적 구조들 *Les Structures anthropologiques de l'Imaginaire*』에서 밝혀낸 상상력의 세 가지 형상적 구조들과 일치한다.[2] 즉 종합적 구조-제욱시스, 신비적 구조-피그말리온, 분열 형태 구조-나르키소스가 바로 그들이다 미술사를 상상계의 구조로서 설명하려 하고 역사적 결정론을 재검토하려는 뒤랑의 시도는 그 자체로서 선선하게 여겨지며, 연대기적으로 미술사의 다양한 운동들을 설명하려 하고 혹은 정반합적인 해석태도를 취하는 전통적인 방법에 반대하여 상상력의 구조와 그 원형들과의 관계로서 미술사라는 문화현상을 살펴보려는 뒤랑의 방법론을 소개하고 검토하여 보려는 것이 우리의 의도이다.

2. 세 가지 구조와 '의미의 물줄기'

질베르 뒤랑은 50여년 전 그의 첫 번째 저서인 『상상계의 인류학적 구조』의 저술을 통하여 상상력이 자유롭고 창조적이라는 사실과 상상력의 세계에 질서가 존재한다는 사실을 동시에 강조하는 것이 상호모순을 일으키지 않는다는 점을 이미 제시하여 왔다. 뒤랑은 이미지 분류를 위한 작업 가설로서 인간 동일성의 근거를 탐구한 생물학, 더 구체적으로는 반사학의 연구 성과를 쫓아갔다. 뒤랑은 분류의 원칙을 위해 레닌

2 『상상계의 인류학적 구조들』은 2007년 진형준 교수에 의하여 완역되었다. 질베르 뒤랑, 『상상계의 인류학적 구조들』, 진형준 옮김, 문학동네, 2007 참고.

그라드 학파의 베흐테레프(W. Betcherev)가 정립한 반사학에서 '지배 몸짓' 개념을 차용한다. 뒤랑은 인간에게서 몸짓(지배 반사)이 가장 근원적이라고 판단한다.

> 반사학만이 갓난아이의 신경기관이며, 특히 뇌수인 이 '기능적 체계'를 연구할 수 있는 가능성을 제공해 주는 듯이 보인다. 갓난아이에 대한 반사학이 방법론적인 뼈대를 분명히 드러내 보이고, 바로 그 뼈대 위에서 삶의 경험, 생리학적이고 심리학적인 위상들, 환경에의 긍정적 혹은 부정적 적응상태들이 나름대로의 동기들에 윤색을 하거나 어린 아이의 충동적인 동시에 사회적인 다원적 결정에 특수현상을 띠게 되는 것처럼 보인다.[3]

베흐테레프를 비롯한 반사학자들은 인간에게 세 가지의 '지배 반사'(다른 모든 반사들을 억제하는 반사)가 있음을 밝혀내었다. 이들은 우선 갓난아이에게서 두 가지 지배 반사가 존재함을 발견했다. 첫 번째 지배 반사는 '자세' 지배 반사로서 인간의 균형을 유지시키는 반사이다. 만일 어린아이의 몸을 수직으로 세우면 그 지배 반사가 다른 모든 반사들을 조정하고 억제한다. 두 번째 지배 반사는 신생아의 '영양 섭취' 지배 반사이다. 이는 '입술로 빨아들이기 반사'와 '머리를 적절한 방향으로 위치시키는 반사'를 말한다. 신생아가 젖을 빨 때 영양 섭취 지배 반사는 다른 반사들을 제어한다. 세 번째 지배 반사는 '짝짓기' 지배 반사이다. 사실 이 반사는 성장한 동물 수놈을 통해서 연구된 반사이다. 이 지배 반사는 실험적인 증거가 충분하지는 않지만 뒤랑은 이 난점을 정신 분석학과 생리 심리학에서 보충하고자 한다. 이들 학문들에서는 성적인 충동이 동물의 행동에서 매우 강력한 지배 요소임을 가르치고 있다.[4]

---

3 Gilbert Durand, *Les Structures anthropologiques de l'Imaginaire*, Bordas, 1960, pp.46~47.

4 Cf. Gilbert Durand, *L'Imaginaire. Essai sur les Sciences et la Philosophie de*

질베르 뒤랑은 이렇게 반사학을 길잡이로 삼아 원형들과 상징들의 거대한 분류 체계를 세운다. 그는 세 가지 지배 반사에 입각하여 상상계의 주된 내용물들을 세 가지의 구조 혹은 도식 그룹으로 분류한다.

1) 분열형태 구조: 이는 자세 지배 반사와 연관된다. 분열형태 구조라고 뒤랑이 명명한 것은 이 구조가 분열(分裂) 행위를 강조하기 때문이다. 왕홀(王笏)과 검의 원형들로 분화되는 분열과 수직화 도식들이 이 구조 속으로 분류된다. 여기서는 분열, 분할, 대조가 중시된다. 이 구조는 '영웅적' 구조라고도 불리는데, 그것은 이 구조가 영웅·선·전사(戰士)의 괴물·악·어둠에 대항하는 싸움의 이미지들과 주제들을 선호하기 때문이다. 뒤랑에게 상상력(이미지화)의 핵심은 시간, 변화, 그리고 죽음 앞에서 느끼는 불안의 극복이다. 상상력과 표상 작용은 그 자체로 운명에 대한 저항이다. 분열형태 구조에서 시간을 벗어나는 방법은 초월이다.
2) 신비 구조: 이는 분열형태 구조와 상반되는 구조로서, 영양섭취 지배 반사와 연관되어 있다. 동화(同化), 동일시, 결합 행위가 이 구조의 특징을 이룬다. '신비적'이라는 용어는 특별히 레비-브륄(Lévi-Bruhl)의 '신비적 참여'라는 개념에서 빌려온 것으로, 이는 '참여'의 함의를 강조하기 위해 사용하였다 이 구조의 내용물은 '내면성'과도 긴밀한 관련을 맺고 있다. 중심으로의 회귀, 틈을 막기, 끼워 넣기 이미지들이 이 구조의 극성(極性) 주위로 배열된다. 이 구조는 잔(盃) 원형과 내면적인 깊이를 표현하는 이미지들로 분화되는 하강과 내면화의 도식들을 지니고 있다. 시간의 해독제는 실체의 안온하고 따뜻한 내부에서 찾고자 한다.
3) 종합 구조: 이 구조에는 상이한 요소들을 결합시키는 과정을 강조하여 '종합적'이라는 형용어를 부가하였다. 그런데 이는 정립과 반정립의 지양을 의미하는 헤겔식의 종합과는 무관하다. 따라서 후일 뒤랑은 헤겔적인 함의를 피하기 위하여 '종합적'이라는 형용어 대신에 '산종적(散種的)' 혹은 '드라마적' 이라는 용어를 사용한다. 이 구조는 짝짓기 지배반사와 결부된

---

l'Image, Hatier, 1994, pp.28~29.

다. 무한한 반복의 힘을 표현하는 바퀴나 나무 원형으로 분화되는 리듬 도식들이 이 구조로 분류된다. 여기서는 중심의 원형이 상반되는 것들의 균형을 위한 열쇠로 작용한다. 시간과 운명에 대한 불안은 지속적인 리듬을 통해 극복하고자 한다.

질베르 뒤랑은 이 세 구조를 두 개의 체제로 나눈다. 분열형태 구조는 이미지의 낮 체제에, 그리고 신비 구조와 종합 구조는 이미지의 밤 체제에 배속한다. 『상상계의 인류학적 구조들』은 경험적인 연구를 바탕으로, 인간 상상력의 소산인 이미지와 상징을 이 두 '체제'와 세 '구조'의 틀 속에 분류함으로써 상상계에 보편적이고 동일한 실재가 존재함을 보여준다. 이를 표로 나타내면 다음과 같다.

<table>
<tr><th>체제 혹은 極性</th><th colspan="2">낮</th><th colspan="3">밤</th></tr>
<tr><td>구조 structure</td><td colspan="2">분열형태적(혹은 영웅적)
i) 이상화 혹은 자폐적 후퇴
ii) 분열
iii) 기하주의, 대칭, 거인증
iv) 논쟁적 대구법</td><td colspan="2">종합적 (혹은 극적)
i) 모순의 병존과 체계화
ii) 대립적인 것 간의 변증법, 극화
iii) 역사화
iv) 부분적(순환)혹은 전체적 진보주의</td><td>신비적(혹은 반어적)
i) 중복과 끈기 있음
ii) 점착성, 반어적 집착성
iii) 감각적 사실주의
iv) 축소 변형(걸리버)</td></tr>
<tr><td>설명 및 정당화 원칙, 혹은 논리적 원칙</td><td colspan="2">객관적으로 이질화 지향(持向)과 주관적으로는 동질화 지향(자폐증). 배척, 대립, 동일성의 원칙이 지배.</td><td colspan="2">시간의 요인에 의해 모순을 연결하는 통시적 재현. 갖가지 형태를 띤 인과성의 원칙이 지배</td><td>객관적으로는 동질화 지향(끈기 있는)과, 주관적으로는 이질화 지향(반어적 노력). 유추, 유사의 원칙이 지배</td></tr>
<tr><td>반사적 특성</td><td colspan="2">자세적 지배와, 손으로 만든 도구와, 거리를 두는 감각적 고안물들(시각·청각 등)</td><td colspan="2">통합적 영역, 리드미컬한 고안물들, 그리고 그에 해당하는 감각적 고안물들(운동 감각적, 음악적, 리듬적 등등)</td><td>소화지배와, 체내 감각 및 체온의 고안물 및, 촉각적, 후각적, 미각적 고안물</td></tr>
<tr><td rowspan="2">동사적 도식</td><td colspan="2">구분하다</td><td colspan="2">연결하다</td><td>뒤섞다</td></tr>
<tr><td>나누다≠
섞다</td><td>오르다≠
추락하다</td><td>익다.
진보하다</td><td>되돌아오다.
대조하다 ←</td><td>내려가다. 소유하다.
→ 침투하다</td></tr>
</table>

<table>
<tr><th>체제 혹은 極性</th><th colspan="2">낮</th><th colspan="4">밤</th></tr>
<tr><td>빈사적 원형</td><td>순수하다≠
더럽다</td><td>높은≠
낮은</td><td>앞으로
미래의</td><td>뒤로.
과거의</td><td colspan="2">깊은. 고요한. 따뜻한. 내밀의.
감추어진</td></tr>
<tr><td rowspan="2">실사적 원형</td><td rowspan="2">빛≠어둠
공기≠독기
영웅의 무기
≠사슬
세례≠
더럽혀짐</td><td rowspan="2">정상≠심연
하늘≠지옥
우두머리
≠부하
영웅≠괴물
천사≠동물
날개≠파충류</td><td>불-불꽃
자손
나무
씨앗</td><td>바퀴
십자가
달
남녀 양성
복수신</td><td rowspan="2">소우주
어린아이. 엄지
손가락
동물인형
색. 밤
어머니, 그릇</td><td rowspan="2">거주지
중심
꽃
여성
음식물
실체</td></tr>
<tr><td colspan="2">달력. 계수학. 세짝. 네짝.
점성학</td></tr>
<tr><td>상징부터
생템까지</td><td>태양, 황도,
아버지의 눈,
룬문자, 만트라,
무기, 갑옷,
울타리, 割禮,
삭발례 등등</td><td>사다리, 계단,
신석(神石),
종루, 독수리,
종달새,
비둘기,
쥬피터 등등</td><td>입문(入門),
두번 태어남,
주신제(酒神祭), 메시아,
화금석, 음악
등등</td><td>희생, 용,
나선,
달팽이, 곰,
어린 양,
산토끼,
바퀴,
부싯돌,
교유기 등등</td><td>배, 삼키는 것과,
삼키우는 것,
코볼트(독일의 귀신), 장단단격,
오시리스, 물감,
싹, 멜리쥔, 돛,
망토, 잔, 컵 등</td><td>무덤, 요람,
번데기, 섬,
동굴,
만다라, 배,
연돌구, 알,
우유, 꿀,
포도주, 금
등등</td></tr>
</table>

이와 함께 뒤랑은 상상계의 구조들 중 통일한 것들이 시간 속에서 어떻게 변화하는가를 살펴보기 위해 '의미의 물줄기'라는 개념을 도입한다.[5] 의미의 물줄기의 탐구에서는 다양한 풍토들이 형성한 제 각기 다양한 물줄기들의 시간 속에서의 갈등, 변모 과정, 그리고 변모를 통한 표면화, 이면화 과정이 탐색된다. 그 변형 과정을 뒤랑은 스며나옴, 분수기(分水期) 혹은 지류, 합류기, 강의 이름, 연안구획, 곡류와 삼각주 곡류의 여섯 단계로 나눈다. 그 각각에 대한 설명을 살펴보자.

1) 스며나옴: 하나의 주어진 문화 환경 내에서 여러 흐름들이 형성된다. 그것들은 때로는 과거의 먼 시기의 사라졌던 옛 의미의 물줄기가 소생해 나온 것이기도 하며, 어떤 경우에는 그러한 흐름이 어떤 역사적 상황들(전쟁, 침

5 의미의 물줄기에 대한 좀 더 자세한 설명은 질베르 뒤랑, 『신화비평과 신화분석』, 유평근 옮김, 살림, 1998, pp.115~189 참조.

입, 사회적 혹은 과학적 사건)로부터 태어나기도 한다.

2) 분수기: 물줄기들이 결합하여 당파, 학파, 사조를 이루고 다른 방향성을 가진 흐름들과 서로 맞서는 현상을 빚는다. 이 단계가 상상계의 체제들이 싸움을 벌이고 대립하는 단계이다.

3) 합류기: 하나의 큰 흐름이 형성되려면 흐름들을 모으게 할, 이미 자리를 잡고 있는 권위나 영향력 있는 인물의 인정과 뒷받침이 필요하다.

4) 강의 이름: 전설적인 일화 등에 힘입은 하나의 신화 혹은 하나의 이야기(역사)가 그 의미의 물줄기를 전형적으로 보여 주거나, 하나의 명칭으로 대신해 보여줄 수 있는 실제 혹은 가공의 인물을 만들어 내는 시기이다.

5) 연안구획: 양식적, 철학적, 합리적 공고화가 이루어진다. 바로 제 2의 창건자, 혹은 이론가의 시기이다. 때로는 범람 현상이 일어나 그 흐름의 몇몇 전형적 성격들이 지나치게 과장되기도 한다.

6) 곡류와 삼각주 곡류: 곡류와 변이들이 형성되는 시기. 세력이 약해진 물줄기는 여럿으로 나뉘어 이웃해 있는 흐름들에 흡수되어 버린다.

이 여섯 단계는 서로 확연히 구분되는 것이 아니라 다른 흐름들과 공간적으로 뒤섞여 있다. 즉 한 물줄기의 철학적 연안 밑에 다른 물줄기의 스며듦이 겹쳐있고, 물이 말라버린 델타 아래에는 다가올 강의 지류 단계가 겹쳐있다. 뒤랑은 바로 이 세 가지 구조와 의미의 물줄기의 개념을 통해 서양의 예술사를 역사적 결정론에 의거하지 않고 상상계의 의미론적 물줄기가 어떻게 형성되고 또 어떻게 갈등을 맺고 있으며, 어떻게 고갈되어 가는지를 거울이라는 은유적인 원형 개념을 통하여 밝혀내고 있다. 그 세 가지의 거울을 뒤랑은 각각 제욱시스의 거울, 피그말리온의 거울, 그리고 나르키소스의 거울로 명명하여 설명한다.

3. "제욱시스의 거울"

제욱시스는 5세기경의 그리스 화가로서 플리니우스의『박물지』에는 제욱시스에 관한 일화가 전해 온다. 그 내용은 다음과 같다. "제욱시스가 포도넝쿨을 그렸더니. 참새들이 포도송이를 따먹으러 달려든다. 이를 본 파라시오스는 제욱시스를 자기 아틀리에로 초대한다. 그 정도는 자기도 할 수 있다고. 아틀리에에 도착한 제욱시스가 그에게 그림을 덮은 막을 치우라고 말한다. 알고 보니 그 막이 그림이었다. 제욱시스는 '나는 참새의 눈을 속였지만, 자네는 나를 속였으니까'라고 고백하며 패배를 인정했다."[6] 이와 같은 일화의 밑바탕에는 우리들은 지각 통해 하나의 실재를 만지고, 맛보고, 듣고, 볼 수 있다는 미학이 깔려있다. 특히 아리스토텔레스의『시학』을 통하여 '미메시스'라는 개념이 유럽 미학의 핵심을 이루어 왔다. 철학적으로 보면 감각의 중요성을 강조하는 경험주의자들이나 혹은 지각 그 자체보다는 지각을 통하여 지각된 모델의 중요성을 강조하는 합리주의자들이나 둘 다 모두 예술에 대한 개인의 취향과 예술 작품에 대한 감수성을 지각적이거나 혹은 이상적인 진리에 종속시키려고 노력하여 왔다. 그들에게는 진리의 실증성이나 신중함, 그리고 진리의 순수성이 아름다움에 대한 사람들의 열광이나 예견할 수 없는 미의 불규칙성보다 항상 우위를 차지하여 왔다. 이 태도가 그리스-로마 시대부터 유럽 예술의 특징을 이루어 왔다고 할 수 있다.

뒤랑은 이 제욱시스의 거울이라는 원형을 '자연주의', '사실주의', 그리고 '인상주의' 등 다양한 이름으로 부르고 있다.[7] 이 자연주의의 장소는 현재의 프랑스와 네덜란드를 포함하는 프랑스-부르고뉴 공간이다.

6 제욱시스에 관한 일화는 특히 15세기 알베르티의 회화론을 통하여 널리 퍼졌다. 알베르티,『알베르티의 회화론』, 노성두 옮김, 사계절, 1998, p.55 참조.

7 Gilbert Durand, *Beaux-Arts et Archétype*, P.U.F., 1989, pp.29~41.

그리고 이들의 사상적 바탕에는 프란체스코주의가 있다. 성 프란체스코의 정신이 미학적으로 완성된 것은 바로 고딕 지역에서이다. 이탈리아의 조토가 비잔틴 예술의 굴레로부터 형태를 해방시킨 것은 사실이지만 자연을 창조의 반열에까지 오르게 한 것은 랭부르 형제와 반 아이크 회화의 공이 크다고 할 수 있다.

이를 역사적으로 살펴보면, 13세기에 이르러 르와르와 에스코 강 사이에서 고대의 사실주의 즉 '프랑스 스타일'이라 불리는 고딕식 사실주의가 나타난다. 우선 샤르트르와 생 드니와 상스의 성당이 세워졌고, 이어서 느와용(1150년), 상리스(1153년), 라옹(1160년), 파리(1163년)의 성당들이 이어졌으며 끝으로 부르주(1185년)에 성당이 세워졌다. 죠르주 뒤비(Georges Duby)가 "성당들의 시대"라고 부른 이 시대는 로마의 어떤 엄격함에 대해 거부하는 시대이다. 바로 자연에의 열림과 빛을 향한 큰 스테인드 글라스의 기술적 가능성 속에서 14세기 말에서 15세기에 걸쳐 '자연주의'가 자리잡고, 랭부르 형제와 그 후계자인 장 콜롱브(Jean Colombe)를 통하여 풍경화와 종교화를 중심으로 하는 모든 창작이 이루어진다. 특히 14세기, 즉 1364년부터 '선량왕 장'의 아들인 '대담왕 필립'의 유산에 의해 부르고뉴 공국의 복귀가 시도되었다. 이때부터 끊임없는 프랑스-부르고뉴의 경쟁이 개화되었고, 15세기의 '선량왕 필립'때부터 공국에 플랑드르, 아르투와, 브라반트, 랭부르크, 애노, 젤랑드, 프리즈, 그리고 네덜란드가 귀속되어 프랑스-플랑드르의 경쟁이 나타난다. 그 결과 15세기 말까지 부르고뉴 공국은 서 유럽의 가장 강력하고 가장 번영된 국가가 된다. 디종에 있던 이 부르고뉴 공국의 궁정에서 플랑드르의 화가들, 로제 반 데르 바이덴, 랭부르 형제들이 작업한다.

프란체스코의 자연주의는 르네상스시기를 맞아 인본주의에 의한 도시화, 도시적 건물을 찬양하는 이탈리아의 프레스코 벽화 중심의 장식주의와 종교 개혁의 우상파괴 운동에 의하여 약화되어 간다. 그러나 그

후 프랑스 사실주의 대륙은 역설적으로 베르사이유를 중심으로 하는 '고전주의적 이상'에 의해서 그리고 17, 18세기에는 파리에서 활동하던 페로와 앙쥐 가브리엘 의 쇠퇴 후에 자연주의는 더욱 굳어진다. 베르사이유의 화려함이 결코 이탈리아식 장식주의의 극단으로 가진 않았다. 이것은 루브르의 주랑(柱廊) 계획에 있어서 페로에 반대하는 베르니니의 실패에서 단적으로 나타난다. 이탈리아의 장식주의가 프랑스에서는 성공을 거두지 못하는 것이다.[8] 사실주의적 가족으로 분류할 수 있는 것은 궁정의 장식가들, 르브랭의 작품, 리고, 샹패뉴, 그리고 르냉 형제나 우드리, 혹은 데포르트 등의 진실추구적, 사실주의적 화가들이다. 이것이 샤르댕의 작은 소품들과 다비드의 대작 사이의 은밀한 연결점이 될 것이다 이와 같은 설명을 통해 뒤랑은 17세기와 18세기의 프랑스 예술의 특징을 궁정 예술가들의 역사적 사실주의와 정물화로 규정하고 그 둘 사이의 공통적인 특징을 진실추구라고 설명한다.

프랑스-플랑드르의 자연주의의 지리적 특성은 이탈리아의 '마니에리스모'와 독일의 바로크적 침입에 잘 저항하였다. 또한 지리적 특성과 더불어 반혁명적 그리고 반 나폴레옹적인 유럽의 결합에 직면하였을 때 이에 대항하기 위해 나타나는 프랑스의 민족주의적 운동은 대혁명과 제정의 적이자 이웃 독일에서 일찍이 발달한 낭만주의적 흐름에 저항하기 시작한다. 신고전주의는 정치적, 군사적 신사실주의의 힘을 얻어 다비드와 그로스 백작, 지로데와 함께 유지된다. 모든 작품을 정직하게 제작하려는 앵그르가 쉽게 이 진실추구의 뒤를 잇고, 세기말까지 라페, 메소니에의 군사적 대항, 쿠르베와 밀레, 도미에가 자코뱅적인 저항을 한다. 그 후에는 프랑스 지역에서는 인상주의가 개화한다. 마네의 회화적 특성은 유명한 인상주의가 사실주의 학파의 진실추구의 과학적 세련됨에

8 17세기 바로크가 전 유럽을 휩쓸었을 때도 프랑스는 고전주의적 이상을 그 미적 모토로 삼았다.

불과하다는 사실을 보여준다. 도비니, 코로, 네덜란드의 종킨드, 초기 시슬레, 초기 피사로의 작품에 서는 여전히 자연의 자취가 남아 있지만 인상주의의 사실주의적이고 과학적인 의도는 모네의 인상주의에 이르러 두드러지게 나타나고, 이 화가들은 프랑스 화학자 슈브렐(E. Chevreul)의 이론을 자신들의 작품 속에 수용하였다.[9] 바로 이 점에서 제욱시스의 거울이 가장 현대적인 시각에 의해 사용된 것이다. 뒤랑은 "어떻게 19세기에 인상주의를 활성화시키는 이 진실추구적, 아니 과학적 의지에서부터 모든 진실추구적 사실주의로부터의 해방, 즉 야수파, 입체파, 표현주의, 절대주의, 초현실주의 등 20세기 예술 운동이 나왔는지를 연구해 보는 것도 흥미로울 것"이라고 지적하고 있다. 하지만 이 제욱시스의 거울은 아직도 깨지지 않았다. 비-사실주의, 비-형상주의, 다양한 추상주의의 흐름과 함께 2차 대전 뒤에 신-사실주의, 하이퍼 사실주의, 팝 아트, 즉 앤디 워홀, 클래스 올덴버그, 리히텐슈타인, 조지 시걸 등이 나타난다.

지금 살펴본 바와 같이 제욱시스의 거울이 나타나는 지역은 특히 프랑스이다. 역사적으로 보면 정치와 이데올로기, 그리고 제도는 겉으로 보기에 연관이 없어 보인다. 즉 "성당들의 시대", 프랑스 부르고뉴의 경쟁, 베르사이유의 '고전주의적 이상', 18세기 부르주와의 장르화, 공격적인 제정 스타일, 혁명적 자코뱅주의 등등 취향과 스타일, 비전의 통일성이 700 여년에 걸친 감수성을 통해 연결 줄처럼 계속된다. 이 프랑스의 영감, 감수성의 밑바닥에는 프란체스코의 제자인 성 보나벤투라의 낙관주의, 그리고 창조의 진리와 자연의 빛나는 기쁨에 함몰된 원죄에 대한 승리가 엿보인다.

이 거울에 대한 조금 더 섬세한 접근을 해 보자. 제욱시스에서 보나르

---

9 슈브렐(E. Chevreul)과 당시대의 회화에 대한 서적으로는 Georges Roque, *Art et science de la couleur. Chevreul et les peintres, de Delacroix à la l'abstraction*, Editions Jacquline Chambon, 1997이 가장 권위가 있다.

ⓒ Ferdinand Victor Eugene Delacroix

[그림 1] 민중을 이끄는 자유의 여신 (1830)

에 이르기까지 모든 미메시스의 예술은 평평한 표면 위에 그리고 그 안에서 대상들이 자신들의 영토를 회복하려 한다. 그리고 그 세계의 표면은 색채에 의해 빛나는 표면이다. 회화의 진실추구의 첫 번째 특성은 '색채주의'이다. 베니스의 야외파에서 클로드 로랭, 컨스터블, 터너, 들라크루와를 거쳐 프랑스 인상주의에 이르는 색채주의이다. 13세기의 스테인드 글라스와 15세기의 <베리 공작의 풍요로운 시절>에 대한 책들은 색채에 의한 빛의 현현으로 우리를 초대한다. 세잔의 경우 <생트 빅투와르산> 에서처럼 선이 아닌 원경의 푸른색과 근경의 오렌지색으로 삼차원적인 공간을 구성한다. 색채와 함께 어둠의 소멸, 즉 회화의 원죄인 검은색을 팔레트에서 추방한다. 빛의 움직임을 강조하면서는 구름과 하늘, 그리고 물이 주된 주제로 대두된다. 모네의 <수련 >, 터너에서 자주 나타나는 폭풍우, 쿠르베의 작품에 자주 등장하는 물결, 네덜란드의 풍경들, 반 루이스달, 윌렘 반 데 벨데, 호베마 등에서 물과 하늘이 어우러지는 풍경이 등장한다. 또한 물과 안개의 이 회화는 자신의 고유한 테크닉을 발견하는데 그것은 '수채화'이다. 모로코 여행 기록을 수채화로 남긴 들라크루와, 터너, 토마스 거틴, 그리고 라울 뒤피는 수채화를 완벽한 경지에 이르게 한다. 또한 제욱시스의 거울에서는 자연이 중심이 되는 '풍경화'와 '정물화'가 주종을 이룬다. 그리고 즐겨 다루는 주제들은 종교화의 경우 '야외의 광경들'이다 특히 파티니르에 자주 나타나는 이집트로의 도피, 요단강에서의 세례, 사막의 선지자들, 타오르는 덤불숲 등이 중요한 모티브이며 또한 늙은 장로들이 엿보는 수잔나의 목욕장면, 야외에서 목욕 풍경, 신화적인 다이아나가 목욕하다 놀라는 모습, 그리고 보나르의 목욕 풍경에 이르기까지 다양하게 목욕과 자연의 주제가 나타난다.

4. "피그말리온의 거울"

두 번째의 원형적 거울은 피그말리온 거울이다. 피그말리온은 사이프러스의 왕이면서 동시에 조각가이다. 오비디우스의 『변신이야기』에 의하면 피그말리온은 자신이 만든 상아의 조각상을 사랑하게 되고, 비너스의 도움을 받아 여인으로 탄생한 조각상을 갈라테이아라고 부르게 된다. 제욱시스의 거울이 외부를 향해 있다면 피그말리온의 거울은 내부와 깊이를 향한다. 제욱시스와 피그말리온의 경계는 아주 좁다. 반 고흐나, 앙소르, 뭉크에서처럼 표현주의가 사실주의적 인상주의에서 나온 것처럼 보이기도 하고, 또는 르냉이나 필립 드 샹패뉴같은 사실주의자들의 예술과 카라바조, 조르쥬 드 라 투르처럼 빛을 강조하는 화가들의 표현주의와는 많은 공통점이 있다. 이 두 거울은 서로 반대되기 때문이다.[10] 하나는 빛을 추구하고 다른 하나는 어둠을 추구한다는 차이, 그리

10 표현주의의 선구자로서 반 고흐, 뭉크, 앙소르의 역할에 대해서는 김영나, 『서양 현대 미술의 기원 1880-1914』, 시공사, 1997 참조. 카라바조와 조르쥬 드 라 투르를 표현주의라고 부를 때의 표현주의의 의미는 20세기 독일 표현주의에만 한정된 것은 아니다. 이때의 표현주의는 인간의 감정과 욕망을 표현하는 예술

고 "밤"의 영역에 속하면서 그 둘은 "종합적" 구조와 "신비적" 구조의 차이이다. 그러나 무엇보다도 이탈리아의 르네상스에서 나온 '장식주의'에 대하여 사실주의보다도 더욱 강렬하게 반대한다는 점에서 북유럽, 플랑드르, 라인 강변의 알사스 지역에서 전개되는 표현주의의 강력한 특성들이 나타난다.

이미 12세기부터 라인 강 너머에서는 '자유정신을 지닌 형제들'이라는 수많은 이교도들이 프란체스코주의를 변형하여 자연에 대한 예찬이 아닌 예수에 대한 예찬, 즉 살아있고 고통 받고 십자가에 못 박혀 죽어가는 예수를 예찬하며, 후일 루터의 종교개혁에 이르는 라인 강 쪽의 길을 열어놓는다. 특히 이 지역에서는 신비주의적 경향이 두드러진다. 여자 음악가인 빙엔의 힐데가르트가 12세기부터 이미 독일의 신비주의 흐름을 시작하고, 뒤이어 도미니크 수도사들인 마이스터 에크하르트, 요하네스 타울러, 하인리히 수소 등이 자신들의 신비주의를 궁정의 사랑을 모델로 삼는다. 이러한 신비주의가 퍼져있는 독일에서는 그 영혼이 아니마적 성격을 띠게 되고, 또 다른 성녀 비르기타의 표현주의적인 계시는 2세기 후인 1502 년 뉘른베르크에서 독일어로 번역되어 마티아스 그루네발트에게 영감을 주기도 한다. 이러한 신비주의적 경향, 아니마적인 경향은 점차로 종교개혁으로 변모하고, 미술과 조형 수단들의 성상 파괴적 제한에 직면하게 되며, 동시에 음악적 표현주의의 폭발에 이르는 길을 열어 놓는다. 영혼의 신비주의의 개화는 결정적으로 루터의 도움으로 독일의 것이 되는데, 루터는 어떤 작품들과 제도들보다도 영혼의 의도와 신앙심을 우위에 둔다. 서양의 교황중심주의적 장식주의에 반대하는 음악이 루터와 개혁된 교회의 대중음악으로부터 생겨나게 되는 것이다. 그래서 "종교 개혁이 승리한 곳에서 표현주의가 싹 튼 것은 놀랄 일이 아니다"라고 뒤랑은 강조한다.[11] 자기 스스로 공감하거나 혹

이라는 폭넓은 의미이다.

ⓒ Casper David Friedrich

[그림 2] 해안의 수도승 (1808-10)

은 종교 개혁에 투신했던 루카스 크라나흐, 뒤러, 혹은 렘브란트 같은 화가들도 있고, 종교 개혁가들의 감수성을 지닌 뜨거운 풍토에 젖어 있던 그루네발트나 알트도르퍼 같은 화가들도 있다. 분명 크라나흐나 뒤러 같은 루터 파의 화가들의 존재나 그루네발트, 비츠, 발둥 같은 화가들의 명성에도 불구하고, 바흐에서 모차르트와 후기의 하이든, 그리고 그 옆에 낭만주의 음악의 거장들, 베토벤, 슈베르트, 슈만, 브람스 그리고 바그너에 이르는 음악의 발전 속에서 독일 예술의 표현과 아니무스와 아니마의 은밀한 드라마의 표현이 명확해 진다.

자콥 뵈메가 '진정한 심리학'이라고 부른 것을 통해 독일 낭만주의 화가인 카스파 다비드 프리드리히에서 표현주의 화가인 에밀 놀데에 이르는 길이 이 음악적 표현을 따르고 결국 표현주의 영화에 이르게 된다. 또 다른 길을 통해 피그말리온의 거울은 이차적이고 숨겨진 의미의 표현성올 겨냥하는 상징주의 회화와 오딜롱 르동, 브레스댕, 구스타브 모

11 Gilbert Durand, 「Les climats de la théophanie」 in *Cahiers de l'Université Saint-Jean de Jérusalem*, n° 12, Berg, 1986 참조.

로의 연장된 운동이라는 점에서의 초현실주의를 향한다. 일반적으로 피그말리온의 거울, 표현주의의 범위는 게르만 국가들의 범위 안에 위치한다. 전형적인 다비드 프리드리히에서 다리파 운동에 이르기까지, 스위스의 퓨슬리, 스위스의 호들러와 자코메티, 노르웨이의 뭉크, 또 다른 스위스인 뵈클린—바그너가 자신의 오페라 4부작의 장식을 의뢰하기를 꿈꾸었던—, 그리고 오스트리아의 코코슈카, 로베르트 비네, 오스트리아인인 프리츠 랑, 덴마크인인 칼 테오도르 드레이어의 영화사의 표현주의에 이르기까지 그 범위는 다양하다. 바로 이 게르만의 움직임 속에서, 그리고 스칸디나비아, 라인강, 스위스, 오스트리아, 헝가리 등의 불확실하고 역동감있는 움직임 속에서 피그말리온의 거울이 표현되고 갈라테이아의 영혼이 가장 잘 구현된다.

피그말리온의 특징은 우선 제욱시스의 거울과 비교하여 보면 단순한 사실주의가 색채를 통해 세계의 빛나는 평면을 지배한다면, 표현적 초현실은 '가치들'의 대조에 의해 평면을 파내어 속으로 들어가는 것이다. 우선은 '명암법'과 루미니즘(luminisme)의 테크닉에 의해서이다. 이탈리아 회화의 스캔들이라고 불리는 카라바조, 그리고 리베라, 조르쥬 드 라투르, 혼트로스트, 헨드릭 테르브루겐, 반 바르뷔렌, 그리고 렘브란트에서 보이는 특성, 즉 각각의 차이에도 불구하고 창문이나 촛불에 의해 또는 렘브란트에서처럼 모티브 자체가 빛나는 빛의 품귀현상 —무엇인가 보석처럼 귀하고 소중하게 보이는—에 집약되는 카라바지즘이 그것이다 여기에서 빛은 의미를 갖고, 어둠의 '가치부여'에 의해 형상화된다.

이러한 '가치들'의 가치부여 작업, 즉 명암법의 직접적인 결과는 "팔레트를 단색주의 그 자체에 이를 정도로 제한하는 것이다"고 뒤랑은 강조한다.[12] 즉 드 라 투르에서 보이는 붉은 빛 도는 황색, 렘브란트의 금

12 Gilbert Durand, *Beaux-Arts et Archétype*, p.47.

ⓒ Hubert Robert

[그림 3] 폐허가 된 루브르 그랑갤러리의 상상도 (1796)

빛 갈색, 터너가 인상주의에서 표현주의로 넘어갈 때 노랑 바탕위에 배나 연기나 바위의 검은 실루엣이 보여주는 오렌지 빛 노랑, 그리고 다비드 프리드리히의 석양 하늘이 보여주는 분홍빛의 자주색, 프랑스의 보기 드문 표현주의 화가인 루오에서도 나타나는 구스타브 모로의 금색이 도는 청동 빛 녹색 등이 있다. 이런 단색주의의 절정은 '판화'와 '동판화'이다. 표현주의의 대표적인 화가들은 위대한 판화가들이다. 뒤러와 렘브란트가 있고, <전쟁의 비참>, <변덕>, <속담> 등의 고야, 그리고 알트도르퍼, 리베라, 칼로, 도미에, 구스타브 도레, 뭉크, 르동, 알프레드 쿠빈, 오스카 코코슈카 등이 있다. 라인 강을 사랑하는 빅톨 위고의 수묵화는 판화에 가까운 표현주의적 시각을 보여준다.

명암법에 연결되는 또 다른 기법은 오브제의 '고립'과 '희소화'라고 뒤랑은 명명한다.[13] 이 기법은 레디메이드의 초현실주의자의 기법의 본질이며, 이미 고야, 도미에, 구스타브 모로, 퓌비 드 샤반, 오딜롱 르동,

13. 위의 책, p.48.

페르난드 크노프, 클림트, 쿠빈 에곤 실레 등의 작품에서 드문 인물들과 의미 있는 동작의 부조 속에서 의식적으로 나타났었다. 이 의미론적 '희소화'의 결과는 종종 추함, 불안함, 끔찍함, 또는 단순히 불균형의 강조에 집중됨으로써 강화된다. 이런 점이 일찍 뒤러나 특히 그루네발트에서 나타나고, 기형학에 대한 스페인 회화의 깊은 취향이기도 한데 리베라에서 벨라스케즈와 뮤릴료를 거쳐 고야에 이르기까지 그리고 현대 브라질 화가인 리마 드 프레타스(Lima de Freitas)에서도 나타나고 있다. 그러나 이 표현적인 추함에 대한 취향은 도미에의 커리커쳐, 뭉크의 <외침>이라는 회화적인 표현, 앙소르나 알프레드 쿠빈, 펠리시앙 롭에서 보이는 괴물이나 죽음의 유령들, 그리고 모로나 클림트에서 보이는 히드라, 사이렌, 흡혈귀의 주제에서도 나타난다. 잘려진 목이라는 주제로 육체의 '희소화'에 대한 취향은 제리코에서 상징주의자들의 수많은 오르페우스와 세례 요한의 걸작에서 보인다.

공기가 희박하고 초점이 강조된 이 표현주의자들의 작품에서는 자연히 사실주의에 소중한 야외파와 풍경화의 썰물 현상이 나타난다. '폐허'는 보쉬, 뒤러, 프리드리히, 위베르 로베르, 토마스 거틴 등에서 항시 나타나는 주제 요소이다. 공간적인 배경은 지하실, 지하 예배당, 벽감(壁龕), 선술집, 여관, 무덤이다. 물과 하늘이 인상주의자들이 선호하는 주제였다면 루미니즘이 선호하는 것은 불이다. 라 투르에게서 나타나는 수많은 명암의 촛불들이나 예수를 부인하는 성인 베드로의 얼굴을 밝혀주는 화로의 불, 소돔 화재나 지옥이나 대장간의 불 등이 있다.

그 외에 표현주의 예술에 있어서 짝을 이루어 나타나는, 거의 '증후'라고 부를 수 있는 특징이 있다. 그것은 '등을 보이고 나타나는 등장인물들'과 '거울'의 특이한 사용이다 이 모티브는 와토와 베르메르, 특히 <아틀리에>에서 나타는데 거기서 등을 보이는 예술가가 중심인물이고, 또한 낭만적 표현주의의 대가라 할 수 있는 프리드리히의 수많은 그림들과 발튀스에게서 볼 수 있다. 이 등을 보이는 인물이 거울과 연결될 때 더욱 의미 있는데 이 거울이 얼굴의 전면 혹은 부분을 비출 때이다. 와토의 <제르생의 간판>에서는 등을 보이는 사람과 거울이 등장한다. 등과 거울의 명확한 관계는 덴마크의 크리스토퍼 빌헬름 엑커스베르크의 <거울 앞의 여인>에 잘 나타난다. 그 외의 걸작으로는 벨라스케스의 <비너스>, 조르쥬 드 라 투르의 <이중 촛불 앞의 막달라 마리아>와 엠마뉴엘 드 비트의 뛰어난 <클라브생이 있는 실내>가 있다.

그런데 "거울과 등의 결합의 의미는 무엇일까, 특히 등을 보이는 것은 남녀양성의 전형적인 포즈인데"라며 뒤랑은 의문을 제기하며 나름대로 답을 찾는다.[14] 아마도 그것은 '남녀양성'이 열쇠가 될 수 있을 것이다 암시하기 위해 숨기는 것, 이차적인 의미를 드러내기 위해 숨기는 것, 바로 상징주의의 기법이 그것이다. 명확하지 않고 암시하는 회화, 유명한 음악적 비의미성과 유사한 암시에 의해 열려져 있는 비의미성이 바로 그것이다. 렘브란트나 고야의 심리적인 깊이는 베토벤이나 슈베르트의 암시적인 다성 음악과 유사하다. 등을 보이는 사람은 헤르마프로디토스처럼 우리가 무의식, 남녀 양성적 무의식이라고 부르는 영혼의 깊이를 암시한다. 아니마의 등에 감추어진 아니무스, 아니면 어둠의 부분, 주체의 등이 감추고 있는 보이지 않는 의도의 저주 받은 부분이 아닌가? 그것이 모든 표현주의 회화의 '증상'이 아닐까?

5. "나르키소스의 거울"

뒤랑이 강조하는 세 번째 거울은 나르키소스의 거울로서 신화 속에서 거울에 비친 자신의 모습을 바라보고 즐거움을 찾는 나르키소스처럼

14 위의 책, p.50.

회화적, 선적, 조형적 놀이의 기쁨 속에서 자신을 들여다보는 거울이다. 인간에게는 근본적으로 공리주의에 반대하는 미학주의라는 부를 수 있는 영원한 부분이 존재하는데, 선과 색채들의 형식적인 놀이에 대한 취미라던가 혹은 고대 예술에 있어서 목동이 지팡이나 순록의 뼈에 새겨 넣는 추상 형태에서부터 현대 회화에 있어서 몬드리안, 에르뱅, 바사렐리, 그리고 조르쥬 마티유가 선구자인 엄격한 '서정적 추상'에 이르기까지 추상회화를 가로지르는 '예술을 위한 예술'의 경향이 존재한다. 물론 그리스의 부조와 장식적인 프리즈, 르네상스 시대가 그렇게도 좋아했던 로마의 메달 양식, 그리고 모던 스타일에서 다시 나타나는 아라베스크 문양들도 모두 거기에 포함된다.

르네상스 시대에 실험되고 이론화된 서양 원근법이라는 '거대한 놀이' 속에서 '사실주의'라는 이름하에, 그리고 '눈속임'이라는 세련된 기술 하에 원근법적 배치의 놀라운 솜씨가 전개된다. 그러나 오해하지 말자. 여기서 중요한 것은 눈속임의 놀이이고 대상물은 단지 핑계이자 함정일 뿐이다. 그리고 항상 '사실주의' 기교들은 피에로 델라 프란체스카나 우첼로의 <전투화>, 바티칸의 라파엘로 벽화, 시스틴 성당 천장화의 미켈란젤로에서처럼 장식적 구성주의에 종속된다.[15] 입체파 화가들과 거기서 나온 추상주의자들이 피에로 델라 프란체스카의 후계자들이며 또는 앙드레 로트처럼 조바니 벨리니의 후계자이다. 그리고 항상 레제와 그로매르, 그리고 특히 로트에게 있어서는 이 건축적 통합의 의지, 각 주제의 일화적 의미 보다는 전체 기념비적 성격을 추구하려는 경향

15 영혼의 음악적 표현을 위한 회화적 표현주의와는 반대로 여기서 음악은 모든 재현과 모든 회화적, 건축적 혹은 조형적 장중함에 종속된다. 북유럽 오페라의 심각함과 이탈리아 반도의 경박함(buffa)과 뛰어난 솜씨, 글룩과 피치니, 바그너와 로시니 그리고 신교도의 칸타타와 오라토리오 수도회의 경쟁적 오라토리오 사이의 음악적 물결의 진정한 분할이 생겨난다. 한쪽에서는 명상이고 다른 한쪽에서는 교회의 승리이다. 특히 뒤랑의 바그너에 대한 해석은 위의 책, p.84 이하 참조.

이 나타난다.

나르키소스의 거울의 반영들을 짤 수 있는 것은 이탈리아 장식뿐이다. 분명히 '현대' 회화가 조토, 그리고 그의 학파와 함께 이탈리아에서 태어난 것은 의미가 있다. 특히 이탈리아의 예술을 이야기 할 때 조심해야 할 사항은 단수의 이탈리아가 아닌 여러 도시로 이루어진 복수의 이탈리아를 염두에 두어야 한다는 것이다. 피렌체 정면에 로마가 있고, 제노바와 경쟁적인 베니스, 곧 스페인풍으로 변하는 나폴리, 피사, 루까, 베로나 등이 있는 이 복수의 이탈리아에 있어서 도시들 간의 경쟁과 이 대조를 가로지르는 하나의 상수 같은 것이 있다. 그것은 바로 '위대한 건축물'이라고 뒤랑은 지적한다.

현대 회화의 여명기에 조토가 성 프란체스코 성당(아시시)에서 찾은 것은 벽이었으며, 도미니코 기르란다이요와 우첼로가 산타 마리아 노벨라 성당(피렌체)에서 찾은 것도 벽이었고, 피사넬로는 아나스타시아 교회(베로나), 바티칸과 시스틴 성당에는 위대한 로마인들인 라파엘로, 미켈란젤로가 있고, 그리고 베네치아인들, 즉 산 로코 학교(베니스)의 틴토레토, 산 세바스티아노, 바르바로 빌라, 두칼레 궁전(베니스)의 베로네제, 그리고 라비아 궁(베니스)의 티에폴로 등이 있다 반종교개혁은 스펙터클한 장식에 대한 취향을 과장시켜 바치치오는 로마의 제수 교회의 둥근 천장을 그렸고, 안드레아 포조는 성 이냐시오 성당(로마)의 천장화를 그렸고, 가족이 이탈리아 출신인 후기 세잔의 바로크적인 구성에서 이러한 장식성을 볼 수 있으며, 아마데오 모딜리아니의 나부의 부드러운 구성에서도 이 장식성을 볼 수 있다. 분명 이탈리아는 마넬리를 제외하고는 추상 미술을 선택받은 국가는 아니지만 그 추상미술의 구조는 분명히 입체파에 의해 피에로 델라 프란체스카와 유사하다.

나르키소스 거울의 범위는 원근법이라는 무한한 놀이와 기념비적인 리듬에 맞추어져야 하고, 제욱시스와 피그말리온의 거울은 채색삽화,

판화, 받침대 그림의 작고 중간 크기의 축소화를 요구한다. 나르키소스의 거울에서는 자연의 색채나 표현이 극화하는 가치들보다도 최우선으로 중요한 것은 '공간 구조의 정복'이며 그 수단은 선, 즉 데생이다. 프라 안젤리코에서 조토의 명확한 형태와 라파엘로, 보티첼리, 만테냐, 벨리니, 우첼로를 거쳐 레오나르도 다빈치의 뛰어난 데생까지 수많은 준비 데생을 통해 원근법의 발견과 거기서 나오는 무한한 놀이에 감탄할 수 있다. 또한 이들의 공통적인 관심사는 두치오, 조토, 트라스테베레 산타마리아 성당의 카발리니, 티에폴로, 그리고 키리코에 이르기까지 이탈리아 예술, 피렌체, 로마, 베네치아 등의 모든 예술에 있어서 '건축물'이라는 주제에 대한 선호가 나타난다. 피사넬로와 소도마, 틴토레토, 베로네제 등의 그림들에 두드러진 이러한 건축물에 대한 취향은 자연히 건축물의 균형에 대한 취향으로 이끌게 된다. 그 대표적이 예는 시스틴 성당의 페루지노의 <성 베드로에게 천국의 열쇠를 주는 예수>, 바티칸 궁의 피나코테크의 멜로조 다 포를리의 작품과 시스틴 성당의 라파엘로의 <아테네 학당>, 시스틴 성당 천장화에서 미켈란젤로의 눈속임의 건축물적 모티브 등이 있고, 그 대표적인 작품은 피에로 델라 프란체스카가 그린 우르비노의 궁의 <이상적 도시>이다. 이 장식적인 커다란 놀이

ⓒ Masaccio

[그림 4] 세금을 바치는 예수 (1401-27 또는 28) 에 나타난 원근법

에서 건축물이 부재할 때는 건축물들을 대신하는 기하학적 바위들을 쌓아놓은 모습이 등장하는데, 카르파치오, 조바니 벨리니, 또는 만테냐에게서 나타나고 틴토레토에게는 하늘의 거대한 물질적 구름에서 거석과 기념물에 대한 취향이 나타나기도 한다.

균형 있는 구성과 '건축물'의 원근법에 대한 취향은 자연히 눈속임의 놀이로 이끈다. 조토의 소심한 돋을새김에서부터 회화적 수단에 의해 조형적 눈속임이 정착되는 것을 알 수 있다. 주지하다시피 원근법 전체는 삼차원의 세계를 이차원의 세계로 표현하는 눈속임이다. 미켈란젤로의 조형주의는 프레스코화의 단일 면에 조각가의 시선을 더하면서 이 놀이에 색조를 가하고, 마제에 있는 바르바로 빌라의 베로네제와 틴토레토의 단축법에서 가장 뛰어난 바로크는 이 눈속임에 몰두하는데, 제수교회의 천장화(바치치오)와 성 이그나티우스 성당(안드레아 포조)이 그것이고, 또한 거대한 티에폴로의 작품들이 있다.

건축물과 조형성을 회화 재현 자체에 통합시킨 장식주의 회화의 승리는 또한 테크닉 자체 즉 '프레스코화'라는 테크닉에 의한 건축물의 승리이다. 무엇보다도 비잔틴의 모자이크에 뒤이어 나타난 프레스코화는 건축가들의 회반죽과 초벽에서 나온 예술로서, 바티칸의 교황 개인 도서실, 시스틴 성당, 아시스, 라비아 빌라, 마제의 바르바로 빌라 등에서 두드러지게 나타난다. 표현주의의 '징후'처럼 나르시스의 거울의 큰 특징은 그리스의 부조와 로마의 메달에서 영향을 받고 초상화 장르에서 많이 나타나는 '옆모습'에 대한 선호이다. 조토, 피사넬로, 보티첼리, 만테냐, 브론

ⓒ Antonio del Pollaiuo

[그림 5] 여인초상화(1470~75)

치노, 그리고 레오나르도 다 빈치의 그림에서도 나타나고, 안토니오 폴라이올로의 <여인 초상화>에서는 진주로 장식한 땋아 올린 머리에 의해 대각선적인 균형이 우아함을 더해준다 또 다른 징후는 '손의 움직임'이다. 뒤부아가 매너리즘의 특성으로 지적했지만 레오나르도 다 빈치와 미켈란젤로의 작품에서도 나타나고 틴토레토, 파르미지아니노, 브론치노에서도 두드러지게 나타난다.[16]

6. 상상계 분석의 의의

지금까지 살펴 본 세 개의 원형적 거울을 요약해 보자. 첫 째는 '제욱시스'의 거울로서 사실주의 예술이라고 불리며 지역적으로는 프랑스와 네덜란드를 중심으로 발전하였고. 철학적으로 객관적이고 자연적인 실재가 존재한다고 믿는다. 종교적으로는 긍정적이며 원죄를 극복한다는 주장으로서 항상 "자연은 아름답고 우리를 초대하고 있다"고 외친다. 시기적으로는 12세기 이후의 프란체스코의 교리와 17세기의 태양 왕 시대, 그리고 19세기의 실증주의와 20세기의 사회주의적 사실주의가 이 거울에 해당한다. 두 번째는 '피그말리온'의 거울로서 표현주의 예술이라고 불리며 의도와 영혼의 거울이라 할 수 있다. 자연과 대립하려는 아우구스티누스의 철학을 담고 있으며 제욱시스의 거울이 주장하는 진리와 나르키소스의 거울이 주장하는 아름다움의 교리보다는 "내가 열정적으로 갈라테이아를 사랑하는데 그녀가 아름답던 아니던 무슨 상관인가?"라는 질문을 던지는 거울이다. 지역적으로 게르만 국가들과 북유럽의 예술들을 포함한다. 그리고 마지막으로는 '나르키소스'의 거울로서

16 나르키소스 거울의 특정을 잘 설명하고 있는 서적은 Claude-Gilbert Dubois의 *L'imaginaire de Ja Renaissance*, P.U.F., 1985와 *Le Baroque, profondeur de l'apparence*, Larousse, 1973이다.

장식주의 예술이라고 불리며 하나의 작품은 주관적인 표현이나 객관적인 인상이 종속되어야 할 장식적인 표면에 불과하다는 주장이다. 나르키소스 거울의 입장에서는 작품만이 선과 악을 떠나서 존재할 수 있는 유일한 실재이다 제욱시스의 거울과 피그말리온의 거울은 영혼의 색채와 가치에 따른 밤의 체제에 속하고 나르키소스의 거울은 낮의 체제에 속한다.

서양의 미술사를 상상계의 세 구조로 설명하려는 시도는 매혹적이다. 그러나 뒤랑 자신이 『예술과 원형들』의 부제를 '예술의 종교'라고 붙였듯이 서양의 예술 세계를 살피면서 그 원형을 통해 예술의 종교성을 이해하는 데는 큰 도움을 주지만, 20세기 이후의 다양한 흐름들을 설명하기에는 아직도 조금 더 세밀하게 가다듬어야 할 필요가 있다. 예를 들어 세잔의 경우에는 제욱시스의 거울과 피그말리온의 거울, 그리고 나르키소스의 거울 역시 모두 나타나는데, 한 화가에서 나타나는 다양한 세 구조의 성격을 어떻게 설명한 것인가 하는 물음에는 충분한 해답을 주고 있지 못하다. 그러나 현대의 다양한 예술 세계를 이해하는데 있어서 역사의 선조적인 이해만을 요구하는 결정론에 대하여 뒤랑의 예술 이해는 좀 더 폭 넓은 인간 이해의 한 방법을 보여준다고 할 수 있다.

4

바슐라르의 윤리적 상상력과 풍경의 상상학

— 『풍경』에 대한 새로운 접근과 해석

박 치 완

"나는 사람들이 지금보다 세상이 개발되기 이전에 훨씬 더 행복했다고 확신한다."

- H. 노르베리-호지, 『오래된 미래』

"정보화 사회라는 오늘날, 고전 풍경은 시들어가고 정감어린 거리의 풍경은 갈기갈기 찢겼다. 그리고 한편에는 공업화가 가져다준 평범하고 건조한 거리와 무흥삭막(無興索漠)한 거대한 몸집에다 눈에 거슬리는 생산 장치가 벌거벗은 채로 내동댕이쳐져 있을 뿐이다."

- 나카무라 요시오, 『풍경의 쾌락』

1. 기기(機器)의 수인(囚人)이 되어가는 현대인

에덴동산에서 쫓겨난 인간은 자연을 지배하며 자신의 삶을 일구어야 하는 숙명을 타고난 존재이다. 현대의 기술문명도, 비록 인류에게 전에 없는 삶의 풍요와 편의를 제공하고는 있지만, 이 또한 인간의 자연 지배의 결과가 아닐 수 없다. 애써 노동하지 않고도 자연과 더불어 잘 살 수 있었던 '자연인'은 이제 자연 및 동료 인간과 투쟁해서 그가 필요로 하는 것들을 구하지 않으면 안 되는 호모 루푸스(homo lupus)로 전락한 것이다.

현대인이 누리는 풍요와 편의는 그렇다면 진정한 행복의 조건이며 온 인류가 추구해야 할 미래의 사회상일까? 굳이 에덴동산의 비유를 끌어들이지 않더라도, 그렇다고 감히 대답하기는 쉽지 않을 것이다. 때문에 우리가 자동차가 인간의 두 다리를 대신하고, TV가 두 눈을 대신해준다며 기술문명의 진보에 감사만만(感謝萬萬)해 할 필요도 없고, 기기들에 더 가까워지고 친숙해지지 못 해 안달복달해야 할 이유도 없는 듯하다. 이런 기준에서 보면, H. M. 맥루한의 "기기가 인간 신체의 감각기관을 확장시켜주었다"는, 다소 해괴(駭怪)한 현대의 기술문명사회에 대한 분석은 심히 의심이 간다. 기기에 수숙(手熟)한 현대인들이 자신의 코나 귀, 눈을 기기들이 대신할 수 있다고 착각하는데 오히려 문제가 있다고 판단되기 때문이다. 그렇게 기기들의 기능을 자신의 감각기관의 생체적 기능보다 더 신임하며, 소위 '테크놀로지의 인간화'라는 허위 광고에 속고 있을 때인가?

역운(逆運)의 비극은, 기기들에 의탁하지 않고서는 살아갈 수 없는 것이 현대인의 삶이라는, 여전히 많은 사람들이 기기들이 자신의 신체적 한계를 확장시켜 준다고 믿는다는데, 있다. 그렇다면 '그' 현대인은 이미 자율적 인간, 즉 주체로서의 자격을 상실한 것 아닌가? 그렇다. 현대문명이 요구하는 인간상은 더 이상 자율적 인간, 자연과 더불어 사는 자연인이 아니라 오히려 기기 사용에 능통한 자, 즉 기기나 정보의 조작자 및 제작자로 변했다.[1] 모순어법 같아 보이는 표현이긴 하지만, '현대의 자연인'은 이렇게 기기 편애적인 기애인(機愛人)의 눈으로 평가할 때 19

세기의 인류학자들의 평가(미개인)와는 달리 기기사용으로부터 자유롭지 못한 자라고 정의될 수 있을 것이다. 현대의 자연인이란, 보다 직접적으로 표현해, '컴맹'에 다른 호명일 수 있고, '정보거지'라 지칭해도 무방하지 않을까 싶다. 결국 인터넷 등 최첨단 전자기기들에 손발이 자유롭지 못한 자가 현대의 비문명인, 즉 미개화인인 셈이다.

그뿐인가. 설상가상으로 현대의 모든 인간은 기신(機神)의 일종인 사텔리트를 통해 철저히 감시·통제받고 있다. 감시와 통제는 단지 신체에만 국한되어 있지 않고, 선호, 취미, 욕망, 정신까지도 포함된다. 이런 상황에서 현대인은 새로운 기기의 생산자들에 의해서는 한낱 '부품' 정도로, 그리고 거대자본가들에 의해서는 단순한 '거래 품목' 정도로 여겨지기 십상이다. 그들의 눈에 비친 '아날로그인'은 그러니까 전지구적 차원에서 작동되어야 할 감시와 통제시스템을 방해하는 일종의 바이러스, 혼란변수(variables confondantes) 정도에 그친다. 결국 통제·감시율이 높고 강화될수록 현대의 자연인은 점점 설자리를 잃게 될 것이 뻔하고, 역설적으로 '통제, 감시 속의 자유'라는 모순을 감내해야 생존이 가능한 시대에 우리는 살고 있다.

한 마디로 말해, 인간 위에 기기가 존재하고, 진리 위에 속임수가 권력을 행사하고 있는 것이다. 이 장에서 우리가 '오래된 미래'의 대변가라고 할 수 있는[2] 가스통 바슐라르의 『풍경 - 알베르 플로꽁의 판화에

---

1 빌렘 플루서, 『피상성 예찬』, 김성재 옮김, 커뮤니케이션북스, 2004, pp.39~40 참조.

2 헬레나 노르베리-헤지, 『오래된 미래: 라다크로부터 배운다』, 김종철 등 역, 녹색평론사, 2001 참조. 저자는 이 책에서 현대산업사회의 문제점들을 폭로하면서 경제 개발이 사회와 환경에 미치는 영향을 새로운 각도에서 연구하고 있다. 급속한 현대화(정보화)에 직면하여 문화적 정체성을 고민하고 있는 현대인들에게 시사하는 바가 많은 책이라 생각되며, 그의 제안대로 우리는 '생태적 지혜'를 통해 '함께 행복하게 살 수 있는' 방법을 배워야 할 것이다, 여기서 우리가 바슐라르를 "'오래된 미래'의 대변가"라고 칭한 이유는 바슐라르 역시도 노르베리-헤지 이상으로 인간을 자연적 세계, 자연 상태의 세계로 유도하고자 그의

대한 한 철학자의 노트』를 중심으로 이상에서 일별한 현대문명의 일그러진 풍경을 '의심의 시험대' 위에 올려놓아보려는 이유가 여기에 있다.[3] 상상력의 마술사 바슐라르는, 그가 만일 생존해 있다면 현대의 우리가 직면한 기술문명의 폐해에 대해 어떻게 반응하고 또 어떻게 대처했을까? 기술문명의 한 극단적 결과로 나타난 현대의 환경 문제에 대해서는 과연 어떤 치유책을 제시했을까? 이 장에서 우리는 바슐라르가 1950년에 독일계 프랑스 판화가인 플로꽁(Albert Flocon, 1909~1994)의 판화작품들에 대해 비평한 『풍경』을 집중 분석하고 또 필자 나름의 해석을 덧대면서 그의 널리 알려진 시적·질료적 상상력, 다시 말해 소위 '아날로그적 상상력' 개념에 이제는 '윤리적'이라는 부가형용어를 부여해야 할 때가 되었다고, 감히 제안해보고자 한다.[4] 부언컨대 상상력의 현실 참여적이고 치유적인 성격이 절실히 요청되고 있는 상황이 바로

상상력의 철학을 전개시켰다고 믿기 때문이다.

3 이 장의 분석 텍스트는 이가림이 번역한 『풍경』(열화당, 1982)이며, 필요하다고 판단되는 경우에 한해 불어를 병기했다. 바슐라르는 이 책에서 플로꽁의 15개의 판화작품에 대해 비평하고[같은 글이 『꿈꿀 權利』, 이가림 역, 열화당, 1980, pp.112~142에도 수록되어 있음]있으며, 논의의 편의를 위해 우리는 일련번호만 붙어 있는 각 장을 「풍경 1」, 「풍경 2」와 같이 표기하기로 한다. 그리고 참고로 바슐라르는 4원소에 관한 주저들을 출판한 이후에 이 책, 즉 *Paysages. Etudes pour quinze burins d'Albert Flocon,* (Eynard, Suisse, 1950)을 출판했다는 점에 우리의 관심을 집중시킬 필요가 있다. 왜냐하면 그는 그동안 그가 4원소에 관해 참고했던 시인, 작가, 철학자들에게서는 발견할 수 없었던 상상력의 새로운 면모와 신선함을 판화가 플로꽁의 작업에서 발견했노라고 적고 있기 때문이다: "철학자의 풍경, 사고된 풍경은 판판하고 또 조직적으로 판판하여 때때로 판판하다는 것을 자랑삼기도 한다. 기묘한 형이상학적 세계 지배인 이것은, 세계가 멀어지고, 작아지고, 창백해지고, 부정되고, 소실되어갈 때에만 스스로를 의식하는 것이다! 그런 만큼 철학자[바슐라르 본인]에게는 판화로부터 다가오는 구체적이고 단순하며 직접적인 부추김이 얼마나 신선한 것이겠는가! 사실 판화가는, 화가가 우리에게 빛의 가치를 가르쳐주는 것과 같은 스타일로 힘의 가치(valeurs des forces)를 재발견하게 해준다."(위의 책, p.21)

4 최근 윤리학 연구자들 중에서도 이 장에서 우리가 강조한 상상력의 역할을 전통의 이성 중심의 합리주의적 윤리학의 대안으로 제시한 M. 존슨 같은 이도 있다. 자세한 논구는 노양진, 「상상력의 윤리적 함의」, 『범한철학』 제41집, 2006 참조.

현대라고 생각하기 때문에, 그의 상상력에 대한 연구도 이제는 새로운 해석이 필요하다는 필자의 나름의 지론을 펴보려는 것이다. 필자의 이와 같은 의사 전개는 물론 『풍경』을 충실히 따르는 것과 다소 거리가 있을 수 있다. 다시 말해 플로꽁의 판화작품들에 대한 바슐라르의 해석을 직접 따라가기보다는 플로꽁의 판화작품들에서 필자가 받은 인상을 바슐라르의 상상력 개념 전체와 연결시켜 상상력의 새로운 방향을 제시해보는데 목표를 두고 있다. 이 장의 목표가 여기에 있기에 우리는 일반적으로 판화 작업이 갖는 장르적 특징을 부각시키는데 천착하기보다는[5] 플로꽁의 판화 작품들이 우리에게 제시하고자 하는 것이 무엇인지에 초점을 두어 필자의 유다른 해석을 소개해보고자 한다.

2. 풍경이 사라진 현대, 상상력의 새로운 역할

"상상력은 허물어진 세계에서는 살 수 없다."[6] 이는 아래에서 우리가

---

5 바슐라르의 플로꽁 해석은 다음 두 인용문에서 확인할 수 있듯, 작품으로서의 판화적 내용보다는 판화 작업 자체가 갖는 장르적 특징에 포커스를 두고 있다: "형태만으로는 충분치 못할 것이다. 수동적으로 베껴낸 형태만으로는, 판화가도 값싼 화가처럼 되어버릴 것이다. 그러나 강력한 판화(énergique gravure)에 있어서 선(trait)은 결코 단순한 외형이 아니며, 또한 나태한 윤곽도, 정지된 형태도 아니다. 판화의 아주 미세한 묘선(trait d'une gravure)도 이미 하나의 탄도(une trajectoire)이며, 하나의 운동(mouvement)이다. (…) 그러기에 묘선은 재료의 덩어리를 이끌고, 동작을 촉진시키며, 질감에 작용하여 형태 전체에 힘(force)과 화살(flèche)과 역동적 생명(êtrte dynamique)을 준다."(가스통 바슐라르, 『풍경』, 열화당, 1982, p.19) "시인의 풍경이 혼의 상태라면, 판화가의 풍경은 하나의 기질, 의지의 격앙, 세계에 대해 작용하려는 견딜 수 없는 행위라고 할 수 있다. (…) 판화가는 자신의 점유 방식의 본질적인 난폭함으로 인해 언제나 한계에 대한 항구적인 저항 속에 있는 것처럼 보인다. (…) 끌의 작업은 이와 같은 적의, 이와 같은 뾰쪽함, 이와 같은 날카로움, 이와 같은 홈, 이와 같은 결단을 요구한다. 다시 한 번 말하거니와, 모든 판화는 힘을 증언한다. 모든 판화는 의지의 몽상(rêverie de la volonté)이며, 건설적인 의지(volonté constructive)의 견딜 수 없는 갈망이다."(같은 책, pp.20~21)

6 위의 책, p.96.

살펴보려는 「풍경 15」에 대한 바슐라르의 지의(志意)가 무엇인지를 명시적으로 표현한 문장이라고 할 수 있다. 필자 나름대로 이를 부언해보자면, 허물어진 세계를 재건하기 위해 필요한 것이 상상력이란 말일 듯하다. 물론 플로꽁이 우리에게 제시하는 판화들이 자연 풍경을 묘사하고 있지는 않다. 그는 주로 『풍경』에서 사막화된 도시, 노동에 지칠 대로 지친 현대인, 폐허화된 거리, 비밀 장소에서의 쾌락 등을 선보이고 있다. 그의 작품들 속에서 우리는 도시화, 문명화된 현대세계의 한 단면을 발견할 수 있으며, 현대의 우리에게 예비되어 있는 불행한 미래를 보는 듯하다고, 감히 그의 전체 작품을 평가할 수 있을 것 같다.

부언컨대 플로꽁의 작품들 속에는 주지의 자연, 행복한 세계·인간상은 전혀 제시되고 있지 않으며, 그가 자신의 예술혼을 불태워 형상화한 장소들 역시 인간이 전혀 행복하게 살 수 있을 것 같아 보이지 않은 그런 폐허화된 도시적 무대뿐이다. 플로꽁이 주되게 묘사하고 있는 세계는 이렇게 문명의 폐기물들이 쌓여가고 있는 지구촌의 어느 구석, 대도시의 외곽 또는 멀지 않은 미래에 우리가 목전에서 직접 그 광경을 볼 수 있음직한 장소들이 대부분이다. 아니, 솔직히 이미 이런 곳이 우리의 문명사회의 곳곳에 존재하고 있다.

「풍경 15」를 다시 보자. 지상엔 파괴되어 가고 있는 콘크리트 구조물만이 남아 있다. 그리고 저 멀리 지평선 위론 모래 먼지들이 일고 있다. 이것은 분명 하나의 예술작품이기 이전에 우리가 우리 주위에서 접할 수 있는 '현실'의 일부분이다. 그리고 「풍경 15」에서 인간 삶의 절반의 세계, 즉 지상계 위를 점유하고 있는 것이 무엇인지 보라. 그것은 다름 아닌 거대하게 형상화되어 있는 뼈다. "내버려진 공사도구들 옆에서 [유독] 그 뼈만은 활동적 존재가 되어"[7] 감상자인 우리의 시선을 빨아들이

---

7 위의 책, p.96.

고 있다. 비틀거리는, 불안해 보이기만 한 뼈!

바로 이것이, 급하게 표현해, 이 작품의 핵심이자 플로꽁의 '도시적 상상력'이 구현된 단면이라 할 수 있다. 플로꽁이 제시한(아니면 염려하는) '미래 도시'는 이렇게 폐허화된 우리의 현실 세계를 앞당겨 재현시켜놓고 있다.

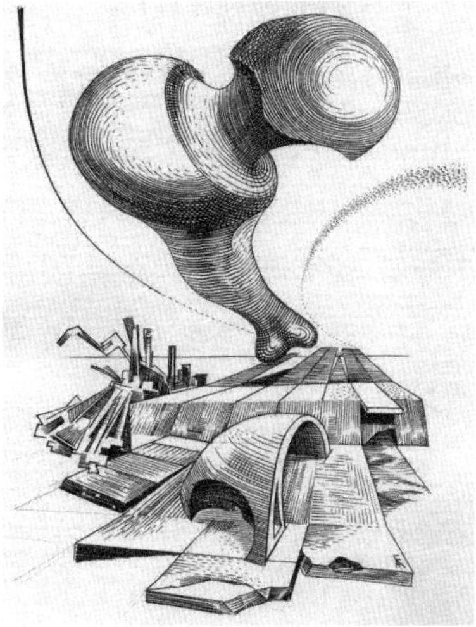

ⓒ『풍경』

[그림 1] 풍경 15

「풍경 15」를 다시 보라! 플로꽁은 인간의 허리를 떠받치고 있는 주골(대퇴골)을 최대화시켜 작품 감상자의 시선을 짓누르기까지 한다. 작업장 위에서 삶을 일구던 노동자들은 모두 떠나고, 뼈가 빠지게 일한 결과를 죽음의 무도회처럼 형상화시켜 놓고 있는 것이다. 이는 마치 작업모를 쓴 한 노동자가 등짐을 못 이겨 비틀거리고 있는 형상과 같지 않은가! 노동자는 제대로 직립하지 못한 채 비틀거리고 있다. 곧 넘어질듯 두 다리마저 불안정하다. 그 비틀거림의 반사작용으로 생긴 "모래 먼지"!

바슐라르는 "아무 것도 이제 더 이상 일하기 위해 살고 있지 않을 때, 그 뼈는 제방을 더욱 견고하게 하는 무겁고 민첩한 '댄서'가 되어 있는 것"[8]이라고 해석하고 있지만, 필자의 생각은 바슐라르와 조금 다르다. 이는 오히려 자신의 무게도 못 이겨 비틀거리고 있는 것이라고 말하는 것이 더 정확한 평가 같아 보이기 때문이다. 그렇게 비틀거리면서 무수한 노동자들의 피와 땀의 의미를 우리 감상자들에게 되묻고 있는 것이

8 위의 책, p.96.

다. 플로꽁에 의해 이렇게나마 작품으로 재현될 수 있었다는 것이 다행이다 싶을 정도로 측은지심을 유발하는 형상이 아닌가! 바슐라르도 부연하고 있듯, “이젠 노동자들도 떠나고 인간의 뼈가 밀려와 맴돌고”[9] 있는 것이 분명하다. 노동자의 뼈가 노동이 끝난, 노동거리가 전혀 없는 작업장 위에서 떠돌고 있는 것이다. 노동거리가 없는 방파제(노동판) 위에 하나의 원혼(冤魂)으로나마 부활하여 먼저 간 동료들을 위해 위령제라도 지내려는 것이다.

그런데 점점이 오른쪽 하늘을 수놓고 있는 그 모래 먼지는 원혼의 시선 아래 있다. 이 점이 필자가 볼 때 매우 중요한 감상 포인트이다. 왜냐하면 그 원혼이 ‘갑’이야, ‘을’이야 동료들의 이름을 불러주고 있는 것으로 판단되기 때문이다. 그 호명에 갑과 을의 울부짖음이 모래 먼지로 되살아난 것이라 생각되기 때문이다. 그 때문에 노동의 상징인 대퇴골이 감상자인 우리와 시선을 마주칠 겨를이 없다. 그들의 이름을 불러주는 것만으로도, 동료들을 하나 둘 기억하며 얼굴을 떠올리는 것만으로도 허리가 굽을 수밖에 없다. 그러니 고개를 숙인 채로 비틀거릴 수밖에...

작업모 밑의 목에 선 실핏줄이 그가 먼저 간 동료들을 얼마나 간절히 불러내려고 하는지를 반증한다 하겠다. 아니 그렇게라도 되살아나 꼭 자신들의 비참하고 소외된 죽음을 온 세상에 알려달라고 모래 먼지는 대퇴골의 두 다리까지 칭칭 묶어두고 있다. 그 대퇴골이 쓰러지는 순간 위령제는 끝날 것이다. 위령제가 끝나고 나면 대퇴골도 풍장(風葬)의 제물이 될 것이다. 그 때는 더 거센 모래 먼지가 일 것이다. 그리고 급기야는 모래 먼지만 남게 될 것이다. 둥근 하늘의 이치를 모르고 개발만을 일삼아온 현대인의 삶은 필경 이렇게 마감될 것이다.[10]

---

9 위의 책, p.96.

10 옛 중국인의 우주관인 “하늘은 둥글고 땅은 각지다”는 <천원지방(天圓地方)>이란 말에서 착안한 것임.

「풍경 15」를 통해 플로꽁이 우리에게 전달하려는 메시지가 바로 이것이다. 우리의 멀지 않은 미래를 이렇게 우리에게 미리 보여줌으로써 사막화되어가고 있는 현대의 문명세계를 겨냥해 경종을 울리고 있는 것이다. 이런 이유 때문에 필자는 앞서 "허물어진 세계를 재건하기 위해 필요한 것이 상상력"이라고 강조했던 것이다. 허물어진 세계를 재건해야 한다는 것 때문에 바슐라르의 지적대로 "플로꽁의 뼈는 우리에게 삶에 대한 가르침을 주고"[11] 있다. 그렇다면 플로꽁이 「풍경 15」를 통해 우리에게 전달하려는 "삶에 대한 가르침"이란 구체적으로 어떤 것일까? 이에 대한 바슐라르의 대답은 『풍경』의 서설에 다음과 같이 잘 표현되어 있다.

> "자연도 또한 우리들과 부딪치는 것으로 존재한다. 그 아름다움조차 평온한 것이 아니다. (…) 세계는 더 이상 사방팔방으로 열려 있는 극장이 아니며, 풍경은 더 이상 산보자를 위한 무대장치나 중심인물이 자신의 모습을 돋보이게 하려는 사진의 배경이 아니다."[12]

여기서 우리는 플로꽁도 바슐라르도 산과 강이 어울린, 인간과 자연이 부딪치지 않고 예전처럼, 다시 말해 '오래된 미래'에서처럼 조화로운, '풍경이 있는 삶'을 희구하고 있다는 것을 확인할 수 있다. 결국 플로꽁과 바슐라르는 풍경이 사라져버린 우리의 현실, 자연환경이 황폐화된 현대의 문명세계를 정확히 겨누고 있는 것이다. 삶의 현장으로부터 점점 물러서는, 말없이 밀려나는 자연환경을 예전처럼 회복했으면 하는 바람이 이들에게 공히 있었던 것이다. 결국 자연환경이 다시 삶의 무대와 배경으로 되돌아와야만 한다고 이들은 절규하고 있는 것이다.

---

11 가스통 바슐라르, 『풍경』, 열화당, 1982, p.96.
12 위의 책, p.20.

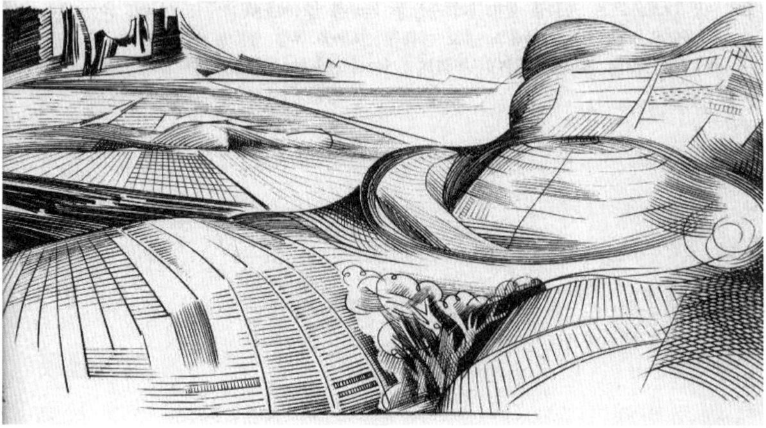

ⓒ『풍경』

[그림 2] 풍경 1

이런 점에서 플로꽁과 바슐라르는 자연보전론자가 아닌 자연보존론자라 할 수 있다.[13] 「풍경 1」과 「풍경 6」에서도 재삼 확인할 수 있듯이, 자연이 신음하고 있는 것은 곧 그 속에서 노동하며 살아가는 인간이 신음하고 있다는 말과 다르지 않다. 인간이 오늘날과 같이 총체적인 환경 위기를 맞이할 수밖에 없는 원인은 삼척동자라도 익히 알 수 있는 사실이다. 그것은 바로 인간의 자연에 대한 오만으로부터 시작된 자연의 무작위적 개발, 도구화 및 수단화에서 비롯된 것이다. 오직 인간의 이익만을 위해 목전의 자연을 남용한데 그 원인이 있는 것이다. 단적으로 말해, 도구화된 이성이 삶의 현장에서 자연을 제거해간 것이다. 다시 말해 오직 인공적인 세계의 풍요와 편의만을 생각하며 자연을 그 희생양으로 삼은 것이다. 그 피해와 횡포는, 서론에서도 언급한 바 있지만, 인간의 욕망과 소비를 무한대로 부추기는 현대산업사회의 생산 및 소비 메커니

13 참고로 자연보전론자는 자연환경을 인간의 이익에 봉사하는 수단으로서만 가치가 있다고 본다. 이에 비해 자연보존론자는 자연환경을 파괴하거나 손상시키는 모든 인간의 활동으로부터 자연을 보호해야 한다고 주장한다. 전자의 이론가로는 핀쇼(G. Pinchot)가 대표적이며, 후자의 이론가로는 뮤어(J. Muir)가 대표적이다.

즘, 기기들의 횡행활보와 무관하지 않다.

하늘이 둥근 것을 몰라서 일까? 인간 역시 자연의 일부이라는 것을 망각해서 일까? 태양(진선미)을 손바닥으로 가릴 수 있다고 생각해서 일까? 아니다. 단지 뼈가 난무할 때까지(「풍경 15」) 무한욕망을 불태우며 죽음의 서곡일 뿐인 쾌락을 즐기기 위해서다(「풍경 6」). 공멸(共滅)이 불 보듯이 자명한 그곳으로 사람들이 계속 취한 듯 비틀거리며 몰려든 까닭이 어디에 있겠는가. 이들 노동의 가치를 모르는 "신세대"[14]는 자신의 영혼이 병들고 살이 녹아내려도 결코 뼈가 난무하고 모래 먼지가 이는 그런 세계는 오지 않을 것이라고 믿고 있는지 모른다. 그렇게 믿어야만 순간의 달콤한 쾌락, "열광의 한 때"를 즐길 수 있다.[15] 이들은 기본적으로 죽음을 저주하며, 그 죽음이 두려워 태양이 저물기 전부터 취하지 않고는 견딜 수가 없는 자들이다. 잠들어 있는 양심과 도덕의식이 깨어날까 봐 두려워 마시고 비틀거리는 것이다.

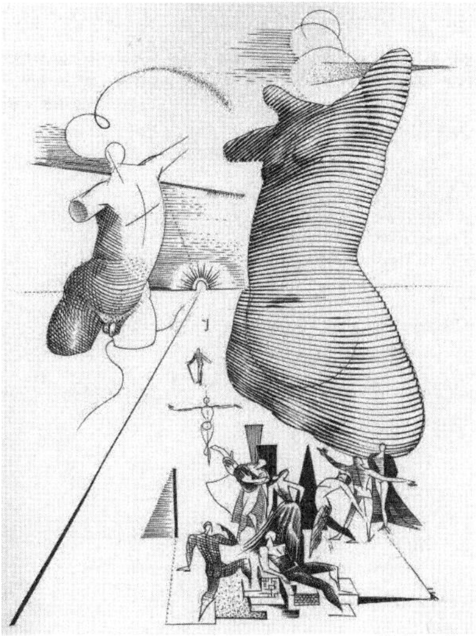

ⓒ『풍경』

[그림 3] 풍경 6

「풍경 1」을 잘 보라, 도시 외곽에 주인 없이 버려진 시신을![16] 그 시신

---

14 가스통 바슐라르, 『풍경』, 열화당, 1982, p.56. 우리의 해석과 달리 바슐라르는 「풍경 6」을 세계의 시대, 세 개의 시간(두 개의 토르소로 표현된 과거의 선조들, 그들 덕분에 현재 연회나 춤을 즐길 수 있는 신세대, 미래의 세계로 이 신세대를 이끄는 태양을 겨냥하고 있는 선)이 종합된 것이라고 낙관적으로 설명한다.

15 위의 책, p.56.

16 물론 바슐라르는 플로꽁의 이 작품을 "단조롭고 힘든 이 노동[판화가 플로꽁의 끌 작업]을 통해서 (…) 밭은 배가 되고, 가슴이 되고, 토르소가 되고, 육체가

들을 풍화시키기 위해 여체의 음부에서 행동을 개시한 독버섯을! 현대의 기기문화가 인간을 먹이로 삼으려 하듯, 이 독버섯 또한 인간을 먹이로 기생하고 있지 않은가. 「풍경 1」을 자세히 보면 자연 풍경은 자취를 감춘 지 이미 오래다. 산도 강도 이미 그 신록과 창파, 그 생명력을 상실한 상태다. 유일하게 남아 있는 것은 결코 자연으로 되돌아 갈 수 없는, 썩지 않는 것들뿐이다. 어쩌면 그래서 바슐라르는 다음과 같이 역설(力說)하지 않을 수 없었을 것이다.

> "저 멀리 더 이상 손질할 대지도 없다. 모든 것이 여기서 스러져버린다."[17]

그리고 문제는 "이렇게 해서 세계는 끝난다"[18]는 바슐라르의 준엄한 경고다. 바슐라르의 경고대로, 언뜻 보아 풍요와 편의로 가득 찬 것 같은 착각을 일으키는 것이 현대세계의 표상이지만, 또 그렇게 주장하는 학자도 없지 않지만[19], 결국은 밑두리가 잘 못 되었기에 그 파국은 불 보듯 자명하다는 얘기다. 바슐라르의 위 단언에 대해 굳이 사족을 달 필요가 있을까. 지금과 같은 상태로 자연환경파괴가 계속 확대된다면 필경 인간도 세계도 곧 종말을 맞게 될 것이다. '공유지의 비극' 개념이 우리에게 건네는 교훈이 여기에 있다.

씨를 뿌리고 거둘 땅이 없는 곳, 경작할 대지가 없는 곳에 노동거리가

된다. 흙덩어리는 부풀어 올라 잘 다듬어진 여체의 기복을 지니게 된다"며, 단적으로 "노동과 사랑의 융화"를 이룬 걸작이라 평하고 있다.(위의 책, p.28).

17 위의 책, p.28. 원문은 다음과 같다: "Au loin, la terre ne travaille pas. Alors tout s'anéantit."

18 위의 책, p.28.

19 J. 보드리야르, 『소비의 사회』, 이상률 옮김, 문예출판사, 2002, p. 300 이하 참조. 주지하듯 보드리야르에 따르면 현대사회는 풍요로 넘쳐나는 사회이며, 소비의 신화를 만들어가는 새로운 사회이다. 그래서 우리는 필요나 효용 등을 따져 묻지 말고 '낭비적으로 소비해야' 한다고 역설한다.(같은 책, pp.43~46).

있을 수 없다. 노동거리가 없는 곳에 땀 흘리며 노동하는 인간이 눈에 띌 리 없다. 그런데 종말이 예고된 바로 그곳에 플로꽁은 뜻밖에도 단말마의 고통을 호소하는 여체를 새겨놓았다. 그 여체는 분명 버려진 여체다. 여기서 여체는 거대 도시문명이 내팽개친, 이미 사물(死物)이나 다름없는, 비존재일 뿐이다. 그 '죽은 것'에게 마지막 순간을 앞당겨주려는 것인가. 독버섯만 의기양양하게 그녀의 대퇴골을 향해 돌진해 들어가며 계속 독균(毒菌)을 침투시키고 있다.

이런 까닭에 「풍경 1」에 대해 "노동과 사랑이 융화"된 작품이라는 바슐라르의 해석에 동의하기 쉽지 않다. 더더욱 이 작품을 우리가 앞에서 살펴본 「풍경 15」와 함께 놓고 생각한다면, 고통과 쾌락, 삶과 죽음을 바슐라르식으로 '종합'만 하려고 애쓸 일이 아니다. 쾌락으로 고통을 과연 덜어줄 수 있는 일인가. 죽음을 새로운 삶으로 상쇄시킬 수 있는 일인가. 플로꽁이 재현한 모든 "혼돈은 일시적으로 스쳐 지나가는 노여움에 지나지 않는다"[20]고 바슐라르는 적고 있지만, 오히려 "이러한 파편들에서 역동성과 힘"[21]을 느끼게 된다고 분석하고 있지만, 플로꽁의 판화 작품들을 자세히 들여다보고 있노라면 필자는 왠지, 그 혼돈이 줄어들기는커녕 더 가속화될 것만 같다. 「풍경 14」에서 재삼 확인할 수 있듯, 우리 각자의 미래가 황량한 사막의 모래 바람의 먹이가 될 가능성이 더 높다. 부당한 권력에 저항하다 결국은 실패하고 자신도 희생양이 되어 들판에 버려진 안티고네를 떠올리게 된다고나 할까. 바슐라르의 표현대로라면, "플로꽁의 존재들[작품 속에 형상화된]은 죽기를 바라지 않는다."[22] 그런데 죽기를 바라지 않는다고 해서 죽지 않는 것일까? 그리고 이런 상태로 고통스럽게 영생한들 무슨 의미가 있겠는가? 날로 거세어

---

20 가스통 바슐라르, 『풍경』, 열화당, 1982, p.96.
21 위의 책, p.96.
22 위의 책, p.92.

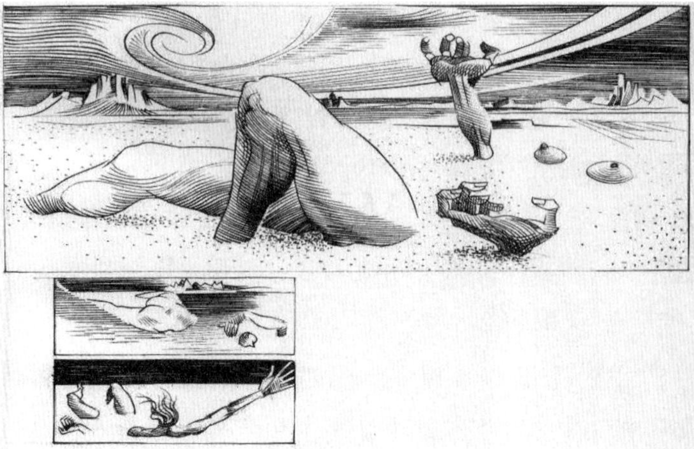

ⓒ『풍경』

[그림 4] 풍경 14

지는 반자연적 문명화의 물결을 과연 이러한 단순한 거부의 형태로 거역할 수 있을까? 날로 사막화되어가는 자연을 지켜낼 수 있을까?

「풍경 14」는 「풍경 1」이 사막화된 결과임이 분명하다. 그리고 시간이 더 흐르면 어떻게 되겠는가? 그 결과는, 바슐라르가 「풍경 1」에서 이미 설명한 바 있듯, "이렇게 해서 세계는 끝난다. (…) 그리고 무(無)다."[23] 정확히 이런 이유 때문에 우리는 바슐라르에게 허물어진, 파편화된, 자연 풍경이 점점 사라지고 있는, 세계 전체가 사막화 일로에 있는 위기와 재앙을 극복하기 위해서라도 치유적(thérapeutique) 상상력이 필요한 것 아니냐고 주문해본다. 물론 질료적(matérielle) 상상력과 시적(poétique) 상상력에 대부분의 시간을 할애했던 바슐라르와 사회, 윤리, 환경, 정치, 민족, 역사 등에 대해 논의하기는 쉽지 않다. 이를 필자도 모르는 바는 아니다. 그러나 현대는 바슐라르가 살던 시대와는 너무도 외부적인 환경이 바뀌었고, 악화되었다. 자연(풍경)이 삶의 현장에서 날로 사라지 있고, 그 자리에 콘크리트 건물과 아스팔트 거리가 점점 더 확대되어 가

23 위의 책, p.28.

고 있다. 결국 이제는 상상력의 역할이 일상생활 속에서는 물론 사회·환경에 더욱 밀착된, 참여적인 색깔을 겸비해야 할 때가 된 것이다. 굳이 이름 붙여 이를 우리는 윤리적(éthique) 상상력이라 제안해본다.[24]

필자가 『풍경』을 읽으면서 이와 같은 착안을 하게 된 것, 다시 말해 바슐라르가 플로꽁의 작품에서 읽어낸 것과는 조금은 다른 제안을 하게 된 것은, 바슐라르의 제안대로 인간에서 곧바로 우주를 다루는 로르샤흐 검사(test de Rorschach)로 넘어가기에 앞서[25], 인간 삶의 진터를 옥죄어오는 자연환경에 대한 로르샤흐 검사가 더 시급한 시점이라고 생각했기 때문이다. 더 구체적으로 말해, 자연 풍경이 석화·무화되어가고 있는 엄연한 우리의 현실을 뒤로한 채로 가상의 우주극(cosmodrame)을 마련해 플로꽁의 작품세계에 기대어 바슐라르처럼 "힘을 증언하는 것", "스스로 우주의 지배자가 되기를 꿈꾸는 것"이라고 말한다는 것 자체가 이 시대를 역행하는 주장이라 여겨졌기 때문이다. 현대가 요구하는 상상력의 역할은 기술적 진보를 찬미하거나 이카루스의 신화를 반복해서 생산해내는데 있지 않다.[26] 바슐라르가 4원소에 관한 저서들에서 보여

24 물론 바슐라르도 "Valeur morale de la culture scientifique"(*Congrès international d'éducation morale*, Cracovie, 1934)와 같은 글을 남긴 적은 있다. 그러나 이뽈리뜨나 망쉬 등이 지적하고 있듯, 바슐라르와 사회, 역사, 정치 등의 문제를 논의하기에는 적잖은 어려움이 따른다. 그럼에도 불구하고 이 장에서 우리는 바슐라르의 상상력 개념을 적극적으로 해석하여 '윤리적 상상력'이라는 아이디어를 전개해본다 —J. Hyppolite, "Gaston Bachelard ou le romantisme de l'intelligence", *Revue philosophique de la France et de l'Etranger*, 144, 1954; M. Mansuy, "Bachelard et le politique", *Gaston Bachelard, l'homme du poème et du théorème*, EUD, 1986 참조.

25 가스통 바슐라르, 『풍경』, 열화당, 1982, p.67: "우리는 인간만을 다루는 검사법(로르샤흐 검사] 대신에 우주까지 취급하는 검사법을, 의지의 가치, 건축하려는 힘을 명확하게 검출할 수 있는 두 개의 중요한 검사법을 가지게 되는 것이다."

26 바슐라르는 "만일 인간이 우주라는 거대한 과일을 맛보고자 한다면, 스스로 지배자로 꿈꾸지 않으면 안 된다. 바로 거기에 그의 우주극이 있다. (플로꽁의] 판화는 아마도 우주적인 차원에서, 이와 같은 지배권을 아주 신속하게 우리에게 주고 있는 것이리라(위의 책, p.20)."; "모든 판화는 힘을 증언한다. 모든 판화는 의지의 몽상이며, 건설적인 의지의 견딜 수 없는 갈망이다.(같은 책, p.21)."고

준 '친환경적'이고 '휴머니즘적인' 관심이 플로꽁의 작품들을 접하면서 어쩌면 그의 노욕(老慾)과 결합되어 부드러움보다는 힘을, 시골보다는 도시를, 휴식보다는 노동을, 일상적인 아름다움보다는 인공적인 아름다움을, 지상보다는 탈지상을 돋을 세우는—그가 『불의 정신분석』 이후 줄곧 지향해왔던 '농경민적 상상력'의 방향과 약간은 어긋나며[27] 다소 도시적이고 문명적이라 할 수 있는—의견을 제시하는데 너무 침혹(沈惑)한 것은 아닌가, 라는 의혹이 생기는 것도 이런 이유 때문이다.

3. 회복해아야 할 원풍경, 윤리적 상상력과 풍경의 상상학을 위하여

단어 유희를 조금 해보자면, 풍경(風景)은 바람(風)이 키워낸 대지의 자식(景)이라 할 수 있다(land-scape). 그래서 우리는 이 풍경을 마치 밖에서 떠도는, 집나간 자식처럼(land-escape) 대하는 것인가? 그래도 무방하다고 자연보전론자들처럼 착각하고 있는 것인가? 그리고 심하게는, 나와는 직접적인 이해관계가 없기에 어떻게 파괴되든 상관이 없다는 것인가?

하지만 이보다 더 큰 착각이 있을 수 없다. 왜냐하면 풍경은 모든 인간의 생활권을 둘러싸고 있는 직접적인 환경으로서 인간의 노동과 삶이 기본적으로 그 안에서 영위되며, 인간과 풍경은 상호 작용을 통해 서로를 이롭게 하는가 하면 또한 상대의 존재를 결정짓기도 하기 때문이다. 여기서 중요한 것은 혹 인간이 풍경을 멀리할 수 있을지는 몰라도 풍경이 인간을 멀리하지는 않는다는 점이다. 더 정확히 말하면, 인간이 자연

적고 있다.

27 바슐라르의 '농경민적 상상력'에 대한 언급은 박치완, 「상상력의 힘과 현대문명 비판」, 『비교문화연구』 제9집, 경희대학교 비교문화연구소, 2005, pp.47~51 참조.

환경에 대해 갖는 관심의 여부와 무관하게 항상 자신이 있어야 할 자리를 그대로 고수하고 있는 것이 풍경이다. 풍경은 이렇게 항상 인간의 시선이 머무는 거리쯤에 위치하면서 자신의 존재의 중요성을 직·간접적으로 인간에게 알리는 것을 잊지 않고 있다. 이는 곧 인간과 풍경이 언제나 긴장 속에서 그 의타적 관계를 유지한다는 것을 시사(示唆)한다.

그런데 현대의 기술문명사회로 진입하면서 풍경은 인간이 다가선 것에 비례하여 뒤로 물러나고 있다. 풍경이 뒤로 물러나는 만큼 도시는 확대되고 있다. 그리고 이제는 급기야 풍경이 인간의 시야, 관심권 밖으로 완전히 물러나버렸다. 인간이 풍경을 "경제 발전에 비하면 그것쯤이야 없어도…"라고 업신여기기 시작한 순간부터 풍경은 결국 인간의 생활권 밖에서, 마치 '바람처럼' 떠돌고 있는 것이다. 「풍경 14」, 「풍경 15」에서 이미 보았듯, 그리하여 자연 풍경이 존재했던 자리에 모래 바람(砂風)만 남아 떠도는 것 아니겠는가. 아니, 모래 바람으로라도 살아남아 절제를 모르는 인간을 향해 산수풍광을 되돌려 놓아야 한다고 우리에게 반문하고 있는 것 아닌가. 만물생성의 모태였던 대지를 쓸어안으며, 그래도 인간에게 나름의 휴식을 제공하며 자신의 본분을 다했던 과거를, 그 때를 풍경은 이렇게 '그리워하고' 있는 것이다

풍경이 사라진 것만이 문제가 아니다. 지구환경 자체와 생태계 전체가 대위기를 맞게 될 것이라고 2007년 UN환경보고서는 경고하고 있다. "자연과 인간의 관계"는 문자 그대로 "무흥삭막(無興索漠)"한 관계가 된 것이다. 나카무라 요시오가 예고하고 있듯, "그래서 풍경의 고전적 아름다움"은 우리 주위에서 날이 갈수록 "사라지고" 있고, "사람들 눈에 띄지 않는 곳에서 마치 구시대의 유영(遺影)처럼 겨우 숨 쉬고 있는 것"[28]인지 모른다. 이렇게 풍경이 사라진 결과로, 사실 오늘날 우리는

---

28 나카무라 요시오, 『풍경의 쾌락』, 강영조 옮김, 효형출판, 2007, p.10.

그에 비례하여 전례 없는 물질적 풍요와 삶의 편의를 누리고 있는 것이 사실이다. 하지만 그 물질적 풍요와 삶의 편의 제공이 과연 모든 인간에게 해택이 돌아가는 것인가? 더더욱 노동에 지친 사람들에게 위안과 휴식을 제공하는데 기여하는 것인가?

문제는 이런 위기 상황에 아무런 변화가 없다면, 「풍경 15」에서의 모래 바람이 더욱 광폭하게 돌변할 것이라는 점이다. 그런데 이렇게 "세계가 끝나기"를 바라는 사람이 있을까? 그렇다면 우리는 머리를 맞대고 해법을 찾아보아야 하지 않겠는가? 어떻게 해야 할까?

소박하게 이야기해, 그것은 예전의 풍경을 되살리는 길, 그것을 위해서 당연 지혜가 필요하리라. 풍경(paysage)은 이렇듯 기본적으로 생태적 지혜를 터득한 자(sage)가 다스리는 세상(pays)이 아니고는 유지될 수 없다. 바로 그런 '풍경이 있는 나라'를 재건하려는 의지를 겸비하고 있는 통치자가 있다면, 그를 일러 우리는 윤리적 상상력의 소유자라고 할 수 있을 것이다. 그리고 바로 그 윤리적 상상력이 작금의 자연풍경이 직면한 절체절명의 위기, 즉 문명사적 카오스를 치유할 수 있는 시발점이자 삼독기법(三毒機法)으로부터 벗어날 수 있는 필요조건이라고, 감히 주장해본다.[29]

이러한 우리의 요구는 『풍경』의 서설에서 "지나치게 형이상학적인"[30] 나라고 스스로를 규정하고 있는 바슐라르에게 꽤나 낯선 주문일 수 있다. 그리고 『공간의 시학』에서 보듯, 시공을 초월해 우주를 종횡무진하며 줄곧 대존재(Être)만을 상대해온[31] 그에게 지상으로, 일상의 세계로

---

29 윤리적 상상력이 필요한 이유는, 나카무라 요시오의 적절한 지적처럼, 현대가 직면한 위기나 재앙이 단순히 '풍경의 카오스'에만 그치지 않고 '문명사적 카오스', 즉 '총체적 카오스'에 해당한다고 볼 수 있기 때문이다. (위의 책, p.10 참조).

30 가스통 바슐라르, 『풍경』, 열화당, 1982, p.20.

31 『공간의 시학』 등 다른 많은 저술들에서도 바슐라르는 (대)존재, (현)존재에 대해 자주 언급하고 있는데, 그에게 있어서 존재는 "그것의 현상들(apparences)에 대항한 항구적 투쟁"을 통해 획득되며, 마찬가지로 '나(바슐라르)'의 본질도 이

내려와 이제는 세상사에도 관심을 가질 때가 되지 않았느냐는 우리의 요청 자체가 불성설(不成說)은 아닌지 모르겠다. 그러나 우리가 이 자리에서 그에게 감히 제안하려는 것, 즉 현실 참여적 상상력을 통해 자연풍경을 되살리는 일에도 일조해야 하지 않겠느냐는 주문 정도는 바슐라르도 기꺼이 받아들일 수 있을 것이라 믿는다. 반자연적 기심(機心)을 버리고 본래 타고난 자연심(自然心, 本性)을 회복하자는데, 바슐라르가 굳이 반대하고 나설 것 같지는 않기 때문이다.[32]

『오래된 미래』의 저자 역시 우리에게 잘 증언하고 있듯, 인간이 자연심(自然 本性)을 되찾기만 한다면, 설사 물질적 풍요와 문명의 혜택으로부터 다소 소외된다고 하더라도, 얼마든지 행복하게 살 수 있다. 행복이 꼭 물질의 소유와 비례하는 것은 아니기 때문이다. 그런데 문제는 우리 모두가 자연심을 이미 상실해버렸다는데 있다. 바꿔 말해 자신을 내적으로 성찰하는 일보다는 외적 물질의 소유에 철저히 경도되어 있는 것이다. 게다가 많은 사람들은 여전히 자연을 눈앞의 이익과 경제적 가치로만 활용하려 든다. 설상가상으로 시공을 통틀어 통제하고 감시하는 최신 기기들의 등장과 그 기기들의 하수인들이 자연풍경을 우리에게서 멀어져가게 한 것도 모자라 이제는 인간까지도 그들의 '먹이'로 삼고자 안달이다. 바로 이런 이유 때문에 윤리적 상상력을 통한 '자연(nature naturante)'의 회복이 그 어느 때보다도 시급한 시점이라고 강조하지 않을 수 없다.[33] 윤리적 상상력의 중요성을 널리 공유(共有)하여 최소한

러한 존재와의 일치를 목표로 한다. 존재와의 일치, 하이데거 식으로 표현해 현존재의 존재 이해를 위해, 바슐라르는 "나의 존재는 나의 저항이며 나의 반성이자 나의 거부이다"이라고 정의하고 있다. 결국 바슐라르는 이러한 부정의 과정을 통하지 않고는 근원적 존재에 다다를 수 없다고 본 것이다.—G. Bachelard, *Etudes*,, J. Vrin, 1970, p.96 참조.

32 박치완, 「삼독기법(三毒機法)으로부터 벗어나는 길.—G. 바슐라르의 상상력의 철학이 주는 교훈」, 『불교평론』 제5권 제4호, 2003 참조.

33 <nature naturante>는 원래 스피노자의 고유 개념으로, 우리는 이를 <nature naturée(소산적 자연, 산출된 자연)>와 구분하여 <능산적 자연(산출하는 자연)>

우리가 자연을 더 이상 파괴하지 않을 수 있게만 된다면, 인간은 능히 자연과 다시 긴장 속에서 함께 공존할 수 있을 것이며, 그 속에서 진정한 휴식을 취할 수 있게 되리라. 휴식을 취한 후 다시 자신의 삶을 일구기 위한 노동에 힘쓰게 되리라. 즐겁게 노동하며 고유하게 주어진 공간 안에 삶을 '행복'이라는 이름으로 수놓게 되리라.

M. 프루스트에게 있어 '잃어버린 시간'을 되찾는 것만큼이나[34] 현대의 우리에게 있어 중요한 것이 있다면, 그것은 바로 바슐라르가 개척해 놓은 상상력의 역할을 지상계, 즉 현실 속에서 구체화시키는 일이다. 그의 상상력을 수평적으로 확대·재생산하여 자연 환경을 되살리는데 일조해야 할 것이라고 우리가 착안할 수 있었던 것도 바로 이런 이유 때문이다. 상상력의 수평적 확대·재생산은 그가 여러 저서들에서 수직적으로 개척해 놓은 시적·우주적 상상력 안에 사회성 및 생태성을 포함시키는 것과 관련이 깊다. 이 장을 전개해가면서 필자가 고민한 내용이 바로 이점이었고, 이렇게 그의 수직적 상상력과 수평적 상상력이 교직(交織)되었을 때 비로소 그의 상상력은 보다 더 많은 사람들에게서 호소력을 득할 수 있을 뿐만 아니라 그 쓰임새가 여상(如常)한 이론으로 거듭날

이라고 번역할까 한다. 스피노자에 따르자면, 산출된 것이 다양한 속성에 해당한다면, 산출하는 것은 이 다양하게 산출된 것들에 통일성을 부여하는 실체이자 곧 신이다. 그런데 우리는 여기서 <nature naturante> 개념을 스피노자의 의미로 사용한 것이 아니라 <자연 그대로의 자연>, 즉 인위(人爲)에 의해 가공되지 않은 원풍경(原風景)을 표현하기 위해 단지 이 용어만을 차용했다. 그렇지만 스피노자의 <능산적 자연>은 우리가 사용하고자 하는 원풍경과 무관한 것은 아니다. 현대 기술문명이 초래한 환경문제들은 산출하는 자연의 완만한 속도를 넘어서는 인위적인 기술들에서 비롯한다고 볼 수 있기 때문이다. 편리라는 가치 아래에서 자연의 생산속도를 한계까지 쥐어짜내려는 인간의 기술은 결국 자연이 갖는 생산과 분해라는 균형적 메커니즘의 한 축을 과도하게 증대시켰기에 생겨난 불균형의 표면화라고 간주할 수 있다. 따라서 원풍경에 대한 강조는 다음 두 개의 목표를 갖는다고 말할 수 있겠다: i)모든 인간의 고향, 안식처로 되돌아감, ii)산출하는 자연의 본연적 속도에 인간의 리듬을 맞추는 것.

34 바슐라르와 프루스트의 비교 연구로는 F. Berçu, "Les paradis perdus de Proust et de Bachelard", *L'Arc*, n° 42, 1970 참조.

수 있을 것이며, 하나의 상상학으로 그 진면목을 발휘할 수 있게 되리라. 그리고 우리가 바슐라르에게 요청한 윤리적 상상력은 단지 우리의 현실 앞에 주어진 문제만을 해결하는 것에 국한된 특수 목적을 위한 상상력이 아니라 그의 상상력 자체가 내적으로 보완된 것이라는 점을 이 자리에서 강조해두고자 한다.

윤리적 상상력에 대한 필자가 나름의 윤곽을 제언적 차원에서 제시해보면 아래와 같다.

① 상상력과 윤리가 결합된 윤리적 상상력은 기본적으로 풍경의 상상학을 지향하고 활성화시키는 것을 목표로 한다. 오늘날과 같이 자연 풍경(환경)을 되살리려는 집단적인 에토스가 분출하여 그 중요성이 널리 회자되고 있고, 앞으로 이러한 에토스가 보다 구체적인 목표 하에 응집된다면, 윤리적 상상력은 언제든지 그 지위와 정당성 및 대중적 호소력을 확보할 수 있을 것으로 생각한다.[35]

② 풍경의 상상학 개념에서, '풍경'은 단지 외적·물리적인 자연 환경에만 국한된 것이 아니라 궁극적으로 "'인간과 자연의' 원풍경(原風景, nature naturante)"의 동시 복원을 지향한다. 자연에 대해 배타적인 인간중심주의나 일방적인 자연중심주의는 이러한 우리의 입

35 인간의 자연적 성향, 기질, 습관, 도덕적 성격 등을 뜻하는 그리스어 <ethos>는 아리스토텔레스에 의해 <logos>, <pathos>와 함께 수사학의 3구성 요소로 소개되었다(*Rhétorique I,* 1356a,) 즉 그에게 이는 웅변가가 청중에게 자신이 하는 말에 대해 신임을 얻기 위해서 반드시 겸비해야 하는 도덕적 덕목 중의 하나이다. 아리스토텔레스에 따를 때 도덕(윤리는)은 기본적으로 이 에토스에 의해 형성된다고 볼 수 있다. 브라운(P. Brown)과 레빈슨(S. Levinson)은 "Universals in language use: politenesse phenomena"에서 이 에토스를 현대적으로 풀이하여 "하나의 문화에 고유한 상호작용의 규범들"이라고 정의하고 있다(*Dictionnaire d'analyse du discours*, s. dir. P. Charaudeau & D. Maingueneau, Seuil, 2002, p.240에서 재인용) 이들의 정의에 따를 때, 윤리적 상상력은 충분히 일종의 에토스적 요청이라 할 수 있을 것이다.

장에서보자면 반쪽만이 타당한 이론에 불과하다.

③ 원풍경은, 보다 쉽게 설명해, 모든 인간이면 누구나 마음속 깊이 간직하고 있는 고향과 같은 장소로서 '모든 인간의 궁극적 귀환처'이다. 이른바 고향처럼 많은 사람들이 기억하면서 늘 마음속에 떠올리는 곳이 원풍경의 본래 지경(地境)이다. 그리고 바로 그곳을 통해 모든 인간이 자신의 실존 및 존재 의미를 성찰한다는 점에서 원풍경은 각 개인을 성장시켜 준 피와 살이자 동시에 집단의 심적·정신적인 공유지(共有地)라고 할 수 있다.

④ 원풍경은 이렇게 집단의 무의식 속에서 살아 움직이는 곳이기는 하지만 그렇다고 해서 그곳이 모든 사람들에게 동일한 장소인 것은 아니다. 원풍경은 균일무취(均一無臭)의 공간이 아니라 시대나 문화권에 따라 각기 다를 수 있다는 뜻이다. 여기서 중요한 것은 원풍경이, 비록 시간적 거리감이 느껴지는 과거의 장소일지는 몰라도, 예나 지금이나 늘 모든 인간의 삶과 꿈의 보금자리로서 의식과 무의식에 작용하고 있다는 점이다.

⑤ 따라서 원풍경은 도시의 인공정원처럼 잘 가꾸어져 있어야 할 필요도 없고, 더더욱 아름답고 화려해야 할 이유가 없다. 왜냐하면 그곳은 그 자체로 이미 개별 인간이 태어나 자란 물리적 공간이자 마음과 영혼의 안식처이기 때문이다.

⑥ 그런데 재삼 강조하지만 바로 그런 고향이 개인과 가족, 집단의 공유지인 원풍경이 도시화, 산업화, 정보화의 가속화로 우리 곁에서 점점 사라져가고 있다. 존재의 근원인 고향은, 되돌아가고 싶어도 이제 되돌아갈 수 없는 상황이 되어버린 곳이 얼마나 많은가! 바로 이런 이유 때문에 우리는 윤리적 상상력을 발동시켜 어떤 형태로든 원풍경을 재활시켜야 한다고 제안하는 것이다.

⑦ 여기서 중요한 것은 윤리적 상상력은, 되돌아갈 수 없는 상황에 처한 고향을 먼발치에서 그저 노래하고 그리워하듯, 원풍경을 이상적(이론적)으로 제시하는 데만 그치는 것이 아니라 바슐라르의 말 그대로 "억압당하는 문명에의 의지를 내보여주는" 것으로부터[36] 비로소 착수될 수 있다는 점이다.

⑧ 그 에토스적 의지들이 하나로 수렴되어 대중 운동 차원으로 승화될 때, 윤리적 상상력은 마침내 하나의 제도로 구체화될 수 있을 것이다. 물론 이것이 가능하기 위해서는 먼저 개개인이 자연 풍경에 대한 인식과 의식의 전환을 꾀해야 한다는 것은 이론의 여지가 있을 수 없다.[37]

⑨ 자연을 대하는 태도의 변화 없이 원풍경은 되살아날 수 없다. 풍경이 존재하지 않는 곳에서 사는 인간은 이미 '자연적 존재'일 수 없다. 자연적 존재는 자연 위에서 자연을 지배하며 사는 인간이 아니라 자연과 함께 사는 인간이다.[38] 여기서 우리는 인간은 자연과 운명 공동체라는 평범한 상식을 재삼 확인하게 된다.

---

36 가스통 바슐라르, 『풍경』, 열화당, 1982, p.47.

37 자연에 대한 인식의 전환은 진리 인식의 차원에서도 윤리적 인식의 차원에서도 반드시 병행되어야 한다는 주장은 C. Marcondes César, "Ethique et vérité dans la connaissance de la nature", *Cahiers Gaston Bachelard*, n° 4, 2001 참조.

38 이치카와 다토(市川遠人)는 자연 개념을 <원생자연과 이차적 자연(wilderness and humanized nature)>으로 구분하면서, 전자에 그리스철학에서 탐구한 <퓌지스(phusis)>의 본래 뜻인 <태어난 그대로의 것, 원래 본성, 생명적인 것>의 의미를 부여하며, 후자에 <생활영역의 자연, 생태학적 지속이 요구되는 자연, 풍토>의 의미를 대입시킨다. 그에 따르자면, 인간의 자연에 대한 관여가 환경파괴로 귀결되지 않고 자연의 리듬과 순환에 인간의 노동이나 생산이 포함되는 것이 중요하다. 그리고 이차적 자연의 보호를 전제로 할 때 결국 원생자연의 보존도 가능할 것이라고 강조한다. 자연에 대(對)한 무제한적 개발 행위에 제동을 걸기 위해서는 결국 인간이 자연의 절대 타자가 아니라 동반자라는 자각이 그 어느 때보다 시급하며, 바로 그러한 자각이 있을 때 인간은 자연과 함께, 자연 속에서 삶을 꾸리는, 자연 위가 아닌 안에서 사는 <자연적 존재>가 될 수 있다.— 오제키 슈지 외 엮음, 『환경사상 키워드』, 김원식 옮김, 알마, 2007, pp.100~102 참조.

이상이 윤리적 상상력에 대해 필자가 제시한 간략한 밑그림이다. 그리고 윤리적 상상력의 필요성은, 이미 앞서 인용한 문장이긴 하지만, 바슐라르의 다음 언급에 너무도 명시적으로 표현되어 있다: "자연도 또한 우리들과 부딪치는 것으로 존재한다. 그 아름다움조차 평온한 것이 아니다."[39] 바로 이 언급 속에서 우리는 자연과 인간이 적대적이라는 바슐라르의 소시(昭示)를 어렵지 않게 읽어낼 수 있다. 인간이 자연에 대해 줄곧 적대적 태도를 취해왔던 결과로 자연도 이제 인간에 대해 적대적으로 돌변한 것이다. 어찌해야 하겠는가? 어찌해야 인간이 자연과 충돌하지 않고 조화로운 관계를 다시 회복할 수 있겠는가? 우리가 앞서 9가지로 그 윤곽을 제시해본 윤리적 상상력의 역할이 바로 여기에 있다. 바슐라르 스스로 그동안의 자신의 작업에 대해 "세계가 멀어지고, 작아지고, 창백해지고, 부정되고, 소실되어갈 때에만 스스로를 의식하는 것"이라고[40] 정리하면서 판화가 플로꽁의 작업은 "힘의 가치", "저항의 가치", "건설적인 의지"를 우리에게 가르쳐주는 것이라고 『풍경』에서 누차 강조하고 있다. 그러니까 바슐라르는 플로꽁과의 상면(相面)을 계기로 자신의 상상력 개념에 대해 더욱 더 강력한 '에너지' 및 '힘'이 필요하다고 느꼈던 것 아닐까. 이는 분명 기존의 자신의 상상력의 작업들에 대한 일말의 '반성'이라고도 할 수 있다. 바슐라르가 『풍경』의 서설에서 밝힌 다음 문장을 보면 우리는 우리의 이와 같은 어림이 크게 벗어나지 않았다는 것을 확인할 수 있다.

> "자신의 생애의 십여 년을 물질의 상상력과 힘의 상상력에 관해 고찰하는 것으로 [시간을] 보낸 철학자[즉 바슐라르 본인]가 어찌하여 한 판화가의 행동주의적 관찰(contemplation activiste)에 매혹되어 한 장 한 장의 판화작품에 대해 자

---

39 가스통 바슐라르, 『풍경』, 열화당, 1982, p.20.

40 위의 책, p.21.

신의 반응을 구태여 설명하고자 하는지 그 이유가 여기에 있다."41

인용문에서 간파할 수 있듯, 바슐라르는 플로꽁의 작품들을 접하게 되면서 어떤 형태로건 자신의 기존의 상상력이 일신되기를 희원하고 있었다는 사실이다. 그리고 「알베르 플로꽁의 <끌에 관한 試論>」에 보면 이점이 보다 명시적으로 표현되어 있다.42 우리가 이 장에서 문명과 자연, 인간과 노동을 주요 소재로 다룬 플로꽁의 작업에 대한 바슐라르의 비평을 '미학적'으로 재론하기보다 감히 '윤리적' 해석을 감행한 이유가 여기에 있다. 물론 『풍경』에서 바슐라르가 '윤리적 상상력'에 대해 구체적 언급을 한 바는 없다. 하지만 『풍경』을 다른 저서들과 연결지어볼 때, 바슐라르의 상상력이 문명비판에 대해 결코 소홀한 것은 아니라고 생각되며, 이를 확대 해석할 때 충분히 윤리적 상상력에 대한 밑그림을 그릴 수 있다고 판단한 것이다.43 그리고 이렇게 그의 시적·현상학적

---

41 위의 책, p.19. 참고로 바슐라르는 최초의 상상력 연구서로 1938년에 *La psychanalyse du feu*(Gallimard)을 출판하였으며, 1948년에 *La terre et les rêveries de la volonté, essai sur l'imagination des forces*(Corti)에서 출판했다. 그리고 우리가 이 장에서 집중 분석 중인 『풍경』은 이로부터 2년 후인 1950년에 출판되었다.

42 플로꽁에 관한 또 다른 글인 「알베르 플로꽁의 <끌에 관한 試論>」에서도 바슐라르는 플로공의 작업을 다음과 같이 찬탄하고 있다: "철학자가 말하는 형이상학적 감각은 한 페이지로 충분하다. 철학자(바슐라르 본인)는 이제 배우기를 바라고 있으며, 활기 찬 끌, 살아 있는 끌, 생명을 창조하는 끌의 이야기를 한 줄 한 줄 더듬어보고 싶어 하는 것이다."(가스통 바슐라르,『꿈꿀 權利』, 이가림 역, 열화당, p.144)

43 참고로 이찬규는 바슐라르의 상상력의 바탕이 자연이라 전제하고서 이를 가타리의 『세 가지 생태학 Les trois écologies』(Galilée, 1989), 『카오스모즈 Chaosmose』(Galilée, 1992)과 비교하는 자리에서, 바슐라르의 물질적(질료적) 상상력의 의의를 "자연이 인간의 뿌리라는 사실을 다시 한 번 [우리에게] 생생하게 확인시켜"주는가 하면, "오늘날 [널리] 사용되고 있는 생태학의 정의를 직접 떠올리게 하기" 때문에, "[이제는 그의 물질적 상상력을] 주관적 몽상으로서가 아니라 세계를 바꾸는 심성 생태학(가타리의 세 가지 생태학에서 주요 개념 중의 하나임)의 원동력으로서 파악되어야 할 것이다. 이러한 실천적 함의의 단초가 될 수 있는 것은, 바슐라르적인 상상력의 개념이 또한 생명 중심주의의 전망을 선취하고 있기 때문"이라며, 바슐라르의 상상력 개념을 이 장에서 우리가 의

상상력이 윤리적 입장을 운명적 동반자로 받아들였을 때 비로소 바슐라르의 상상력은 개인의 차원에 머물지 않고 사회·집단의 차원으로까지 그 의의를 확대 내지 심화될 것이라 본다. 상상력이 이렇게 개인의 영역에서 사회·집단의 영역으로 확장될 때, 상상력은 한 사회나 국가가 나아가야 할 방향도 제시할 수 있게 되리라.

요즘처럼 경제 제일주의, 생산 제일주의의 바람에 의해 성한 곳이 없을 정도로 파괴된 자연환경을 볼 때, 원풍경의 복원을 위한 노력보다 더 시급한 일은 없을 것이다. 자연환경에 대한 무지, 균형·지속적 발전에 대한 의식 부재가 몰고 올 대재앙을 어떤 식으로라도 막아야 한다고 생각한다면, 자연환경을 전혀 배려하지 않는 산업화·문명화·도시화는 신성한 자연에 대한 모독 행위라는 것에 의견을 같이 할 수 있다면, 상상력은 이제 윤리성, 사회성, 생태성의 이름으로 새롭게 자기변신을 하지 않으면 안 될 때이다. 그리고 지금이 바로 그 변신을 꾀해야할 절체절명의 순간이다.

우리가 이제까지 윤리적 상상력을 통해 복원해야 한다고 강조한 원풍경은 멀리는 인간이 존재하기 이전에 이미 태곳적부터 존재했던 그런 장소인지 모른다. 그리고 그 곳은 가깝게는 모든 인간이 태어나 자신의 삶과 꿈을 일구었던 고향(故鄕)이다. 바슐라르가 유년 시절 자신의 꿈을 펼쳤던 곳도 바로 그 곳이며, 보들레르는 그 곳(Nature)을 <조응(correspondance)>이란 시에서 "색과 향과 소리가 하답하는 곳", "하나의 [정신적]사원"으로 까지 묘사하기도 했다.[44] '그 곳'은 그러니까 인간이

도하고 있는 것과 같은 차원에서 확대해석하고 있다. ―이찬규, 「가스통 바슐라르와 펠릭스 가타리: 생태학적 상생의 문화를 위하여」, 『한국프랑스학논집』 제62집, 2008, pp. 144~145, 147.

44 참고로 『공간의 시학』에서 바슐라르는 보들레르가 그의 시에서 자주 사용한 바 있는 '드넓은(vaste)'이란 단어를 중심으로 비평하면서 「조응」에서의 자연은 "웅대함을 그 원초의 힘과 함께 지니고 있는 것", "세계의 무한을 받아들여, 그것을 우리들의 내밀한 존재의 강렬성으로 변화시킨" "정신적 자연"이자 "정신

노동을 통해 심고 뿌린 대로 열매를 선사하는 곳이요, 네 것 내 것이 따로 없는 곳이다. 다양성의 꽃이 만발한 곳이자 하늘의 무수한 별처럼 삶의 뉘앙스가 더없이 풍부한 곳이다. 그 곳에서의 인간은 그리스적 의미의 부정관사적 이성(*une* raison)만을 작동시켰을 뿐 근대적 의미의 기계적 이성(*la* raison)은 아직 전 미래 상태였다고 감히 말할 수 있다.[45] 그곳이야말로 본래 자연인이 살던 곳이며, 인간이 자연과 격의 없이 지내던 곳이다. 때문에 그곳을 절대-진보-문명-발전의 이데올로기, 즉 기계·도구적 이성이 칼날을 휘두르는 편벽한 합리주의나 세계화라는 경제 제일주의가 그 폭력을 확장할 수 있도록 더 이상 방치해서는 안 되며[46], 모든 사람이 더불어 잘 사는 곳, 서로 다른 방식, 개성적으로 사는 것이 허물이 되지 않는 곳, 궁극적으로 삶의 질이 구현되는 곳, 그리하여 "상상력의 낭만적 공간"[47]이 무한히 펼쳐질 수 있는 곳을 재건할 필요가

적 사원"이라고 재평가하고 있다(*La poétique de l'espace*, pp.174~181).

45 바슐라르도 「알베르 플로꽁의 <끌에 관한 試論>」에서 적고 있듯, 플로꽁은 분명 "기하학적 판화가(graveur géomètre), 투시도법적 판화가(graveur perspectiviste)"이다. 때문에 "기하학이 그를 통해 지휘한다"(『꿈꿀 권리』, p. 146, 144)는 것은 부인하기 어렵다. 이는, 좀 과장해서 표현한다면, 플로꽁이 '절대적 이성'의 신봉자라는 말에 다름 아닐 것이다. 그의 작품 속에 바우하우스의 이념, 즉 예술과 기술의 종합을 꾀한 흔적들이 많이 나타나는 것도 실제 이 때문이다. 이런 측면에서는 바슐라르에게 윤리적 상상력을 요구하는 것과 마찬가지로 플로꽁에게 적극적 의미의 문명 비판을 기대하는 것 자체가 무리한 주문일 수도 있다. 바슐라의 언급대로 플로꽁은 『풍경』에서 대부분 "경작하기 위하여 기하학적으로 정리된" "개발된 자연(nature cultivée)"을 주로 작품의 소재로 하고 있고, "풍경은 언제나 인간의 작용(travail de l'homme)에 의해 단순화되어" 묘사되고 있다. 그런데 그 개발된 자연을 바슐라르는 "아름답기 그지없다(같은 책, p.149)고 적고 있는 것이다. 이런 이유 때문에 이 장에서 우리는 바슐라르와 해석을 달리하게 된 것이다.

46 이러한 경고는 일찍이 마르쿠제도 한 바 있으며, 반자연(contra naturam) 의식이 횡행한 사회에서는 상상력마저도 진보의 도구(instrument de progrès)로 변질된다고 비판하고 있다 —H. Marcuse, *L'homme unidimensionnel. Essai sur l'idéologie de la société industrielle avancée*, trad. de M. Wittig, Minuit, 1968, p.302.

47 위의 책, p.303. 참고로 마르쿠제는 바슐라르의 『합리적 물질주의 Le matérialisme rarionnel』을 인용하면서(P.U.F., 1953, p.18) "상상력", 즉 "비합리적인 것의 특수한 합리성(rationalité spécifique de l'irrationnel)"이 오늘날과 같은 일

있다.

여기서 우리는 결국 근대 이후 우리가 무모하게 줄곧 치받들어온 과학과 기술의 이데올로기가 원생자연[48]은 물론 원풍경과도 정면충돌하고 있다는 것을 재삼 확인할 수 있다. 하지만 역으로 윤리적 상상력이 추구하는 원풍경이 잘 보존되고 되살아난 곳에서라면 상상력은, 대해(大海)에는 나루가 없듯, 비로소 바슐라르가 추구했던 바대로 우주를 호흡하며 인간과 자연, 지상과 천상을 잇는 본래 역할을 수행할 수 있을 것이다. 그리고 결국 바슐라르가 간구(懇求)한, 상상력을 통한 무한 우주와의 호흡도, 이렇듯 윤리적 상상력이라는 새로운 요청를 받아들여 그 동체(胴體)를 강화시킨다면 더욱 더 구체적이고 더욱 더 현실적인 소임을 수행할 수 있게 될 것이다. 역설적으로 말해 바로 이와 같은 이유 때문에 풍경을 잃은, 자연의 이법을 안팎으로 어긴지 이미 오래인 우리에게 윤리적 상상력에 대한 자각이 필요한 것이다.

윤리적 상상력은 모든 사람이, 동양의 많은 현자들이 강조했던 것처럼 또는 서양의 스토아학파에서 주장하기도 했던 것처럼, 대자연에 순응하며 대자연의 본성이 인간의 본성, 사물의 본성과 일치하는 것을 궁극 목표로 한다.[49] 이렇게 대자연과 인간이 분리된 둘이 아닐 때, 그 때는 인간이 자연이고 인간이 또한 풍경이다.[50] "사람이 풍경일 때처럼 행

차원적 사회를 위해 "치유적 힘(force thérapeutique)"이 되고 있다며, "합리적 상상력(imagination rationnelle)"이 현대사회를 질적·평화적으로 변화시킬 수 있는 "일차적 조건(condition première)"이라고 강조하고 있다.

48 부언컨대, 원생자연은 고노 가쓰히코(河野勝彦)도 <자연의 고유 가치와 내재적 가치>에서 설명하듯, "인간이 자연에 가치를 부여하는 것이 아니라 자연을 그 자체로 인정하는 것", "가치나 윤리를 초월한 '존재' 차원에서 자연을 파악하는 것"을 말한다(오제키 슈지 외 엮음, 『환경사상 키워드』, 김원식 옮김, 알마, 2007, pp.121). 이로부터 주지의 인간의 자연에 대한 책임 윤리를 부르짖는 한스 요나스, 생태계 보존론자 홈즈 롤스톤의 이론이 출현하며, 인간에게 자연에 대한 도덕적 가치를 물을 수 있느냐의 여부에 따라 두 학자의 입장이 갈린다.

49 E. Kromicheff, "La morale antique comme logique de la nature", *Annales Doctorales*, Editions Universitaires de Dijon, n° 2, 1999 참조.

복한 때는 없다"[51]고 했던가. 그렇다. 인간이 풍경일 때, 그 때 인간은 대자연의 자식이다.

4. 풍경이 있는 곳에 뿌리내려야 할 거처, 그리고 사유

자연과 문화가 극도로 갈등하며 단절을 보이고 있는 이 시대의 대도시는, 뉴욕이든 서울이든 동경이든 빠리이든, 예외 없이 철골과 콘크리트 건축물들로 가득 차 있다. 대지에는 풍경이 사라지고 그 자리에 하늘을 찌르는 철골과 콘크리트 건축물이 기술문명의 위용을 자랑하고 있다.

철골과 콘크리트 건축물 안에서 분주히 노동하는 인간의 모습은 마치 여왕개미 자본가에게 무조건적으로 봉사하는 일개미를 방불케 한다. 여왕개미에게 봉사하는 일개미들은 오직 생산의 증대와 조직을 위해 자신의 노동력을 희생할 뿐이다. 그 희생의 대가로 일개미들에게 되돌아오는 것은 최소한의 먹을거리, 입을 거리가 전부이다. 그러나 인간이 과연 생산의 증대만을 위해 봉사하는 일개미에 불과할까? 휴식 없이 기계처럼 노동하며 살 수 있는 존재인가?

그러나 문제는 '생산 공장' 대도시는 인간에게 휴식을 허락하지 않는다는 점이다. 인간이 아닌 일개미를 원하는 것이 대도시와 자본의 생리이다. 「풍경 10」을 보라! 바슐라르도 묻고 있듯, "이 생각에 잠긴 노동자는 [과연] 휴식을 취하고 있는 것일까?"[52]

---

50 김억중, 「그 자리, 그런 집, 그런 사람, 그런 삶」, 『2008년도 추계학술발표회보』, 한국프랑스학회, 2008, pp.113~124 참조.

51 이는 정현종 시인의 「사람이 풍경으로 피어나」에서 따온 것이다. 전문은 다음과 같다: "사람이/ 풍경으로 피어날 때가 있다.// 앉아 있거나/ 차를 마시거나/ 잡담으로 시간에 이스트를 넣거나/ 그 어떤 때거나// 사람이 풍경으로 피어날 때가 있다. (…)// 사람이 풍경일 때처럼/ 행복한 때는 없다."

52 가스통 바슐라르, 『풍경』, 열화당, 1982, p.74.

ⓒ 『풍경』

[그림 5] 풍경 10

아니다. 대도시의 모든 철골과 콘크리트 건축물들이 다 그렇듯, 「풍경 10」에서 우리의 시선을 끄는 것은 작품 아래 부분 왼쪽의 송곳처럼 날이 선 대도시의 상징물들이다. 이것들이 판화 전체에서 차지하는 부분은 그리 크지 않다. 하지만 실은 작품 전체를 전복시킬만한 파괴력을 내포하고 있다. 중앙을 가로지르는 여체와 고민에 잠겨있는 도시의 노동자를 오른쪽 화면 밖, 문명의 상징인 대로 밖으로 몰아내려는 위세가 얼마나 등등한가.

잘 보라! 그 송곳 같은 상징물들이 이미 "노동자의 반려자"의 맨살에 박혀 있다. 때문에 바슐라르처럼 생각(고민)에 잠긴 노동자가 "휴식을 취하고 있는 것일까?"라고 묻는다는 것 자체가 어쩌면 우문에 가까운 것일 수 있다. 「풍경 15」를 언급한 자리에서도 이미 밝혔듯, 자연풍경이 사라진 자리에 남아 있는 것은 인간이나 인간의 노동, 노동의 결과로 주어지는 삶의 행복이나 휴식이 아니기 때문이다. 다시 찬찬히 「풍경 10」을 보라! 송곳같이 치솟아 있는 위협적인 도시의 상징물들에 시선을 고정시켜보라! 「풍경 15」에서 우리가 본 대퇴골은 혹 이 노동자의 것은 아닐지를 생각하면서 말이다.

바슐라르 본인을 위해 만든 작품이기도 한 「환영의 성(château du songe)」에 대해[53] 바슐라르가 다소 불만스런 어투를 플로꽁에게 내비친 것도 아마 이와 같은 이유 때문이 아니었을까.

"작은 골짜기 한 모퉁이의 초가집도 그토록 따스하게 [인간을]감싸줄 것인데, 왜 이토록 높은 곳에 집을 짓지 않으면 안 되었을까?"[54]

이어지는 문장은 이렇다: "시냇가의 푸른 하늘에 더 가까이 그리고 동시에 대지에도 깊이 뿌리를 내리고 있는 것 같은 그런 거처. 나는 내 친구[플로꽁]에게 [이렇게] 자세히 [내가]바라는 바를 이야기했다. 벽은 돌이 좋겠고, 마루와 천정은 나무로 해주기를 바란다고. (…) 그러나 플로꽁은 나를 열심히 일하는 철학자들 가운데 하나로 보고서, 꿈꾸면서 걷는 사람들, 추억 속에서 느긋하게 잠드는 그런 사람들 사이에 끼워주지 않았다. 이 완고한 사람은, 내가 더욱더 부지런히 일하며 꿈을 적게 꾸기를 바라기라도 한 것처럼, 기하학적인 독방(cellule de géométrie)을 짓고 말았다. (…) 그는 나로 하여금 [내가 그토록 멀리하는] 명석한 사고(pensée claire)의 독방에 있도록 강요하고 있다."[55]

그렇다면 묻자. 「환영의 성」에서, 바슐라르의 의견을 전적으로 무시한 채[56], 플로꽁이 표현하려고 했던 바는 무엇일까? 그것은 절대고독의 표현이요, 진보와 문명의 악몽에 대한 형상화가 아닐까. 이 작품에서 우리는 솔직히 부드러움과 내밀함이라곤 전혀 찾아볼 수 없다. 바슐라르가 『공간의 시학』에서 추구한 '둥금'과 '곡선'의 세계와는 정반대의 세계, 즉 철저히 직선적이며 기하학적 세계가 표현된 것이 불행히도 「환

---

53 원제는 <Le Château en Espagne>임.

54 가스통 바슐라르, 『꿈꿀 權利』, 이가림 역, 열화당, p.157.

55 위의 책, pp.159~160.

56 *La poétique de l'espace*, P.U.F., 1972 참조. 특히 제10장 <둥금의 현상학 La phénoménologie du rond>. 그리고 『풍경』보다 7년 후에 출판된 이 책에서 바슐라르는 앙드레 라퐁의 시 「집의 꿈」을 인용해 "나지막한 집", "보잘 것 없으나 비밀스런 거처(logis pauvre et secret)"에 강조하고 있을 뿐만 아니라 죠르쥬 뒤아멜의 『한 밤의 고백』에서도 "이슬과 별이 오가는 낡은 집"을 원용하면서, 바로 이와 같은 집(maison d'enfance)이 그를 포함하여 많은 사람들이 경험했을 법한 집이라고 역설하고 있다(*La poétique de l'espace*, p.60, 120).

幻影의 城(공중누각)/플로꽁(p. 147－169)

ⓒ『풍경』

[그림 6] 환영의 성

영의 성」이다. 그런데도 바슐라르는 성 위에서 바라보이는 "저쪽이란 모두 내일이다"[57]라며 또 다시 패착을 두고 있다. 아직 개발되지 않은 그곳에 미련을 두고 있는 것인가. 바다 건너 저곳에 과연 삭막한 대도시에서와는 다른 낙원이 펼쳐질 수 있다는 것인가? 과연 그럴까? 필자의 눈엔 왜 이 판화가 자꾸만 「풍경 6」과 겹쳐지는지 모르겠다. 자세히 보라! 문명의 상징이기도 한 성 뒤편에 마치 악마처럼 버티고 있는 검은 색의 술병을, 성 자체를 삼키고 있는 홍우병(紅友瓶)을, 그 성 앞의 술잔과 조가비 위의 주인 없이 마르게 타고 있는 담배를! 이것이 「풍경 6」에서 우리가 확인 한 바 있는 목전의 욕망과 쾌락에 탐닉한 업과(業果)요 미말(尾末)이 아니고 무엇이겠는가!

재삼 강조하지만, 그래서 우리에겐 그 어느 때보다도 대지에 터 잡은, 대지에 뿌리를 두고 있는, 풍경과 자연스럽게 조화를 이룬, 꿈꿀 수 있는 삶의 보금자리가 필요한 것이다. 인간과 자연이 꿈을 공유할 수 있는 공간은 이렇게 우리가 더 이상 미룰 수 없는 하나의 절대적 과제로 주어져 있다. 바슐라르의 상상력의 철학과 '부정'의 철학이 생명력이 있다면, 바로 여기에 있지 않을까.[58] 인간과 자연이 서로 상대를 존중하며

---

57 가스통 바슐라르, 『꿈꿀 權利』, 이가림 역, 열화당, p.161.

58 G. Bachelard, *La philosophie du non*, P.U.F., 1940, pp.16~17 참조. 바슐라르에게

원풍경을 학문함의 머릿돌로 삼아야 하는 이유 또한 여기에 있지 않을까. 윤리적 상상력에 만일 우리가 이러한 소임을 부여할 수 있다면, 우리는 더 늦기 전에 바로 이 소임을 현실 속에서 구체화시킬 수 있도록 노력해야 할 것이다. 삶의 거처요 꿈의 보고인 집을 잃고 풀 한 포기 나무 한 그루 자라지 않는 대도시에서 모래바람처럼 떠돌고 싶지 않다면, 우리의 결단은 '저쪽'이 아닌 '이쪽', '내일'이 아닌 '지금 여기'를 위해 내려질 필요가 있다.

풍경이 인간과 자연의 긴장관계 속에서 유지될 수 있듯이, 대도시적 삶과 농촌의 삶도 서로 긴장관계를 이룰 때만 비로소 상호 호혜적 관계로 발전할 수 있다. 하지만 그 긴장이 균형감각을 잃고 배타적인 관계로 전락하면 인간도 사회도, 자연도, 그 어느 것도 건전한 상태를 유지할 수 없다. 우리가 이제까지 살펴본 플로꽁의 모든 작품들이, 비록 그가 전적으로 의식은 하지 못한 상태라고는 할지라도, 어쩌면 우리에게 바로 이러한 메시지를 전달하려고 했던 것은 아닌지, 그렇다고 한다면 우리는 현대의 기술문명이 철저히 은폐하고 있는 윤리의 문제를 폭넓게 제기해야 하는 것은 아닐까?[59]

있어 부정의 철학은, 그 스스로 서문에서도 밝히고 있듯, 기본적으로 화해(conciliation), 열림(ouverture), 확장(élargissement) 등을 모토로 전통의 이성 중심의 합리론과 실재론을 새로운 과학 정신을 통해 종합하는 것을 목표로 삼는다.

59 프리먼 다이슨, 『상상의 세계』, 신중섭 옮김, 사이언스북스, 2000 참조. 저자는 이 책의 제6장에서 현대문명이 직면한 제반 문제의 해답은 과학과 기술 또는 정치와 경제가 아니라 윤리와 더 깊은 관계가 있다고 강조하고 있다(cf. 같은 책, p.165, 174). "윤리는 정치와 경제보다 더 강력한 힘을 발휘할 수 있다. 불행히도 환경 운동은 지금까지 기술이 하지 못한 선(善)이 아니라 기술이 행한 악(惡)>에 주의를 기울였다. 나는 21세기에 환경론자들의 관심이 부정적인 것에서 긍정적인 것으로 옮겨가기를 희망한다. 기술의 어리석음을 종식시키는 것으로 충분히 윤리적 승리를 거둔 것은 아니다."(같은 책, pp.174~175)

5

김동률의 노랫말에 투영된 공기적 상상력에 관한 고찰

김정희

1. 대중가요와 물질적 상상력

바슐라르는 문학 비평 영역에서 모든 작가들이 물·불·공기·흙의 네 가지 원소 가운데 하나와 밀접하게 관련을 맺고 있음을 보여주었다. 이 네 가지 원소는 이른바 "상상력의 호르몬"[60]으로서 작가들에게 창조적 영감을 제공하는 것이다. 모든 작가들은 자신이 애호하는 원소를 가지고 있으며, 이것이 무의식적으로 작품에 반영되어 나오는 것으로 이해될 수 있다.[61] 따라서 독자들 또한 작품 속에 제시되는 이미지들이 가리키는 특정한 원소를 자연스럽게 받아들이게 된다. 우리는 이제 바슐라르가 문학 작품 분석을 통해 보여주었던 물질적 상상력에 관한 문제를 대중가요의 노랫말을 가지고 다루어보려고 한다.

바슐라르가 위대한 시인들과 작가들의 작품 분석에 적용했던 방법론

---

60 G. Bachelard, *L'air et les songes*, José Corti, 1943, p.19.
61 홍명희,『상상력과 가스통 바슐라르』, 살림, 2005, p.38.

을 대중가요에 도입하려는 시도는 자칫 거부감을 일으킬 수도 있다. 물론 순수 예술 장르의 고유한 미학은 존중되어야 한다. 그러나 우리는 이미 고급문화와 대중문화의 경계가 모호한 시대에 살고 있다. 많은 독자들을 확보하기 위한 작가들의 노력(인터넷 연재와 블로그 운영, 포켓판 간행, 독자 사인회나 강연 등)은 대중문화의 자본주의 시스템을 크게 벗어난다고 보기 어렵다. 창작에 대한 순수성이라든가 작가주의는 더 이상 장르에 따라 구분될 수 없다. 이는 장르라는 '겉옷'이 아니라 내면적으로 개별 작가가 추구하는 가치관에 달려 있다. 자신만의 고유한 작품 세계를 구축하고자 하는 노력은 고급문화와 대중문화를 불문하고 어느 장르에서든 시도될 수 있는 것이다.

대중문화 장르가 가지는 '불순성'에 대한 인상은 어느 정도 해소가 가능하더라도, 우리의 시도에 대한 회의가 여전히 남는 것은 오늘날 한국 대중 가요계의 현실 때문이다. '텔 미(Tell me)효과'라는 말이 생길 정도로 단순·반복되는 패턴은 몇 년째 가요계의 트렌드로 자리 잡고 있으며, <미쳤어>·<총 맞은 것처럼> 등의 예가 보여주듯 보다 자극적인 표현의 개발이 흥행을 담보하고 있다. 이러한 환경에서 대중가요가 지니는 물질적 상상력을 이야기하는 것은 다소 생뚱맞아 보인다. 그러나 오히려 이런 때일수록 자신만의 고유하고 일관된 세계관을 드러내는 가수의 노래를 다루어보는 것은 더욱 의미 있는 작업이 될 수도 있다고 본다.[62]

바슐라르는 『공기와 꿈』에서 시인들은 상상 세계로 떠나는 '여행'에 독자들을 초대해야 한다고 말했다. 우리는 그 초대에 응함으로써 역동

62 일반적으로 대중가요의 가수는 노랫말과 무관할 수 있지만, 우리의 연구는 '싱어 송 라이터(singer-song writer)'의 노래에 초점을 맞춘다. 김동률은 대부분의 노래를 직접 작사하였고, 예외적인 몇 개의 노래도 소수의 한정된 작사가에 의해 만들어졌다. 김동률이 자신의 전반적인 음악 세계에 부합되는 가사를 선택하였다고 추정되는 경우 본 연구의 대상에 포함시켰다.

적인 몽상을 작동시키는 부드러운 자극을 존재의 내밀한 곳에 받아들이게 된다. 즉 하나의 물질적 원소가 시인들에게 훌륭한 "인도자(conducteur)"[63] 역할을 한다면, 문학 작품은 바로 독자들에게 그러한 역할을 하는 것이다. 이 글은 김동률의 음악 세계에 녹아있는 공기적 상상력을 분석해보고, 우리에게 풍부한 물질적 이미지를 제공함으로써 우리를 꿈꾸게 만드는 대중 텍스트의 가치를 함께 재고해보고자 한다.

2. 공간적 구조와 운동성

창작 산물로서의 세계는 목적과 의미를 지녀야 하고 각각의 세부사항에 대해 '그것이 무엇을 의미하는가'에 대한 해답을 제시할 수 있어야 한다.[64] 김동률의 노래에서 일정한 의미 체계를 드러내는 요소 가운데 하나가 '공간'의 구조라고 본다. 김동률의 전반적인 음악 세계에서 공간은 우선 두 가지 대립적 의미를 계속해서 환기시키는 데 그것은 바로 '여기'와 '저기'라는 분절을 기본으로 한다. 또 한 가지는 바로 수평축과 수직축이 지니는 서로 다른 의미일 것이다. 로트만은 단테의 『신곡』에 대해 수평축과 수직축이 전체 구조 속에서 어떠한 의미를 띠는가를 분석한 바 있다. 특기할 점은 김동률의 노래에서는 의미의 대립쌍을 이루는 수평축과 수직축이 유연하게 연결되며 전환된다는 점이 분석을 통해 드러날 것이라는 점이다.

김동률의 노래에서 빈번하게 사용되고 있는 동사가 '가다', 또는 '떠나다' 이다. <여행>, <출발>, <고독한 항해>, <이방인> 등 제목을 통해서도 드러나듯이, 그의 노래 속에는 "여기"(유서)에서 벗어나 어딘가를

---

63 홍명희, 앞의 책, p.15.

64 유리 로트만, 「예술적 공간에 관한 소고」, 『시간과 공간의 기호학』, 러시아시학연구회 편역, 열린책들, 1996. p.13.

ⓒ 가수 김동률 공식사이트

[그림 1] 싱어 송 라이터 김동률

향해 "떠나고 싶은"(여행) 욕망이 가득하다. '이 곳'이 아닌 '저 곳'을 향한 벡터를 드러내는 김동률의 노래에 자주 나타나는 공간 모티프는 바로 "길"(출발)이다. 전체 가사의 내용은 그러한 '여정'을 그리는 데 할애되고 있다. 러시아 형식주의자들은 모든 이야기의 주인공들이 갖는 공통점을 '운동성'으로 보았다. 즉 하나의 환경에서 또 다른 환경으로 움직이는 것이다. 예를 들어 오르페우스나 돈키호테와 마찬가지로 "길을 지닌 자"이다.[65] 러시아형식주의자들은 이러한 주인공에 의해 감행되는 이동 자체가 플롯(슈제트·syuzhet)을 만들어낸다고 보았다. 그러므로 김동률의 노래 속에 드러나는 화자는 전반적인 음악 세계라는 가상공간에서 하나의 이야기를 구성해나가는 주인공으로 형상화되고 있다고 하겠다.

65 유리 로트만, 「문화를 유형학적으로 기술하기 위한 메타언어에 관하여」, 『기호계』, 김수환 편역, 문학과 지성사, 2008. p.23.

내가 자라고 정든 이 거리를
난 가끔 그리워하겠지만
이렇게 **나는 떠나네** 더 넓은 세상으로

- 〈출발〉 중에서

로트만은 모든 텍스트에서 드러나는 공간을 이해하기 위한 모델을 제시하였는데, 가장 기본적인 형태가 바로 '내부'와 '외부'의 구분이다. 즉 창작된 세계의 모든 공간은 분절적 경계성을 지닌다는 것이다. 자신이 속한 공간, 익숙한 공간, 가까운 공간은 타인이 속한 공간, 낯선 공간, 멀리 있는 공간과 대비된다. 이러한 공간의 구분이 김동률의 노래 속에서 비교적 명시적으로 드러난다. 바로 "정든 이 거리"와 "더 넓은 세상"이라 하겠다. 이는 흔히 이해 가능한 '조직화된' 공간과 이해할 수 없는 '비조직화된' 공간이라는 해석을 낳는다. 또한 이 때 내적 공간이 한정된 그룹으로 채워진 폐쇄 공간이라면, 외적 공간은 열린 공간이라 할 수 있다.[66] 따라서 김동률 노래 속 주인공이 향하고 있는 곳은 '미지(未知)'의 공간이며 끝이 보이지 않는 공간으로 제시된다고 하겠다.[67]

바슐라르에 의하면 '공기'라는 물질 역시 본질적으로 "벡터적"이라 했으며, 특히 그것은 "비상"의 벡터를 갖는다고 했다.[68] 김동률의 노래에서 빈번하게 나타나는 '가다'라는 동사는 때때로 '날다'라는 동사로 대체되기도 한다. <하늘 높이>, <새>, <소년의 나무>, <점프> 등의 노래 속에서 표현되는 움직임은 수직축을 바탕으로 하고 있다. 여기서 수직적인 '이동'은 깊은 대지로의 하강이 아니라 무한한 하늘을 향한 상승으

66 위의 책. p.29,

67 텍스트의 주체가 지닌 특정 시점과 공간 모델에 적용하면 지향성이 부과된다. 지향의 벡터가 내부 영역에서 외부를 향하면 '정(正)방향성', 외부 영역에서 내부를 향하면 '역(逆)방향성'이라 부른다. 김동률의 주인공은 [그림 1]과 같이 정방향성을 띠고 있다고 할 수 있다.

68 G. Bachelard, 앞의 책, p.30.

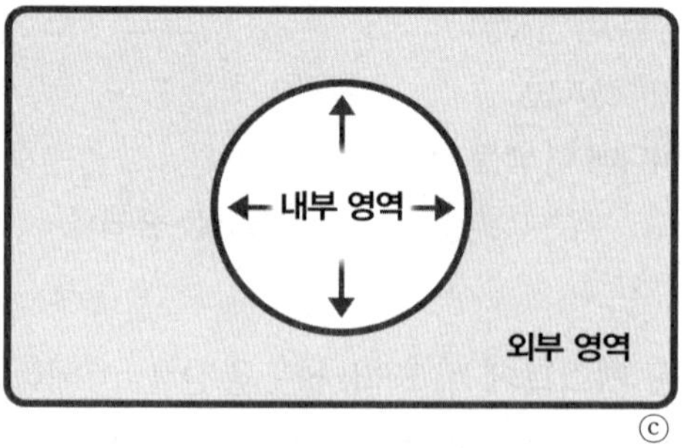

[그림 2] 공간 모델과 지향성

로 드러난다. '가고 싶고' 동시에 '날고 싶은' 화자의 욕망을 가장 잘 반영하는 부사어는 바로 "멀리"와 "높이"일 것이다.

> 아주 **멀리**까지 가 보고 싶어
> 그곳에서 누구를 만날 수가 있을지
> 아주 **높이**까지 오르고 싶어
> 얼마나 더 먼 곳을 바라볼 수 있을지
>
> -〈출발〉 중에서

우리는 김동률의 노래에서 공기적 자유로움의 지향을 느낄 수 있다. 한 곳에 머물러 있기 보다는 또 다른 곳을 끊임없이 꿈꾸는 상상력은 우리를 "먼 곳"(출발)[69]으로 데리고 간다. 이러한 공간적 양상은 싱어 송라이터 김윤아의 노래 속 공간과 비교될 수 있는데, 그녀의 노래는 '바로, 여기'를 표방한다. 그녀는 매일 똑같이 굴러가는 지루한 일상에서의 탈출을 시도할 때조차 "신도림역", "아파트 옥상"(일탈) 등을 배경으로 하고 있다. 이러한 차이는 근본적으로 물질적 상상력을 발휘시키는 원소들의 차이에 기인한다고 볼 수 있을 것이다.

---

69 직접 인용한 가사에 대해서는 괄호 안에 인용한 노래 제목을 명기해두기로 한다.

김윤아의 노래는 불꽃의 이미지들로 가득 차 있다. 바슐라르는 서서히 변하는 모든 것이 삶으로 설명된다면 빨리 변하는 모든 것은 불로 설명된다고 하였다. 불은 '극단적으로 살아있는 것(l'ultra-vivant)'이다.[70] "선 보기 하루 전에 홀딱 삭발을" 하고 "비 오는 겨울밤에 벗고 조깅을" 하는 "화끈한 일"은 순식간에 기존의 가치를 전복시킨다(일탈). 이러한 불의 상상력은 <카니발 아무르(Carnival Amour)>가 추구하는 축제의 이미지에서도 명징하게 드러난다.[71] 김윤아는 먼 곳으로 훌쩍 떠나기 보다는, 우리가 부대끼며 살아가는 '지금, 여기'에서 변화의 욕망을 노래한다.

김윤아는 "특별할 것 하나 없는"(팬이야) 사람들에게서 "빛나는 눈동자"(하하하쏭)를 발견해낸다. 그리고 "가슴에 불꽃이 남은"(하하하쏭)을 그들을 응원한다. 이러한 이미지들의 연금술을 통해 "마법같은 사건"(팬이야)이 일어나기를 꿈꾸는 것이다. 김동률의 노래가 독백의 형태를 띠는 읊조림이라면, 자우림의 노래는 대중을 향한 웅변이자 선동이다. 모든 열정적인 웅변은 "불길 같은 웅변"이다.[72] 이처럼 우리가 처한 일상의 현실 세계에서 벗어나기를 꿈꾸는 일은 공기적 상상력이나 불꽃의 상상력에 따라 각기 다른 이미지들로 나타날 수 있다는 사실을 알 수 있다.

세계 구비문학의 보편적 주제 가운데 '집(dom)'과 반-집(antidom)의

---

70 G. Bachelard, *La psychanalyse du feu*,, Gallimard, 1938, p.19.

71 사랑 노래의 보편적 주제가 되고 있는 '영원한 사랑'에 대해 전복적인 시각을 드러내면서, 연인과의 결별 상황을 축제로 승화시키고 있다('카니발 아무르' 가사 : 미안해요 고마워요 즐거웠어요/ 산뜻하게 헤어져요 질척이지 말고/ 어쩌다 마주치면 모르는 사이인냥 / 눈치껏 모른 척 해주세요/ 세상에 많고 많은 사람들 중에/ 어째서 단 한 사람만을 만나서/ 세상에 많고 많은 사람들 중에 한 가지 사랑만을 해야 하나요/ 사랑받고 싶어요 사랑하고 싶어요/ 내일은 다시 새로운 방법으로/ 어제의 사랑으론 행복하지 않아요/ 오늘은 지금까지 몰랐던 사랑에/ 빠져보고 싶어요 달콤하게).

72 G. Bachelard, *L'air et les songes*, José Corti, 1943, p.153.

대비는 큰 비중을 차지하고 있다. 집은 안전한 공간, 신의 비호를 받는 공간인데 반해 반-집은 악마의 공간, 일시적 죽음의 공간으로 대비된다. 하지만 어떤 견지에서 집은 높은 가치로서의 집 없음과 대비되는데, 다시 말해 길에서의 삶이다. 이는 집에서의 폐쇄적이고 이기적인 삶에 대비되는 것이다.[73] 김동률의 노래가 보여주는 세계에서의 '길' 역시 긍정적인 가치로 인식된다. 그러면 이제 그 여정에서 어떠한 공기적 이미지들이 형상화되고 있는지, 또한 지상에서의 도보는 어떻게 공중에서의 비행으로 이어져나가는지를 분석해보도록 하겠다.

3. 이방인, 떠도는 바람의 이미지

김동률 노래의 세계에서 우리는 한계가 정해지지 않은 외부공간을 상정해보았다. 따라서 '나'의 여정은 종착지가 정해져있지 않다고 할 수 있다. 다만 주인공은 "어디든 저 멀리 가보고 싶"(이방인)은 욕망으로 여기저기를 떠돌아다닌다. 이는 마치 '그물에 걸리지 않는 바람'[74]을 연상시킨다. 바람의 이미지는 공기적 자유로움이 더욱 응축되고 강화된 형태로서 유동성을 지닌다. 바람처럼 이동하는 화자는 늘 어디에서나 새롭게 <이방인>의 정체성을 띠는 존재라고 할 수 있다.

> 난 날 부르는 그 어느 곳에도
> 닻을 내릴 순 없었지
>
> \- 〈고독한 항해〉 중에서

73 「예술적 공간에 관한 소고」,『시간과 공간의 기호학』, 러시아시학연구회 편역, 열린책들, 1996, p.43.

74 불교 경전『수타니파타』중에서「뱀의 비유」의 71절.

ⓒ Google 이미지

[그림 3] 〈유혹자〉, 마그리트, 1951

"수많은 세월"(이방인) 동안 무언가를 "찾아 헤매는"(이방인) 화자의 '길'은 마치 숙명과도 같다. 마음 깊이 원하면서도 한편 거부하고 싶은 감정을 동시에 드러내고 있는 것이다. 그러나 그 길은 그럼에도 불구하고 걸어갈 수밖에 없는 "나의 길"(고독한 항해) 이라고 말해진다. 바슐라르는 이와 유사하게 떠돌아다니는 공기인 바람이 지니는 복합적인 성격에 대해 이야기한 바 있다. 바람은 흥분과 격정을 품고 있기도 하며, 또 한편 울기도 하고 하소연하기도 한다.[75] 그러면 여러 노래들 속에 포함되어 있는 상반되는 감정들을 자세히 살펴보자.

> 언덕을 넘어 숲길을 헤치고
> **가벼운 발걸음** 닿는대로
> 끝없이 이어진 길을 천천히 걸어가네
>
> \- 〈출발〉 중에서

바슐라르는 우리 삶의 가장 깊은 본능 중의 하나가 가벼움에의 본능

75 G. Bachelard, 앞의 책, p.262.

임을 지적하며, 세계 여러 지역의 신화에서 발견되는 모티프인 '발뒤꿈치에 달려있는 날개'를 "몽상적 날개"로 지칭하였다.[76] 이러한 날개는 하늘을 향해 날아오르게 만드는, 도약으로 향한 걷기를 낳는다. 김동률의 여정에서 나타나는 "가벼운 발걸음"(출발)은 마치 대지를 떠나 공중으로 날아오르는 것을 예비하는 듯하다. 이처럼 쾌활한 공기적 이미지는 <점프(Jump)>라는 노래를 통해 보다 구체적으로 드러난다. 발 딛고 서 있는 현실적 삶의 공간으로부터 '뛰어오르'려는 욕망은 발에 달린 작은 날개에 의해서 가능해지는 것이다. 여기서 화자는 "어디서부터 무엇부턴지 몰라도 한번 달려가 볼까?"라며 들뜬 마음을 숨김없이 드러낸다. 또한 다른 노래들에서도 "가슴이 뛰고", "호들갑을 떨면서", "휘파람 불며"(출발) 등의 표현을 통해 "설레는 (내) 마음"(여행)을 묘사하고 있다. 그러나 우리는 곧 이러한 경쾌한 바람이 또 다른 성격의 바람들과 혼재되어 있음을 지켜보게 된다.

> 눈 앞에 열려있는 **낯선** 세상들이
> 쉽게 반겨주진 않아
> **두려움**이 없진 않지만
>
> - 〈세상의 문 앞에서〉 중에서

정착하지 못한 채로 미지의 공간을 향해 끊임없이 길을 나서는 이방인에게 세상은 언제나 낯선 곳으로 다가온다. 이러한 상황에 처한 화자의 두려움과 외로움은 "서툰 몸짓"(유서), "벌거벗은 마음", "가난한 모습"(이방인) 등을 통해 그려진다. 이처럼 여러 가지 감정이 뒤섞인 채

---

76 바슐라르는 유럽과 아시아 등 널리 퍼져있는 '몽상적 날개'의 모티프를 설명하기 위해, 로마 신화에 등장하는 메르쿠리우스(Mercurius)의 '뒤축 날개'를 비롯하여 질 뒤엠의 논문을 인용하여 티베트 지방의 민속문학 속에 나오는 어떤 '특별한 신발', 영국 동화와 플로베르 소설에 나오는 '장화' 등 여러 가지 예를 들고 있다(위의 책, pp.38~40).

이루어지는 여행은 결국 그에게 삶의 고단함을 제공한다. 상반되는 감정들을 아울러 품고 있는 고단한 바람은 화자를 버겁게 만드는 "거센 바람"(고독한 항해)으로 표현된다. 그러나 보다 중요한 사실은 때로 "넘어져도", "길을 잃어도"(출발), "쓰러질 듯 숨차도"(점프) 이방인의 여행은 계속된다는 것이다.

> 수많은 세월 헤매이다가
> 세상 끝에서 지쳐 쓰러져도
> 후회는 없을 거라고 너에게 말했지
>
> -〈이방인〉 중에서

그는 자신의 숙명을 "묵묵히"(고독한 항해) 받아들이는 태도를 보인다. 서두르지 않고 천천히, 하지만 꾸준히 발걸음을 내딛는 그는 결국 그것이 "내가 택한 길"(세상의 문 앞에서)이라고 밝히고 있다. 그리고 그 길은 "영원"(세상의 문 앞에서)한 것이다. 노래 속에서 제시되는 "끝없이 이어진 길"(출발)은 아득하게 지속되는 여정을 그려내지만 마침내 "세상 끝"(이방인)에 다다른 화자는 수평축에서 한계를 느끼는 듯하다. 우선은 발끝에 닿는 대지 위에서의 여행이 물에서의 떠다님으로 전환되는 것을 지켜볼 수 있다. 이어서 우리는 그것이 어떻게 공기 중의 날아오름으로 자연스럽게 연결되는지도 확인할 수 있을 것이다.

> 난 또 홀로 외로이 키를 잡고
> 바다의 노랠 부르며
> 끝없이 멀어지는 수평선
> 그 언젠가는 닿을 수 있다는 믿음으로
>
> -〈고독한 항해〉 중에서

위의 노래에서 보듯이 대지 위의 이방인 이미지는 바다 한가운데서의 고독한 항해자 이미지로 이어지고 있다. 그리고 여기서 제시되는 끝없이 멀어지는 "수평선"이야말로 또 다른 노래들에서 다루고 있는 수직축의 움직임과 서로 연결될 수 있는 지점으로 작용한다. 바다의 끝인 수평선은 바로 하늘과 맞닿은 곳이다. 수평선에 "그 언젠가는 닿을 수 있다는 믿음"은 다시 말해 하늘과 접촉할 수 있다는 믿음이다. 그 곳에서는 수평축의 한계가 가벼운 도약만으로도 극복되며, 이제 새로이 수직축으로 상승할 수 있는 가능성이 열리는 것이다.

바슐라르는 어떤 몽상가들의 경우 물결 위에서 흔들리는 꿈속의 배는 살며시 물을 떠나 하늘로 올라간다고 지적했다. 그는 『물과 꿈』에서 물결 위로 흔들리는 조각배의 테마를 요람 속에서 가볍게 흔들리는 행복감이라는 무의식적 추억과 연결시킨 바 있다. 역동적 상상력에 관한 이론만이 설명해낼 수 있는 이런 이미지들의 연속성 원리를 적용시키면, 공중 여행은 또한 물결 위에서 흔들리는 여행의 초월로서 전혀 무리가 없을 것이다.[77] 이런 맥락에서 우리는 김동률의 노래에서 어떻게 여행의 이미지들이 연속성을 띠면서 대지와 바다, 그리고 마침내 하늘로 자리를 옮겨가는지 이해할 수 있겠다.

<고독한 항해>에서 하늘은 화자에게 "언제나 같은 자리에서 (날) 지켜주는" 별이 속한 세계로 인식된다. 이러한 항구성은 "부질없는 꿈", "헛된 미련"으로 가득한 지상적 삶과 대비되는 성격을 하늘에 부여한다. 이제 우리는 김동률의 노래에서 하늘은 어떠한 세계로 형상화되고 있는지 다음 장에서 구체적으로 살펴보려고 한다. 또한 그 곳에서 자신이 말한 '영원성'을 구현할 수 있을 것인지가 우리의 주요 관심사가 될 것이다.

---

77 위의 책, p.53.

4. 하늘 높이, 수직 상승의 꿈

김동률의 하늘 높은 곳에 대한 갈망은 우선 '나무'를 통해 드러난다. <소년의 나무>에서 화자는 "꿈처럼 저 멀리서 웃고 있는/ 하늘보다 더 파란 꿈에 포근히 잠이 드네"라고 노래한다. 소년이 바라보는 아주 높이 자란 나무는 하늘에 젖어있다. 하늘이라는 배경보다 그 속으로 점점 더 자라가는 푸르른 나무의 움직임이 더욱 소년을 매료시킨 듯하다. 키 작은 소년이 꼭대기가 높은 나무를 "나의 친구"로 여기는 것은 상승의 '꿈'을 통해 이미 정신적으로는 그에 버금가는 성장을 이루었기 때문이다. 나무는 대지로부터 영양분을 받아 몸을 키워가는 지상적 존재이기도 하지만, 이보다 하늘을 향해 오르고자 하는 욕망의 실현체라는 이미지에 더욱 경도된 여러 시인들이 있다.

무서운 것이 내게는 없소
누구에게 감사받을 생각 없이
나는 나에게 황홀을 느낄 뿐이오
나는 하늘을 찌를 때까지 자랄려고 하오

- 김광석, 〈나무〉 중에서

위의 노래는 나무가 품고 있는 상승의 욕망을 여실하게 드러내고 있다. 그도 그럴 것이 여기서는 김동률이 노래한 소년의 나무와 달리 화자 자신이 바로 나무이기 때문이다. 바슐라르가 니체의 작품에 나타난 나무에서 분석해내었던 "직립에 도취해있는, 고고하고 강한 의지의 이미지"[78]를 떠올리게 하는 대목이다.

바슐라르는 니체의 작품을 언급하며 "수직성이란 오랜 수련을 요구

---

78 위의 책, p.171

한다"고 지적하였다.[79] 『짜라투스트라는 이렇게 말했다』를 보면, 날기를 배우는 것은 단번에 이루어질 수 없고 우선 바로 서고 걷고 달리고 뛰어오르는 것부터 배워야한다는 구절이 있다. 김동률의 노래 세계에서 주인공은 오랜 세월 땅 위를 걷고 바다의 물살을 헤쳐 왔다. 나무를 올려다보며 상승의 꿈을 꾸어온 그는 마침내 새가 되어 "훨훨 날아올라"(새)간다.

바슐라르는 인간의 정신적 삶은 본능적으로 위로 오르기를 원한다고 말하며 셸리의 시에서 '공기적 프로메테우스'를 분석해낸다.[80] 프로메테우스가 자신의 몸을 묶고 있는 사슬을 끊어질 정도로 팽팽하게 당기며 높은 곳으로 올라가는 것은 공기적 삶을 받아들이기 위해서이다. 즉 그는 끊임없이 자기 존재를 초월하며 존재의 정점에서 살기를 원하는 인간의 은유로 볼 수 있다. 김동률 노래 속 화자의 비상에도 바로 정복해야 할 운명이자 인간의 한계인 중력을 극복하려는 의지가 포함되어 있다.

그의 노래에서 하늘은 "영원히 머물 곳", "쉴 곳"(새)으로 표현된다. 바슐라르가 상승의 시인의 전형으로 보았던 니체의 우주란 '고지(高地)의 우주'인데, 이곳은 오랜 고독 후에 주어지는, 일종의 보상과도 같은 휴식의 공간이다.[81] 김동률이 드러내는 상승의 욕망과 의지 또한 니체의 그것과 매우 닮아있음을 지적해볼 수 있다. 화자는 자신의 여행길에 대해 "내 안의 깊은 고독과 싸우는 것"(세상의 문 앞에서)이라고 말했다. 그러한 투쟁 끝에 비로소 영원한 안식을 얻을 수 있는 곳이 바로 하늘이다.

---

79 위의 책, p.164
80 위의 책, pp.50~53
81 위의 책, p.150

ⓒ가수 김동률 공식사이트

[그림 4] 싱어 송 라이터 김동률

네가 높이 오르고 싶다면,
네가 고지에 이르러 비로소 편안해지고 싶다면,
네 가장 무거운 것을 바다에 던져버려라

- 니체, 〈詩選〉

니체는 영원한 안식을 얻기 위해서 대지적인 삶의 모든 것을 바다 속에 던지라고 말하고 있다. 무거운 것을 지고서는 하늘을 자유로이 날 수 없다. 하나를 얻기 위해서는 하나를 버려야만 하는데, 인간의 한계를 극복하고 영원의 세계로 접어든다는 것은 다름 아닌 죽음과 연결될 수 있다. 김동률의 노래 <유서>에서 멀리로 떠나는 화자는 "모든 걸 태웠"다고 고백한다. 그리고 자신이 "머무른 흔적까지 모두 다 지워져버린 듯" 잊어달라고 부탁한다. 바로 지상의 모든 연을 끊고 무(無)의 세계에 도달하고자 하는 욕망이 표출되고 있는 것이다. 바슐라르는 니체의 하늘이 가볍고 향기로우며 따스한 셸리의 하늘과는 조금 다른 성격을 지닌다고 지적했다. 그것은 맑고 차갑고 고독한 무(無)의 세계 그 자체이다. 김동률의 노래에서 제시되는 하늘 역시도 맑음, 외로움, 침묵, 어두움을 특성으로 하는 무(無)의 세계로 형상화되고 있다.

나는 몹시 날고 싶었지
별이 **맑은** 하늘을 향해
아무도 없고 아무 소리도 없는
그런 **밤**의 하늘 속으로

- 〈하늘높이〉 중에서

김동률의 텅빈 하늘에는 오직 "별"이 빛나고 있다. 별은 화자에게 언제나 같은 자리에서 자신을 지켜주는 "벗"이자, "또 다른 나"이다. 다시 말해 그가 그리워하는, 하늘 높은 곳에서 자신을 기다리고 있는 "그대"인 것이다. 우리는 여러 가지 다른 이름으로 불리고 있지만 화자의 그리움의 대상은 한결같이 자신의 "영혼"임을 알 수 있다.

나 이제 훨훨 날아올라
오래전 잃어버린 **내 영혼**을 찾아
그곳에서 날 기다릴 그대 향해 날아
외로운 날개짓으로

- 〈새〉 중에서

상승의 욕망은 바로 잃어버린 내 영혼을 찾기 위한 과정, 하늘은 나의 전일성(全一性)이 실현되는 공간이다. 그러므로 누구도 대신해줄 수 없고, 함께 해 줄 수도 없는 고독한 여행이다. 여기에는 믿음과 의지가 반드시 필요하다. 우리는 앞서 화자가 자신의 숙명에 대한 강한 확신을 지니고 있음을 읽어낼 수 있었다. 또한 우리는 니체가 드러내는 단호한 순간적 의지를 "솟구쳐 날아가"는 직선의 행로를 통해 감지할 수 있다.

> 하늘로 멀리 **솟구쳐날아가**
> **다시 돌아오지 않을 곳**으로
>
> - 〈하늘 높이〉 중에서

우리는 이제 하늘을 향한 김동률의 여정이 마치 구도(求道)의 길과 같다는 사실을 깨달을 수 있다. 그는 오랜 "기도"(새)를 끝내고 마침내 "다시 돌아오지 않을 곳"을 향해간다. 지상을 떠돌던 이방인은 어느새 구도자의 모습을 취하고 있는 것이다. 새의 날개는 정신적 힘의 발현이다.[82] 그러므로 그의 "외로운 날개짓"(새)은 애처롭다기보다는 고귀해 보인다. 영원한 휴식을 취할 그 곳에는 신성한 공기 '에테르(éther)'가 가득 차 있을 것이다.

우리는 지금까지 김동률의 노래 세계에서 공기적 자유로움이 극대화되는 것을 지켜보았다. 처음 가벼운 발걸음으로 정든 거리를 나섰던 그는 공중을 날아올라 종국에는 "저 하늘 너머"(새)를 가리킨다. 일반적 공기마저도 초월하려는 의지는 그의 여행이 무한한 세계를 향한 것임을 다시 한 번 명징하게 드러낸다. <세상의 문 앞에서>를 통해 그는 "꿈꾸며 살"아갈 것을 노래한다. 끊임없이 변화하는 형태로 공기의 물질적 이미지들을 자연스럽게 표현해내고 있는 김동률은 말 그대로 역동적 상상력의 시인이라 불릴 만하다.

---

82 뤽 브노아, 『기호·상징·신화』, 박지구 역, 경북대학교 출판부, 2006. p.46.

5. 대중을 꿈꾸게 만드는 노래

ⓒ Google 이미지

[그림 5] 〈꿈〉, 피카소, 1923

바슐라르는 자신의 비평에 관해 '텍스트를 꿈꾸다(rêver le texte)'라는 표현을 사용하였다. 그는 우리가 너무 빨리 이해하기 때문에 상상하기를 잊어버린다고 지적하며, 시적 메타포는 독자들에게 능동적인 심리적 체험을 제공한다고 믿었다.[83] 문학적 관습에 대한 이해의 기술이 문학적 능력으로 인정받는 시대는 지나갔다. 인지주의 시학에서는 '자동성(automaticity)'에 반하는 문학적 일신을 위해 낯설게 하기, 전경화, 일탈, 지배소 등의 형식적 방법론을 모색한다.[84] 동일한 맥락으로 바슐라르의 물질적 상상력은 내용적 차원에서 하나의 방법론의 하나가 될 수 있다고 본다. 상상력에 의한 이미지들의 예기치 않은 결합은 기존의 이미지들을 해방시키고 새로운 문학을 창조한다. 이는 대중가요에도 마찬가지로 적용이 가능할 것이다. 흔해빠진 유행가가 아닌 참신한 노랫말을 창작하기 위해서는 자신만의 고유한 이야기가 필요하며, 이는 작사가 개인의 상상력에 의해 촉발될 수 있다. 최근 확산되고 있는 인디밴드에 대한 대중들의 선호가 여기에 대한 희망을 가지게 만든다.

싱어 송 라이터의 앨범을 대하는 것은 한 권의 시집을 펼쳐드는 것과 같다. 운문적인 형식의 노랫말은 대중가요를 현대의 살아있는 시(詩)로

---

83 G. Bachelard, *L'air et les songes*, José Corti, 1943, p.66.

84 Peter Stockwell, "Figures and grounds", *Cognitive Poetics*, Routledge, 2002. pp.13~26.

서 기능할 수 있도록 해준다. 그러나 우리의 음악 시장은 여전히도 지나치게 상업성에만 매달려 시적인 상상력과는 거리가 먼 노래들이 주류를 이루고 있다. 대중가요는 사람들의 입에서 입으로 퍼지며 무의식적으로 수용되기 때문에 사회적 파급력과 영향은 실로 막대하다. 대중성을 위해서는 반드시 작가주의를 포기해야만 하는 것인가? 김동률의 예를 보면 광고 출연과 텔레비전 프로그램 섭외 등을 고사하며 순수하게 음악 활동에 전념하고 있지만, 대중성 면에서도 큰 성공을 거두고 있다고 말할 수 있다. 2009년 열린 콘서트에서는 티켓 발매 10분 만에 전석이 매진되었으며, 공연 후 1시간 동안 청중에게 기립 박수를 받았다고 한다.[85] 최근 영화계에서 <워낭 소리>의 흥행에 힘입어 독립영화가 활성화된 사례가 있듯이, 음악계에서도 다양성의 측면에서 이러한 작품성 있는 노래들이 보다 더 적극적으로 창작·유통될 수 있는 계기가 되기를 기대한다.

85 「김동률, 4000명 관객 호응 속에 콘서트 성황」, 『동아일보』, 2009년 10월 12일 (http://www.donga.com /fbin/output?n=200910120342, 2010년 5월 20일 검색).

Ⅱ

문화, 문화콘텐츠에 투영된 4원소론

제6장 불과 비주얼 사이버공간의 폭력 이미지

제7장 바슐라르와 물의 심상들

제8장 공기, 헤르메스, 그리고 현대 디지털 아트

제9장 대지와 디지털 보헤미안의 상상력

제10장 4원소의 도시 이스탄불

6

불과 비주얼 사이버공간의 폭력 이미지

— 게임 <둠> 시리즈

김성수

1. 불에서 폭력으로

호메로스, 공자 등 동·서양 고대 문필가들이 인간에 대한 본격적인 성찰을 저작으로 남기기 시작한 이래로 인간의 정신은 외부의 압력을 통해 강건하게 될 수 있는 동시에 파괴되기도 쉬운 대상으로 보통 묘사되어 왔다. 특히 폭력(violence)이라는 특수한 상황 속에서는 이러한 면이 아주 극명하게 드러나곤 한다. 일반적으로는 물리적 강제력 행사 일반을, 법학적으로는 부당 또는 불법적인 방법에 의한 물리적 강제력의 사용을 말하는 이 '폭력'은 인간의 진화 및 역사와 함께 시작되었던 가장 원시적인 개념들 중 하나다. 폭력은 인간적인 것이 아니라 동물적인 것으로 통상 간주되며, 폭력을 만들어 낸 인간은 폭력을 즐기고 이겨낼 수 있는 존재인 동시에 폭력 속으로 함몰될 수 있는 존재라고 비하되기도 한다. 폭력을 가하는 자 역시 당하는 자 못지않게 폭력 문제에서 벗어나지 못한다.

하지만 폭력은 때론 삶을 위한 필수불가결 요소일 수 있다. 이는 바슐라르(G. Bachelard)가 역설한 4원소(불, 물, 흙, 공기)의 상상력 중 '불의 상상력' 내용과 연결되는 측면이 있다. 바슐라르는 인간의 인생 혹은 영혼 활동 그 자체가 불이라는 상상과 결부지어질 수 있다고 말한다. 인간은 언어와 상상력으로 계속적이게 삶을 창조하면서 살아가야 하는 존재지만, 이 생명력에 대한 상상은 마치 불이 이글이글 타오르는 듯한 모습일 수 있다는 의미에서 그러하다. 이 측면에서 보면 폭력은 분명 불과 상당히 밀접하다. 삶을 이어가기 위해 자기 자신의 뜨거운 열정과 에너지를 어떤 방식으로든 외부로 강압적이게 표출하고 살아야만 하는 존재가 인간이며, 폭력은 삶과 관련되는 그 에너지가 발산되는 가장 대표적인 방식이기 때문이다. 그런 탓에 폭력은 모든 인간에게 혹은 인간 사회 전체에 해당될 수 있는 것이며, 더욱 개인적인 것이라고 말해질 수 있는 듯하다. 사랑, 슬픔 등 인간이 느낄 수 있는 모든 감정들에 대해 각 개인별로 큰 차이가 있다고 하지만, 폭력과 관련된 여러 다양한 상황은 진정으로 개인의 삶 그 자체와 관련되는 탓에 더욱 개인적이라고 할 수 있다. 예를 들면 특정 행위에 대해 어떤 사람은 심각한 폭력으로 느끼고, 어떤 사람은 전혀 폭력으로 여기지 않을 수 있다. 전투, 군대에서의 기합, 패싸움 등 비교적 동일한 폭력의 경험으로 측정될 수 있는 내용들에서도 개인이 느끼는 바는 다르다. 소위 '맷집'이라고 총칭할 수 있는 인내력, 방어력 등에 대한 문제며, 이는 육체적, 정신적 상황에 모두 해당된다.

이글거리는 자신 내면의 불을 지나치게 겉으로 드러내어 타인을 살상하는 폭력으로 과도하게 만든다면 바슐라르가 말하는 공포와 악의 불이 될 수 있다. 이 불에 기인한 폭력은 타인을 무력하게 만드는 원인으로 작용한다. 개인이 수용하는 지나친 폭력과 관련하여 조브스키(W.

Sofsky)는 "폭력은 삶의 연속성을 끊어 버린다. 거기서 살아남은 사람은 단순히 전과 다른 사람이 아니라 또 하나의 완전히 다른 사람이 된다. 폭력을 겪기 전과 겪은 후는 근본적으로 달라진다. 세계는 더 이상 친숙한 고향이 아니라 반복되는 위협의 원천으로 바뀐다. 주변의 낯익은 것에 대한 신뢰는 붕괴된다. (…) 폭력으로부터는 벗어났지만 새로운 세상을 살게 된 귀환자는 모든 정상적인 것으로부터 추방당하게 된다. 다른 사람들이 그에게 도무지 귀 기울이려 하지 않거나 그를 주목하지 않아서가 아니라, 상실의 체험이 결코 사라지지 않기 때문이다. (…) 이런 사람은 부당하게도 그와 같은 운명을 함께 나눠 갖지 않았던 다른 사람들에 의해 무감각한 퇴보 상태에 빠진 것으로 오해받기도 한다"[1]라고 말한다. 지나치게 과도한 폭력, 곧 반복되는 집단 구타나 참혹한 전투와 같은 극한 상황에서 살아남은 개인의 심상을 잘 표현하고 있는 이 코멘트는 인간 정신의 복잡성과 고뇌를 드러내기 위해 영화나 문학작품 등에서 폭력을 주요 소재로 사용할 수 있게 만든 이유일 것이다.

하지만 현대인들이 흔히 즐기는 비디오게임 속의 폭력은 이런 실제의 상황과는 많이 다르다. 비디오게임 속에 난무하는 폭력에는 인간은 있으나 '인간성'은 없다. 고통도, 고뇌도, 극복도 없다. 다만 바슐라르가 역설한 삶 및 생명과 연결되는 불의 심성이나 열정, 그리고 공포와 충격을 만들어 내는 불로 현시되는 폭력과 그에 따른 희열감 등이 혼재되어 있다는 측면은 있다. 또한 불이 만들어 내는 세상의 종말적인 모습도 드러난다.[2] 본래부터 비디오게임 속의 폭력은 현실이 아닌 가상의 사이버 공간에 물리적이 아닌 디지털적으로 구현된 탓에, 실제의 현실 세계 속에서는 인간이 행할 수 없는 수많은 다양한 형태의 폭력이 엄청난 비주

1 볼프강 조브스키, 『폭력사회 —폭력은 인간과 사회를 어떻게 움직이는가?』, 이한우 옮김, 푸른 숲, 2010, p.113.
2 가스통 바슐라르, 『불의 정신분석』, 김병욱 옮김, 이학사, 2007, p.26.

얼의 양으로 등장하는 까닭이다. 이러한 게임 속에서는 등장인물에게 린치를 가하는 수준이 아닌 인물을 죽이거나 파괴하는 것이 일상화 되어 있다. 보다 더 실감나는 폭력을 위해 대상의 특정 신체 부위를 찢는다거나, 유혈을 낭자하게 만든다거나, 특수한 무기를 동원한다거나 하는 사고방식 역시 자연스럽다. 그런 탓에 비주얼 사이버공간[3]에서의 폭력은 인간의 공격성과 주로 연결되며, 게임을 즐기는 개인에게는 폭력으로 함몰될 것을 은연 중 부추기고 있다는 면이 지적되고 있다.—게임 속의 파괴와 폭력은 일종의 놀이이며 유희일 따름이라고 하는 낙관론자들의 의견도 게이머들 및 게임 산업계에 상당한 영향을 미치고 있다. 이런 까닭에 삶과 죽음이 게임 속 이미지에서도 동시에 잘 드러날 수 있는 것이다.

아케이드, 액션, 롤플레잉, 전략 시뮬레이션 등 모든 형태의 비디오게임에서 이런 상황이 잘 나타나고 있지만, 그중에서도 가장 주목할 만한 장르는 1인칭 슈팅(First-Person Shooter, 이하 FPS) 액션 게임이다. FPS는 비주얼 원근법과 운동이 유희적이게 구현된 화면을 바탕으로 하여 화면 속의 대상들과 게이머가 상호 작용하는 형태의 게임이다. 게이머는 보통 모니터 화면이라는 창을 통해 캐릭터가 보는 시점을 동시에 보며 게임 속 공간에 있는 듯한 현실 착각의 경험을 하도록 유도 당한다.[4] 이 형태의 게임들 대부분은 어두운 방안에서 키보드나 조이스틱 등의 조종 콘솔을 통해 모니터 화면 속으로 빠져들게 되는 경우 가상공간에 대한

---

3 '가상공간'은 네트워크 개념과 관련되어 Cyberspace의 번역어로 통용되고 있으나, Head Mounted Display(HMD) 착용에 의한 Virtual Reality(VR) 경험을 말하는 것까지는 아니므로 이 글에서는 '비주얼 사이버공간'이라는 용어를 사용한다. 대신 가상공간은 현실공간의 반대적 의미로만 사용한다.

4 영화 <아바타(Avatar)>에서 주인공이 외계인의 몸을 움직이는 방식과 개념상으로는 유사하다고 볼 수 있다. 반면 3인칭 슈팅 게임(Third Person Shooter, TPS 또는 3PS)은 게임 속 캐릭터를 위에서 혹은 비스듬하게 보는 시점인 3인칭 관찰자 시점의 게임이다.

체험이 절정에 도달할 수 있도록 설정되어 있는 경향이 많다. 특히 최근 FPS 게임에 구현되고 있는 비주얼 폭력의 수위는 폭력적인 비디오게임에 문외한인 사람들에게는 엄청난 정신적 압력으로 수용될 수 있을 정도로 강도가 세다. 실감나게 정교해진 그래픽, 3D 시각 현상으로까지 구현되는 기술에 힘입은 이미지의 폭발 및 잘 짜인 스토리로 인해 사람들은 게임 속의 폭력을 더 이상 가상 속의 폭력만이 아닌 현실의 폭력으로도 느낄 수 있게 되었다. 특히 문화콘텐츠 산업 선진국이라고 할 수 있는 미국, 유럽, 일본 등에서 이러한 형태의 게임들이 활발하게 제작되어 소비되고 있다.

이 장에서 다루는 주요 주제는 이러한 FPS 게임의 폭력성, 즉 바슐라르가 말한 불의 상상력 원리 중 '파괴'와 '공포' 등이 어떻게 인간에게 호소하고 있느냐다. 나아가 이 내용을 중심으로 바슐라르가 강조했던 불의 온화성, 낭만성, 문명성 등이 비디오게임과 관련하여 어떻게 연결될 수 있는지도 추가적으로 검토해 보려 한다. 이를 위해 현재의 FPS 게임을 가능하게 만든 원조 게임격의 <둠> 시리즈를 중점적으로 살펴볼 것이다. 폭력의 미학, 스토리 전개와 이미지가 어떻게 FPS 게임에 영향을 미치느냐의 문제, 존재론적 측면에서는 현실과 가상의 구분 문제, 윤리학적 측면에서는 게임 중독과도 연결되는 비주얼 사이버공간에서의 폭력의 정당성 관련 논의 등을 바슐라르의 '불의 상상력' 내용과 함께 다루어 본다.

2. 엠페도클레스의 불: 삶과 죽음의 비주얼사이버공간

폭력 개념의 근저에 있는 인간의 공격성은 진화생물학적 측면에서 보면, 인간의 생존 본능과 연결될 수 있다. 하지만 '폭력 개념' 그 자체는 인간적인 것이라고 할 수 있을지 몰라도 '폭력 현상'을 인간의 전유물로만 볼 수는 없을 것이다. 폭력 현상으로 발현되는 생존 경쟁은 비단 인간에게만 해당되는 것이 아닌 지구상의 생물 전체에게 해당되는 사항이기 때문이다. 로렌츠(K. Lorenz)는 다윈(C. Darwin)의 이론을 빌어 폭력과 관련된 제반 개념들에 대해 "두 경쟁자 중 강자가 영토나 원하는 배우자를 소유하는 것이 한 종의 미래를 위해서는 항상 유리한 것"[5]이라고 생각하는 방식이라고 말한다. 이런 시각에서 보면 동종 간에 발생하는 공격자와 방어자의 생존을 둘러싼 피비린내 나는 싸움을 현실에서 일어나고 있는 초법적인 정당한 폭력이라고 말할 수도 있게 된다. 과거 그리스의 도시 국가 스파르타에서 행해졌던 약자 제거로서의 폭력적인 훈련도 이러한 맥락에서는 얼마든지 용인되고 장려될 수 있다. 이것이 바로 가장 강하고 폭력적이고 잔혹한 것이 아름다울 수 있다는 '폭력의 미학'이라는 관점일 것이다. 원초적인 면에서 보자면 생물이 가진 공격성의 뿌리는 두려움을 극복하고 일종의 '삶에의 의지'[6]라는 정의를 추구하는데 있다. 소위 바슐라르가 말하는 음험하고 위험한 불이다.

그러나 이는 인간성 혹은 현대 인권의 측면에서 보면 허용될 수 없는 부정적인 것일 따름이다. 종의 보존과 발전을 위한 인간의 제거적 경쟁은 이제 현대적 시각에서 보면 폭력적인 범죄 행위일 뿐이다. 제거를 위한 경쟁에 인간의 도덕이나 윤리라는 개념이 첨가된다면 제거적 경쟁은 경쟁이 아니라 폭력일 수밖에 없는 것이다. 인간 사회에서의 생존 경쟁과 자연 도태를 중시하는 사회적 다윈주의(Social Darwinism)는 이미 여러 방면에서 문제점을 노출했으며, 현대 사회에서는 거의 통하지 않고 있다. 도태되는 자, 낙오되는 자, 폭력에 희생되는 자를 구제하기 위해 사회적 역량을 집중하는 것이 옳다는 면은 좌파적 시각의 사회보장 논

5 콘라트 로렌츠, 『공격성에 관하여』, 송준만 옮김, 이화여자대학교 출판부, 1985, p.44.

6 쇼펜하우어(A. Schopenhauer)에 의해 유명해진 이 개념은 관성적이고 맹목적으로 삶을 추구하고자 하는 인간의 욕망을 나타내는 개념으로 이해되고 있다.

리나 우파적 시각의 기부 논리에서 모두 찾아볼 수 있는 내용이 되었다. 힘과 폭력으로 승자의 자리를 획득하는 것에 찬사를 보내는, 또는 고뇌하지 않는 평면적 성격의 슈퍼히어로를 동경하는 시대는 지나갔다. 적자생존의 무한 경쟁을 옳다고 보는 현대인은 이제 거의 없다. 바슐라르의 불 개념으로 이를 표현하자면, 온화함과 따뜻함이 인간에게 주는 불의 상상력 내용이다.

사실 본래부터 인간은 각종의 신경증으로 고통을 쉽게 당하고, 행복과 부러움 때문에 다른 인간을 시기 질투하기도 하며, 애정과 자비 때문에 오히려 경쟁적이고 공격적이 될 수도 있는 존재다. 그렇기 때문에 현대 사회는 이러한 인간의 원초성을 극복하기 위하여 다양한 사회적·제도적 안전장치를 고안해 내었다. 푸코(M. Foucault)가 강조한 생체권력(bio-power)의 원리도 이 상황에 대한 하나의 이론적 반영이라고 볼 수 있다. 그가 역설하는 생체권력은 각 개인을 관찰하여 규율이 효과적으로 행사될 수 있도록 망을 보고 있으며, 사회에 통용되는 규율적 판단으로 인간 행동을 객관화하고 자료화 한 결과로 '정상인'에 대한 과학적인 기준을 형성하게 만들었다. 과거 군주가 지니고 있었던 절대적 생사여탈권과 연결되는 폭력이 현대에 와서는 국민의 삶을 위해야만 하는 생체-정치(bio-politics)라는 형태, 곧 삶을 위한 형태로 바뀐 것이다.[7] 전 세계적으로 폭력은 전쟁이 아닌 일상의 현실에서는 스포츠 종목의 일부에서만 크게 환영받고 있을 뿐이다. 푸코의 논증은 폭력이 현대에서 완전히 악한 것으로 낙인지어 질 수 밖에 없게 된 이유를 설명할 수 있는 좋은 예다.

대신 현실 세계에서 추방당한 폭력의 미학은 컴퓨터 스크린 속의 비

---

7 Michel Foucault, "The Birth of Biopolitics", *Essential Works of Foucault 1954–1984*, translated by Robert Hurley and others, edited by Paul Rabinow, Penguin Books, 2000, pp.73~79.

주얼 사이버공간으로 디지털화 되어 이식되었다. 현실에서는 행해질 수 없는 각종의 폭력이 화면 속 가상적인 인물 내지 대상을 향해 무차별적으로 행해질 수 있게 된 것이다. 물론 비디오게임의 초창기는 지금과는 달랐다. 1980년대 초기 게임 시절에도 공격과 파괴의 모습은 있었지만. 현재 200년대처럼 시각적으로 폭력적인 성향이 그렇게 크지는 않았던 것이다. <갤럭시안(Galaxian)>, <스페이스 인베이더(Space Invader)> 등 2차원적 구도의 게임에서는 상대방을 제거하는 방식도 단순 폭파 혹은 살상 정도가 그려진 귀여운 비주얼을 통해 행해졌을 뿐이다. 하지만 FPS 게임이 출시되기 시작하면서부터 비디오게임에 대한 이해가 달라지기 시작했다. FPS 게임은 3차원의 원근법과 운동의 원리를 가장 리얼하게 표현하는 게임 장르다. 이는 이미 1970년대의 미로 게임—미로에서 헤매면서 출구를 찾는 것을 목표로 하는 게임—에서 그 가능성을 보였는데, 게이머들은 화면 속 3차원 가상공간에서 실제로 활동하는 듯한 착각이 주는 유희에 매료되었다.

<울펜슈타인(Wolfenstein) 3D>가 1992년에 출시되면서 본격적인 FPS의 세계가 열리게 되었고, 가상세계에서의 폭력이라는 개념 역시 함께 도입되었다. 이 게임은 8비트 시절인 1981년에 출시된 <울펜슈타인 성

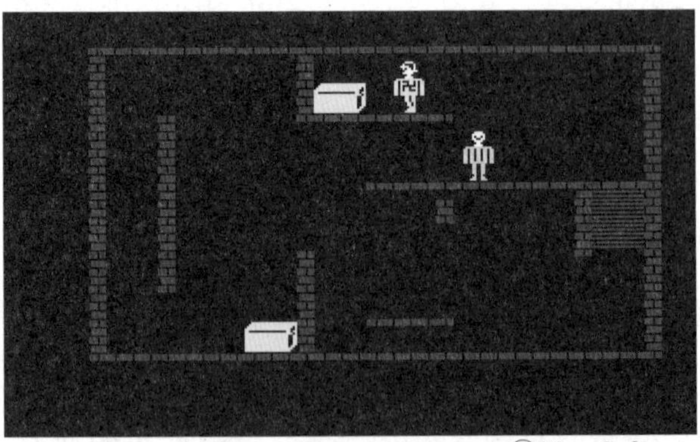

ⓒ Muse Software

[그림 1] 〈울펜슈타인 성〉 (1981)

ⓒ id Software

[그림 2] 〈울펜슈타인 3D〉 (1992)

(Castle Wolfenstein)>이라는 게임에 유래를 두고 있다. 게이머가 비밀 스파이가 되어 나치 독일의 SS요원을 사살하거나 피하면서 미로를 헤쳐 나가는 스텔스 베이스 아케이드(stealth-based arcade) 게임류였으며, 우리나라에도 유입되어 상당한 인기를 끌었다. 반면 <울펜슈타인 3D>는 3차원의 공간에서 적들을 실제로 사살하는 폭력의 쾌감을 게이머에게 제공하는 수준의 FPS 게임이었다. 지금으로 봐서는 도트(dot)가 매우 두껍고 색감 역시 상당히 낮아 만화처럼 보였던 저급 그래픽의 초기 게임이었다. 하지만 화면 안에서 각종의 무기를 가지고 실제로 인간을 사살할 수 있었다는 점에서 폭력적인 FPS 게임의 효시로 간주되고 있다. 3차원의 화면 속에서 미로를 헤치고 길을 찾는 FPS 게임의 묘미가 폭력과 공식적으로 결합된 것이다. 이 게임은 북미 게임 등급(ESRB, Entertainment Software Rating Board)에서 17세 이상인 M 등급을 받았다.

이어 1993년에 출시된 <둠>은 전 세계적으로 FPS 게임의 대유행을 불러일으켰다.[8] 게임의 콘셉트는 <울펜슈타인 3D>와 동일하게 미로 속에서 적을 죽이면서 출구를 찾는 것이었고 등급도 유사했지만, 256컬러

8 1990년대에 <둠>은 미국에서만 10억 달러 이상의 수입을 올린 것으로 집계되고 있다.

ⓒ id Software

[그림 3] 〈둠 1〉 (1993)

VGA(Video Graphics Array) 기술의 사용으로 이전보다 더욱 섬세해진 해상도와 그래픽을 바탕으로 하여 고어(gore)적 분위기와 미장센을 만들어 내었다. 공포 및 괴기와 연결될 수 있는 불의 상상력이 만들어 낸 지옥 이미지들이 사이버공간 속에서 본격적으로 활성화되기 시작한 것이다. 우주 기지에 홀로 남겨진 게임 속 주인공 해병은 각종 인간 좀비들과 외계 괴물들을 톱, 권총, 샷건, 레이저포, 폭탄 등으로 죽이면서 출구를 찾기 위해 사투를 벌여야만 한다. 불을 이용하여 괴물들과 좀비들을 퇴치하는 내용이 비디오게임의 상상력을 통해 극대화 되었다고 볼 수 있다. 적들의 움직임, 다양한 함정들 및 아이템들, 더욱 복잡해진 미로 등으로 인해 게임에 대한 몰입도가 엄청나게 높아졌으며, 이로 인해 게임 중독자들을 전 세계적으로 양산해 내는 데에도 크게 일익을 담당했다. 또한 이 게임으로 인해 기술적으로는 '3D 엔진' 개념이 보다 더 분명하게 부각되었다. 3D 엔진은 3D 기술을 통해 화면상에서 주인공이 다이내믹하게 움직이는 것처럼 어떤 방식으로 게이머에게 보일 수 있게 하느냐와 관련된 그래픽 구성 기술을 일컫는 말로 이제는 통칭되고 있다. 특히 <둠>의 경우는 키보드 또는 조이스틱 등의 조작 콘솔을 사용하여 전방위로 자유롭게 유영하듯 움직이도록 하는 엔진이 사용되어 게이머들로부터 환영받았다.

현실 세계에서의 폭력이 디지털 그래픽 기술로 가상의 비주얼 사이버공간에서 활발하게 재현(representation)되기 시작한 뒤부터 폭력은 상상력의 실질적 구현과 연결되었다. 그러면서 이전보다 더욱 폭력의 미학이라는 차원에서 활발하게 통용될 수 있는 입지가 확보되었다. 고대 시대 혹은 고대 신화에 존재했던 인간 삶의 폭력적 서바이벌 게임이라는 측면이 현대의 비디오게임에 이식되어 재연(replay)되었을 뿐만 아니라, 실질적으로 그로테스크하고 고어적인 예술적 미 역시 어떻게 구현되느냐가 관건이 되었기 때문이다. 게이머가 조종하는 게임 속 주인공은 놀라운 살상 기술 및 움직임을 바탕으로 강해져야만 하고, 게임 속에서 게이머의 진로를 방해하는 대상들을 잔혹하게 죽이며 최종적으로 생존해야만 한다.—레벨을 클리어 하면서 점차적으로 난이도가 높아져 가게 되는 방식으로 인해 게이머는 게임에 익숙해지면서 보다 더 강력한 폭력을 게임 속에서 휘두를 수 있게 된다. 게임은 이러한 모든 상황을 최대한 비주얼적으로 멋있고 아름답게 표현할 수 있어야만 한다. 따라서 괴기와 폭력의 대중문화를 즐기는 사람들은 <둠>이라는 사이버 게임 공간에서 바슐라르가 역설한 '엠페도클레스(Empedocles) 콤플렉스와 연결되는 불의 상상력'이 제공하는 희열과 만족을 배가하여 느낄 수 있게 되었다. 에트나 화산에 몸을 던진 고대 그리스 철학자가 말한 삶과 죽음이 교차하고 결합하는 불의 상상력이 비디오게임 속에서 현현되어진 것이다.[9]

종합하자면 지옥 불에 대한 호기심, 불을 도구로 다루어 괴물들을 퇴치하고 삶을 만들어 내고자 하는 의지, 불에 내재된 삶과 죽음의 공존 등과 연결되는 '불의 상상력'이 <둠>과 직결된다고 말할 수 있다. 커쉬너(D. Kushner)는 로메로(J. Romero)와 카맥(J. Carmack)이 미국 내 SF, 던전 앤 드래곤(Dugeon & Dragon), 괴기 및 고어물을 좋아하는 사람들

9 가스통 바슐라르, 앞의 책, pp.40~44.

을 특히 겨냥해서 <둠>을 제작했으며, 이 게임의 대 유행으로 인해 '둠 제네레이션(Doom Generation)'이라는 용어가 세상에서 통용될 수 있게 되었다고 한다.[10] 불의 상상력이 잘 발현된 게임 <둠>은 미국 내 내지 3류 영화를 선호하는 좋아하는 사람들의 기호에 맞추어 기존 FPS 게임 제작 노하우의 집대성 및 철저한 기획을 통해 세상에 나온 장인적 산물이다. <둠>으로 인해 게이머는 게임 속 주인공과 동질화 되어 화면 속에서 적을 어떻게 많이 죽이면서 사는 가를 고민하는 것이 옳다고 생각하게 되었다. 죽음을 무릅쓰고 지옥의 미로로 들어간 자신의 행동이 세상을 구원한다는 환상을 가지면서 삶과 죽음을 초월하고자 하는 것이다. 이에 따라 FPS 게임 제작자들은 스토리 및 이미지적으로 어떻게 보다 더 잔혹한 살상과 죽음이 실감나게 구현될 수 있게 하느냐, 또 게이머들로 하여금 이에 대해 지속적으로 흥미를 갖도록 하느냐를 최우선적인 과제로 삼을 수 있게 되었다.

3. 게임 속 폭력의 발전과 중흥: 이미지, 스토리, 호러 그리고 낭만적인 불

<둠>의 세계적 성공에 힘입어 속편 <둠 2(Doom 2: Hell on Earth)>가 1994년에 출시되었다. 동일한 3D 엔진으로 제작된 <둠 2>는 전작의 연장선상에 있었지만, 이미지와 스토리가 대폭적으로 강화되었다. 미로는 한층 더 복잡해졌고 파괴해야할 적들은 더욱 강해졌다. 전작처럼 17세 이상 등급을 받았긴 했지만, 이에 따라 폭력과 관련된 각종 묘사 및 상황은 훨씬 더 심화되었다. 비록 최근의 FPS 게임 작품들처럼 미려한 초고해상도의 그래픽에 의하여 실제에 가까운 폭력 묘사가 구현되지는 않

---

10 David Kushner, *Masters of Doom —How two guys created an empire and transformed pop culture*, Random House, 2003, pp.62~86, 102~120.

ⓒ id Software

[그림 4] 〈둠 2〉 (1993)

았지만, 전작보다 더욱 빨라진 미션 실행 속도, 캐릭터의 부드러운 움직임, 우주가 아닌 지상에 구현된 고딕적 미장센은 게임에 폭력적인 분위기를 더욱 배가시키는 요소로 작용했다. <둠 2>에서 컴퓨터 스크린 속의 파괴와 죽음은 '낭만'이 되어버렸다. 물론 이 때의 낭만은 남녀 사이의 낭만, 부드러운 마찰이 만들어 낸 따뜻하고 기분 좋은 혹은 에로틱한 낭만, 또는 시인의 고독한 낭만은 아니다.—바슐라르는 이를 노발리스(Novalis) 콤플렉스와 연결되는 불의 낭만적 상상력이라고 불렀다. <둠 2>에서 드러나는 낭만은 영화 <킬빌>에서 구가되는 낭만과 유사하므로 일견 반노발리스적이다. 하지만 바로 그렇기 때문에 노발리스적인 낭만과도 여하 간에 간접적으로 연결되고 있는 듯하다. <둠 2>의 낭만이 누아르 영화에서처럼 차가운 듯하면서도 뜨겁지만, 사실은 '침투하고자 하는 욕구', '존재들의 내부로 가고자 하는 욕구'와도 결부되고 있는 까닭이다. 노발리스 콤플렉스와 연결된 불은 야만을 극복하고 열을 희구하는 시인인 동시에 영웅인 자의 불이기도 하다. 이 불의 상상력은 선사시대에 이루어진 불의 정복을 여전히 원시성 안에서 재구성하고 있다는 면이 있는 것이다.[11] 뿐만 아니라 게이머는 손과 조이스틱이나 키보드

11 가스통 바슐라르, 앞의 책, pp.80~81.

등 조종 콘솔과의 마찰을 즐기면서 불의 상상력이 만들어 내는 낭만 속에 깊게 빠져들게 된다는 직접적인 면도 있다. 결국 노발리스의 낭만은 오히려 이율배반적으로 <둠 2>의 외적, 내적 환경을 어느 정도 지배하고 있다는 측면이 분명히 있다. 이런 견지를 감안한다면 <둠 2>의 주인공이나 이를 플레이하는 게이머는 전투 속에서 더욱 강해지는 시인이자 전사가 되고 있는 셈이다. <둠 2>는 바로 이러한 스토리 및 분위기를 염두에 두고 있는 듯하다. 물론 이는 <둠>에서의 기술적 특성이 있었기에 가능했다.

원래 게임 <둠> 속의 폭력 분위기적 세상과 이야기는 연속적인 이미지의 흐름과 스토리 전개—이미지와 내러티브의 결합으로 이루어진 스토리텔링으로도 볼 수 있는—의 상호 관계적 조합으로 만들어 졌다. 이는 FPS 게임에 있어서는 컴퓨터가 일종의 미디어이며, 컴퓨터의 모니터와 조작 콘솔을 매개로 화면 속에 구현되어 흐르고 있는 게임 속 세계와 화면 밖의 게이머가 서로 상호 작용하는 관계를 형성한다는 것과 관련이 있다. 게이머가 자신의 눈을 통해 세상을 보는 듯한 방식으로 화면 속 공간이 펼쳐지기 위해 이미지들로 조합된 '시야'가 이런 형태의 게임에서 중요하다는 것이 <둠 2>를 통해 더욱 분명해졌다. 본래부터 FPS 게임에서의 시야는 비디오게임의 이미지 구성에 대한 개념을 수정시켰다는 면이 있다. 주인공의 움직임에 따라 시야가 자유자재로 변하도록 흐르는 이미지 형식으로 구성됨에 따라 카메라의 시선이 마치 이미지를 캐치하는 방식과 유사한 영화의 카메라적 요소가 게임 속에 이식[12]되었기 때문이다. 그중에서도 주인공의 움직임에 따라 흔들리는 듯한 박진감을 만드는 이미지의 흐름은 영화의 들고 찍기 카메라(hand-held camera) 촬영 효과와 거의 유사하다. 비록 게임 속에서는 각 레벨의 미

12 안진수, 「창발적 장소의 변주들 —비디오게임 장르의 공간성에 대하여」, 『영상예술연구』, 제18호, 영상예술학회, 2011, pp.267~268.

ⓒ id Software

[그림 5] 〈둠 2〉 (1993)

션을 클리어 하는 것이 주인공 캐릭터이지만, 실제로 게임의 스토리를 따라 가는 주체는 실제 공간에서의 게이머이므로, '시야'라는 개념을 통해 이미지의 흐름을 감지하는 게이머는 영화 속의 주인공이 된 듯한 느낌을 받는다. 게이머는 단순히 가상의 공간에 있는 듯한 착각만을 하는 것이 아니라 스토리 속에 자신이 있다는 착각까지 하게 되는 것이다. 게이머가 스크린을 통해 보이는 시야로 게임 속 이미지의 흐름을 인지하면서 특정의 스토리를 따라가며 폭력을 행사하는 것이 <둠>으로부터 받는 유희다.

게이머에게 이미지의 흐름이 시각적 차원에서 가상의 요소를 선사한다면, 이 게임의 스토리 전개는 사회적 차원에서 한 편의 영웅 신화 같은 낭만적인 가상의 요소를 제공[13]한다. <둠 2>의 스토리는 우주에서 사투 끝에 돌아온 주인공 해병이 지구에 도착하자마자 지구 역시 이미 악령들의 공격을 받아 지옥으로 변해있음을 알게 되어, 악령의 기지로 쳐

13 게임 시나리오 제작자들이 캠벨(J. Campbell) 영웅신화 이론을 원용한 보글러(C. Vogler)의 영웅 12 단계 스토리론을 활용한다는 것은 잘 알려진 이야기다(Jesse Schell, *The Art of Game Design —A Book of Lenses*, Morgan Kaufmann Publishers, 2008, pp.273~275).

들어가 악의 근원을 소멸시켜 지구를 이전으로 복원시키는 것이다. 또한 <둠 2>의 시대 배경은 미래의 언제이지만, 이미지를 통해 구현된 실제 배경은 과거 중세 시대에 그려진 악마 혹은 사탄이 지배하는 세상과 유사하고, 게임의 목표는 악마와 악령을 퇴치하는 것이다. 이 게임의 장르는 인간에게 무조건 고통과 괴로움만을 주는 존재인 악령들과 악마들이 대거 등장하는 공포물이다. 좀 더 세세하게 분류하자면 SF·공포물이라 할 수 있다. 이러한 대중적인 공포물에 내재된 기본적인 스토리 맥락은 전형적으로 '극적인 권선징악'이다. 선을 대표하는 주인공이 모든 악조건을 뚫고 악령이 지배하는 세상에서 탈출한다거나 악령을 퇴치하고 세상을 구하게 되는 따뜻한 낭만주의적인 내용이 핵심이다. 다만 그 악은 때로는 종교적인 맥락에서의 악마일 수도 있고, 때로는 지구를 위협해서 정복하려는 외계인일 수도 있다. 사회적 맥락에서 보면 게이머 스스로가 이미 가상적인 정의의 투사이자 신화 속의 낭만적인 영웅[14]으로 설정되어 있는 것이다. 바로 이것이 악에서 도피하고, 악을 제거하는 것이 유일한 목표로 설정된 <둠 1>, <둠 2> 게임 속의 주인공이 어떠한 폭력이라도 사용할 수 있는 궁극의 전사가 될 수 있는 이유이다.

<둠> 시리즈의 제작자들은 바로 이런 내막을 고의적으로 사용한 듯하다. <둠>이 제작되어 발표된 1990년대 무렵의 미국 사회는 오히려 폭력적인 비디오게임물을 제한하고자 부단히 노력했다.[15] 이미지의 과잉에서 기인되어 비주얼 문화로 구현되는 폭력이 현실 세계의 폭력과 연결되는 것에 대해 크게 우려를 표명하기 시작했던 시기였던 것이다. 게임 등급의 중요성 역시 이때 매우 강하게 사회적으로 부각되기도 했다. 원래 보수적인 성향의 정치가들은 '국가의 안보'와 '사회의 안전'이라는

---

14 더 자세한 것은 Joseph Campbell, *The Hero with a Thousand Faces*, 2nd edition, Princeton University Press, 1973, pp.30~32 참조.

15 David Kushner, 앞의 책, pp.128~129 참조.

요소를 활용한 주요 정책을 수립하여 지지층을 확보하려는 경향을 보이는데, 이 맥락이 어느 정도 반영되었다고 볼 수 있다. 그런데 <둠> 시리즈, 특히 <둠 2>는 이러한 당시 상황을 교묘하게 잘 피해갈 수 있는 전략적인 요인들을 지니고 있었다. 비록 게임에는 잔인한 폭력이 구현되어 있었지만, 스토리라인으로만 보자면 종교적 보수주의자들의 용인까지 이끌어 낼 수 있는 퇴마사적 입장에서의 폭력이었던 것이다. 정의의 실현이라는 차원에서 근본적으로 게임 속에서의 폭력 사용이 완전히 낭만적으로 정당화되었다고 할 수 있다. 비주얼 사이버 공간 속의 세계와 대상이므로 실제가 아니라는 가상이라는 맥락을 차치하고서라도, 예를 들면 싱어(P. Singer)가 강조하는 의식이 있는 생명은 모두 내재적 가치(intrinsic value)가 있으므로 이에 대해 폭력을 행사하는 것은 그릇되다는 생명 외경의 윤리 원칙 같은 논리가 애초부터 통할 수 없는 세계관이 게임 속에 형성되어 있는 것이다. 바로 이것이 <둠>의 전 세계적 유행을 가능하게 만든 이유들 중 하나라는 평도 있다.

본래 동·서양을 막론하고 '악마', '지옥' 등에 대한 콘셉트는 종교에서뿐만 아니라 예술, 문학 등 세계 문화 전반에 걸쳐서 나타나고 있다. 문화원형(cultural archetype)으로 간주될 수 있는 악마의 이미지들이나 악령과 싸우는 스토리들은 시대의 변화에 맞추어 계속 재생산, 재해석되어 왔으며, 지금도 많은 사람들의 관심 대상이다. 세계 각국의 신화에는 이와 관련된 내용들이 다양한 방식으로 들어 있으며, 한여름 밤의 특선 TV 프로그램이나 영화에도 여전히 빈번하게 등장한다. 현세에서의 삶을 존중하기 위한 방편내지 종교성을 이용하여 사회를 효율적으로 통제하기 위해 이런 내용들이 제작·활용되어왔다는 종교-사회학적 분석에서부터, 본래부터 인간은 아름다운 것뿐만 아니라 징그럽고 추한 것에 대해서도 미적인 감흥을 느끼는 존재라는 미학적 분석에 이르기까지 이와 관련된 담론들도 많다. 저승, 귀신, 악에 대한 혐오, 이 혐오를 야기하는 인간의 호기심—비록 이런 것들에 대해 알고 보기를 거부하는 사람들도 많지만—은 인간 존재의 본성 중 하나라고 지적되어 왔다.[16] 이러한 맥락에서 가상에서든 현실에서든 생존을 위해 악의 결정체로 표상되는 초자연적 존재들에게 폭력을 행사하는 것은 삶의 정의라는 견지에서 종교적으로도, 윤리적으로도 타당하다는 논리가 보편화 되어 왔다.

이것은 인간이 뇌에서 작용하고 있는 상상력을 이용하여 외부적 대상물들에 투사시켜 실제로는 보이지 않는 특정의 세계를 만들고, 그 속에서도 삶과 죽음의 문제를 고민해야만 하는 보편적인 고등 생물체라는 곧 인간 존재의 조건을 잘 드러내고 있는 증거 중 하나라고 볼 수 있다. 스미스(D. L. Smith)의 말처럼 인간은 현실에서만 사는 것이 아니라 창조된 가상의 세계까지 정신적으로 영역을 확장하여 불확실한 미래를 예견하면서 살아야 하는 존재인 것이다.[17] 결국 <둠>은 삶 자체와 마찬가지로 자신에게 운명적으로 부여된 상황 속에서 "죽느냐? 사느냐?"를 외쳐야만 했던 햄릿의 고민과도, 불안과 죽음에 대한 공포를 극복하면서 실존적인 존재로 세상 속에서 살아가자고 역설했던 야스퍼스(K. Jaspers)의 주장과도 의미 그대로 순수하게 부합하는 면이 있다. 이런 맥락에서 비록 시각적으로는 파괴와 죽음이지만, 정신 내부적으로는 바슐라르가 말한 대로 꺼질 듯하면서도 꺼지지 않고 계속해서 타오르는 '촛불의 미학' 내지 불 앞에 서 있는 몽상가의 상상력 및 감성과도 연결될 수 있는 듯하다.[18] 게임 속의 주인공은 죽을 듯하면서도 죽지 않고 미션

16 장-디디에 뱅상(J-D. Vincent)은 조르주 바타이유(G. Bataille)의 의견을 인용하여 "악은 본질적으로 죽음과 연결되어 있고, 죽음이 인간의 근본적인 한계를 결정짓는 조건이라는 점에서 악이야말로 인간이 받아들어야 하는 절대적인 요소"라고 말한다(장-디디에 뱅상, 『인간 속의 악마』, 류복렬 옮김, 이화여자대학교 출판부, 1985, p.2).

17 David Livingstone Smith, *The Most Dangerous Animal —Human Nature and the Origins of War*, ST.Martin's Press, 2007, pp.100~101.

18 가스통 바슐라르, 『촛불의 미학』, 이가림 옮김, 문예출판사, 2001, pp.2,47,79.

을 클리어 해야만 하는 고독하고 극적인 영웅인 까닭이다. 이런 견지에서 보면 비록 대중 공포영화에서처럼 현실 사회의 부정의 등 온갖 추잡한 것을 스크린 속 특정 괴물이나 귀신에 악으로서 상징적으로 투영하고 주인공으로 하여금 이를 폭력으로 파멸시키게 한다는 알레고리적 맥락이 <둠> 시리즈에 그대로 적용되지 않는다고 하더라도, 최소한 주인공이 죽음의 환경을 극복하고 삶에의 의지를 실현시키려 하고 있으며 이에 대중이 열광한다는 면에서는 공포영화의 낭만과도 어느 정도 상통하는 면이 있다.

4. 강화된 비주얼 폭력 및 피닉스의 불 개념에서 발생한 윤리적 논란, 그 해결의 실마리

게이머가 모니터 스크린에 3차원으로 구성된 비주얼 사이버공간 속 주인공의 시야를 보면서 조종 콘솔을 통해 폭력이라는 상호작용을 바탕으로 하여 현실을 순간적으로 망각함에 따라 유희 효과의 극대화를 얻고자 하는 방식의 게임인 FPS 장르는 <둠> 시리즈를 통해 세계적으로 유명해졌으며 일상화 되었다. 원래 모든 형태의 비디오게임에는 비주얼 문화의 견지에서 보면 가상성, 상호작용성 등으로 접근하여 담론 생산이 가능한 콘텐츠 플랫폼이라는 특성이 있다. 그런데 FPS 게임은 이 특성들을 보다 더 분명하게 드러내는 경향이 있다. 게이머가 화면 속에 구현된 그래픽의 가상공간을 몇 시간이고 계속해서 보게 되는 경우, 자신이 인지하는 공간과 현실의 공간을 혼동하는 듯한 경험, 곧 다른 공간으로 이동해 와서 실제로 행동하는 듯한 쾌감을 인지-정신적으로 느낄 수 있기 때문이다. <둠> 시리즈와 같은 폭력적인 FPS 게임은 이 가상성, 상호작용성이 기본적인 유희의 배경이며, 이들을 어떻게 잘 조절하고 조합해서 게이머를 게임에 몰입시키느냐를 최대 관건으로 하고 있다. 게

ⓒ id Software

[그림 6] 〈둠 3〉 (2004)

임 속 공간에서 게이머는 불사조와 같은 주인공을 조종해서 '얼마만큼 사이버공간을 실감나게 경험하느냐'가 중요해진 것이다. 2004년에 출시된 <둠 3>는 바로 이 내용을 최적화 시키고자 했던 게임이다.

1993년 이후, 컴퓨터 그래픽(CG) 기술은 이전과는 비교가 안 될 정도로 발달했으며, 컴퓨터의 속도 역시 기하급수적으로 빨라졌다. 원근법과 운동 원리에 근거하여 2D VGA 기술로 만들었던 모니터 속의 조잡한 3차원 가상공간은 10여년 만에 3D 모델링 기법으로 인해 더욱 현실감 있는 가상공간으로 업그레이드되어 구현되었다. 육안으로 전혀 확인할 수 없을 정도로 도트는 작아졌으며, 색감은 천만가지이상의 색으로 향상되었다. 또한 OpenGL, DirectX 등 각종의 3D 그래픽 라이브러리 기술을 활용한 그래픽 가속 기능으로 인해 보다 더 현실감 있는 시야의 변경에 의한 움직임이 가능해졌다. 게임 속의 3D 가상공간은 이제 단순히 그래픽 비디오게임 속에서의 공간이 아닌 영화와 같은 공간, 영화 속에서 그려지고 있는 사실적인 공간과 매우 유사해졌다. 게이머는 마치 영화 카메라의 뷰 파인더를 통해 현실 공간을 보는 듯한 느낌을 갖게 되었다. 일부 영화에서는 이런 CG의 다양한 기법을 이용하여 피사체를 창조하고 공간을 구현해내고 있기도 하다. 현실 세계에서 인간이 실제로 육안으로 볼 수 있는 공간에 거의 준하는 비주얼 사이버공간이 게임 속에서 펼쳐질 수 있게 된 것이다. 볼터(J. D. Bolter)와 그루신(R. Grusin)의 용어로 이 내막을 표현하자면, 합성이미지를 영화와 구별할 수 없게 만들고자 하는, 곧 디지털 이미지가 원근법에 의한 구도 및 그림자의 움직임 등으로 인해 영화적 공간 구성과 피사체 움직임 규준을 받아들이고자 하는 '영화사실주의(filmic realism)'다.[19]

따라서 이미지의 연속체들에 의해 구현되어 게이머들에게 인지되었던 비주얼 사이버공간은 이제 더 이상 이미지의 연속체들만이 아닌, 실제의 현실공간처럼 게이머의 눈에 '실감'적으로 작용되어 인지되는 현실감 있는 비주얼 사이버공간이 되었다. 물론 이 공간은 단순히 인간에게 비쳐지고 있는 자연적(반인공적)인 공간이 아니다. 르페브르(H. Lefebvre)는 애초부터 공간 개념 자체가 정신적인 것, 문화적인 것, 사회적인 것, 역사적인 것의 연결이며, 이처럼 인간의 공간은 사회구성적이라고 역설한 바 있다. 그에 따르면 공간은 "발견(알려지지 않은 새로운 공간, 대륙, 우주 등의 발견), 생산(각각의 사회에 고유한 공간적 조직), 창조(풍경, 기념물성과 장식을 겸비한 도시 등의 작품)로 이어지는 매우 복잡한 과정을 재구성함"[20]과 연계되어 있다. 인간이 완전히 배제된 자연 속 공간이 아닌 인간이 거주하고 있는 인간의 일상 공간—인간에게 인지되는 자연 공간조차도—은 인간이 만들어 낸 온갖 형태의 개념들의 다양한 조합들로 구성된 인공적인 공간이다. 인간이 현재 살고 있는 현실의 공간 역시 실제로는 자연적인 공간이 아닌 인공적인 공간이라는 것이다. 그런데 비디오게임 속에 구현된 가상공간 또한 이처럼 구성되

19 제이 데이비드 볼터·리처드 그루신, 『재매개 —뉴미디어의 계보학』, 이재현 옮김, 커뮤니케이션북스, 2006, pp.30~31.

20 앙리 르페브르, 『공간의 생산』, 양영란 옮김, 에코리브르, 2001, p.29.

고 조합된 인간의 실제 일상 공간과 원리적으로는 상당히 유사하다고 볼 수 있다. 인간의 조합된 현실 세계를 모사하고 새롭게 재조합하여 스크린 속에 비주얼로 다시 구현한 인간의 인공적인 공간이 곧 비디오게임 속의 공간인 탓이다. 비록 현실의 실제 공간처럼 시각적으로 보고, 촉각적으로 직접 만져서 느끼고 실감할 수 있는 3차원적인 입체의 공간이 아니라, 모니터의 평면을 통해 시각적으로만 3차원적 입체처럼 인지되는 그림과 같은 가상의 공간이긴 하지만 말이다. 대신 이 비주얼 사이버공간에는 인간의 상상력이 다양한 방식으로 자유롭게 그려질 수 있으며, 이것이 인간의 일상 공간과는 차이가 크게 나도록 만들고 있을 따름이다. 이 측면에서 보면 영화사실주의적 비디오게임 속의 공간은 과거 다양한 사실주의 기법의 회화를 통해 인간에게 비추어졌던 사실적 가상 세상과 비슷한 지위에 놓여있는 것 같다.[21]

그래서 아마도 이 모든 내막은 결국 '스펙터클(spectacle)'의 문제와 다시 연결될 수밖에 없게 되는 듯하다. 시각적으로 충격적이거나 인상적이게 구현된 어떤 것들을 총칭하는 이 용어는 인간이 얼마나 거대하다거나 충격을 받을 수 있는 이미지들에 쉽게 현혹이 될 수 있는지를 잘 말해주는 대목이라 할 수 있다. 일찍이 칸트(I. Kant)는 자신의 취미(taste)론에서 인간이 '장엄함'에 대해 미적 가치를 부여하는 존재라고 정의했었다. 이 내용은 일반적으로 장엄하고 훌륭한 자연 경관 등에 부여되는 시각적 차원에서의 미적 가치(aesthetic value)[22]에 대한 것이었다. 그렇지만 이 국면을 현대 비주얼 문화에서의 스펙터클 개념으로 환원해서 생각해 보면, 인간이 얼마만큼 심리적으로 충격을 주거나 인상을 주

21 이에 대해 E. H. 곰브리치는 '미술 작품은 거울이 아니나, 변용술적 측면에서는 거울과 공통점이 있으며, 재현 자체가 반드시 미술은 아니나, 이미지 형성적 측면에서 마술적인 능력'이라고 말한다(에른스트 H. 곰브리치, 『예술과 환영 —회화적 재현의 심리학적 연구』, 차미례 옮김, 열화당 출판부, 1985, pp.31~32 참조).

22 Immanuel Kant, *Observations on the Feeling of the Beautiful and Sublime*, translated by John T. Goldthwait, University of California Press, 2003, pp.45~50 참조.

는 이미지에 대해 매료되고 있느냐의 문제와 연결된다. 현실에서든, 영화에서든, 비디오게임에서든, 인간은 자기 스스로를 위압하는 인상적이고 스펙터클한 이미지를 보면서 자발적으로 매혹당할 수밖에 없는 존재라는 것이다. 피닉스의 불이 현대 비주얼 사이버공간과 이런 방식으로 만나게 되면, 자기 스스로를 태우면서 재생하는 괴물적인 불로 바뀔 수 있게 된다. 이것이 아마 <둠 3>를 비롯한 최근의 각종 FPS 게임들이 비디오게임 시장에서 지속적으로 계속 환영받을 수 있었던 이유일 것이다. 게이머들이 사진이나 영화처럼 정교해진 가상공간에 기본적으로 매료되고 있는 측면을 이처럼 볼 수 있을 것도 같다.

이렇게 실감이 높아진 21세기 가상공간에서의 폭력은 <울펜슈타인>, <둠 1>, <둠 2> 등과 같은 90년대 FPS 게임에서의 폭력과는 일단 강도 면에서 크게 달라진 것 같다. 90년대 FPS 게임 속에서 현현된 폭력이 폭력과 유사한 행위를 그래픽으로 표현한 것에 불과했다면, 3D로 모델링된 <둠 3>에서의 폭력은 실제의 폭력 및 그 결과를 사진 혹은 영화에서처럼 보는 것처럼 사실적으로 인지될 수 있게 하였다. 90년대 FPS 게임을 했던 게이머들 중의 일부는 이처럼 배가된 폭력 및 공포감 때문에

ⓒ id Software

[그림 7] 〈둠 3〉 (2004)

<둠 3>를 오히려 멀리하기도 한다. 스크린 속 피사체들과 상호작용하는 것이 비디오게임의 고유한 성질이므로, 게이머는 <둠 3>에서 예전보다 더욱 실감나게 가상화된 폭력을 조종 콘솔을 통해 직접 행위할 수 있게 되었다는 것이 이전과는 달라진 양상이다. 게이머는 콘솔의 손동작을 통해 스크린 속 피사체에게 직접 폭력을 행사하는 듯한 느낌을 받게 된 것이다. 그런데 이러한 양상은 반대급부적으로 게이머가 능동적으로 게임을 하고 있는 것이 아니라는 면이 지적될 수 있게 한다. 게임에 몰입하고 있는 게이머는 게임 시스템이 지정한대로 수동적으로 움직이고 있는 것, 곧 폭력을 가하도록 게임의 인공지능으로부터 강요받고 있을 뿐이기 때문이다. 이와 관련 하임(M. Heim)은 가상공간이 우리의 삶을 수동화시키는 마법을 오히려 걸 수 있다고 강조했다. 그는 "우리는 시스템에게 무엇을 해야 하는지를 지시함에 따라 시스템과 대화하고 있지만, 기실 시스템의 언어와 처리방식이 우리의 심성을 지배하고 있기도 하다. (…) 우리는 우리가 만들어낸 세계 속으로 들어가면서 우리 자신에 대하여 잊는다. (…) 우리는 각막 위의 콘텍트 렌즈나 코 위에 걸쳐져 있는 안경을 무심히 간과하듯 이 인터페이스를 쉽게 놓쳐버릴 수 있다"[23]고 강력하게 역설했다. 영화처럼 사실감이 훨씬 더 높아진 FPS 게임인 <둠 3>에서는 이 내용이 완벽하게 그대로 적용되고 있는 듯하다. 볼터와 그루신은 이를 사용자에게 미디어의 존재를 인지하지 못하게 하는 투명한 인터페이스의 활성화라는 맥락으로 이해하여, 이것이 곧 미디어가 제공하는 가상의 공간에 완전히 몰입할 수 있게 하는 투명성의 '비매개' 논리라고 말하고자 할 것이다.[24] 기 드보르(Guy Debord)의 말처럼 인간은 스펙터클이 만들어 내고 있는 온갖 주변적 상황에도 예속되고 있다. 스펙터클을 도피처의 일부로 삼고 있을 뿐이라는 그의 통찰

23 Michael Heim, *The Metaphysics of Virtual Reality*, Oxford University Press, 1994, pp.21~24 참조.

24 제이 데이비드 볼터·리처드 그루신, 앞의 책, pp.30~31.

이 지금도 예사롭지 않은 이유다.[25]

게이머들이 FPS 게임에 빠져들어 몰두하는 이유 중 하나는 보다 더 정밀하고 사실적인 감흥을 받을 수 있게 된 비주얼 사이버공간에서 파괴하고 죽이는 비디오게임의 규칙에 스스로 적용하여 현실공간에서 받는 스트레스를 은연 중 풀고자 하는 것이다. 현실의 많은 사회적 금제들이 적용되지 않는 사실적 묘사의 폭력 공간, 살해와 파괴에도 불구하고 현실에 영향을 미치지 않는다는 안전함, 죽어도 세이브(save)된 파일에서 다시 로드(load)하여 계속해서 재생할 수 있는 영생의 가상공간에서, 게이머들은 현실의 각종 스트레스를 잠시나마 잊고 다른 세계에서의 삶과 존재의 행위인 폭력, 곧 원초적인 삶의 행위를 안전하게 하면서 즐기는 것을 유희로 삼으려 한다. 바슐라르가 말한 영원히 죽지 않는 피닉스(phoenix)의 불을 소유하고 있는 듯한 느낌을 게이머들은 즐기고 있는 것이다. 불의 재 속에서 살아난 듯한 게임 속 주인공은 실제로 삶과 죽음을 완전히 넘어서고 있는 우주적인 불사조다.[26] 그렇지만 이런 까닭에 강화된 비주얼 폭력, 사실감 넘치는 폭력 속에서 무적인 전사 혹은 불사조와 같은 느낌의 발생은 궁극적으로는 FPS 게임 자체에 대한 논란을 발생시키는 계기로 작용할 수밖에 없게 되었다. 폭력적인 게임이 탄생해서 사회적으로 활성화에 됨에 따라 범죄율이 점차 감소하게 되었다는 연구가 있는가 하면, 폭력을 미화하는 게임이 기하급수적으로 절대다수 불특정인들에게 무차별적으로 노출됨에 따라 게임 내용을 모방한 흉포한 폭력 사건들이 발생하고 있다는 연구도 나오고 있다.[27] 두 상반된 주장 중 어느 견해가 옳던 간에, 범세계주의(cosmopolitanism)적 차원

25 기 드보르, 『스펙타클의 사회』, 이경숙 옮김, 한영문화사, 1996, pp.20~30.

26 가스통 바슐라르, 『불의 시학의 단편들』, 안보옥 옮김, 문학동네, 2004, pp.100~110

27 이와 관련된 논란은 남혁우, "폭력적인 게임, 현실에도 영향을 끼칠까? —게임의 폭력성과 현실과의 관계를 연구한 논문 소개", 《디스이스게임닷컴》, 2011. http:// www.thisisgame.com/board/view.php?category=102&id=608389 참조.

에서의 규제가 부재하다면 영화사실주의적인 그래픽 기술에 기반한 폭력적 비디오게임 시장은 더욱 발전하고 계속 확장될 수밖에 없다는 상황이 조성되어 있음은 분명하다.

특히 청소년들과 <둠 3> 같은 폭력성 높은 게임의 문제는 세계적인 화두로 대두되었다. 그러나 주지하듯 전 세계적으로 게임 등급제는 거의 유명무실해져 버렸으며, 이에 대한 강조가 큰 효과를 거두지 못한다는 의견들도 계속 개진되고 있다. 게임 등급제가 오히려 특정 비디오게임의 광고 효과로 작용하게 되는 경우까지 생겨난다는 지적도 있다. 청소년들의 상당수도 자신들이 받는 스트레스를 게임 속에서 폭력적인 플레이로 해소하려는 경향이 있다. 현실 속에서는 폭력을 실현하기가 어렵지—최근에는 구타나 왕따 등 학교 폭력 문제 역시 심각해졌지—만, 사이버 가상공간에서는 모든 금제의 규율이 사라진 곳이므로 쉽게 폭력을 행사할 수 있다는 상황이 청소년들에게 특히 호소되는 측면일 것이다. 어른들이 만들어 놓은 사회적 금제의 현실로부터 도피하기 위해 청소년들은 게임 속 비주얼 사이버공간을 찾는 성향이 많으며, 여기서 재미를 느끼고자 하는 경향도 다변화되고 있다. 특히 투자한 시간만큼 FPS 게임 플레이에 적용하게 되어 쉽게 이 공간 속의 강력한 폭력을 구사하는 전사가 될 수 있다는 점 역시 그들로 하여금 이러한 폭력적 게임에 몰두하게 만드는 큰 요인이 되고 있는 것 같다. 이것이 바로 17세 이상 등급으로 규정된 <둠 3>를 많은 청소년들이 즐긴 주된 이유라고 할 수 있다. 결과적으로는 이 역시 어느 정도는 삶에의 의지가 변용된 것으로 이해될 수도 있을 것이다. 물론 이것은 단순히 청소년들에게만 해당되는 문제일 뿐만 아니라 성인 게이머들에게도 동일하게 해당되고 있는 문제다. 전략시뮬레이션 게임이나 멀티네트워크형 롤플레잉 게임(MMORPG)에 중독되는 게이머들 못지않게, 비교적 조작이 간단하고 손놀림에 주로 의존하는 <둠 3> 같은 액션형 FPS 게임에 중독되는 게이머

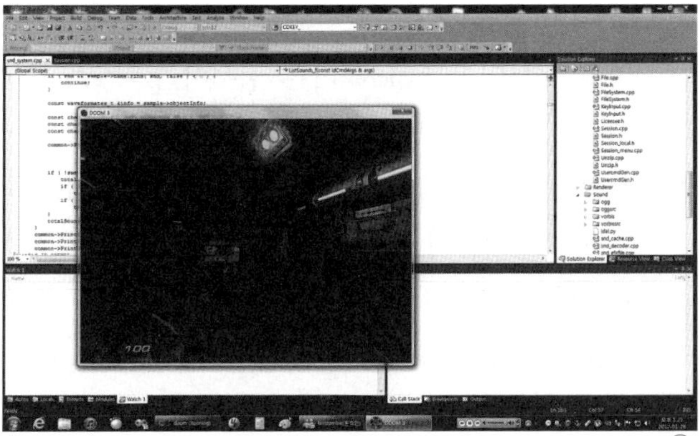

ⓒ

[그림 8] MS-윈도우즈 화면에서 실행된 〈둠 3〉

들 역시 상당히 많다.

한편 이 FPS 게임의 중독성은 우발적으로 폭력 범죄를 일으킨 사람들과 쉽게 연결되어 사회문제화 되기도 한다. 스트레스 해소라는 순기능 보다 폭력 행위 자극이라는 역기능이 더욱 강조되면서 심각한 사회적 문제를 일으키는 것처럼 자극적으로 보도되는 경향이 있는 것이다. 당연히 여기에는 가상공간 속에서 행한 폭력 행동이 실제의 공간에서의 행동으로 유사하게 나타났다는 현실과 가상의 연계라는 전제가 바탕에 있다. 이 논란을 해결하기 위한 하나의 실마리는 볼터와 그루신이 강조하는 '하이퍼 매개'라는 개념에서 찾아 볼 수 있을 듯하다. 그들에 따르면, 하이퍼 매개는 '윈도우즈(MS-Windows)' 양식에서 명확하게 드러난다고 하는데, 곧 프로그램 혹은 OS 상에서의 이미지, 사운드, 텍스트, 애니메이션, 비디오 등의 결합을 의미한다. 그래픽으로 구현된 윈도우즈를 통해 사용자는 게임 속의 가상 3차원 공간으로, 워드프로세서의 텍스트 문서 작성 공간으로, 그림판 속의 2차원 그래픽 공간으로 왔다 갔다 하며 이동 및 작업을 보통 하고 있다.[28] 실제 현실에서의 창 전환 상

28 제이 데이비드 볼터·리처드 그루신, 앞의 책, pp.34~38.

황으로만 보면, 사용자에게 있어서는 눈에 보이는 그대로 공간과 공간의 이동인 것이다. '하이퍼-(hyper-)'라는 접두사가 '초월'의 의미이듯, 하이퍼매개는 다른 공간들 사이의 초월을 의미하고 있다. 가상공간을 구현하고 있는 FPS 게임 역시 현실에서의 많은 프로그램들 중 하나일 뿐이다. 그러므로 게이머들이 보다 더 확실하게 인지해야 하며 사회적으로도 보다 더 분명하게 각인되어야 마땅한 부분은 FPS 게임 속의 공간은 3차원적으로 구현된 가상공간이 아니라 컴퓨터 스크린 속에 비주얼 사이버공간으로 구현이 된 현실의 평면 공간이라는 점이다. FPS 게임은 가상공간에서 하는 게임이라는 데 강조가 되어야 하는 것이 아니라 신체의 일부인 손가락 조작을 통해 실제로 현실에서 플레이하는 현실의 게임이라는 데 강조가 되어야 한다는 의미다. 게임회사들이 게임의 판매를 위해 소비자들에게 인터페이스의 망각, 비매개라는 점을 스펙터클과 더불어 강조하고 있는 현실의 상황을 넘어서야할 필요가 있다는 의미다.

결론적으로 말해, <둠 3>에서와 같은 가상공간에서의 활동 역시 현실 활동의 연장선상에 불과하다는 점을 모든 게이머들이 분명하게 적시하고 적극적으로 수용할 때, 비디오게임 속의 폭력은 더 이상 비주얼 사이버공간에서의 무차별적인 폭력이 아닐 수 있게 될 것이다. 즉 게임 속 피닉스의 불을 그냥 가상공간 속에서의 불로만 인지해야 하고, 현실의 실제적인 불과는 다르다는 것을 구별하고자 노력해야 한다는 것이다. 이럴 경우에야 비로소 FPS 게임은 그 놀이의 수위나 내용이 다르다고는 하나, 여전히 상상력이 구현된 그림 속에서의 디지털 도구를 통한 놀이라는 사회적인 이해와 동의를 이끌어 낼 수 있고, 나아가 게임 중독 문제 해결을 위한 하나의 유효한 논리로 사회적인 인정받게 될 가망성도 많으리라 생각된다.—현실과 가상을 혼동해서 발생하게 되는 폭력은 반드시 비디오게임으로만 설명될 필요는 없다는 일반적인 면 역시 분명하게 인정되어야 하지만, 정신적으로 문제가 있는 사람이 이런 비디오게임을 통해 현실과 가상을 혼동하면서 폭력을 행사할 수도 있다는 예외적인 면 역시 고려되어야 할 것이긴 하다. 이러한 관점이 논란에 대한 최종적인 해답은 될 수 없겠지만, 하나의 해답을 제공하는 실마리는 될 수 있을 것 같다. 결국 이와 같은 접근은 미적 가치를 논할 수 있는 대상에 대한 존재론적 의미 부여가 결국에는 윤리적 판단과도 다시 연결[29] 될 수 있다는 상황을 보여주는 하나의 사회윤리학적인 좋은 실례인 듯하다.

5. 프로메테우스의 불을 찾아서

<둠 3> 이후, FPS 게임에 대한 관심은 세계적으로 크게 확산되었다. 국내의 경우는 미국 중심으로 특화된 FPS 게임 산업 및 시장에 밀려, 제작은 그렇게까지는 활발하지 못하다. 한국형 FPS 게임의 개척작이라는 <엑시스 한국>이 2000년에 제작된 이후, <바이탈 싸인>, <팡팡 테리블>, <스페셜 포스> 등의 게임이 제작되었으나 세계적인 지명도와는 상당한 거리가 있었다. 2007년에 제작되어 아시아에서 유명세를 어느 정도 탔었던 아바(A.V.A.) 정도가 우리의 대표적 FPS 게임으로 그나마도

29 이것은 어떠한 사실을 어떻게 인식하느냐의 문제가 도덕적 가치와 연결될 수 있다는 철학적 문제와 결부지어 생각해 볼 수 있다. 최근 분석철학 내 실용주의 분파의 견해에 따르면 '사실'과 '가치'를 첨예하게 구분하는 것은 불가능하다고 한다. 예를 들면 두터운(thick) 윤리적 개념인 '잔인한'은 사실/가치 이분법을 거부하면서 때로는 규범적(normative) 목적으로 때로는 기술적(descriptive) 개념으로 사용될 수 있다고 퍼트남(H. Putnam)은 말한다. 이를 테면 '잔인한 사람'이라는 규범적 사용과 '체제의 잔인성이 수많은 폭동을 일으켰다'라는 기술적 사용이 가능하다는 것이다. 규범적, 즉 사실상 윤리적인 개념에도 기술적 개념이 들어있다는 것이다. 자세한 것은 힐러리 퍼트남, 『사실과 가치의 이분법을 넘어서』, 노양진 옮김, 서광사, 2010, pp.69~72 참조. 큰 틀에서 보면. 이 내용 역시 결국 인지 및 해석의 문제와 관련되는 일종의 맥락주의(contextualism) 문제로 볼 수 있을 것이다.

미국식 형태와 많이 유사하다. 우리나라 게임 업계는 현재 FPS 게임 제작에는 더 이상 그렇게 큰 공을 들이지 않고 있다. 대신 소비는 여전히 어느 정도 활성화되어 있으며, 우리의 경우 역시 비주얼 사이버공간의 폭력성 논란에서 그렇게 자유롭지 못한 실정이다.

한편 미국의 FPS 게임은 더욱 비약적으로 발전했다. 폭력성과 잔인성은 이제 도가 아주 지나치다 싶을 정도로 수위가 대폭 높아졌다. 이미 2003년에 <둠 3>보다 먼저 제작되었던 <포스탈(Postal) 2>와 같은 내용—비록 <둠 3>보다 영화적인 사실감은 훨씬 덜했지만—이 점차 확대되고 있는 것이다. <포스탈 2>에서는 싸이코 킬러의 시야로 일반 시민들을 무차별적으로 살해하는 것이 게이머의 목표다. 이에 따라 비주얼 사이버공간에서의 폭력은 폭력이 아니라 그냥 가상공간 속의 놀이 행위일 뿐이라며 아예 폭력으로 간주할 필요가 없다고 생각하는 사람들도 생겨났고, 이에 따라 전용 마우스, 공격을 받으면 전파를 느끼는 특수 조이스틱 등도 제작되어 보급되었다. 가상 속의 게임 문화일 따름이라는 것이다. 바슐라르가 말한 삶과 공포와 파괴와 낭만과 불사조의 불 등과 연결되는 다양한 불의 상상력이 FPS 게임 내에서 혼재하는 양상이다.

그러나 비디오게임 속에서든, 스플래터/슬래셔 영화 속 장면에서든 가상의 폭력은 '현실처럼 묘사'된 폭력임에는 틀림없다. 상상력은 가상과 현실을 크게 구분하지 않고 인간의 머리 속에서 실질적으로 작용한다. 따라서 상호작용에 중점을 두고 있는 비주얼 사이버공간에서의 이러한 폭력 역시 인간 정신에 어느 정도 영향을 미치고 있다는 점은 부인할 수 없는 사실일 것이다. 그중에서도 가장 중시될 수 있는 면은 비주얼 사이버공간에서의 폭력 역시 현실의 폭력과는 전혀 다른 차원에서 삶의 연속성을 끊는 역할을 하고 있다는 점이다. 단순히 게임과 현실이 혼동된 결과로 폭력이 발생한다는 차원의 문제가 아니라, 게임 속의 나와 현실 속의 나가 어느 정도는 달라질 수밖에 없게 된다는 '제 2 자아'

개념과 관련된 사이버공간의 본래적인 문제에서 기인된다[30]고 볼 수 있다. 현실 속에서는 조용하고 온순한 사람이지만, FPS 게임 속에서는 조종 콘솔의 익숙함으로 인해 아주 폭력적인 사람이 될 수도 있다는 측면이다. 차량을 운전하게 되면 감추어진 본래 성격이 나온다는 상황과 유사한 듯하지만, FPS 게임은 정신적으로 또 조종기로 폭력을 직접 '가상적으로 행위'하는 탓에 현실의 운전 상황과는 다르다고 볼 수 있다. 결국 힘든 현실의 스트레스를 가상공간에서의 폭력으로 해소한다는 견지에서는 삶의 연속성을 찾을 수 있으며 긍정적일 수 있으나, 게임에 몰입하면 할수록 현실과는 다른 차원의 공간에 동시에 내가 존재할 수 있다는 의식이 보다 더 강하게 생겨나고, 가상과 현실 사이의 삶 단절이 그만큼 더 분명해지며 이 단절 상황에 중독된다는 점에서 충분히 부정적이라고 할 수 있다. 이와 더불어 폭력성 높은 게임이 현실의 폭력과 직결된다는 분명한 증거는 없지만, 적어도 극소수는 이로 인해 현실과 가상을 실제로 혼동할 수 있는 계기가 된다는 면 역시 주지해야 한다.

비디오게임에 몰입한 게이머는 그만큼 현실감을 결여할 수 있게 되고, 각종 현실 세상의 금제들로부터도 멀어질 수 있다. 게임을 클리어한 게이머는 최종 엔딩을 보았다는 성취감에 젖어들지만, 한편으로는 또 다른 게임을 찾아 나서고자 하는, 또는 이제는 게임을 잠시라도 그만두어야 하겠다는, 즉 일종의 상실의 체험을 느끼기도 한다. 또한 게임에 몰입하는 것을 즐기는 게이머들은 게임 문화와는 전혀 상관없는 사람들로부터는 무감각한 퇴보 상태에 빠져 있는 사람으로까지 오해받을 수 있다. FPS 게임 속 가상공간에서의 폭력 체험은 극한적인 정신적인 충격을 좋은 방식으로든 나쁜 방식으로든 게이머—게이머가 몰입하면 할수록—에게 주고 있는 것이다. 현실의 폭력과는 다르지만, 가상공간에

30 Sherry Turkle, *The Second Self: Computers and Human spirit,* Simon & Schuster, 1984, p.306.

서의 폭력 역시 폭력 그 자체에서 비롯되는 후유증을 이처럼 개인차에 따라 겪을 수밖에 없다는 것이다. 폭력의 관점으로 본 비주얼 사이버공간은 궁극적으로는 또 다른 형태의 폭력 및 현실들과 연결되는 아주 현실적이고 실제적인 공간이라고 할 수 있다. 이것이 바로 게이머들 스스로가 각자 자신의 '프로메테우스(Prometheus)의 불', 즉 자신을 제어하고 규제할 수 있는 도구적 지성으로서의 불을 찾아야 하는 이유다. 바슐라르에 의하면, 프로메테우스 콤플렉스는 인간이 자신들의 아버지들이나 스승들 이상의 지식을 갖고자 하는 지적인 욕망이라고 한다. <둠>과 같은 FPS 게임을 하는 플레이어가 진정 기존의 전통과 금제를 가상공간 속에서 넘어서고자 한다면, 스스로가 게임을 플레이 하면서도 이 내용과 상황을 이해하고 조절할 수 있어야 한다. 즉 자신들을 제어하고 있는 현실의 전통 및 금제들과도 화합할 수 있는 이성적이면서도 감성적인 프로메테우스의 후예가 되어야만 하는 것이다.

7

바슐라르와 물의 심상들

— 『물과 꿈』 1~3장을 중심으로

송종인 · 박치완

1. 순수한 불, 단순한 물

바슐라르는 물에 대한 이미지(image)[1], 즉 그것의 심상들을 분석하기

1 일반적으로 image는 '이미지'로 번역된다. 하지만 이 장에서는 바슐라르가 제시하는 이미지란 언어적 현상으로서의 '시'를 함축하는 경우가 많은데다가, 그것은 상상(想像)을 가능케 하는 근본적인 역동성을 지니고 있는 동시에 그 대상임을 고려하여 우선적으로 '심상'이라 번역한다. 여기서 '심상'은 일차적으로는 心象 혹은 心像의 의미를 지니고 있지만, 이와 같은 심상은 인간의 혼을 하나의 상태로 만드는 역할을 한다는 의미에서 心狀이기도 하며, 이러한 이중적 의미의 심상은 다른 것들과의 관계 안에서 영혼을 울리는 역할을 하므로 心相이기도 하다. 우리는 이 모든 경우를 한글인 '심상'으로 표기하고자 한다. 왜냐하면 바슐라르에게 있어서 image는 이 모든 역할을 하는 것으로서 다루어지기 때문이다. 또한 image는 바슐라르의 상상력 철학에 있어서는 다양한 문맥 속에 등장하기에 그에 맞춰 번역어를 조금씩 변화시키기도 했다. 가령 객관적 대상들에 비춰진 반영들에 대해서도 image라는 표현을 사용하고 있으므로 이 경우에는 '영상(映像)'이라고 번역을 하였다. 또한 구체적인 대상물이 아직 상상하는 인간과 만나지 못한 상태에 있는 경우에는 '상(象)'이라 번역하였다. image의 번역어는 이렇듯 문맥에 따라 조금씩 변화되지만 우리는 그것의 근본적인 의미로서

에 앞서 행했던 일련의 불-심상에 대한 분석들[2]에 대해서 “한명의 합리주의적 철학자가 환상들과 실수들에 대하여 그토록 오랜 집중을 했으며”, 그리하여 “잘못된 (경험) 자료들에 대한 수정으로서 합리적 가치들과 명료한 심상들을 드러낼 필요”[3]가 있었다고 말하고 있다. 간단히 말해서, 바슐라르가 보기에 ‘불’이라는 심상은 모든 비합리적 요소들과 모든 오류들로부터 그것들을 정화시켜 명석판명한 관념들을 형성하며, 이를 통해 합리성에로 향하는 인간 정신의 변증법적 활동을 최초로 유발시키는 원동력이다. 이처럼 합리적인 인식들을 구성하는 한에 있어서 인간의 정신은 불을 닮게 된다. 불이 모든 것을 정화하여 순수하게 만들듯, 인간은 이 세상의 사물들과 그에 대한 자신의 인식을 스스로 정화시키면서 순수하게 만드는 것이다.[4] 여기서 진화로부터 발생된 지성이라는 베르그송적 인식론이나 인간의 인식에 대한 공리주의적 설명은 그 빛을 잃는다.[5] 합리주의는 인간이 과학적 꿈을 꾸게 됨으로써 시작한 것이지 자연발생적인 것은 아니기 때문이다. 아니 차라리 ‘불’이라는 자연의 원소가 인간을 꿈꾸게 만듦으로써 인간은 합리성의 순수한 하늘로 나아갈 수 있는 수단을 얻었다고 하는 편이 나으리라. 인간의 합리성은 몽상이라는 뿌리로부터 자신의 수액을 끊임없이 공급받는다. 불은 스스로를 정화하는 것이며, 그 불을 바라보고 있는 영혼은 스스로를 ‘정신분석하여(psychanalyser)’ 순수하게 되기를 바라기에 불순한 것들에 대한

‘象/像’을 염두에 두고 있다.

2 G. Bachelard, *La psychanalyse du feu*, Gallimard. 1949,

3 G. Bachelard,, *L'eau et les rêves*, J. Corti., 1942, p.9. 앞으로 이 책은 ER로 표기한다. 그리고 특별한 표시가 없는 한 본문에 나오는 ( )안의 숫자는 이 책의 페이지 수를 의미한다.

4 바슐라르는 모든 과학적 개념에 있어서도 심리분석의 중요성을 역설하고 있다. 특히 G. Bachelard 1940, *La philosophie du non*, PUF, 1940 2장에서 ‘질량’과 ‘에너지’에 대한 인식의 심리적 상태들을 분석한 스펙트럼을 제시하면서, 이와 같은 논의를 심화시키고 있다.

5 이에 대해서는 G. Bachelard, *La psychanalyse du feu*, Gallimard, 1949, p.30 참조.

부정의 활동과 순수화에 대한 긍정의 활동을 변증법적으로 수행할 힘을 얻게 된다.

하지만 우리가 이 장에서 살펴볼 '물'의 경우에는 어떠한가? 물은 그 속성이 불과는 대립되는 것이 아니었던가. 불이란 물을 만나면 곧바로 꺼지기 마련이다. 그만큼 불과 물은 함께 할 수 없는 운명에 놓여있다. 그렇다면 '불'로부터 생겨나는 콤플렉스들과 그것이 지니는 정신분석적 욕망들에 사로잡혀 있는 한 철학자가 물에 대해서 꿈을 꾼다는 것은 완전히 다른 작업에 몰두한다는 것 아닐까? 바슐라르는 『물과 꿈』의 서론에서 불이라는 심상이 '분석'의 대상이었다면 물이라는 심상은 그 안에서 우리가 우리 자신을 직접 '체험'하는 것이기에 그 접근 방식이 달라질 수밖에 없음을 고백하고 있다.[6] 바슐라르에게 물이란 인간의 삶이 보여주는 '일상적인 모습'과 서로 조응(correspondance)하는 물질이기에 불과는 전혀 다른 심상을 불러일으킨다.[7] 불이 모든 것을 태워버릴 만큼 순수하다면, 물은 모든 것을 받아들이는 그만큼 단순한 물질이다. 불은 부정을 통한 긍정이라면, 물은 부정이 없는 상태의 절대 긍정이다. 불이 강렬하다면 물은 부드럽다. 불이 모든 것을 거부하거나 삼키는 힘이라면, 물은 모든 것을 받아들이는 힘인 것이다.

바슐라르의 말대로, 물이 모든 것을 받아들인다는 것은 물이 모든 세부적인 것들까지 반영하며 그것과 새로운 종합을 꾀한다는 뜻이다. 물은 이렇게 모든 것을 있는 그대로 받아들인다. 그것은 너무나도 단순하

---

6 ER, p.7 참조.

7 바슐라르에게 있어서 불의 경우든 물의 경우든 그것이 하나의 물질로서 우리들의 심상에 나타나며, 따라서 어떤 물질의 심상으로 그것들을 상상하게 되는가에 따라 다른 심리적 상태를 우리에게 제공한다는 점을 바슐라르는 강조하고 있다. 바슐라르에게 있어서 우리들의 심상에 대하여 영향을 미치는 '물질적 원인'은, 당시의 미학들이 다루지 않았던 영역이었다고 할 수 있다. 그가 보기에는, 조각가의 경우에서와 마찬가지로, 시에 있어서도 심상의 그 형상을 드러나게 해 주는 물질의 고유한 성질 또한 하나의 인과율에 포함되어야 하는 것이었다. 이에 대해서는 ER, p.4 참조.

여 심지어 어떤 고정된 형태조차도 지니지 않으며, 그것의 표면으로 그리고 그것의 내면으로 모든 것을 받아들인다. 물은 어떤 것을 만나든, 그것이 빛의 장난에 의해 만들어진 표면의 허상이든 아니면 물질적 무게를 지닌 구체적인 것이든 거스르지 않고 품는다. 하지만 이와 같은 품음은 기본적으로 물이 심도를 갖고 있기 때문에 가능한 것이다. 깊지 않은 물이 과연 무엇을 품을 수 있겠는가? 그러므로 바슐라르에게 있어서 물이란 단순하면서도 모든 것을 받아들이는 깊이가 있기에 결국 내밀함의 한 유형이다. 따라서 불의 깊이와는 전혀 다른 깊이가 물이라는 심상의 내밀함 속에서 감추어져 있으며 그 철학적 함의를 밝히는 것은 우리의 몫이다. 물의 내밀함은 그 표면 위에서 생성·소멸하는 모든 존재자들을 받아들이고 품는다. 다시 말해 이것이 물이 행하는 관여(participation)[8]이며, 이 관여를 통해 물은 깊이와 내밀함을 드러낼 수 있게 된다.

모든 존재자들을 받아들이는 실체인 '물'이라는 심상을, 우리는 바슐라르를 따라 그 표면에서부터 출발하여 그 내밀한 영역에까지 따라가 보고자 한다. 이 여행은 우리로 하여금 바슐라르가 제시했던 물이라는 심상이 지니는 철학적이며 실존적인 함의를 파악할 수 있게 해 줄 것이다. 『물과 꿈』의 부제인 '물질적 상상력에 관한 시론'을 통해서도 알 수 있듯이, 이 저서의 목적은 '물'이라는 심상을 통해 상상력에 있어서 물

---

8 participer라는 동사는 적어도 『물과 꿈』의 저작 안에서는 매우 중요한 역할을 한다. 어원상으로는 '부분(part-)이 된다'는 의미인데, 때로는 어떤 것의 부분이 되기도 하고, 또 때로는 부분들을 받아들이기도 하는 물의 능동적 활동을 표현하기 위해 바슐라르는 이 용어를 선택하고 있다. 또한 철학적으로는 이데아가 이 세상에 드러나는 현상을 가리키는 말로 쓰여 왔다. 따라서 participant는 참가, 협력, 분담, 나눔, 성질을 지님, 관여함을 의미하며, 플라톤 철학을 염두에 둔다면 분유(分有)로 번역할 수도 있을 것이다. 우리는 이를 그 대상과 어떤 관계를 지니면서도 자신의 일부를 건네주고 있는 양태를 드러내는 뜻인 '관여(關與)'로 번역함으로써, 강한 능동적 의미를 어느 정도 완화시키면서 동시에 그 중의성을 살리고자 하였다.

질이 지니는 근본적인 역할을 밝히는 것이라 하겠다. 그리고 상상력의 근본적인 역할에 대한 숙고란, 그저 다채로운 여러 가지 심상들의 화려함에 대한 단순한 나열이라기보다는 오히려 물질이 우리에게 주는 심오한 가르침을 짚어보는 것이라 할 수 있다. 그러므로 우리는 이러한 근본적인 의미에 대하여 표면의 물(삶)과 관련된 제1장과 깊이의 물(죽음)을 다루는 제2장, 그리고 이와 같이 서로 다른 두 의미를 지니는 물-심상이 바슐라르 특유의 변증법을 통해 종합되는 제3장을 연구함으로써 밝혀보고자 한다. 제4장 이후에 바슐라르가 보여주고 있는, 다른 원소들과 혼합되는 '복합적인 물'이라는 주제나 인간의 의지와의 관련성 안에서 드러나는 부드러운 물과 난폭한 물이라는 주제는 제1장에서 제3장이 보여주는 물-심상의 일반적인 논의에 비하면 개별적 심상들이라 할 수 있기에 내용의 통일성을 위하여 논의에서 제하기로 했다.

바슐라르의 물-심상에 대한 전체적인 조망을 살펴보기 위해, 우리는 먼저 『물과 꿈』의 제1장인 "맑은 물, 봄의 물과 흐르는 물. 나르시시즘의 객관적 조건들, 사랑스러운 물"에서 물의 표면을 흐르는 바슐라르의 심상들을 따라 물이 드러내는 우리들의 삶의 모습들을 살펴볼 것이다. 그곳에서 우리는 쾌활한 삶의 모습들과 그 쾌활함이 드러나는 물, 우주를 비추는 물과 우주의 표면을 유유히 미끄러지는 백조와 만나게 될 것이다. 하지만 이 재기발랄한 즐거움으로부터 제2장 "깊은 물—잠잠한(dormant) 물[9]—죽음의 물. 에드가 포우(Edgar Poe)의 몽상 안의 무거운 물"에로 침잠해 감에 따라 물의 표면이 가능했던 근거인 물의 심연에 우리를 맡기게 된다. 우리는 이 깊은 곳에서, 죽어가는 어머니의 육체를 되찾고, 대지의 피를 탐하다가, 결국에는 덧없이 흘러가 사라져버리리

9 dormant에는 '잠자는, (물이) 괴어있는, 숨겨진, 고정된' 등의 의미가 있다. 여기서 우리는 바슐라르의 물에 대한 몽상의 의미를 살리고자 잠을 자는 상태이면서도, 또한 그것은 깊은 잠이어서 잠잠('잠자다'의 명사형)인 동시에 물의 고요한 상태(潛潛하다)를 가리키기 위하여 '잠잠하다'라는 번역어를 선택하였다.

라는 격언의 무게 안에서 우주적인 히드라를 만나게 될 것이다. 이처럼 우리는 바슐라르를 좇아 물의 표면에서부터 깊은 심연에로 내려가면서, 물의 표면과 깊이라고 하는 서로 다른 두 계열에 속하는 심상들이 우연히 결정된 것이 아니라 서로가 서로에게 끊임없이 대립되면서 대체하는 동시에 서로를 보충해주는 변증법적 관계에 있음을 살펴보고자 하였다. 그리고 이 변증법적 관계를 통해 우리는 삶의 기쁨에 그토록 고무되지만, 이내 맞닥뜨리는 죽음의 우울이 곧 그 기쁨의 근원임을 확인하게 될 것이다. 우리를 사로잡는 우울은 이내 물의 표면으로 다시 올라오는데 거기서 우리는 제3장 "카론-콤플렉스, 오필리어-콤플렉스"를 지닌 채 물의 표면에서 죽음의 형상들이 배회하고 있는 광경이 펼쳐진다.

바슐라르의 심상들을 추적하는 우리는, 그를 따라 표면에서 심연으로, 삶에 대한 감각(sensibilité)의 심상들에서 죽음에 대한 관능(sensualité)의 심상들로 자맥질을 하게 될 것이다. 그리고 자맥질을 마친 후 물의 표면에서 일어나게 될 변증법적 탈바꿈들은 우리를 철학적 명상에로 이끄는 역할을 할 것이다. 왜냐하면 바슐라르의 말대로 '물'이라는 심상이 그 표면에 있어서 우리의 일상적인 삶을 보여주는 것이라면, 그 깊이에 있어서는 우리의 일상적인 죽음에 대한 심상을 드러내고 있기 때문이다. "일상적 죽음은 불이 자신의 화살로 하늘을 꿰뚫을 정도로 활활 타오르는 죽음이 아니다. 물은 언제나 흘러내리고, 물은 언제나 스러지며, 물은 언제나 자신의 수평적 죽음 안에서 끝난다."(9) 하지만 이 죽음의 깊이 위에, 어둠의 표면에, 죽은 물의 심상 위에 삶이 주는 온갖 인상들이 빛과 함께 관여한다는 것은 일종의 신비가 아닐까? 그리고 이것이 죽음의 바다 위를 떠다니는 개별체들의 삶이 보여주는 모습이며, 그들의 운명인 것은 아닌가? 이를 니체 식으로 말하자면 다음과 같다. "헛되도다. 헛되도다. 헛되도다. 하지만 그대의 운명을 사랑하라!"

불의 수직적 순수함과 대립하여 물은 수평적으로 우리를 기다리고 있다. 불은 운명적 결단을 불러일으키지만, 물은 자신의 운명 안에 우리를 눕힌다. 그리고 우리는 편안하게 누워서 우리의 운명에 자신을 맡긴다. 우리는 물 아래 잠겨있지만, 물의 표면은 여전히 활기찰 것이다. 물 안에서 우리는 탈바꿈하며, 물 위에서 우리는 많은 탈을 쓰고 놀이에 빠진다. 우리는 아마도 바슐라르를 따라 깊은 몽상을 한 후에라야, 그가 여행을 하기에 앞서 우리에게 귀띔해준 다음과 같은 말을 더 잘 이해할 수 있으리라.

> "[물이라는] 어떤 물질적 원소의 내부에서 깊이에 대한 인식에 힘입어, 독자는 마침내 물은 또한 운명의 한 전형(type), 완결되지 않는 꿈의 헛된 운명과도 같은, 사라지고 있는 이미지의 헛된 운명뿐만 아니라 끊임없이 존재의 실체를 탈바꿈시키는(métamophorser) 본질적 운명의 전형임을 이해하게 될 것이다."(8)

2. 표면과 깊이에 대한 몽상: 나르시스와 어머니, 혹은 백조와 히드라

1) 물의 이중성 —표면과 깊이, 혹은 밝음과 어둠

바슐라르는 물이라는 심상에 대한 표현을 위해서 '맑은, 봄의, 흐르는'과 같은 형용사를 첫 장의 제목으로 최초로 선택하고 있다. 우리는 여기서 바슐라르가 제목의 선택에 있어서 세심한 배려를 했다고 가정해볼 수 있으며, 만약에 이 가정이 올바르다면 우리가 지금부터 살펴볼 『물과 꿈』이라는 저서는 그의 전작 『불의 정신분석』과는 다른 성격을 지닌다고 할 수 있다.[10] 다시 말해 『불의 정신분석』에서와는 다르게 물

10 이는 아마도 언급한 두 권의 책에 있는 차례만을 살펴보아도 충분히 확인할 수 있다. 바슐라르는 『불의 정신분석』에서 주로 '불과 (어떤 것)'이라는 형식을 소

이라는 심상에 대한 몽상을 하면서 바슐라르는 말 그대로 '형상'이 없는 물에게 끊임없이 형용하고자 하는 욕망을 드러내는 모습을 보여준다. 우리는 이와 같은 그의 욕망, 물에게 형용사를 부여함으로써 물의 심상을 건지고자 하는 질박한 그의 시적 욕망이 생겨나는 이유를 1장 첫 문장에서 들을 수 있다. "물을 계기로 하거나 물질로 삼는 심상들은 대지, 수정, 금속, 보석에 의해 제시되는 심상들의 불변성과 견고성을 지니고 있지 않다."(29) 바슐라르에 따르면 물은 빛의 확실성도, 흙의 강인함도 지니고 있지 않다. 물은 분명 그것의 고유한 형상을 부여받기 이전의 어떤 물질이다. 그러므로 물은 어떤 면에서는 차라리 '단순한 물질 그 자체'라고 할 수도 있으리라. 그리고 물의 이러한 단순함은 어떤 형상도, 형태도, 모양도, 꼴도 지니고 있지 않은 채 오롯이 물질로서만 있기에 가능한 것이라 하겠다.

그러므로 물은 우선적으로 "물의 상들이 금방 사라져버리듯, 그것은 멀어져가는 인상만을 줄 뿐이다."(30) 우리는 물의 표면들을 장식하는 대지의 풍경이 지니는 견고성과 그 풍경을 비추는 빛의 확실성을 잘 알고 있다. 하지만 물의 표면에서 이 견고성과 확실성은 순식간에 나타나고, 멀어지고, 서서히 스러진다. 그것은 헛된 것, 신기루, 허무한 것이다. 거기에는 어떤 구체적인 사물이 없다. 그저 반영만이 있을 뿐이다. 그럼에도 불구하고 이와 같은 '물에 비치는 신기루'는 쾌활한 것이며, 바슐라르에 따르면 '평범한 시'는 이러한 '진실한 헛꿈(vrais mensonges)'이 주는 정겨움에 쉽사리 사로잡힌다.[11] 하지만 이와 같은 헛꿈은 진정한

제목으로 선택하여 불이라는 물질적 심상은 이미 어떤 것으로 '있다'는 점을 강조한 반면, 『물과 꿈』에서는 최초의 핵심적 분석을 위해서 대립되는 형용사('맑은, 봄의, 흐르는'과 '깊은, 잠잠한, 죽음의')를 사용하여 물이라는 물질적 심상에 일종의 속성 혹은 성격을 부여하고 싶어 한다. 마치 아무리 움켜쥐어도, 물은 우리의 손 사이를 빠져나갈 것이라는 듯.

11 ER. p.29 참조. 그는 이와 같은 물의 표면이 제공하는 일순간의 상들은 감각적 가치(valeurs sensibles)를 지니고 있으며, 여기에 사로잡힌 것은 물론 '피상적인

몽상이라 할 수 없다. 왜냐하면 물의 표면만을 바라볼 때, 우리는 물의 심상 그 자체를 받아들이기보다는 그것에 반영된 허상에만 집착하기 때문이다. 그러므로 물이라는 심상이 지니는 고유한 속성, 즉 그것의 물질성이 지니는 참된 상상력과 상응하기 위해서는 좀 더 깊은 곳으로 내려갈 필요가 있다. 바슐라르는 에드가 포우의 시를 따라 물의 깊숙한 곳으로 내려가면서 물의 또 다른 형용사들을 발견한다. 그것이 바로 2장의 제목에서 바슐라르가 '물'에게 '깊은, 잠잠한, 죽은'이라는 형용사를 붙일 수 있었던 이유인 것이다. 에드가 포우를 따라서 물의 깊숙한 곳으로 내려간 바슐라르는, 거기서 물의 내밀함과 특이성 그리고 물이라는 물질 자체의 무게를 발견한다. 제2장의 제목에서 물에게 부여했던 형용사와 함께 바슐라르는 물의 심상이 지니는 시적 설교를, 시에 있어서 물이라는 심상이 지니는 특권을 이야기한다. "에드가 포우에게 있어서 이 특권적 물질은 물, 아니 더 정확하게는 특이한 물, 묵직한 물이다. (…) 물은 최상급의, 실체중의 실체(substance mère)이다."(64)

이와 같은 대비, 물이라는 심상의 상상력을 살펴보는 바슐라르의 제1장과 제2장의 제목에 나타나는 형용사의 대비는 우리에게 일종의 암시와도 같은 역할을 한다. 그리고 이 암시는 물이 지니는 자연적 속성과도 관련이 있다. 우리는 물이 얕으면 그 위에 비춰지는 영상들이 쉽사리 생기지 않음을 잘 알고 있다. 물이 깊으면 깊을수록 그 표면에서 일어나는 반영의 깊이는 좀 더 뚜렷해진다. 그러므로 이 반영은 물의 깊이가 제공하는 어둠에 근거하고 있는 셈이다. 빛이 산란되는 물의 표면에 영상들이 너울거리며 우리를 유혹할 때, 우리는 그 물의 깊이를 보지 못한 채 표면의 상들에 쉽게 도취되고 만다. 마치 봄이 왔을 때, 그 생기발랄한 유혹에 이끌려 그 모든 것이 결국 덧없이 사라져버릴 것이라는 점을 쉽사리 잊어버리듯이, 수면의 화려함은 수심의 단순한 어둠을 수놓으면서

시'라 보고 있다.

가린다. 그럼에도 불구하고 수심은 수면 아래에서 우리를 기다린다. 여기에는 일종의 인간 실존에 대한 은유와 같은 것이 들어있다. 인간은 활기찬 일상생활의 수면으로부터 깊이 내려가 수심에로 향하게 되면 거기서 죽음의 우울을, 그 수심이 가득한 자신의 운명을 보게 된다. 수면의 화려함은 수심의 단조로운 어둠으로 인해 가능했음을 발견하는 것, 이것이 바슐라르의 『물과 꿈』이 앞서 보여주고자 하는 바는 아닐까? 만약 '물'이 인간의 '삶'과 직접적으로 연결되는 것이라면, 물은 밝음과 어둠의 대비를 통하여 우리들의 삶이 지니는 실존적 속성을 드러내는 것이라 할 수 있다.

여기서 우리는 '맑은, 봄의, 흐르는'이라는 형용사와 '깊은, 잠잠한, 죽음의'라는 형용사가 드러내는 대립적이면서도 서로 간에 조응하는 상태를 확인할 수 있다. 바슐라르는 인간의 실존적 운명을 이야기하기에 앞서 들라뜨(Delatte)를 인용하면서 '물 속의 거울'이라는 주제를 다루고 있다. 즉 사람들은 물 속에 점치는 거울을 담금으로써 자신의 운명을 확인한다는 것이다. 이와 같은 수점(水占)은 우리들의 삶이 지니는 이중성을 드러내면서 물질적 상상력에 매우 큰 역할을 부여하고 있다고 그는 본다. 우리가 살펴볼 것처럼, 물은 단순하게는 외부의 대상에 대한 반영만을 지닐 뿐만 아니라, 그 반영들에 대해서 다시 한 번 깊은 곳에서 반영을 하는 이중성을 지닌다고 할 수 있다.[12] 바슐라르에 따르면, 수면의 온갖 상들이 외부에 대한 반영이라면, 그 반영된 심상들은 수심의 심상들과 서로 맞닿아 있는 것이다. 이와 같은 관점에서 우리는 바슐라르가 『물과 꿈』의 제1장과 제2장에서 제시하는 서로 다른 차원에서 이중화된 물의 심상들을, 어쩌면 겉으로 보기에 단순한 대립적 구도로 보일수도 있는 심상들의 이중적 구조를 어느 정도 체계적으로 그려볼 수 있으리라 기대할 수 있다.[13] 여기서 물의 표면과 깊이는 서로 대립되면서도 일

12 ER, p.36 참조.

치하는 관계에 놓여 있다. 물이 이루는 반영은 크게 보자면 표면-깊이, 밝은 거울-어두운 거울, 소리-침묵의 대칭성을 우리에게 보여준다. 그리고 이 대칭성 안에서 우리들은 '살아있는 나르시스'와 '죽어가는 어머니'라고 하는 실존적 본질을 대표하는 두 심상을 만나게 되며, 그로부터 '표면의 백조'와 '심연의 히드라'라는 우주적 환영이 서로서로 마주보고 있음 또한 확인할 수 있다. 우리가 제시하고 있는 물-심상의 계통수에서는 우리는 바슐라르가 자신의 몽상을 위해 사용하는 심상들의 풍부한 예들을 다 살펴볼 수는 없다. 아마도 우리는 바슐라르가 제시하고 있는, 우거진 나무와도 같은 빽빽한 심상들 사이에서 철학적으로 의미있는 것들만을 선택하여 도식화하고자 했으며, 이는 어떤 면에서는 바슐라르의 생동감있는 정신을 교살하는 행위가 될 위험도 있다. 그러므로 우리는 바슐라르가 '문화의 콤플렉스'라는 말로 지칭했던 몰지각한 태도에 빠지지 않도록 주의를 하면서 계속 진행해야 할 것이다.[14]

2) 표면의 나르시스

앞에서 언급했던 바와 같이, 물이란 그 자체로서 표면과 깊이를 동시

---

13 이에 대해서는 논문 끝에 있는 <바슐라르와 물-심상 계통수> 참조.

14 바슐라르는 '문화의 콤플렉스'를 욕망과 이미지의 축적에 대한 '나우시카 콤플렉스(complex de Nausicaa)와 연관시키면서, 부정적인 입장에서 서술하고 있다.(ER, p.48 참조) 바슐라르에게 있어서 '문화의 콤플렉스'는 학교에서 현학적이며, 비반성적이고, 비숙고적인 형태로 습득되고 고정화된 심상들의 사용에 의해 이루어지는 문학적 행위를 의미한다. 이와 같은 '문화의 콤플렉스'는 『물의 꿈』제1장에서 표면들의 반영된 상들과 관련된 분석 하에서, 그것의 연원이 밝혀지게 되는데(같은 책, 같은 곳), 바슐라르에 따르면 "문화의 콤플렉스 (…) 우리는 이것을 반성이라는 작업 자체를 하게끔 하는 비반성적 태도라고도 부른다."(ER, p.25) 아마도 바슐라르의 상상력을 체계적으로 도식화한다는 것은 바슐라르가 경계했던 '문화의 콤플렉스'를 일으킬 가능성이 다분하다. 하지만 이와 같은 학문적 방법을 통해, 바슐라르가 말하는 것처럼, 우리 스스로 다시 한 번 반성을 할 수 있게끔 할 수만 있다면, 과히 부정적인 방향으로만 영향을 미치지 않으리라 본다.

에 지니는 것이라면, 그것은 반영에 있어서도 그 밀도에 따라 이중적 반영을 하게 된다. 바슐라르는 우선적으로, 물의 표면이 상을 반영하는 것은 마치 거울과도 같다고 말한다. 하지만 물의 거울은 일반적인 의미의 평면적 거울이 아니다. 바슐라르에게 있어서 유리거울은 평면적이며 기하학적인 반면, 물의 거울은 깊이를 지니므로 입체적이다. 따라서 물에 비춰진 자기 자신을 보는 나르시스는 거울 앞에 서는 것과는 다른 심상을 지닌다. 거울 앞에서 그는 자신의 투영물을 바라보지만 그것은 '분리의 감정'만을 유발한다. 거기에 투영되어 있는 세계는 우리와는 아무런 관련이 없다. 우리는 거울 속의 나와 악수조차도 나눌 수 없다.[15] 유리거울은 깊이를 지니고 있지 않으므로 기하학적이며, 모든 것을 하나도 남김없이 있는 그대로 반영할 뿐이다. 그러므로 그 영상들은 우리가 꿈을 꾸기에는 너무나도 명석판명하다. 반면 물의 영상은 거울처럼 선명하지 않고 어느 정도 흐릿하다. 물은 자연안의 거울인데, 그러므로 거기에 비친 영상들 또한 자연스럽다. "우리가 살아있으며 자연 그대로의 물과 유리거울을 비교할 때, 다시 자연스러워진 상상력(imagination renaturalisée)이 샘과 강의 광경들의 관여를 수용할 수 있을 때 유리거울들은 다시 생생해지고 자연스러워진다."(33) 그리고 깊이로 인해 물의 반영은 절대성을 지니게 된다.

이와 같은 물이라는 물질의 '반영성'은 그것의 깊이가 고려될 경우 그것의 단순성으로 인해 창조적 몽상의 이상화에 이바지하게 된다. 물의 단순성은 모든 투영물을 투명하게 받아들여 하나의 공간 안에 혼재할 수 있게 도와주는 역할을 한다. 반영하기에, 물은 이 세계를 이중으로 만든다. 또한 "물은 또한 몽상가를 이중적이게 한다. 그런데 그것은 헛된 심상으로서 단순하게 그리는 것이 아니라, 몽환적인 새로운 경험

15 "거울속의나는왼손잡이오/내악수를받을줄모르는—악수를모르는왼손잡이오" (이상,「거울」)

안에 몽상가를 집어넣음으로써 이중적이게 만든다."(68) 물은 우리들이 스스로를 자연 안에서 발견할 수 있도록, 물의 투명한 깊이에 들어있는 세계를 바라보는 우리 몽상가들에게도 관여하고 있는 것이다. 그리고 "여기서 반영된 심상은 하나의 체계적 이상화에 사로잡힌다. 신기루가 실재를 바로잡는다. 신기루는 실재로부터 불완전함들(bavures)[16]과 근심거리들을 사라지게 만든다."(69) 그러므로 물의 이중화라는 주제 아래에서 플라톤의 이름을 발견하게 된다는 것은 전혀 놀랍지 않다. 플라톤에게 있어서 동굴에 갇혀있는 자가 밖으로 나가서 처음으로 보게 되는 것은 물에 비춰진 것들이지 않았던가.[17] 바슐라르가 보기에 플라톤의 관념들은 이와 같은 몽상적 작업을 통해 그 이상적 상태를 얻을 수 있었다. 우리는 물이라는 심상과 그것의 상상적 힘이 인간으로 하여금 어떤 방식으로 이상 세계인 유토피아를 만들어내는가를 바슐라르의 『물과 꿈』 여기저기서 확인할 수 있다. 물은 불완전하며 더러운 현실을 씻어내어 그것의 이상적 모습을 드러내는 물질이라 할 수 있다. 어쩌면 유토피아란 언제나 물의 반영 안에서 그 장소를 취할 수 있는 것이 아닐까? 그리고 그렇기에 유토피아는 어디에도 없는 것이지 않을까?[18]

---

16 원래 bavures는 사출성형을 하고 난 뒤 물건에 붙어 있는 틀자국 혹은 인쇄를 하면서 생긴 얼룩이나 흠집 등을 의미한다. 여기서 바슐라르는 물에 비치기 전의 실재 사물들이 지니는 아직 완성되지 않은 불완전한 상태를 가리키기 위해 이 단어를 사용했으므로 문맥에 맞게 '불완전함들'로 번역하였다. 아마도 바슐라르가 보기에 현실안의 실재들은 틀에서 갓 떼어내어 아직 완성되지 않은 미숙한 상태에 놓여 있는 반면 물에 비춰진 영상들은 그와 같은 틀자국이 없는 상태로 반영하기에 더 완성의 모습을 띠며, 인간으로 하여금 관념을 이상화할 수 있는 힘을 불어넣어준다고 보았다고 할 수 있다.

17 플라톤, 『국가』, 박종현 역, 서광사, 1997, pp.448~454 참조.

18 유토피아는 '(어디에도) 없는 곳'이라는 의미를 지니고 있다. 바슐라르는 에드가 포우의 소설을 인용하면서 물에 떠 있는 섬이 지니는 환상적이며 이상적인 모습들이 가능한 이유를 물이 지니는 심상의 속성으로부터 도출해내고 있다.(ER, pp.69~71 참조) 그러므로 유토피아의 발견이 물로 향하는 항해(현실의 죽음과 새로운 삶)와 물의 한 가운데 있는 섬(이상적 장소)이라는 심상들을 통해 이루어진다는 것은 바슐라르가 보기에 물의 물질적 상상력이 우리에게 불러일으키는 자연스러운 현상일 것이다. 이와 같은 상상력은 철학자들에게도 예외

이처럼 바슐라르는 물에 비춰지는 영상들, 그 선명하지 않으며 어느 정도는 흐릿한 상들, 더군다나 자기 자신이 포함되어 있는 물 표면의 심상들을 보면서 인간은 그 상들을 사랑하게 되며, 그런 탓에 그 모호한 상들을 완성시키기를 욕망하고 있음을 강조한다. 이로부터 "이상화하는 나르시스(un narcissisme idéalisant)"(34), 자신이 보는 것을 사랑함으로써 보이는 것을 아름답게 만들고자하는 인간의 욕망이 생겨난다. 보는 것은 보이는 것 안에 들어가 있으므로, 이제 보이는 것이 보는 것을 아름답게 만든다. 보이는 것들, 그것은 흐릿하여 일종의 관념과도 같은 것인데, 이 보이는 것들은 보는 자에 의해 이상적인 관념들이 되며, 이와 같은 관념화는 보이는 것들 안에 있는 보는 자 또한 아름답게 만드는 것이다. 수선화는 물 위에 자신을 드리우면서, 자연 안에서 자신을 응시하고, 자연을 아름답게 함으로써, 자신도 아름답게 변화시킨다.

3) 심연의 죽어가는 어머니

하지만 우리들이 잘 아는바와 같이 나르시스는 이와 같은 사랑에 겨운 응시, '보이는 것'을 사랑하는 '보는 것'으로서의 운명으로 인해 물에 빠져 죽고 만다. 이러한 신화적 사실을 염두에 둔다면 우리는 물에 빠져 잠겨가는 나르시스를 따라갈 필요가 있다. 그가 죽은 후 수면에 아무리 아름다운 꽃이 피어도 소용이 없다. 그 꽃은 표면을 장식하겠지만 그것이 뿌리내린 곳은 빛이 닿지 않기에 그 아름다움도 어둠과 함께 바랄

는 아니었으며, 이에 대한 대표적인 예를 우리는 두 개의 아틀란티스 대륙에서 읽어낼 수 있다. 그 하나는 플라톤이 제시했던 아틀란티스(플라톤, 『크리티아스』, 이정호 역, 정암학당, 2007 참조)이며, 또 하나는 F. Bacon의 신-아틀란티스(F. Bacon, *The Advance of Learning & New Atlantis*, Oxford University, 1956 참조)이다. 한편 리쾨르는 시카고 대에서의 강연에서 유토피아는 인간이 사회적 불만으로부터 꿈꾸는 지극히 개인적인 탈주로 파악하면서, 이는 상상의 철학과 연관되어 설명되어야 함을 강조하고 있다. 이에 대해서는 P. Ricœur, *L'idéologie et l'utopie*, Seuil, 1997, pp.36~38 참조.

것이다. "물은 암울해질 것이다. 그리고 그렇기 때문에 물은 그림자들을 물질적으로 흡수할 것이다."(75) 물 속 깊은 곳으로 내려갈수록 물이라는 물질은 빛을 거부하여 그림자들을 흡수하는 심상을 우리에게 제공한다. 심연으로 잠기는 나르시스는 더 이상 보기를 멈추고 심연과 하나가 된다. 심연에서 나르시스는 자신이 바라보던 표면의 상들에게 부여했던 관능적 가치와 최초의 일치를 이루게 된다. 거기서 나르시스는 실체모(實體母, 실체중의 실체)로 '탈바꿈'한다. 아니 표면에서의 그 수많던 탈이 더 이상 없어진다고 하는 편이 좀 더 정확하며, 따라서 나르시스는 탈바꿈한다기보다는 탈벗음을 함으로써 에드가 포우의 '죽어가는 어머니'가 될 수 있는 것이다. 바슐라르에게 있어서 깊은 물은 그저 단순히 빛이 없는 상태가 아니라, 내밀한 밀도를 지니는 단순한 물질적 가치로서 있게 되는 것이다. 하지만 이 깊은 물은 그저 어둠 안에서 웅크리고 있는 것만은 아니다. 그것이 지니고 있는 깊이와 함께 '물'은 "상상된 물의 삶, 강력한 물질적 상상에 의해 지극히 인격화된 실체의 삶"(66)이 되며 그 결과 일반적인 물이 아니라 지극히 개인적인 고유한 물'들'이 된다. 물은 한 개인의 삶이며, 또한 한 개인의 죽음의 모습을 드러내는 심상이다. 삶이 개인의 고유한 것이듯 죽음 또한 지극히 개인적이다. 깊은 물에서 우리는 죽음에 대한 물질적 심상과 마주하게 된다. 죽음에게 얼굴이 없었던 것은, 그것이 물이었기 때문이다. 여기서 물은 자신만의 고유한 체적(volume)을 갖게 되며, 그로 인해 표면과 대립한다. 물의 깊은 곳에서 모든 형상은 사라져 버리고, 거기에는 단지 어떤 물질 혹은 질료, 즉 고유한 체적만이 있을 뿐이다. 또한 '체적'은 물질적으로 쌓여 있으며 따라서 과거에 대한 묘사이기도 하다. "혼도 또한 그토록 거대한 물질이다. 우리는 감히 그것을 바라볼 수 없다."(74) 바슐라르는 물의 심상이야말로 그 표면에서든 깊이에서든 우리들의 혼, 보기도 하고 보이기도 하는 우리들의 혼을 구체적으로 드러내는 것이라고 보았다. 그리고 물의 심상이 우리들의 혼을 구체적으로 드러내고 있다면, 그런 만큼 물은 우리들의 삶을 드러내는 심상인 셈이다. "물질적 원소에 인간적 행위를 주는 이와 같은 새로운 전도에 주의를 해야만 한다. 물은 더 이상 우리가 마시는 하나의 실체가 아니다. 그것은 마시는 실체인 것이다."(76~77) 나르시스가 마시던 물이, 나르시스를 마셨다. 생명의 물과 죽음의 물이라는 양가성은 그 둘 모두 지극히 개인적이라는 점을 제외하면 결코 서로 만나지 않는다. 그럼에도 불구하고 이 둘은 서로가 서로에게 관여하고 있으며, 그로서 전체적 체계는 완성된다. 이처럼 물의 심상은 우리의 상상을 표면에서의 삶에서부터 출발하여 어느 순간 깊은 곳의 죽음에로 인도하는 것이다.

4) 백조와 히드라 ―물이 지니는 형상과 물질의 변증법적 작용

하지만 그 어둠으로부터 꽃은 피어올라 수면을 장식하면서 물에 비춰진 자기 자신을 응시한다. 우리는 다시 한 번 표면으로 올라와 우리의 표면적 삶이 보여주는 아름다움에로 다시 눈을 돌려보도록 하자. 그러기 위해서 우리는 다시 물의 표면을 다루기 시작하는『물과 꿈』제1장으로 돌아와야만 한다. 앞서 살펴보았던 물의 표면에서 심연으로의 여행이 우리로 하여금 바슐라르가 제1장을 시작하면서 선택한 경구들의 의미를 올바르게 이해할 수 있게 해 준다.

> "물 안의 자기 그림자를 무기력하게 바라보고 있는 혼자라고 생각하며 그 밖의 다른 감정은 지니고 있지 않은 슬픈 꽃" (말라르메, '에로디아드')

> "(…) 거울 안에 익사한 많은 사람이 있다." (라몽 고메즈 드 라 세르나, '우스꽝스러운 사람 귀스타브')

다시 한 번 표면의 나르시스에 주목해보자. 거기서 나르시스는 표면의 온갖 화려한 상들을 바라보면서 그것들의 이상적 아름다움에 대한 꿈에 잠긴다. "몽상가는 숨은 것을 진정으로 명상한다. 실재를 가지고서 그는 신비를 짠다(fabriquer)"(51) 자연의 아름다움에 도취된 몽상가, 표면의 나르시스는 형상들에 사로잡혀, 물의 가벼움과 생동감 그리고 그 생기로 인해 자기 자신을 잊어버린다. 나르시스는 자신을 잃어버리지만 그것이 진정한 죽음이 아닌 이유는 보는 자로서의 즐거움으로 인한 것이기 때문이다. 이 즐거움은 남성적인 것인데, 이는 보이는 것이 여성적인 성격을 띠는 것과 대비된다. 이처럼 물의 표면은 그것을 바라보는 남성으로서의 나르시스에게 관음증적 쾌락을 제공한다. 그렇기에 자신이 바라보는 실재의 투영들 안에서 사람들은 자기 자신을 잊어버리고, 잃어버리며, 익사하는 것이다. 물거울의 형상들이 아름다운 이유는 그것이 상상과 몽상을 유발시키기 때문이지 그 역은 아니다. 그런데 이 형상들은 그것을 보는 사람에게 성적 욕망을 이끌어낸다. "상상력은 때때로 성적 본능의 감정 안에서 심상들을 끌어 모은다 (…) 그것은 눈의 쾌락으로부터 보다 더 은밀한 욕망에로 나아간다. 마침내 유혹의 꿈의 절정에서, 목전의 광경들(visions)은 성적 목적들(visées)이 된다."[19](52) 이와 같은 은밀한 성적 욕망은, 바슐라르의 말을 따르자면, 우선적으로는 목욕하는 여인들에 대한 심상으로 나타나며 이 심상은 다시 '백조'로 화한다. 백조는 물의 표면에 속한 동물이며, 세상을 아름다움으로 덮는 물, 이 세상의 아름다운 형상들의 최종적 이미지라고 바슐라르는 보았다. 소크라테스가 감옥에서 관념과 하나가 되기 위해 죽음을 갈망하였듯,[20] 물의 형상이 주는 아름다움에 도취된 자는 자신이 보는 것과 하나가 되

19 vision은 보이는 것이나 그렇게 보이는 광경을 의미하는 반면, visée는 겨냥된 것, 과녁, 표적, 노리는 것을 의미한다.

20 플라톤, 『플라톤의 네 대화편』, 박종현 역, 2003, 서광사, pp.297~303 참조. 물론 여기서 '혼의 정화'와 관련된 테마는 불의 정화라는 심상 또한 작용하고 있다.

려는 관능적 열망을 간직하게 되는 것이다. 이와 같은 열망 안에서 '나'는 사라져 버리고 없어진다. 그런데 그것은 살아있기 때문에 없는 것이다. 이 열망은 봄으로써 보이는 것과 일치되고자 하는 욕망이며, 이 욕망에 사로잡힌 나르시스는 우주의 모든 것들이 생성되는 계절인 봄에 자신을 잊어버린 채 살아간다. 보는 것이 보이는 것이며, 봄이 보임이 될 수 있는 것은 물이라는 물질의 심상에 의해서이다.[21] 그것은 '행복한 익사'다.

바슐라르는 물의 표면과 그 형상들의 매력, 그리고 그로부터 유발되는 관능적인 봄이라는 심상들의 계열을 '백조'에로 집중시키고 있으며, 그 결과 그는 '우주적 백조'에로 이 심상들을 발전시키고 있다. 여기서 '우주적 백조'란 '우주적 나르시시즘'과 같은 의미를 지닌다. 왜냐하면 "거대한 욕망은 우주적 욕망이라고 스스로 믿어버리기"(60) 때문이다. 물의 표면이 몽상가에게 주는 모든 심상들은 우주적인 전체성, 또는 절대성에로 뻗어나간다. 이처럼 바슐라르의 물-심상들에 대한 분석은 감각과 감정, 그리고 형상들의 아름다움에 있어서 그 우주적 종합성을 구축하고 있다. 하지만 바슐라르는 물의 깊은 곳에서 또 하나의 나르시스를 발견한다. 왜냐하면, 말라르메의 인용문에서 볼 수 있듯이, 물의 표면에서 우주적 형상들 안에서 자신만을 바라볼 뿐인 나르시스는 무기력의 감정에 사로잡히기 때문이다. 우리는 저 말라르메의 꽃이 그늘 안에 있을 것이며, 그래서 다른 형상들은 보지 못한 채 자기 자신의 모습만을 바라보고 있음을 쉽사리 눈치 챌 수 있다. 그 꽃의 외로움은 어두운 그림자로 인한 것이며, 그 어두움은 물의 심연으로 인한 것이다. 그 꽃은,

---

21 우리는 이와 동일한 주제를 알베르 플로꽁의 판화를 다루는 『풍경』에서 구체적인 시각적 이미지와 함께 다시 한 번 발견하게 된다. "눈의 우주론에 있어 지배적인 은유로서 '시선의 물'이라는 것…투명함의 둘레, 커다란 눈물의 연못이 나타난다. 하지만 이 모든 것이 너무나 광범위해서 고통도 가벼울 정도이다. 눈은 분명 바라보고 있는 하나의 세계이다." ―가스통 바슐라르, 『풍경』, 이가림 역, 열화당, 1983, p.88

아니 이 나르시스는 호수에서 자신만을 보고 있으며 "이 호수는 내면의 지형, 주관적 지형으로부터만 성립된다. 그 호수는 '다정다감한 지도'의 위가 아니라 '우울의 지도', '인간적인 슬픔의 지도'의 위에 그 자리를 지닌다."(88~89) 이 우울은 죽음의 향기이다. 물의 표면이 보여주던 모든 생기발랄함, 아름다운 목욕하는 여인들, 밝고 완전한 형상들의 매력들은 그것이 한순간에 사라져버리는 어둠 안에서 죽어 스러진다. "아름다운 골짜기, 젊고 밝은 한 순간은 필연적으로 죽음의 틀, 특정한 죽음의 틀이 되어야만 한다."(88) 어둠은 물을 무겁게 만들고, 무거운 물은 더 이상 흐르지 않으며, 그리하여 잠잠한 물은 '죽음의 물질적 심상'이 된다. 『물과 꿈』의 제1장과 제2장은 표면과 심연으로서, 밝음과 어둠으로서, 기쁨과 슬픔으로서, 감각과 관능으로서, 삶과 죽음으로서 서로가 서로에게 관여하고 있는 셈이다.[22]

프로이트가 융의 리비도 이론을 '일원론'이라 비판하면서 자신의 이원론을 '생명 본능'과 '죽음 본능'으로 강조했던 것은 물의 심상에 대한 바슐라르의 연구를 고려해본다면 올바른 선택이었다고 할 수 있다. 프로이트에 따르면 죽음에의 본능은 물질로 돌아가고자 하는 유기체의 방향성이다. 그리고 유기체는 자신의 생명 본능을 위한 성적 쾌락을 죽음의 한순간에 대한 열망 안에서 취하고자 한다는 것이 그의 생각이었다. 다시 말해 생명 본능이자 성적 본능인 에로스는 타나토스라는 죽음의 원리에 근거해서만 자신의 쾌락 원칙을 충족시킬 수 있다는 것이다. 그는 모든 것을 리비도라는 본능적 힘으로 보는 융에 반대하면서, 삶의 원리에 반대되면서도 쾌락의 충족을 위한 조건으로서 요구되는 죽음의 원리를 도입할 것을 강조한다.[23] 이와 같은 프로이트의 이론은 바슐라르

22 우리는 여기서 '피'와 '우유'라는 생명에 관련된 심상들이 지니는 대비적 성격에 대한 바슐라르의 언급을 더욱 잘 이해할 수 있게 된다. 이에 대해서는 ER, p.84 참조.

23 이에 대해서는 지그문트 프로이트, 『프로이트 전집 14: 쾌락 원칙을 넘어서』,

의 물에 대한 심상과 상상에 대한 분석들 안에서 좀 더 명확한 자리를 찾게 되는 듯이 보인다. 프로이트가 삶의 원리로서 에로스를, 그리고 죽음의 원리로서 타나토스를 그 상징으로 삼았다면 우리는 바슐라르의 물에 대한 이중화된 심상 또한 이 신들의 이름을 빌려 꾸며볼 수 있을 것이다. 가장 완벽한 아름다움에 복종하는 에로스는, 물의 심연에서부터 탄생하였기에 그럴 수밖에 없었던 것은 아닐까? 하지만 바슐라르의 물-심상에 대한 연구는 그저 프로이트적인 의미의 정신병리학적 분석을 위한 기초로 제공되지는 않는다. 프로이트에게 있어서 죽음이라는 심연은 우리가 '피하고 싶어 하는 어떤 것'일 뿐이었다. 하지만 바슐라르에게 있어서 물이라는 심연은 우리가 마주하면서 관능적으로 '하나가 되고 싶은 어떤 것'이며, 따라서 상상적 존재가 그 본질에 있어서 욕망하게 되는 물질적 상상력의 근원이라 할 수 있다. 바슐라르에 따르면, 우리는 물의 심연에 빠지기를 갈망한다.

따라서 바슐라르에게 있어서 물의 심연이란, 프로이트와는 다르게, 물의 표면에서 나를 잃어버리게 했던 관여와는 다른 방식으로 '나'에게 관여한다. 물의 심연에서 '나'는 나의 영혼 깊숙한 곳으로 침잠하기 때문에, 나와 일치하는 것이다. 물의 깊은 곳에서 우리는 죽는다. 아니 우리는 죽기위해 물의 깊은 곳으로 내려가야만 한다. 하지만 그때에야 비로소 나 자신과 일치한다. 형상들의 사라짐, 아름다운 이 우주의 죽음은 곧 나의 죽음이다. 물의 깊은 곳에서 우리는 물이라는 물질과 하나가 되는데, 그럼으로써 우리는 어떤 형상도 지니지 않은 물질 그 자체가 되는 것이다. 여기서 우리들의 실존에 내재된 역설, 삶을 아름답게 만드는 것

박찬부 역, 열린 책들, 1997 참조. 특히 pp.73~80. 물론 바슐라르는 프로이트를 자주 인용하기보다는 융의 논의를 좀 더 적극적으로 받아들이거나 예시로서 주로 삼고 있다. 하지만 바슐라르의 융에 대한 인용은 인류학적 정신분석과 관련된 내용이 주를 이루고 있는 편일 뿐, 그의 정신분석적 결과를 적극적으로 수용하고 있지는 않다고 할 수 있다. 바슐라르는 오히려 당시의 정신분석학적 비평 방법에 대해서 비꼬는 투의 비판을 많이 하고 있을 정도이다.

은 죽음이라는 역설이 드러난다. 깊은 물은 그것의 단순한 물질성으로 인해 어떤 형상도 없지만, 그럼에도 불구하고 아름다운 형상들을 보호하는 물질인 것이다.[24] 그리고 인간은 우주를 이상화하기 위해서, 형상들의 아름다움을 완성하기 위해서 스스로를 물의 깊은 곳에 던져서 죽어야만 하는 '슬픈 꽃'이다. 여기서 바슐라르는 이상주의자들의 슬픔과 고뇌, 우울함의 근원을 발견할 수 있다고 말하고 있다.[25] 그리고 우주적인 나르시스 다시 말해 우주적인 백조가 물의 표면으로부터 집결화된 심상이었다면, 물의 심연에서는 '원초적인 나르시스'로서의 '우주적 히드라'야말로 이와 같은 죽음의 우울함이 지니는 심상들의 집결체라 할 수 있다. 이 우주적 히드라는 '미(형상)'와 '죽음(사건)'과 '물(실체)'의 종합을 이루고 있다.[26] 바슐라르가 보기에 '물'의 심상은 '형상'과 '물질' 그리고 그것의 '종합'인 인간 실존에 관여하여, '죽음의 운명을 지닌 살아 있는 것으로서의 인간'이라는 종합을 형성하는 심리적 역할에 관여한다. 그리고 이와 같은 관여를 통해 '물'의 표면과 심연은, 그 사이의 순환 안에서 진정한 자신의 '물질적 상상력'이 지니는 의미를 회복하게 되는 것이다. "물은 우리들이 사랑하는 모든 것들에게 아름다움을 주는, 위임되며 회귀하는 일종의 나르시시즘을 지닌다."(93)[27]

형상과 물질, 이 모든 것은 아름답다. 하지만 그것이 드러내는 아름다움의 질적 충전성은 동일하지 않다. 그럼에도 불구하고 이 아름다움의 서로 다른 질적 충전성은 함께할 때에만 우리의 심상을 울리고, 우리를

---

24 "왜냐하면 물은 아름다우면서 충실한 죽음의 물질이기 때문이다. 물은 아름다움을 보호하면서 잠잘 수 있는 유일한 것이다. 물은 그것의 반영들을 보호하면서 움직이지 않는 채로 잠잠할 수 있는 유일한 것이다."(ER, p.92)

25 ER, pp.88~90 참조.

26 ER, p.92 참조.

27 바슐라르에게 있어서 이와 같은 물의 순환적 이중성은 표면의 물소리와 심연의 적막 혹은 침묵에 의해서도 대비가 되고 있다. 이에 대해서는 ER, pp. 93~94 참조.

상상하게 하여, 우리의 심리적 상태를 변화시킬 수 있는 것이다. 물의 표면과 심연에는 영원회귀라는 니체적 세계관 속에서 그 완성을 얻는다. 삶은 죽음으로 그 깊이를 얻으며, 죽음은 삶으로 그 얼굴을 얻는다. 바슐라르의 이와 같은 물의 심상에 대한 분석을 통해, 이제 물의 형상과 물질이 지니는 변증법적 관계는 더 이상 물만의 고유한 것이 아니라, 우리들의 일상적인 '삶'과 '죽음'이 지니는 고유한 성질로 화하는 것이다. 심연의 어둠은 표면의 그림을 그리는 실존적 물질(물감)이기 때문이다.

5) 오필리어의 머릿결을 항해하는 카론

바슐라르가 말하고 있듯이, 에드가 포우에게 있어서 죽어가는 어머니인 물은 흐르지 않는 정지된 물이다. 그것은 정지되어 있으므로 어떤 소리도 내지 않는데, 이는 물의 표면이 들려주는 생명의 소리와 대비된다. 우주적 히드라로서의 물은 절대적인 물질적 심상으로 어떤 형상도, 그리고 어떤 소리도 허용하지 않는다. "단 하나의 물질이 모든 것을 사로잡는다. '모든 것은 녹는다.'"(125) 녹아버린 것, 형상도 소리도 없는 것은 변화할 수가 없다. 따라서 깊은 물에서 우리는 변화하기 때문에 죽어가는 것이 아니라, 변화하지 않기 때문에 죽어 있는 것이다. "침묵의 물, 컴컴한 물, 잠잠한 물, 헤아릴 수 없는 물, 죽음의 성찰을 위한 이토록 많은 물질적 가르침. 하지만 이것은 헤라클레이토스적인 죽음의 가르침은 아니다."(96) 하지만 이 무형의 물에 형상이 결합되면, 곧바로 모든 것은 다시 살아난다. 하지만 우주적 히드라에 사로잡혀 있던 우리의 우울한 심정은 물의 표면으로 서서히 올라오면서 다시 한 번 어떤 형상들을 얻어야만 하는 것은 아닐까? 우리는 헤라클레이토스적인 죽음의 가르침과 만나기 위해, 다시 한 번 흐르는 표면에로 천천히 상승하면서 형상을 얻어 변해야만 할 것이다. 그리고 "물이 우리에게 다시 말하기 위해서는 저녁 바람만으로도 충분하다."(96) 물의 물질과 만난 우리는 표면으로 올라오면서 물의 물질적 심상이 우리에게 가르쳐주었던 죽음에 대한 교훈을 여전히 지니고 있을 것이기는 하지만, 표면에서 죽음은 저녁 바람과 함께 흔들리면서 자신만의 형상들을 길러낼 것이다. 물속에 잠긴 씨앗이 싹을 틔워 물의 표면에 올라오듯, 형상을 박탈당한 채 깊은 물에 박혀있던 상상의 씨앗은 다시 그 형상을 표면 위에 피워 올리기 때문이다. 물의 심상이 제공하는 죽음에 대한 몽상은 죽을 것으로서의 인간을 나무로서 다루고 있음에 바슐라르는 주목한다. 융의 인류학적 양의성을 제시하면서, 바슐라르는 물이란 죽어가는 어머니인 동시에 살리는 어머니임을 상기시킨다.[28] 그러므로 나르시스는 깊은 물에 빠져 죽었지만, 그저 죽은 것이 아니라 어머니의 자궁 속으로 되돌아간 것이라 할 수 있다. 자신의 삶과 나무를 동일시하는 원초적 인간에 대한 바슐라르의 묘사는『불의 정신분석』에 이어[29] 다시 한 번 '공리주의적 설명'을 비판하고 있다.[30] 이제 물의 심연과 표면을 가로질러 나무로서 있는 인간은 죽음과 삶을 하나로 상상하고 있는 것이다. 그러므로 죽음이 물의 표면을 흘러가는 항해라면, 그 항해는 또한 삶에로 향하고 있는 것이다. 이제 헤라클레이토스적 가르침이 다시 그 의의를 회복한다.

물론 물이라는 심상이 우리에게 주었던 표면과 심연의 변증법을 거친 후에, 다시 우리를 맞이하는 물의 표면의 시간은 밤이다. 하지만 죽음과 삶이 뒤엉켜 하나가 되어 있는 표면에서 우리들의 상상은 죽음을

---

28 ER, pp.99~100 참조.

29 G. Bachelard, *La psychanalyse du feu*, Gallimard. 1949, pp.58~62 참조. 여기서 바슐라르는 불의 발견이 유용성보다는 '불을 만드는 행위' 자체가 주었던 몽상적 즐거움 때문이었음을 강조한다.

30 바슐라르에 따르면 죽음과 항해는 동일한 심리적 가치를 지니기에, 아직 확인되지 않은 미지의 땅을 향해 떠나는 항해의 위험을 무릅쓰게 해줄 수 있는 강력한 이익이란 합리적 이익이 아닌 환상적 이익이어야만 한다. 이에 대해서는 ER, pp.100~101 참조.

두려워하면서도 사랑하게 된다. 이 곳, 밤의 물 위에서 우리는 죽음을 운명으로서 받아들이기도 하고, 혹은 선택으로서 욕망하기도 한다. 바슐라르에 따르면 우리가 운명으로서 받아들이는 죽음은 '카론 콤플렉스(complex de Caron)'의 형상으로, 그리고 욕망의 대상이 된 죽음은 '오필리어 콤플렉스(complex d'Ophéle)'의 형상으로 문학 작품들 안에 등장하고 있다. 각각의 콤플렉스는 '배-나무-정화-새로운 삶-여행-항해-뱃사공-지옥의 안내자'와 '자살-비극-아름다움-물결같은 머리칼-슬픔-달과 물결-우주'라는 서로 다른 심상들의 계열로 뻗어나간다. 물론 『물과 꿈』의 제3장 전체를 수놓는 죽음의 이미지는 제2장에 이어 여전히 슬픔과 우울함의 원소인 물과의 관련성 안에서 전개되고 있다. 하지만 물의 표면에는 심연에서와 다른 일이 벌어지고 있다. 밤의 달빛 아래 잔잔히 흐르는 물의 표면에는 분명 죽음의 심상들이 있지만, 이는 오히려 삶과 아름다움에 대한 사랑과 욕망이 만들어낸 상상적 산물인 것이다. 카론 콤플렉스가 배를 타고 떠나는 항해라는 심상 안에서 죽음을 삶에 연결함으로써 인간을 행복하게 만들었다면, 오필리어 콤플렉스는 물위에 떠 있는 밤하늘의 형상들의 아름다움에 대한 사랑을 불러일으킨다.[31] 이를 이해하기 위해서 우리는 바슐라르가 『물의 꿈』 제2장에서 깊은 물로 내

31 우리는 여기서 바슐라르가 제시하는 물이라는 심상은 그것이 삶에 대한 것이든 죽음에 대한 것이든 간에 '사랑'이라는 주제와 밀접한 관계가 있음을 알 수 있다. 즉 삶에 대한 사랑은 '표면의 나르시스'로, 죽음에 대한 동경(사랑)은 '죽어가는 어머니'와의 합일에 대한 욕망으로 구체화된다고 할 수 있으며, 이와 같은 삶과 죽음은 카론과 오필리어라는 구체화된 심상을 통해 변증법적 통일을 이룬다고 할 수 있다. 즉 카론은 죽음으로써 다시 살게 된다는 인류학적 공통의 상상력을 대변한다면, 오필리어는 그 표면을 떠다니며 관능적 아름다움을 불러일으키는 개인의 심미적 상상력을 대변한다고 할 수 있다. 특히 바슐라르는 오필리어를 백조와 연관지으면서, '우주'라고 하는 자연 전체에 대한 사랑에로의 비약을 시도하고 있다고 할 수 있다. 이를 통해 우리는 바슐라르에게 있어서 상상력이란 그저 한 개인의 정신적인 내면성에만 국한되는 것이 아니라 우주로 확대되는 것이며, 이를 통해 인간은 우주에 자신을 던지게 되는 계기를 마련할 수 있게 되는 것이다.

려가기 전에 물의 투명한 깊이 안에서 별-섬, 새-물고기와 같은 하늘과 물의 하나됨 및 그것의 이상적 아름다움이라는 복선을 제시하고 있음을 확인할 필요가 있다.[32] 오필리어는 이제 강과 하나가 된 자신의 머리카락들에 달을 비롯한 밤하늘의 풍경을 받아들임으로써 다시 한 번 우주를 아름다운 형상들로 변화시키는 역할을 맡게 된다. 이때 오필리어는 "우주적 오필리어"(120)가 되며, 이는 제1장에서 잠시 등장하였던 죽음의 이미지인 "죽어가며 노래하는 백조"(53), 즉 성적 죽음의 유혹인 동시에 관능적이며 치유를 갈망하는 백조의 모습과 연결된다. 그런데 바슐라르의 이미지 계열에 따르자면 백조란 "우주적 백조"(60)이며 우주적 나르시스의 상징이 아니었던가! 그러므로 "우주적 수위에 있어서 서로 닮아 보이는 심상의 두 원리들의 혼합, 즉 우주적 나르시스가 우주적 오필리어와 하나가 되는 것"(120)은 바슐라르적 몽상에서는 필연적 귀결이라 할 수 있다. 제1장에서 물의 표면에 있는 형상들을 바라보는 나르시스는 감성적 가치(valeurs sensibles)로부터 나아가, 하나가 되고자 하는 관능적 가치(valeurs sensuelles)에 매료된 나머지 거기에 빠져 죽어가는 어머니인 물의 물질적 심상과 하나가 되었다. 이렇게 죽음을 경험한 나르시스는 물의 표면으로 올라와 오필리어가 되는 것이다. 물의 표면과 심연이라는 변증법적 과정을 거친 나르시스는 이제 자신의 감성적 가치와 관능적 가치가 일치하는 상상력의 힘 안에 사로잡혀 있다. 그의, 그리고 우리의 감성적 욕망이 관능적 우주로 승화할 수 있는 것은 물-심상의 '종합적인 이중성' 덕분인 셈이다. 그리고 이러한 변증법적 변화를 통해 물의 심상은 형상적 상상력이든 물질적 상상력이든, 둘 모두를 능히 잘 다루게 될 것이다.

32 ER, pp.67, 72 참조.

3. 상상력의 두 축 —형상과 물질

우리의 삶을, 그 표면에서 심연에 이르기까지 물이라는 하나의 심상을 통해 완성된 한 폭의 수채화로 그려보고자 했던 바슐라르의 철학적 태도를 고려해 볼 때 제2장의 첫 인용구절은 매우 자연스럽게 보인다. 이것은 니체의 쇼펜하우어에 대한 글에서 바슐라르가 찾아낸 것으로서, 다음과 같다. "상(image)을 이해하기 위해서는 화가를 알아야 한다." 이 경구는 니체가 「교육자로서의 쇼펜하우어」에서 스치듯 써놓은 한 문장이다. 그리고 이 수수께끼 같은 경구의 바로 뒤에 니체는 다음과 같이 적고 있다.

> "그림을 이해하려면 화가에게 물어봐야 한다는 것을 쇼펜하우어는 알고 있었다. 그의 위대함은 그가 삶의 그림을 전체로서 해석하기 위해, 하나의 전체로서의 삶의 그림과 마주했다는 데 있다. (…) [하지만]이런 목표의 추구는 깊은 체념으로 이어질 수 있다."[33]

이 인용문을 통해 우리는 물의 표면에 나타났던 이상적인 것들에 대한 아름다움에의 욕망이 심연의 어둠 안에서는 깊은 체념으로 이어지고 있는 바슐라르의 몽상을 좀 더 잘 이해할 수 있다. 하지만 이와 같은 체념은 심연 그 자체와 동일화 될 때, 즉 우리의 심리가 깊은 물이라는 심상이 주는 단순한 물질적 상상력에 의해 심연 그 자체가 될 때에만 우리에게 그 진의를 드러낸다. 물의 표면이 그림이라면, 화가는 물의 심연이 아닐까! 형상들은 물질을 매개로 하여 그려진다. 이 소박한 진리를 우리는 어찌 그토록 쉽게 잊는단 말인가! "이는 독자가 이와 같은 자연적 그림이 지니는, 아무리 밝은 색깔에도 음습함을 주는 기묘한 수채화가 지

33 프리드리히 W. 니체, 『반시대적 고찰』, 이진우 역, 책세상, 2005, pp.413~414.

니는 상상의 역할을 보지 못했기 때문이다.”(68)

여기서 우리는 바슐라르가 제1장의 발랄함에서 제2장의 어두움에로 물의 물질적 상상력을 전개해나가는 이유를 확인할 수 있다. 물의 표면에서 만날 수 있었던 활기는 곧 죽음이라는 물의 심연이 그려내는 형상들이다. 그리고 물의 심연이 모든 형상들을 받아들일 수 있었던 것은, 그것이 곧 모든 형상들의 모태로서 순수한 물질이기 때문이다. 따라서 물이라는 심상은 표면에서의 ‘형상적 상상력’과 심연에서의 ‘물질적 상상력’이 항상 동시에 작용하며 동시에 서로에게 ‘관여’한다. 이렇듯 물은 표면과 심연이라는 이중적 방식으로 우리에게 심상을 제공한다. 그리고 이는 물 자체가 이미 ‘이중적 반영의 작용’을 한다는 뜻이다.

이런 이유 때문에 우리는 표면의 반영일 뿐인 한 폭 수채화를 제대로 이해하기 위해서는 화가의 심연, 즉 화가가 그리고자 했던 전체로서의 물의 삶에 대해 끊임없이 질문해야 한다. 이 때가 아니고는 표면의 반영들을 온전히 이해할 수 없다. 심연은 일차적으로 반영의 반영이지만 중요한 것은 그것이 도치된 반영이라는 점이다. 두 번의 도치, 즉 심연에 의해 제기되는 실재에 대한 두 번의 부정은, 뒤집어 말하건대 실존에 대한 이중적 강조이다. 따라서 우리는 물의 표면에서만 바라보기를 그치고 우리 스스로가 물의 심연이 되어야 한다. 그 심연에서 우리들의 영혼은 교차하고 교감한다.

이제 바슐라르의 물-심상에 대한 이중적 계열화를 정리할 순간이 된 것 같다. 물의 ‘표면-밝음-이상화-삶’이 한 쪽의 계열을 형성한다면, ‘심연-어둠-실존-죽음’이 다른 한 쪽, 즉 표면에 대하여 도치된 계열을 형성한다. 이와 같은 도치된 계열은 우리가 앞에서 살펴본 것과 같이, ‘표면-형상’과 ‘심연-물질’이라는 간략한 대립 구도를 지닌다. 그리고 이 구도는 아마도 바슐라르가 『물의 꿈』서론의 시작에서 제시하는 전혀 다른 두 개의 축을 따르는 상상적 힘과 일치한다. 바슐라르에 따르면,

"어떤 상상적 힘들은 새로움 앞에서 비상을 발견한다. 이 상상적 힘은 회화적인 것, 진리, 뜻밖의 사건들을 향유한다. 이 힘에 의해 활기를 띠는 상상은 묘사해야만 하는 봄(printemps)을 언제나 지니고 있다. 자연 안에서, 우리로부터 멀리 떨어진 곳에, 이미 생생하게, 그 힘들은 꽃들을 길러 낸다. 또 다른 상상의 힘들은 존재의 깊은 곳을 파고든다. 이 힘들은 존재 안에서 원초적이고 영원한 것을 동시에 발견하고자 한다. 그 힘들은 계절과 이야기를 지배한다. 자연 안에서, 우리의 안팎에서, 그것은 씨앗을 길러 낸다. 형상이 어떤 실체 안에 들어있는, 형상이 내부에 있는 씨앗을. 이를 철학적으로 말하자면, 우리는 두 개의 상상력을 구분할 수 있다. 형상인(cause formelle)을 낳는 상상력과 질료인(cause matérielle)을 낳는 상상력, 혹은 더 간단히 말하자면, 형상적 상상력과 물질적 상상력."(1~2)

일종의 선언과도 같은 이 인용문에서 바슐라르는 그 두 힘이 서로 협력함으로써만 상상이 가능함에도 불구하고 이전의 연구가들은 형상적 상상력에만 몰두했을 뿐이었다고 토로하고 있다. 물론 그가 『불과 정신분석』에서 고백한 바 있듯 그 스스로는 이미 이에 대한 작업을 수행했다. 하지만 '불'과 '물'은 그 물질성이 전혀 다른 것이기에, '불'만으로는 부족하다는 것이 그의 판단이었다. 물질적 상상력을 중요시했던 바슐라르에게 있어서 '물'은 물질의 가장 순수한 질을 지닌 실체로서 우리의 영혼에 불의 심상과는 전혀 다른 심리를 부여하여 상상하게 하는 요소였다. 물이라는 심상에 일치되어 상상하는 것은, 불이 관여했던 상상과는 전혀 다른 성질이 된다고 바슐라르는 보았던 것이다. 그리하여 그는 물이라는 심상이 관여하는 상상력을 설명하기 위하여 『물과 꿈』의 제1장과 제2장이 보여주는 상관적 대칭성 안에서 서로가 서로를 향하여 흐르게 하여 순환의 물꼬를 터-놓았던 것이다. 그리고 이 순환 안에서 삶과 죽음은 종합된다.

그러므로 제1장과 제2장의 물꼬트기가 완료되고 나서, 우리는 여전히 심연에서 맞닥뜨린 죽음의 심상에 사로잡혀 있음에도 불구하고, 이 죽음이 물의 표면으로 솟아올라 항해를 하거나 화려하게 장식된 아름다운 죽음으로 떠다니게 되는 모습을 본다는 것은 놀라운 일이 아니다. 제3장에서 바슐라르는 물의 물질적 상상력이 우리에게 불러일으키는 우울함, 죽음의 심상들과 함께 물의 표면을 항해하거나 표류한다. 하지만 이것은 어떤 형상도 없는 단순한 '물질적 상상력'의 힘만의 영향을 받는 것이 아니다. 카론의 죽음을 나르는 나무-배들과 함께, 오필리어의 죽음에 대한 욕망과 함께 물의 표면은 아직 슬프지만 그래도 아름다운 형상들을 드러내기 시작한다.

이처럼 물은 자신의 물질 내부에 형상인을 품고 있는 것이며, 표면과 내부의 여행을 거쳐 종합을 이룩한 지금은 그 씨앗을 길러 내어 형상들을 꽃피워야만 할 때라 할 수 있다. 이제 형상적 상상력은 물질적 상상력에 접목되어야 하며, 이를 통해 물이라는 심상은 좀 더 풍부한 그 상상의 가치를 드러내게 될 것이다. "물질적 상상력에 형상들의 무성함을 진정으로 줄 수 있는 것은 바로 접목이다."(14) 이것이 우리가 『물과 꿈』의 후반부에서 만나게 될 물의 심상들이, 물질적 상상력에 접목하여 형상의 꽃을 피운 열린 물들, 열린 상상력을 통한 심상들인 이유이다. 물이라는 물질이 우리에게 주는 무거운 우울을 거친 지금에야 비로소, 우리는 물의 형상들과 물의 소리들을 보고 들으면서 즐거워 할 자격을 얻게 된 것이다. 무거운 물로 세례를 받은 우리들은 다시 표면과 그것이 지닌 반영의 형상들에로 나아갈 수 있게 되었다.

물의 심상으로부터 피어오른 한 송이의 꽃 위로 '깊이'와 '표면'의 이중적 심상이 시작된다. 그리고 그 둘의 대립성은 '관능적 가치'와 '감각적 가치'라는 서로의 변증법적 종합안에서 삶과 죽음에 대한 물의 몽상을 불러일으킨다. 왼편의 어두운 부분이 '물질적 상상력'에 더 가까운 영역이라면, 오른쪽의 밝은 부분은 '형상적 상상력'에 더 가까운 영역이라 할 수 있다.

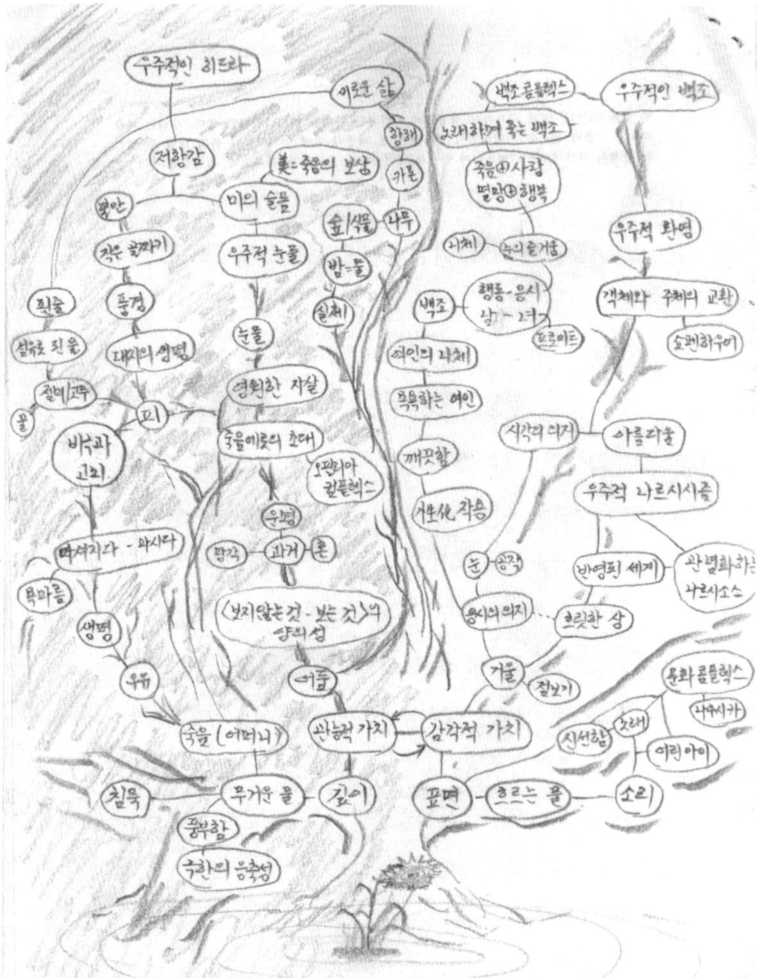

ⓒ

[그림] 바슐라르와 물-심상 계통수

8

공기, 헤르메스, 그리고 현대 디지털 아트

송희영

사람은 땅을 본 받고 人法地
땅은 하늘을 본 받고 地法天
하늘은 도를 본 받고 天法道
도는 자연을 본 받는다 道法自然

— 老子

1. '상상하는 힘'과 예술창조

예술이란 무엇인가? 인류 역사 이래 무수한 연구와 담론이 있어 왔으나 예술에 대한 정의를 한 마디로 답하기란 쉽지 않다. 우리는 다만, 예술작품은 예술가의 새로움에 대한 갈구와 도전에 의해 탄생된 결과물이며, 예술가 개인의 삶에 대한 사고와 체험, 세계를 관찰하는 눈이 구체적인 예술형식으로 표현된 것이라고 이해할 수 있다. 그렇다면 예술작품이 우리에게 주는 의미는 무엇일까?, 예술작품이 우리의 관심을 끄는 이유는 무엇일까? "예술은 세계가 이미 인지하고 있는 것들을 가장 뚜렷한 개인주의적 양식으로 재현한 것이다."[1] 라고 말한 오스카 와일드(O. Wilde)의 예술관에서 엿볼 수 있듯, 그 이유는 사람들이 예술작품을 통해 서로의 유사성을 확인하고 각자의 삶을 반추해 볼 수 있는 기회를 체험하기 때문일 것이다. 예술 작품 속에 내재된 보편성은 사람들로 하여금 예술작품 속으로 끌어당기며 일상 속에서 예술작품을 향유하게 만든다. 일찍이 『시학』에서 "시가 추구하는 것은 보편적인 것"[2]이라는 표현을 통해 창작품으로서의 예술이 보편적인 것을 소통할 수 있다고 주장한 아리스토텔레스는 이러한 우리의 생각을 뒷받침해주고 있다.

그렇다면 예술창작의 근원적인 힘은 무엇일까? 즉 예술가로 하여금 작품을 탄생케 하는 동인(動因)은 무엇일까? 이에 대한 두 예술가의 생각을 들어보자. 입체파 미술의 거두 파블로 피카소(P. Picasso)는 언젠가 한 미술잡지와의 대담에서 "나는 사물들을 보이는 대로 그리는 것이 아니라, 그 사물들에 대한 내 생각을 그린다."라고 자신의 창작관을 피력했다. 또한 미국 출신의 현대 조각가 바바라 헵워스(B. Hepworth)는 "나는 내가 본대로 그리지 않는다. 내 몸이 느끼는 대로 그린다."라고 말했다고 한다. 이들 두 예술가의 고백은 예술작품의 탄생은 예술가의 눈이나 손에 의해서가 아니라 예술가의 의식 속에 넘실대는 '자유로운 어떤 힘'의 작용으로 이루어짐을 입증하는 사례가 아닌가 한다. 그 힘은 다름 아닌 작가의 '상상하는 힘', 즉 상상력이라 불러도 좋을 것이다. 이 상상력이란 무엇일까? 상상력은 단순하게 표현하자면 현실이 아닌 것, 비현

---

1 'Art is the most intense mode of individualism that the world has known', Oscar Wilde & John Daintith, *Bloomsbury Treasury of Quotations*, Bloomsbury Publishing Plc, 1994, p.41에서 재인용.

2 "시는 역사보다 더 철학적이고 중요하다. 왜냐하면 시는 보편적인 것을 말하는 경향이 더 강하고, 역사는 개별적인 것을 말하기 때문이다. '보편적인 것을 말한다'함은, 이러이러한 성질의 인간은 개연적으로 또는 필연적으로 이러이러한 것을 말하거나 행하게 될 것이라고 말하는 것을 의미한다.", 김용석, 「예술과 과학: 그 공생과 갈등의 기원 그리고 전망」, 홍성욱·김용석 외, 『예술, 과학과 만나다』, 이학사, 2007, p.67에서 재인용.

실적인 것을 지향하는 인간의 의지의 표현이다. 예술가의 상상력은 현실 너머에 존재하는 비현실적인 세계를 자유로이 넘나들며 현실에 존재하지 않는 아름다움을 발견해낸다.[3] 예술가는 상상력을 통해 예술작품을 창조하며, 자신만의 독특한 세계를 가진 사람으로 군림한다. 이런 연유로 상상력은 예술가에게 창작의 원동력을 제공하는 매우 중요한 영역이 되고 있다. 여기서 우리는 이러한 인간의 상상하는 힘, 상상력의 발원지는 어디일지 궁금하지 않을 수 없다.

이에 대한 하나의 해답은 과학철학자이자 상상력의 철학자인 바슐라르(G. Bachelard)가 역설한 4원소론에서 탐색될 수 있다. 물, 불, 흙, 공기를 지칭하는 4원소는 본래 고대철학자 엠페도클레스가 우주의 원리를 밝히는 과정에서 내놓은 개념으로 자연을 움직이는 네 가지 종류의 힘이었다. 바슐라르는 이 물, 불, 흙, 공기의 네 가지 요소를 상상력의 네 가지 방향을 설명할 수 있는 범주로 끌어올리며, 과학과 시(문학적 상상력)가 동일한 지점에서 출발한 것으로 간주하였다. 바슐라르에게 있어 4원소는 화학적 분석에 의해 나타나는 네 가지 원소의 기원일 뿐 아니라, 우리 몸 속의 어떤 것들과 우리 바깥의 자연이 교감할 수 있는 통로이자 인간의 마음속에서 상상을 불러일으키는 힘의 공급처로서 기능한다. 만일 그렇다면 상상력은 단지 예술가에게만 주어지는 능력일까? 혹은 예술은 꼭 예술가만의 소유물일까? 바슐라르에 의하면 반드시 그렇지는 않다. 바슐라르에게 상상력은 자연과 우주 속에 내재된 4원소의 물질성과 교감하는 상태이며, 살아있는 한 존재가 세계와 직접적으로 접촉하는 능력 또는 그러한 의식 상태를 의미한다. 자연의 한 소산물인 우리 인간 개개인의 몸 또한 4원소로 이루어져 있으므로 우리는 일상의 삶 속에서 4원소와 교감하며 4원소를 체험할 수 있다.

---

3 김융희, 「상상, 세계의 질료적 에너지와 교감하는 힘 —바슐라르의 상상력 이론에 대한 소론」, 고위공 외, 『열린 미학의 지평』, 사문난적, 2008, p.217.

이 장에서는 바슐라르가 명명한 4원소 중에서 '공기'가 전해주는 몽상의 세계를 주요 관심 대상으로, 인간의 상상력과 새로운 예술창조의 상관관계에 대해 생각해 보는 기회를 갖고자 한다. 바슐라르의 공기에 대한 몽상의 결과로 유추된 상승과 도전, 화해와 융합 그리고 확장의 개념은 헤르메스의 이미지로 구현되어 첨단 디지털 기술 발달의 영향으로 탄생된 제3의 공간 및 디지털 미디어 사이버 세상이 가져온 급격한 변화를 맞이하는 현대인의 삶과 접속될 수 있다. 다 장르간의 활발한 교류와 확대를 본격적으로 시도한 1960년대 플럭서스(Fluxus) 운동을 주축으로 펼쳐진 비디오 아티스트들의 활동, 컴퓨터를 활용한 다양한 형태의 미디어아트, 쌍방향 인터랙티브 커뮤니케이션을 추구하는 현대 뉴미디어아트 세계 등이 이에 해당되는 내용일 것이다. 과거 아날로그 시대에는 경험하지 못했던 새로운 개념의 예술이 창작, 공급, 소비되고 있는 격렬한 현대 예술세계의 변화 현장이라 할 수 있다. 바슐라르의 공기적 상상력이 전파해준 소통과 공유, 화해와 융합의 예술창조는 새로움을 향해 끊임없이 움직이는 인간의 멈추지 않는 도전의 역사와 연결된다.

2. '공기'의 자유와 소통의 이미지와 현대예술

바슐라르는 『공기와 꿈』에서 "공기는 이미지를 가지지 않는 상상력이며, 이미지를 지워감으로써 그의 기쁨과 삶을 발견하는 상상력의 활동을 묘사할 수 있도록 해 준다"[4]라고 공기적 상상력을 정의한다. 또한 바슐라르는 "상상력의 왕국에서 공기라는 실사와 가장 가까운 형용사는 자유로움이다"[5]라고 정의한다. 이처럼 움직임이 자유로운 공기는 어디든지 가볍게 떠돌며 멀리 떨어져 있는 공간과 공간을 이어주기도 하

4 가스통 바슐라르, 『공기와 꿈』, 정영란 옮김, 이학사, 2000, p.195
5 위의 책, p.33

고 서로 다른 두 존재가 교류하는 소통의 통로가 되기도 한다. 또한 무엇보다도 빼놓을 수 없는 공기의 가장 큰 특징은 모든 생명체가 존재하는데 필수적인 호흡, 즉 활력을 제공한다는 점이다. 이런 관점에서 공기는 모든 생명체들이 활력을 얻고자 갈망하는 대상이며, 꿈과 이상을 향해 높이 상승하고자하는 의지의 상징이다. 이처럼 바슐라르의 『공기와 꿈』에 나타난 공기의 이미지는 하늘높이 솟아올라 '먼 곳'으로 떠나는 새의 이미지로 묘사되기도 하고, 대지에 뿌리를 박고 묶여 있으되 '천상'을 향해 가지를 뻗어 하늘을 향하는 나무로 나타나기도 한다. 여기가 아닌 '먼 곳', 지상이 아닌 '천상'을 향하는 새와 나무를 통해 나타난 공기의 이미지에서 우리는 구태의연한 현실을 타개하고 현실 이상의 것을 추구하는 인간의 보편적인 의지와 욕구를 발견한다. 그것은 또한 "이 세상 밖이라면 어디라도!(N'importe ou hors du monde!)"[6] 라고 외치며 현실의 속박과 제한에서 풀려나 먼 곳으로의 여행을 꿈꾸던 보들레르(C. P. Baudelaire)를 통해 비추어진, 새로운 세상을 향해 솟아오르고자 갈망하는 인간의 내면에 숨겨진 공기적 몽상, 바로 그것이기도 하다.

한편 형체가 없는 비물질적 존재로서 자유롭게 움직이는 공기의 이미지에서 우리는 그리스 신화 속의 헤르메스(Hermes) 신의 모습을 발견한다.[7] 헤르메스는 날개 달린 신발을 신고, 날개 달린 모자를 쓰고 지옥과 천국을 넘나들고 하늘과 땅 사이를 오가면서 신(神)과 인간 사이의 의사소통을 돕는 신이다.[8] 인간의 공간과 세계에서 움직임, 이행, 상태의 변화, 전이들, 낯선 요소들 사이의 만남들을 표상하는 그는 고정되고 안정적이며, 지속적이고, 한정된 것, 닫힌 이미지들과 상반된다[9]고 하여,

---

6 샤를르 보들레르, 『파리의 우울 ―세계문학전집』, 윤영애 옮김, 민음사, 2008.

7 헤르메스는 올림포스의 12신 가운데 아홉 번째 신으로, 제우스의 아들이며 아폴론의 이복형제이다.

8 이기상, 『콘텐츠와 문화철학 ―문화의 발전단계와 콘텐츠』, 북코리아, 2009, pp.17~18.

9 장 피에르-베르낭, 『그리스인들의 신화와 사유』, 박희영 옮김, 2005, p.184.

헤르메스는 상반되거나 혹은 대립적인 요소들 사이를 자유롭게 넘나들며 교착점을 만들기도 하고, 한 쪽과 다른 한 쪽의 경계를 무너뜨리기도 한다. 이처럼 헤르메스는 자유로운 이동과 움직임을 통해 이질적인 존재와 상이한 대상들 사이의 소통과 융합을 터주는 공기적 몽상을 상징적으로 보여준다고 하겠다. 예술과 과학기술이라는 이질적인 두 존재가 만나며, 같은 무대에서 동시에 다양한 형태의 예술 장르가 교류하는 "경계 없는 통섭", 즉 다 학제간, 다 장르간의 활발한 교류와 융합을 추구하는 21세기의 문화의 현주소에서 공기적 자유로운 움직임의 상징인 헤르메스의 이미지를 떠올리는 것은 지나친 비약일까?

이러한 맥락을 감안하여 현대 디지털 사회를 반추해 볼 수 있다. 디지털 기술시대라 불리는 현대 사회는 우리의 일상의 삶의 양식 뿐 아니라 전통적인 예술의 생산과 소비의 방식에도 큰 변화를 가져왔다. 현대의 디지털 기술은 기존의 시공간 개념에 변화를 가져옴은 물론 인간의 사고방식과 생활태도, 의사전달과 소통, 정보와 지식의 교환방법을 전환시켜 놓고 있다. 예를 들면 인터넷 공간은 우리가 매일 매일 호흡하는 '공기'와 같이 현대인의 삶에서 없어서는 안 될 필수적인 요소로 자리잡은 지 오래다. 디지털 기술과 예술의 다양한 만남을 통해 이전에는 전혀 시도되지 않았던 새로운 형태의 예술이 전 세계 도처에서 끊임없이 탄생되고 있다. 이 같은 변화의 물결은 전문 예술가들의 예술창작 방법과 예술형태에 혁신을 가져오고 있다. UCC의 대중화에 힘입어 일반인들도 예술창작에 참여하는 '만인의 예술가 시대'도 열렸다.[10]

한편 컴퓨터는 1940년대 처음 발명되었다. 본래 군사 정보 및 과학 기술 분야 연구 활동 용도로 사용되었던 것으로 전해지고 있다. '컴퓨터아트'라는 생소한 단어를 유포되며 컴퓨터가 더 이상 기계에 머무르지 않

10 홍성욱· 김용석 외, 앞의 책, p.5.

고 예술생산의 도구로 등장했던 시대는 1970년대다. 이후 예술과 과학기술과의 접속과 만남을 시도하는 다양한 실험들이 이어져 왔다. 이와 같은 변화들은 우리가 기존에 알고 있었던 예술에 대한 전통적인 정의 및 관념들과는 상반되거나 일치하지 않는다. 이러한 변화들이 우리들에게 시사하는 점은 무엇일까? 그것은 "예술의 본질은 '새로움'이다. 따라서 예술에 대한 견해들도 새로운 것이 되어야 한다. 예술에 유일하게 호의적인 체계는 영원한 혁명이다."[11]라는 뒤뷔페(J. Dubuffet)의 주장처럼 예술이란 끊임없는 새로운 시도와 새로운 창작의 연속이어야 함을 상기시켜주고 있다고 하겠다.

우리 인간은 꿈꾸는 존재이다. 어제가 아닌 새로운 내일을 꿈꾸며, 스스로의 성장과 발전을 위해 새로운 것을 시도한다. 또한 '나'라는 존재를 인정받고, 확인받고 싶어 하며, 다른 존재와의 만남과 소통을 꿈꾼다. 새로운 내일에 대한 우리의 희망, 그리고 낯선 미지의 세계에 대한 도전은 '스스로의 의지를 가지고 위로 솟아오르는 움직이는 공기의 이미지'와 닮았다. 우리는 살아가면서 공기가 전해주는 이러한 가르침과 상상력의 힘을 빌려 일상의 삶의 조건과 환경을 개선하기 위해 노력하며 새로운 예술 창조를 꿈꾼다. 우리 인간은 생명력과 꿈과 의지를 가진 '움직이는 생명체'이기 때문이다. 20세기 중반에 시작되어 21세기에 가속화 되고 있는 예술과 과학의 만남, 예술과 첨단 디지털 기술과의 만남, 이 또한 새로운 예술 창조를 통한 새로운 삶을 꿈꾸는 인간의 새로운 시도가 아닌가?

---

11 김요한, 『예술의 정의』, 서광사, 2007, p.22.

3. 예술과 과학의 만남, 플럭서스 개념과 그 사례들

1) 장르간의 융합 —플럭서스 운동의 탄생

전통적으로 인간은 자연을 모방하고 세계를 재현할 목적으로 예술을 창조해 왔다. 인간들은 자신들의 이 같은 재현 욕구를 만족시키고자 모든 의식과 지각, 감각의 모든 기능을 동원하여 시대에 따라 새로운 형태의 미디어를 발명했다. 미디어의 발전은 먼저 르네상스 시대의 원근법 개념으로 거슬러 올라갈 수 있다. 르네상스 시대에는 앞선 시대인 중세의 신적인 세계관을 바탕에 깔고, 신이 만들어낸 인간에 대해 관심을 보임에 따라 인간이 중심이 되어 그려진 세계를 바라보는 원근법과 투시법이 등장했다. 그러나 르네상스는 회화만의 세기는 아니었다. 르네상스 시대의 대표적 화가로 알려진 레오나르도 다 빈치는 의외로 유화작품을 10점 밖에 남기지 않았으며 나머지 작품들은 드로잉과 해부학, 헬리콥터, 비행기와 같은 다양한 발명품들이었다. 그는 예술과 과학을 따로 분리하여 생각하지 않았으며, 예술을 광학과 시각에 관한 과학으로 이해했다. 이때부터 예술과 과학은 서로 본격적으로 창조적인 영감을 주고받는 관계가 된다.

1839년에는 사진기가 발명되었다. 사진기는 기계적 재현으로서 복제성을 띠고 대량 보급을 가능케 했으며 사실적 이미지를 생산하는 미디어가 되었다. 20세기 중반에 이르러 영화와 비디오 테크놀로지의 진전이 있었고, 움직이는 영상이 등장하면서 오늘날에는 멀티미디어아트라고 불릴만한 예술작품들이 창조되기 시작한다. TV라는 미디어의 개발은 대중매체의 시대를 예고하며 이미지의 송수신 기능을 가지고 생방송되는 이미지를 만들어 내었다. 이 시기 유럽의 시각 미술은 다다(Dada)의 영향을 받은 마르셀 뒤샹(M. Duchamp)에 의해 급진적으로 변모하였다. 뒤샹은 '미술이란 무엇인가?'라는 문제를 가장 심원한 수준에서 제기하며, 대상보다는 개념을 중요시하는 급진적인 사고의 전환을 선보인다. 뒤샹은 가능한 모든 수단을 동원하여 예술가가 의도하고자 하는 개념을 자유롭게 표현하기 위해 새로운 탐구에 심취했다. 그는 자전거 바퀴, 삽, 옷걸이 등 소위 '레디메이드(ready-made)'[12]라는 새로운 미술 재료의 용어를 탄생시키며 이질적인 사물들의 결합이나 일상의 도구를 활용한 단순한 예술 형식을 탐구하도록 장려하였다. 뒤샹의 이러한 활동은 모든 재료는 개인적 표현의 수단이 될 수 있다는 믿음을 널리 유포시키고 기존에 가져왔던 미술(예술)에 대한 믿음을 송두리째 흔들어버리는 대변혁의 시발이 되었다. 그 첫 시발은 1917년 한 전시회에서 <샘(fountain)>이라는 제목의 거꾸로 세워진 남자 소변기를 출품한 일이다. 이 사건은 지금까지도 예술의 경계를 무너뜨린 의미 있는 사건이라는 평과 함께 과연 이것을 예술작품으로 인정할 가치가 있는 것인가 하는 미학적인 의구심이 상존하는 끊이지 않도록 하는 논쟁거리를 제공하고 있다.

ⓒ Google 이미지

[그림 1] 〈자전거 바퀴〉, 뒤샹 작

예술을 구성하는 것이 무엇인가라는 점에 있어서, 뒤샹에게서 영향을 받은 1950년대 후반과 1960년대의 예술가들에게 모든 재료는 개인적 표현의 수단이 될 수 있었다. 이러한 예술 관념의 토대위에 생성된 '플럭서스(Fluxus) 예술운동'은 새로운 창조성을 폭발시켰다. 1960년대 후반

12 레디메이드란 기성품을 활용하여 전시회 용도로 다른 의미를 갖게 만든 예술품들을 일컫는다.

ⓒ Google 이미지

[그림 2] 〈신체도〉, 다 빈치 작

에 번성한 플럭서스 운동이란 흔히 작품 표현에 있어서 혼합매체(mixed media)적 형태를 중요시 하는 극단적인 반예술적 전위운동의 뜻을 담고 있었다.—이 단어는 삶의 유동성과 변화를 강조하는 의미의 라틴어에서 유래하였다. 플럭서스 운동은 기존의 예술과 문화 및 그것이 만들어낸 모든 내용에 대해 불신하는 반문화적 문화 운동으로서 전통적 형식을 파괴하고 새롭게 다양한 형식의 표현을 강조하였다. 1962년 조지 마키우나스(G. Maciunas)가 독일에서 처음 결성하여 퍼포먼스, 영화, 비디오아트 영역에서 혁신적인 형태를 일으킨 이래, 회화, 조각, 음악, 무용, 퍼포먼스 장르간의 교류를 추구하며 유럽과 북미의 다수의 비디오 아티스트들을 끌어들였다. 이는 백남준, 볼프 포스텔(W. Vostell)과 같은 걸출한 인물들이 참여로 인해 향후 비디오아트의 개척자 역할을 수행하기에 이른다. '비디오'라는 예술 표현 수단의 등장으로 인해 여러 장르에 종사하는 다양한 예술가들과 상이한 예술 조류들이 교류할 수 있게 된 것이다.

비디오아트 활동 초기의 이벤트들은 퍼포먼스로 발전되고 여기에 비디오 기술이 더해졌다. 비평가들은 관객들이 스스로 자기 자신을 관조할 수 있는 기회를 제공하는 비디오의 나르시시즘적 성격에 주목하기도 했다. 1974년 발표된 백남준의 <TV 부처>는 자신이 나오는 TV 화면을 바라보며 앉아있는 부처를 보여줌으로써 관객들로 하여금 심연으로 빠지게 만든다. 비록 이 작품에 지금과 같은 신기술 쓰인 것은 아닐지라

ⓒ Google 이미지

[그림 3] 〈TV 부처〉, 백남준 작

도, 예술영역에 기술의 터치가 더해짐으로써 기술에 푹 빠진 삶을 살아가는 현대인들에게, 2차원적 평면의 무거운 액자 속 캔버스의 그림이 줄 수 없었던 관조의 자세를 체험 가능하게 하고 있다. 비디오아트는 기술 속에 살아가고 있음에 둔해져 있는 우리들에게, 오히려 기술을 표현수단으로 사용한다는 측면에서 현실 속의 실제 자신의 모습을 더 잘 느끼게 해주는 것인지 모른다. 한편 주로 정체성, 성, 새로운 매체에 직면한 관객의 위치 등의 주제를 다루는 퍼포먼스 예술가 비토 아콘시(V. Acconci)는 비디오 장치를 관객과 통신하는 도구로 여긴다. 비디오를 통해 관객에게 말을 걸기도 하고, 욕을 하기도 하고, 또는 처음에는 카메라 렌즈를 통해서, 그리고 다음으론 비디오 '접안구'를 통해서 관객의 눈을 똑바로 쳐다보며 응시하기도 한다. 비디오를 매개체로 하여 관객과 소통하고자 하는 문제의식은 그의 대표작 <중심>(1971)을 통해 확인할 수 있다.

플럭서스 운동을 필두로 하여 20세기 후반의 수십 년 동안 이루어졌던 비디오와 비디오아트의 발달은 조형예술의 판도를 완전히 바뀌게 하였다. "비디오아트는 1960년대에 고갈 상태에 있던 환경미술, 해프닝, 행위예술 등에 새로운 피를 수혈해 주었다"는 백남준의 회고처럼, 비디

ⓒ Google 이미지

[그림 4] 〈중심〉, 아콘시 작

오는 행위예술과 설치미술에 엄청난 활력을 불러일으켰다. 비디오는 예술 분야에 새로운 매체를 보탰을 뿐만 아니라, 과거 예술이 강요하던 지나친 엄숙주의나 학구주의의 무게를 떨치고 일상생활과의 접촉이 더욱 원활하고 수월해지도록 변화를 가져다주었다.

2) 행위자와 관람자의 소통 —비디오아트와 설치미술

플럭서스 형태로 이루어지는 예술행위의 특징은 관람자가 예술작품을 완성시킨다는 뒤샹의 공언을 완벽하게 구현하고 있다는 점이다.[13] 소위 "닫혀 있는 것을 열기 위한 이벤트"가 이루어지는 동안에 관객은 어떤 행위도 가능하고 그 행위들은 다양한 의미로 해석가능하게 된다. 관객은 더 이상 수동적인 관찰자가 아니라 참가자가 되는 것이다. 이러한 관객의 참여는 예술작품을 완성시킬 뿐만 아니라 작품과 일체가 된다는 점에서 기존의 예술경향과 다른 새로운 관점을 제공한다.[14] 1990년대 이후부터 디지털 기술과 결합한 비디오는 컴퓨터를 활용하여 누구

13 마이클 러시, 『뉴미디어아트』, 심철웅 옮김, 시공사, 2006, p.27.
14 위의 책, p.26.

나 손쉽게 이미지를 조작할 수 있게 하였고, 비디오아트는 전문 예술가뿐 아니라 아마추어까지도 영역 안으로 끌어들였다. 비디오아트는 표현 방법에 따라서 세 가지로 보통 분류된다. 텔레비전이나 기타 영상장치 등을 설치하여 만들어서 설치미술에 가깝게 되는 "비디오 인스톨레이션(video installation)", 비디오 카메라로 촬영되었거나 그래픽 기술을 통하여 만들어진 단면의 영상을 선사하는 "싱글 채널(single channel)", 공연예술이나 또는 행위예술과 같은 장르와 더불어 사용되는 "비디오 퍼포먼스(video performance)"가 있다. 비디오아트는 현장성이라는 특성을 가지고 동시성을 실현시키는 예술이다. 비디오는 이미지를 포착해서 관객들에게 보여주기까지 전혀 시간의 간격을 두지 않을 수도 있고, 예술가는 실시간으로 이미지를 확인하고 통제할 수 있다. 그런가 하면 예술가는 관객들을 비디오테이프나 설치 작품 안에 끌어들일 수도 있다. 이러한 비디오아트의 기능은 예술가와 관객을 소통시켜 주기도 하지만 예술가와 예술가 간의 소통과 융합을 가능케 해주는 설치미술이라는 새로운 양식의 예술로 이어진다.

설치미술은 여러 영역과 장르가 만나서 탄생하게 되었다. 설치미술은 정보 테크놀로지의 영향을 많이 받은 연유로 정확하고 세심한 시공간적적 연출을 필요로 하는 작업이다. 여러 화면과 무대 조작술, 회전판 등을 포함하는 대단히 복잡한 장치들을 통제해야 하며 또한 기존의 장치에 새로운 요소나 오브제를 언제라도 첨가할 수 있기 때문에 앞으로 더욱 다양한 분야에의 융합이라는 무한한 가능성을 지닌다고 할 수 있다. 점 하나, 화소 하나의 차원에서 작가의 의도가 표현되거나 해체되는 특징을 보이는 비디오아트는 전통적으로 공간 중심의 서양 미학을 뒤흔드는 결과를 낳았다. 예를 들면 백남준은 <달은 가장 오래 된 텔레비전이다>(1976)를 통해 달의 움직임에 따른 음력을 강조함으로써 시공간을 헝클어 놓았다. 한편 로버트 윌슨(R. Wilson)은 "나는 작품에서 자연의

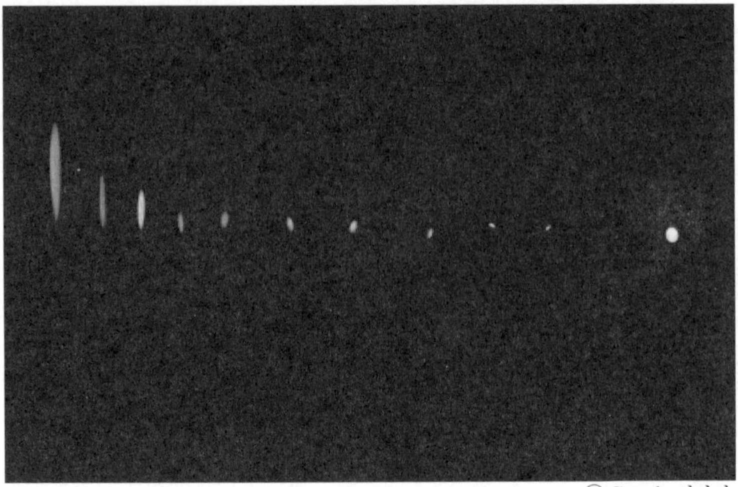

[그림 5] 〈달은 가장 오래된 TV〉, 백남준 작

시간을 그려내고 싶다. 그래서 태양이 지는 데 소용되는 시간이나 구름이 변하는 시간, 해가 뜰 때 걸리는 시간을 있는 그대로 따르고자 한다. 나는 관객들이 무대 위에서 벌어지는 사건의 시간뿐만 아니라, 그것과는 다른 시간의 흐름으로 진행되는 경험에 대해서 돌아보고 사색할 수 있는 기회를 주고 싶다. 나는 사람들이 사유할 수 있도록 시간과 공간을 제공한다."라고 말하면서, 비디오아트를 통해 관객들이 서로 대화하고 상상의 나래를 펼 수 있는 공간을 마련했다.[15]

한편 20세기 현대예술사에 있어서 비디오아트라는 장르를 화려하고 아름다운 예술이라는 수식어가 붙도록 비디오를 예술로 승화시킨 빌 비올라(B. Viola)는 '현대미술의 영상시인'이라 불린다. 백남준, 게리 힐(G. Hill)과 더불어 비디오아트의 1세대 작가인 빌 비올라는 탄생, 삶, 의식, 죽음 등 모든 인간의 일반적 경험에 초점을 두고 기억, 상실, 시간의 순환, 삶과 죽음에 대한 반성과 자기 인식에의 탐구를 작품의 주제로 삼고

15 플로랑스 드 메르디 외, 『예술과 뉴테크놀로지』, 정재곤 역, 열화당, 2005. p.75.

ⓒ Google 이미지

[그림 6] 〈긍정적인 뿔〉, 밥 윌슨 작

있으며, 물, 불, 공기, 흙과 같은 4원소를 자주 이용했다. 그는 비디오가 인간 존재의 문제를 표현하기 위한 가장 적절한 매체라고 생각하면서 기술을 토대로 한 미디어 중심 사회의 모습을 강조했다. 1년여에 걸친 일본 체류 경험에서 젠(ZEN)사상에 심취한 그는 작품에 동양의 생명주의 사상을 담고 있는 물 불, 공기, 흙, 물고기, 화초 등 자연 매개체들을 작품의 모티브로 사용함으로써 동양적 감수성을 표현했다. <교차(The Crossing)>라는 작품에서는 물과 불이 세상의 가장 기본적인 원소로서

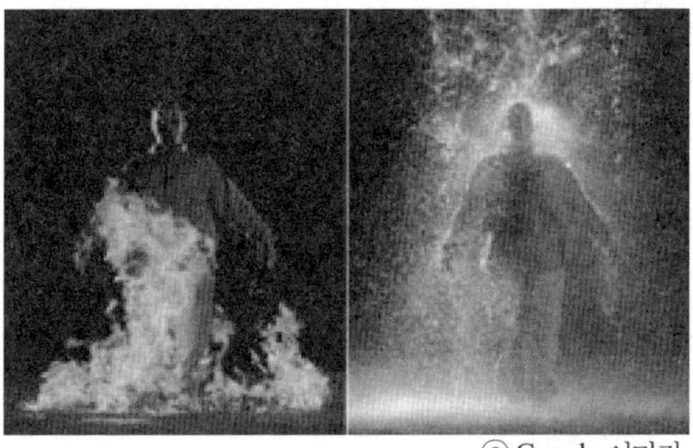

ⓒ Google 이미지

[그림 7] 〈교차 (The Crossing)〉, 비올라 작

ⓒ Google 이미지

[그림 8] 〈행로 (Stations)〉, 비올라 작

자연의 힘을 대표하고 생명의 탄생과 소멸, 순환의 개념을 보여준다. <인사(The Greeting)>라는 작품은 하이 테크놀로지 기법을 빌어 '시간' 이란 요소를 가미한 작품으로, 슬로우 모션을 이용하여 매우 느린 화면을 통해 느린 장면과 빠른 장면을 교차시키는 방법으로 다양한 시간 개념을 조합하고 있다.

이러한 기법의 사용은 시간의 일직선적인 진행을 파괴하고 관객들의 지각에 자극을 끼치는 효과를 노린다. 그리고 마침내 그 자극이 관객의 의식 속에서 수많은 상상과 결합하면서 비디오아트와 관람객 사이의 상호소통을 이루어내게 된다.

3) 참여와 쌍방향성의 예술 —컴퓨터아트와 텔레프레젠스

현대 예술의 새로운 동반자로 컴퓨터를 빼놓을 수 없다. 그러나 컴퓨터가 처음부터 예술의 장으로 편입된 것은 아니었다. 컴퓨터아트는 1970년대 초에 처음 등장했으나 예술을 목적으로 생겼다기보다 과학이나 기술, 군사적 목적으로 고안되어 통제적인 성격을 띠고 있었다. 초창기에 컴퓨터를 예술적 목적으로 실험했던 이들 중에는 컴퓨터 엔지니어나 정보전문가들이 적지 않았다. 그러면서 예술과 과학, 예술과 테크놀로지가 협동해서 새로운 장이 열릴 수 있는 가능성이 마련된 것이다.[16]

컴퓨터 기술이 다른 여러 예술 양식(무용, 영화, 연극, 건축, 비디오)과 접촉을 하고, 설치 미술에도 참여하게 되면서 디지털 이미지의 세계는 확장되어 나가기 시작했다. 이전의 아날로그 이미지가 연속된 빛의 강도 변화 형식에 따라 현실을 포착하는 방식이었다면, 디지털 이미지는 추상적 숫자와 기호를 사용하는 방식으로 이미지의 합성을 가능하게 만들었다. 예전의 아날로그 자료를 컴퓨터를 통해 디지털화하여 모든 자료를 통합 처리할 수 있게 된 것이다. 본질적으로 2차원인 디지털 이미지는 애초에 선(線) 작업에서 출발하여 조금씩 입체감을 더해 점차로 완벽성과 정확도를 높여갔다. 관객들은 입체 디지털 이미지 주위를 맴돌 수 있는가 하면, 사방에서 관찰할 수도 있게 되었다. 이제 현재는 특수 광학 안경을 착용함으로써 입체 영상을 체험할 수도 있다. 대중들은 이미 2009년에 개봉되어 전 세계적인 화제를 불러일으킨 영화 <아바타>를 통해 3D 입체 영상의 극치를 체험한 바 있다. 관람객은 이 기술로 인해 이전에는 체험할 수 없었던 오브제의 깊이를 지각할 수 있고 이른바 가상현실 속으로 진입할 수 있게 된다.

현대 컴퓨터 기술의 혁명을 활용한 현대예술의 특징에서 빠질 수 없는 부분은 "참여와 쌍방향성"이라고 하겠다. 예술작품에 관객의 참여를 유도하는 현상은 사실 금세기만의 새로운 시도는 아니다. 연극의 3대 요소에 관객이 포함되어 있는 예만 보더라도 오래전부터 향유자인 관객의 참여가 있음으로 비로소 예술이 완성된다는 믿음이 있어 왔다. 그러나 특히 현대의 이이런 예술 작품들은 관객이 직접 작품을 작동시키고

16 위의 책, p.96.

활성화 시키는 쌍방향성을 가진다.[17] 백남준의 초기 작품들도 종종 유희적 방식으로 관객의 참여를 이끌어내곤 했는데, 1969년 <참여 TV>라는 이벤트에서 그가 개발한 '백-아베'라는 신시사이저에 연결시킨 카메라로 촬영한 관객들의 움직임이 형태와 색채 이미지에 영향을 미치게 되는 작품을 선보인 적이 있다.

1984년, 기술의 발전에 힘입어 백남준은 관객의 참여를 넘어 관객과의 소통을 꿈꾸며, 위성으로 뉴욕을 연결해 '망'이라는 새로운 만남의 공간을 실험하는 <굿모닝 미스터 오웰>이라는 퍼포먼스를 펼쳤다. 이 퍼포먼스는 현대 디지털 예술의 고전으로 기록되어 있다. 1984년 1월 1일, 파리의 텔레비전과 뉴욕의 공영방송이 신-구대륙을 연결하는 생방송 '굿모닝 미스터 오웰'을 방영하였고, 이 생방송은 한국과 네덜란드, 독일 등에서 중계되었다.[18] 1984년은 영국의 작가 조지 오웰(G. Orwell)이 인류의 위기를 예언한 중요한 해였다. 매스미디어가 인류를 그들의 종속적 지배하에 둘 것이라는 오웰의 주장에 따라 텔레비전이 통제수단으로서 심각한 논의의 대상이 되었던 때에, 백남준은 텔레비전을 통하여 세상이 지구촌으로 바뀐 생생한 모습을 보여줌으로써 텔레비전의 기막힌 정보 중개자로서의 모습을 보여주고 싶어했다. 백남준이 꿈꾸었던 이러한 대화의 망은 현재 '인터넷을 통해 구성된 구심점이 여러 개인 다중적 망', 즉 리좀[19] 형태로 현실화 되었다. 전 세계의 지구촌화와 시공간의 긴밀화를 가져오는 계기를 마련한 것이다.

---

17 위의 책, p.157.

18 이용우·백남준, 『그 치열한 삶과 예술』, 열음사, 2000, pp.195~196.

19 잔뿌리가 대단히 발달해 있는 땅 속 줄기. 질 들뢰즈와 펠릭스 가타리가 우리 사회가 이루는 '망'의 구조를 지칭하기 위해 고안. "리좀은 변형, 확장, 정복, 포획, 주사의 방식으로 움직인다. 리좀은 하나의 지도로 이루어지는데, 이 지도는 생산되고 구성되고 언제나 분해할 수 있고 연결 가능하며, 역전과 수정이 가능해야 하고, 다양한 출입구를 가지고 있어야 한다.", 질 들뢰즈·펠릭스 가타리, 『천개의 고원』, 김재인 역, 새물결, 1980.

ⓒ Google 이미지

[그림 9] 〈굿모닝 미스터 오웰!〉, 백남준 작

이러한 쌍방향성과 동시성, 가상현실이 합쳐진 것이 '텔레프레즌스(telepresence)'라는 개념이다. 우리말로 '원격현존감'이라는 말로 직역되는 텔레프레즌스는 "한 개인이 이미지의 형태로, 혹은 또 다른 장소의 공간 속에 가상적으로 투사되는 것을 일컫는다".[20] 이러한 텔레프레젠스는 같은 시간 아주 멀리 떨어진 장소에[21], 같은 존재를 출현시킴으로써 먼 거리에서 동시에 행위를 펼칠 수 있는 효과를 겨냥한다. 예술가들은 텔레프레젠스 기술을 이용하여 새로운 개념의 안무와 연출의 표현법을 선보였다. 1998년 로리 앤더슨(L. Anderson)에 의해 밀라노에서 선보인 <중심으로부터>라는 설치 작품을 예를 들어보자. 이 작품은 케이블과 전화선을 통해 이탈리아의 산악 지방인 산 비토레 감옥에 수감된 한 죄수의 모습을 포착한 영상을 밀라노 프라다 갤러리에 있는 죄수의 모습을 본떠 만든 조각상 표면에 사흘간에 걸쳐 실시간으로 비추어 재현

20 플로랑스 드 메르디 외, 『예술과 뉴테크놀로지』, 정재곤 옮김, 열화당, 2005, p.160.

21 이 때 장소는 서로 떨어진 양쪽 두 장소 혹은 두 곳 이상의 다른 여러 장소를 동시에 연결, 동시소통 시도가 가능하다.

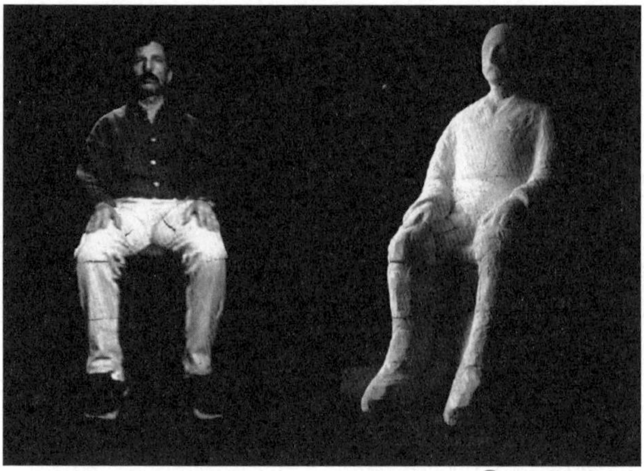

ⓒ Google 이미지

[그림 10] 〈Image from Dal vivo〉, 엔더슨 작
(우측 조각상에 좌측의 영상을 비추는 작업으로 만든 예술)

한 것이다. 이 때 감방에 수감되어 있었던 죄수는 이 이벤트를 통해 '가상 탈옥'을 경험했다고 털어놓았다고 한다.[22]

현재 텔레프레즌스는 대기업의 화상회의나 국제간에 이루어지는 합동 공연, 그리고 예술대학에서 교육적 목적으로 시도하고 있는 국제화상강의 또는 해외 아티스트들과의 작품공동제작실습과 같은 국제교류사업을 비롯해서 비즈니스 현장에서 그리고 문화예술계의 예술창작 및 교육목적에 이르기까지 광범위하게 이용되고 있다. 이와 같이 컴퓨터 전기 기술을 활용하여 서로 상이한 시간대에 지구 반대편에 위치한 공간을 동시에 연결하여 같은 행위를 벌이는 텔레프레젠스 개념은 일반인들의 공간 인식에 큰 변화를 가져옴은 물론이요, 동시에 공유가 가능한 정보와 지식, 감성을 교류함으로써 서로 다른 문화권에 살고 있는 모든 인류를 공통된 하나의 영역에 모을 수 있는 글로벌 지구촌화의 가능성을 현실화하는 계기를 마련하고 있다고 보여진다.

22 플로랑스 드 메르디 외, 앞의 책, p.160.

4. 확산과 분산 그리고 융합의 예술: 뉴 미디어아트에 대한 평가

지금까지 예술과 과학기술이 만나 새롭게 변화하는 현대 예술세계의 조류를 간략히 살펴보았다. 이 과정을 통해 20세기에서 21세기에 이르는 역사적, 철학적 세계관의 격변의 시기에 인간의 재현의 욕구가 변화하면서 그에 상응한 새로운 표현수단에 의해 예술적 상상력을 자극받는 예술가들이 미디어를 어떻게 활용하고 어떤 예술작품을 탄생시켜 왔는지 상기해 보았다.

비디오아트는 1960년대에 세상에 첫 모습을 드러냈으며, 컴퓨터아트는 1970년에 생겨났다. 본래 비디오아트와 컴퓨터아트에서 원용하는 기술은 별개의 기술로 이 두 예술 분야 또한 처음엔 서로 각기 다른 분야에서 활용되었다. 그렇지만 이내 두 예술은 하나로 합쳐지거나 융합하였다. 여러 분야의 예술가들이 1990년대 초부터 다양한 방식(아날로그 방식, 디지털 방식)을 통해 얻게 된 영상들을 혼융해서 사용하게 됨에 따라, 이제는 회화와 조각, 설치미술, 사진, 퍼포먼스 등의 장르간 경계도 점점 허물어지고 있는 실정이다. 한편 신기술은 회화나 조각과 같은 조형예술뿐만 아니라 영화, 무용, 연극, 음악, 건축, 사진 등 다른 예술

ⓒ 서울예술대학 아텍센터 2010

[그림 11] 텔레프레젠스 기술을 활용한 서울예술대학의 "인터랙티브 퍼포먼스 스튜디오" 수업 광경

(한국의 서울예술대학 예술공학센터와 미국 뉴욕의 라마마 극장을 실시간으로 연결, 한국의 학생들과 뉴욕의 아티스트들이 텔레프레즌스 즉흥연주와 화상 토론을 벌이고 있는 모습)

영역에도 점점 더 많은 영향을 주고 있다. 최근에는 심지어 스마트폰의 급속한 보급으로 인해 스마트폰으로 악기를 연주하는 퍼포먼스까지 예술행위로 인식되는 이루어지고 있는 실정이다. 디지털 아트는 20세기 말부터 '뉴미디어아트'라는 하나의 용어로 정착되어 영화와 비디오를 중심으로 사운드 아트나 다른 복합적 형태의 예술들을 포함하는 의미로 사용되고 있다.

20세기 기술의 영향으로 미술에 도입된 새로운 재료와 매체, 즉 뉴미디어를 통해 표현된 비디오아트, 컴퓨터아트, 디지털아트, 가상현실을 총칭해서 '뉴미디어아트'의 역사라고 할 수 있다. 그러나 예술의 뉴미디어 이용의 역사를 서술하려고 시도하는 것이 결코 쉬운 일은 아니다. 뉴미디어는 계속 시시각각 변화하고 발전하고 있는 까닭이다. 이러한 현대 과학기술과 예술의 만남으로 파생된 뉴미디어아트의 특징을 다음의 몇 가지로 요약할 수 있다. 첫째, 예술표현 영역의 확장에 따른 예술의 개념과 범위가 넓어진 것이라고 하겠다. 일례로 과거에 미학의 영역으로 인정하지 않았던 부분까지 예술의 영역으로 포함하는 등 예술의 범주와 경계가 무너지는 경향을 보이고 있다. 예술과 테크놀로지의 만남으로 인해 과학기술 분야 출신의 예술가들도 출현하고 있다. 이질적인 존재로 인식되었던 과학과 예술, 예술과 과학 사이의 벽을 허물고 상호교류를 꾀하고 소통을 시도한 결과다. 두 번째 특징은 인터넷 사용의 대중화와 보편화에 따라 개인의 창조성이 부각되면서 예술창작이 전문 예술가들만의 몫이 아니라 모든 사람이 할 수 있고 모든 이가 누릴 수 있는 예술형태가 되었다는 점이다. 과학기술과 만난 현대 예술은 작품 자체가 점점 외부(관람객 혹은 대중)의 참여를 요구하고 있으며, 놀이의 차원 역시 높여가고 있다. 예술가와 관객, 혹은 예술작품과 관객 관계의 변화를 시사하고 있는 것이자 생산자와 소비자의 구분이 모호해지는 21세기 프로슈머(prosumer) 시대 특징의 한 반영이다. 세 번째 특징은 융합과 소통의 힘이다. 뉴미디어아트는 예술가와 일반 소비자, 개인과 개인, 개인과 집단, 그리고 사람과 기계마저도 상호 소통하고 만나게 한다. 최근 한층 진보된 쌍방향의 가상현실을 강조하고 있는 텔레프레젠스 장치의 급속한 발달은 전 지구를 즉시에 교통이 가능한 하나의 거대한 네트워크로 만들어 놓았다.

그러나 뉴테크놀로지가 가져온 변화가 반드시 바람직한 것만은 아니다. 과학기술과 예술기계를 사용하는 예술작품들이 많아지면서 예술과 기술, 예술과 과학 사이에 모호함과 문제점들도 생겨나고 있다. 예술이라는 개념이 매우 넓게 확장되면서 무엇이 예술이고 무엇이 예술이 아닌지에 대한 구분이 모호해 진 것이다. 이런 틈을 타서 수준과 내용이 보잘 것 없음에도 불구하고 예술가를 자처하는 사람들도 생겨나고, 지나간 시대의 예술 미학을 그대로 답습하는 작품들이 양산되는 상황도 생겨났다. 관객들은 예술작품을 자기 주관에만 따라 판단하고 있으며, 작품에서 개인의 주관성을 지나치게 강조하는 현상이나 그에 따른 편향된 미학적 담론들도 범람하고 있다. 또한 쌍방향성 텔레프레즌스의 경우, 현실과 복제된 현실 사이에 의문을 제공하기도 한다. 가상공간과 현실의 구분이 모호해지는 현상이 생겨나는 것이다. 사전에 프로그래밍된 행동 방식으로 정해 놓은 거짓된 방식조차 포괄할 수 있게 되었다. 더 나아가 관객들은 예술 작품을 대하면서 어떠한 반응을 보여야 한다는 식의 '유사 교육'의 함정에도 노출되어 버렸다.[23] 예술 아닌 예술, 기묘한 예술에 놀라게 되는 반응으로 예술에 대한 감상이 단순해지기도 했다. 또한 예술이 먼저인가, 과학이 먼저인가, 달리 말해서 예술을 위해 과학이 존재하는가, 과학을 위해 예술이 부속품으로 존재하는가와 같은 예술과 과학의 주도권 분쟁도 발생했다. 뉴미디어아트가 소통과 공존을 주창하지만, 정작 수용자를 배려하지 않는 작가의 첨단 실험정신으로

23 위의 책, p.230.

인해 작가와 수용자간의 소통 단절을 초래하는 경우도 종종 발생하고 있다.

5. 바슐라르의 공기, 뉴미디어의 상상력, 헤르메스

21세기 디지털 테크놀로지와 만난 뉴미디어아트론을 정리함에 있어서 놀랍게도 우리는 서두에서 논제로 삼았던 바슐라르의 "비물질적인 공기의 이미지"와 많이 닮아 있음을 확인할 수 있었다. 예술은 점점 무게를 갖지 않고 눈에 보이지도 않으며 뚜렷한 형태를 고집하지 않게 되었다. 무거운 액자로부터 해방되어 개인 컴퓨터의 스크린 안으로 내려앉은 예술작품은 언제나 마음만 먹으면 접촉할 수 있고 모든 이들을 이미지 창조의 예술가로 만들었다. 심지어는 휴대폰의 액정화면 속에 자리한 손바닥 안의 예술로 작아지고, 무게가 가벼워진 예술은 고정된 개념의 틀을 벗어나 자유로워졌다. 예술작품이 전파되고 보급되는 방식도 하루가 다르게 변화하고 있다. 예전에는 미술관, 화랑을 통해서만 전파되던 예술작품들이 이제는 가상미술관이나 가상화랑 등 인터넷이나 박물관 구내에 배치된 쌍방향 작동 단말기 화면을 통해 전시되고 있다. 예술가들이 개설해 놓은 인터넷 웹사이트들도 점차로 증가하는 추세여서, 예술가의 창작 활동은 온라인상에서도 진행되고 있다는 느낌을 받을 수 있게 되었다. 이에 예술작품은 물리적 한계를 뛰어넘어 같은 시각 지구 여러 곳에서 동시에 감상할 수 있게 되어 시공을 초월한 동시성을 확보하게 되었다. 이제 예술작품은 인공위성이나 케이블, 접시형 안테나, 광섬유 등 지구 표면을 촘촘히 수놓은 정보통신망과 운명을 같이 하게 되었다고 볼 수 있다.[24]

---

24 위의 책, pp.12~14.

뉴미디어아트는 예술과 과학, 예술가와 관객, 예술가와 예술가, 사람과 기계의 경계를 무너뜨리고 지구촌을 하나의 거대한 망으로 연결하며, 상이한 두 존재와 대상들의 참여와 쌍방향 소통을 지향한다. 가히 인류사회의 혁명과도 같이 이제 우리에게 접근해 있다. 그러나 이미 살펴 본 바와 같이 그에 따른 부작용과 문제점도 적지 않다. 대기 중에도 숲속 맑은 공기가 있는가 하면, 공중을 오염시키는 도심 한가운데의 나쁜 공기가 있는 것과 마찬가지인 이치다. 과학기술과 만난 예술은 그 어느 때보다도 많은 가능성이 활짝 열려있는 한편, 화해와 소통, 융합을 지향하면서 아이러니하게도 예술가와 관객, 사람과 기계와의 소통 부재와 소외, 그리고 수준과 질을 가늠할 수 없는 문제들을 야기하기도 한다. 이와 같은 문제점들을 세심하게 돌아보고 비판적인 시각을 갖지 않는다면, 궁극적으로 지향하는 진정한 대화와 소통 대신 허상과 복제가 난무하는 공허함 속에 우리 모두가 방치될 수도 있을 것이다. 어떤 상상을 해야 하는 가, 어떻게 상상력을 이용해야 하는 가의 문제와도 같다.

그러면 이러한 문제와 갈등을 어떻게 헤쳐 나갈 것인가? 해결책은 역시 여전히 '헤르메스' 밖에 없는 듯하다. 평소에는 감추어져 있었지만 진면목을 드러내면서 홀연히 나타난 그리스 신화 속 한 인물의 이미지다. 이것이 공기의 신, 바람의 신으로도 불린 그리스 신화 속의 헤르메스의 면모다.[25] 헤르메스는 세상에는 볼 수 있는 것보다 감춰져 있어 볼 수 없는 것이 더 많다는 것을 대변하는 신이다. 그는 사물의 내면에 담겨진 숨어 있는 뜻을 읽어내고, 아직 발현되지 않은 잠재된 힘을 발견해 내며, 이질적인 존재들을 화해시키며 화합하는 유연한 사고를 상징한다. 또한 다양한 개인과 집단 간의 욕구와 개성을 아우르고, 학문과 학문, 과학과 기술, 그리고 예술과 여러 전문 영역 간의 경계가 무너지는

25 이에 대해 이기상은, '헤르메스는 21세기 정보화의 상징. 정보시대의 특성에 맞는 신화의 인물이다'라고 말한다. 이기상, 앞의 책, p.19

통섭의 시대를 융합하는 지혜와 기술이 필요한 현 시점에 공기적 상상력의 날개를 달고 우리 앞에 다가온다. 헤르메스, 우리는 그에게서 과학과 예술의 만남, 그리고 그 앞에 펼쳐진 많은 향연과 연이은 어지러운 현상조차도 맘껏 즐기라고, 포기하지 말고, 끊임없는 도전과 새로움의 의지로 슬기롭게 헤쳐 나가라는 메시지를 읽는다. 그 메시지는 바슐라르의 공기 개념을 통해 이미 우리에게 전파된 메시지이기도 하다. 그는 말한다. "모든 공기의 이미지는 본질적으로 어떤 미래를 가지고 있으며, 그것은 비상(飛上)의 벡터를 갖는다"[26] "세계를 확대시키지 못하는 꿈은 시인의 꿈이 아니며, 공기의 시인은 모든 한계를 넘어 세계를 확대 시킨다"[27]라고. 예술과 과학의 공존이라는 당위성과 갈등 사이의 수많은 과제들을 해결함에 있어서, 바슐라르의 4원소론에서 기원된, "미래를 향한 비상의 벡터를 갖고 있는 공기적 상상력과 소통과 융합의 교착점과 화해를 만들어가는 헤르메스적 지혜를 이제 우리가 배워 실천에 옮겨야 할 때인 듯하다.

26 가스통 바슐라르, 『공기와 꿈』, 이학사, 2000, p.56.
27 위의 책, p.96.

9

대지와 디지털 보헤미안의 상상력

— 바슐라르의 대지 이미지를 중심으로

구모니카

"지도가 영토에 선행하고 심지어 영토를 만들어낸다."

- 장 보드리야르, 『시뮬라시옹』 중에서

1. 바슐라르의 대지와 현시대의 대지, 그 발상의 전환

상상력의 대가 바슐라르, 그에게 질문을 던져본다. '자유롭게, 무엇에도 얽매이지 않고, 공간과 시간을 초월한 우주적 차원에서, 더 몽상적으로 상상력을 발휘하여 세계를 이루고 채우는 대상(물, 불, 공기, 흙이라는 4원소)에 대한 이미지를 보다 확장해보자고 강변하는 당신이 진정으로 원하는 것이 무엇입니까? 그를 통해 우리는 어떠한 상상력을 발휘해야 하는 걸까요?' 이 질문에 대한 답을 마련코자 우리는 바슐라르의 4원소론을 살펴보고 그가 마지막으로 천착했던 주제인 '흙', 즉 '대지' 이미지를 통해 규명하려 한 바를 중심으로 '상상력과 발상의 전환' 연구를 진행하여 '현대 사회의 대지를 통해 무엇을 상상할 것인가?'를 고민해 보기로 한다.

우리 현대인들은 인생 전체를 어딘가에 '소속'되어 '안정'과 '정착'을 목표로 살아간다. 그러나 과연 그러한 삶의 방식이 진정 인간을 행복하게 하고, 안정감을 느끼게 하는가에 대한 질문을 하지 않으면 안 된다. 지구 곳곳에서 자살하는 사람이 급증하고, 어느 편에서는 굶어죽고, 병들어 죽고, 싸워죽고, 최근에는 각종 자연재해로 엄청난 수의 사람들이 죽어가고 지구 자체도 몸살을 앓고 있는 지금 이 시점에서 우리는 자신의 진짜 모습을, 삶의 현실을 제대로 들여다봐야 한다. 현대를 살아가는 인간에게 집, 대지, 정착, 안정은 어떤 의미인지, 진정 우리를 행복으로 이끄는 고향인지에 대해 반드시 물음을 가져야 한다. '물리적으로 또한 정서적으로 집에, 가정에, 회사에, 사회에, 국가에 소속되어 자본 사회의 일원으로 살아가는 현대인들은 진정한 자유인일 수 있을까? 본인의 자유의지로 결정하고 선택한 삶에 만족하고 행복할까? 과연 본인의 자유의지로 선택한 삶이긴 한 걸까?'

이미 현대 사회가 요구한 정착민의 삶, 그들의 심리에 대해 도처에서 의문을 제기하고 있다. 과거에 비해 더 잘 살게 된 현대인들은 과연 과거에 비해 더 행복해졌는가에 대해서 말이다. 독일의 사회심리학자인 에리히 프롬은 근대화와 자본주의로부터 주어진 자유를 오히려 부담스러워 하는 현대인의 심리를 '자유로부터의 도피'[1]라는 개념으로 풀어낸 바 있고, 스위스 태생의 철학가이자 저술가인 알랭 드 보통은 현대인의 '불안'에 대한 원인을 능력, 물질, 지위 등 자본 사회의 가치 기준에 맞추기 위한 욕망이라고 진단하며, "불안은 현대의 야망의 하녀다."[2]라고 했다. 이렇듯 문명의 경계 속에 가둬지고 대지에 유배된 현대인의 삶

1 에리히 프롬, 『자유로부터의 도피』, 지경자 역, 홍신문화사, 1991.
2 알랭 드 보통, 『불안』, 정영목 옮김, 이레, 2008, p.124.

은 얼마나 고달픈가. 대지의 품이 따뜻할 것이라는 환영 속에서 정착과 안정을 강요받은 현대인의 삶은 얼마나 불안한가. 대지와 자연을 해치며 쏟아내는 현대 사회의 병폐는 굳이 언급하지 않아도 될 것이다. 이에 대지 이미지에 대한 발상을 전환할 필요가 대두되고 있으며, 이제 상상력을 발휘하여 새로운 시대에 맞는 새로운 가치를 발견하여 인간과 대지의 본연으로 회귀해야 한다.

바슐라르는 『대지 그리고 휴식의 몽상』에서 다음과 같이 질문한 바 있다. "이 정돈 잘 된 집들, 이 밝은 방들은 우리를 꿈꾸게 이끄는 진정한 집일 수 있을까?"[3] 이는 단순히 집에 관한 이야기가 아니라 궁극적으로는 대지에 관한 것이며, 대지의 안정 지향에 의문을 제기하고 있는 대목이다. 이에 우리는 대지에 고착된 이미지와 상상력의 한계에 문제를 제기하며 그 오해와 진실을 규명하기로 한다. '유비쿼터스'라는 사회문화적 환경에서 디지털 혁명을 겪고 있는 개인의 행동과 신념, 상상력은 어떻게 변모하고 있는지 '디지털 보헤미안의 삶과 정신'을 중심에 두고 '현시대의 대지'를 연구할 것이다. 또한 인간 보편의 기질은 어떠한지 들여다보면서, 실은 인간 본성과 생명의 역사 자체가 노마드적이라는 데까지 논의를 진행하고, 디지털 보헤미안이 대안적 삶을 추구하며 꿈꾸는 미래의 대지를 결론으로 삼고자 한다.

2. 바슐라르 대지에 관한 상상력, 그 오해와 진실: 속박 VS 자유

바슐라르가 물질적 상상력을 동원하여 물, 불, 공기, 흙 4원소 이미지에 대한 연구를 진행하며 역설하고자 한 것은 무엇일까. 동양의 5행-금

---

3 G. Bachelard, *La Terre et les rêveries du repos. Essai sur les images de l'intimité*, José Corti, 1948, p.128.

(金), 수(水), 목(木), 화(火), 토(土)-이나 고대 그리스 철학자 엠페도클레스의 4원소론과도 일맥상통하는 지점을 찾을 수 있는 바슐라르의 4원소는 동서양 모두에서 연구된 바 있는 세상을 이루는 근원의 요소이자 세계의 순환 고리 그 자체라고 할 수 있다.[4] 우리가 바슐라르의 연구에 주목하는 이유는 '이미지의 4원소론'이라 할 수 있는 연구의 바탕에 '상상력'이라는 독특한 시선이 깔려있기 때문이다. 바슐라르는 상상력을 발휘해 4원소 각각의 특성과 원소들 간의 연결 고리를 심도 있게 해부함으로써 세상의 근본 원리는 물론이고 그것을 바라보는 인간 본연의 특질을 찾아낼 수 있다고 본 것이다.

바슐라르는 물질의 연구에 상상력을 끌어들인 이유에 대해 "상상력이란 인간 주체 외의 그 어떤 것도 아니라고 대답할 것이다. 이미지들은 그러니 인간 주체의 자취를 지닌다. 그리고 이 특징은 너무도 명백해서 궁극적으로 이미지들을 통해서 인간 기질들에 대한 가장 확실한 진단을 얻을 수 있게 되는 것이다."[5]고 했다. 결국 불, 공기, 물, 흙이라는 물질을 경험하는 인간의 머릿속에 주체적으로 그려지는 이미지, 그것은 한 인간의 세계관에 다름없다는 것이다. '대지 이미지에 대한 현대인들의 상상력과 세계관이 어디까지 확장되었는가?'라는 본 연구의 근본 질문에 대한 답을 찾기 위해 우리는 바슐라르가 상상력을 연구하는데 어째서 4원소를 재료로 삼았는지 알아야 한다.

"우리는 상상력의 영역에 있어서 불, 공기, 물, 흙의 어느 것에 결부되느냐에 따라 다양한 물질적 상상력을 분류하는, 4원소의 법칙을 규정하는 것이 가능하다고 믿는다. (…) 시적 영혼들을 가장 강력하게 결합시키는 것은 기본적 물질 원소에 의한 분류일 것이다. (…) 몽상에 있어 자신의 물질을 찾아내야만 하며, 어떤 물질적 원소가 자신의 실체나 규

4 홍명희, 『상상력과 가스통 바슐라르』, 살림, 2006, pp.34~38 참조.
5 G. Bachelard, 앞의 책, p.128.

칙 또는 특별한 시학을 몽상에 제공해야만 한다."[6]는 포부를 밝힌 바슐라르는 상상력을 동원하여 세계를 이루고 있는 순환고리인 4원소 이미지에 대해 『불의 정신분석』, 『물과 꿈』, 『공기와 꿈』, 『대지 그리고 의식의 몽상』, 『대지 그리고 휴식의 몽상』이라는 5권의 저서를 남겼다. 이 모든 저술은 문학 작품(특히 시)에 기초해 4원소에 대한 물질적 상상력의 심층을 파헤치고 있는데, 이를 통해 바슐라르만의 4원소 이미지가 창출된다. 바슐라르는 모든 시인은 자신이 '애호하는 원소'를 가지고 있으며 이것이 무의식적으로 작품에 반영된다고 언급하며 어쩌면 시인 자신도 의식하지 못했을 물질의 심층을 분석해낸다.

'과학적 인식을 위태롭게 하는 여러 가지 위험'[7]을 밝히기 위해 정신분석을 적용한 최초의 연구인 『불의 정신분석』에서 바슐라르는 오히려 '역동적인 상상의 힘'을 발견하게 된다. 그는 상기 연구에서 "우리 모두는 저마다 자기 자신의 내부에 있는 그런 검증되지 않은 확신들을 파괴하기 위해 노력해야 한다. 모두가 친숙한 경험들과의 접촉에서 형성되는 정신적 습관의 경직성에서 벗어나는 법을 배워야 한다."[8]고 일축함으로서 불의 과학적 분석 차원에서 벗어나 '명상적', '철학적' 사유 차원으로 나아가야 한다고 역설한다. 한 마디로 상상력을 통해서 원소들을 들여다 볼 때만이 원소들의 근본과 인간 심리의 본연을, 더불어 그 둘의 역동적인 관계성을 파악할 수 있다는 것이다. '역동적 상상의 힘'에 대한 피력은 이어지는 저작들에서 극명하게 드러난다. 『물과 꿈』에서는 "물의 언어와 인간의 언어 사이에는 연속성이 있다는 것을 증명"[9]하였으며, 『공기와 꿈』에서도 "우리는 이 시론 전체에 두루 걸쳐서 공기적인

---

6 G. Bachelard, *L'EAU et les RÊVES. Essai sur l'imagination de la matière*, José Corti, 1979, pp.4~5.

7 G. Bachelard, *La Psychanalyse du feu*, Gallimard, 1966, pp.6~7.

8 위의 책, p.13.

9 G. Bachelard, *L'EAU et les RÊVES. Essai sur l'imagination de la matière*, José Corti, 1979, p.2

[공기에 관한] 이미지들의 삶을 추적함으로써 그 증거를 제시하도록 하겠다."[10]고 강조하면서 '공기의 심리학'을 통해 인간 본유의 상상력을 규명했다. 바슐라르의 마지막 저작 『대지 그리고 휴식의 몽상』에서 역시 "상상력이란 인간 주체 외의 그 어떤 것도 아니다"[11]고 밝히지 않았던가.

이렇듯 그가 물질적 상상력을 발휘해 분석한 물, 불, 공기, 흙 4원소의 이미지들은 시대와 문화를 초월하여 이미 우리들의 심리 저변에서 보편적으로 연상되는 것들이다. 다시 말해 '인간과의 관계성'에서 역동적으로 느껴지는 '심리적 이미지'인 것으로 이를테면 물의 이미지는 물 자체에서 생겨나는 것이 아니라 인간이 물과 관계되었을 때 느껴지는 '무의식의 이미지'다. 바슐라르는 특히 변증법과 연금술의 '상보', '상반'의 이중성을 애호했는데 각 물질 원소의 이미지들은 한 가지로 체계화되는 것이 아니라 한 가지 이미지가 떠오르는 동시에 반대 감정들도 촉발한다.[12] 결국 4원소의 이미지는 보편성을 갖는 동시에 사람에 따라 개별적 이미지를 유발하게 되는 것이다.('애호하는 원소'란 이를 뜻한다.)

이제 바슐라르의 '대지 이미지'에 집중하여 어떤 물질적 상상력을 발휘할 수 있는지 살펴보자. 『대지 그리고 휴식의 몽상』 서론에서 "특질에 결부된 상상력 속에 감식 전문가적 자부심을 갖는 주체는 실체적 근저까지 파악하려 들면서 동시에 갖가지 뉘앙스의 변증법을 경험하기도 하는 것이다."[13]라며 물질의 여러 가지 특질에서 비롯되는 상상력은 그 주체에 따라 '상반성'을 획득하기도 한다고 설명한다. 대지와 관련된 이미

---

10 G. Bachelard, *L'Air et les songes. Essai sur l'imagination du mouvement*, José Corti, 1985, pp.24~25.

11 G. Bachelard, *La Terre et les rêveries du repos. Essai sur les images de l'intimité*, José Corti, 1948, p.3.

12 김희경, 「4원소 이미지의 역동성에 대한 연구」, 『불어불문학연구』 제67집, 2004, pp.18~19 참조.

13 G. 바슐라르, 『대지 그리고 휴식의 몽상』, 정영란 옮김, 문학동네, 2002, p.371.

지들은 '휴식'에서 출발하지만 그와 병치되는 '동요' 또한 불러온다는 것이다. 이를테면 도피처의 이미지들(집, 배, 동굴)을 통해 대지의 '휴식' 이미지를 이끌어낼 수 있는 동시에 '미궁'이라는 개념을 통해 대지의 '방황', '길 잃음' 등의 상반된 이미지도 도출된다는 것이다.

"죽음에 깃든 모성, 그 몽상성을 이해하도록 하기 위해서도 이보다 더 선명한 예를 제시할 수 있을까? 어머니의 배와 석관(石棺)은 여기서 똑같은 이미지의 두 시제가 아니겠는가? 죽음과 잠, 그것은 깨어나야 하고 쇄신되어 다시 솟아나야 하는 한 존재의 동일한 번데기 과정이다. 죽는 것, 자는 것은 그 자신 속에 갇히는 것이다."[14] 이처럼 '도피' 혹은 '모태회귀'의 이미지에서는 '귀속'이라는 안정감도 느끼지만 나아가 '잠', '죽음'의 이미지가 몽상되기도 한다. 바슐라르는 다양한 문학 작품 속에서 묘사된 대지를 역동적으로 분석하면서 집, 배(자궁, 도피처), 동굴, 미궁 등 대지 이미지의 복합적인 특질들을 밝혀냈다. 이러한 바슐라르의 대지 이미지에 대한 오해와 진실은 무엇일까? 바슐라르에 기대어 현대적으로 우리는 대지를 통해 무엇을 상상하고 꿈꿀 수 있는가?

바슐라르가 "몽상의 변증법은 역동화한다."[15]고 강조하며 설명한 바와 같이 "집의 보호적이고 저항적인 가치들은 인간적인 가치들로 전치"[16]되어 역동성을 가진다면 '대지'의 이미지로서 '정착'과 '방랑'은 한 뿌리에서 동시에 몽상된 변증법의 극점인 것이다. 그러니까 바슐라르식 대지의 이미지를 토대로 하되 현대적으로 대지를 몽상해보는 것이 가능하며, 그것은 그의 말마따나 "실제의 대상에 거의 제한받지 않는 상상력의 활동을 개진"[17]하는 것에 다름 아니다. '뿌리'나 '탄생'으로서의 신성한 대지의 이미지보다는 소음, 혼란, 공격과 같은 '죽음'의 이미지에 버

14 위의 책, p.181.

15 G. Bachelard, *La Poétique de l'espace*, PUF, 1957, p.121.

16 위의 책, p.125.

17 위의 책, p.64.

금하는 도시에서 살아가는 현대인에게 대지가 허용하는 이미지는 '참된 피난처'와는 거리가 멀다. 그런 의미에서 대지의 '정착' 혹은 '휴식'의 이미지는 재고되어야 한다. 그렇다면 이제 우리가 해야 하는 일은 대지가 제한하는—혹은 우리가 오해하고 있는—이미지들에 대한 고정관념에서 벗어나는 일이다. 바슐라르가 조개껍질의 테마에서 이야기했듯이 "자유로운 존재와 속박되어 있는 존재의 변증법"[18]을 적극적으로 활용해 '속박의 대지'로부터 벗어나 '자유의 대지'로 나아갈 수 있을 것이다. "해방된 존재에서 무엇을 기대하지 않을 수 있겠는가!"[19]

'실재보다 더 실재적인 것'을 시뮬라크르라는 개념으로 설명한 장 보드리야르는 '현실의' 대상과 '현질을 반영한' 이미지의 관계를 뛰어넘어 '스스로가 실체인' 이미지에 천착하였다. "오늘날의 추상은 더 이상 지도나 복제, 거울 또는 개념으로서의 추상이 아니다. 시뮬라시옹은 더 이상 영토 그리고 이미지나 기호가 지시하는 대상 또는 어떤 실체의 시뮬라시옹이 아니다. 오늘날의 시뮬라시옹은 원본도 사실성도 없는 실재, 즉 파생실재를 모델들을 가지고 산출하는 작업이다. 영토는 더 이상 지도를 선행하거나, 지도가 소멸된 이후까지 존속하지 않는다. 이제는 지도가 영토에 선행하고—시뮬라크르들의 자전(自轉)—심지어 영토를 만들어낸다."[20] 이에 우리는 '대지의 시뮬라시옹(시뮬라크르 하기)'이 가능해 진다. 현대인들은 비로소 '대지 이미지의 쇄신'을 통해 '속박의 대지'로부터 해방되어 '자유의 대지'로 이동할 수 있게 된 것이다.

'야만의 시대'를 벗어나 '문명화 과정'을 겪으면서 국가가 수립되고 사회규범과 도덕, 질서, 교양을 배운 현대인들에게 대지는 어떤 이미지로 존재할까. 여전히 대지의 이미지는 '어머니', '탄생', '뿌리', '정착',

---

18 G. Bachelard, *La Terre et les rêveries du repos. Essai sur les images de l'intimité*, José Corti, 1948, p.206.

19 위의 책, p.206.

20 장 보드리야르, 『시뮬라시옹』, 하태환 옮김, 민음사, 2009, pp.12~13.

'휴식'의 개념에 머무르고 있는 듯 보인다.(많은 문학 작품이 묘사하는, 대지에 대한 오해 혹은 고정관념이다.) 그러나 문명화 과정에서 경쟁과 욕망이라는 미명하에 대지의 이미지는 '개발'과 '소유'의 대상으로, 오히려 '(승인된) 야만'의 개념으로 전락하고 만다. 노르베르트 엘리아스는 『문명화 과정』에서 "문명은 우리 스스로가 포함되어 있는 하나의 과정 또는 과정의 한 부분"[21]이라며 '문명은 아직 완성되지 않았다. 문명은 비로소 생성과정에 있다.'고 지적한 바 있다.[22] 이처럼 문명이니, 야만이니 하는 가치 기준이 아직 조율 중에 있다면 통제가 강화된 현대사회로 올수록 '대지에 뿌리를 둔 인간'은 오히려 '대지에서 자유로워진 개인'으로 방향 수정을 하게 될 것이다.(디지털 시대에서 살아가는 현대인들의 가치관을 고려한다면 정착보다는 방랑이, 속박보다는 자유가 자연스럽다.)

도시화, 산업화를 강행하며 변질된 대지 이미지에 싸여 우리는 정착과 안정을 강요받고 대지에 갇혀버리게 된 것은 아닐까. 우리는 이제 그곳을 벗어나 '진정한 나의 고향'으로 돌아가 진짜 자유를 누릴 필요가 있다. 흙과 대지가 직접적으로 상징하는 고향 혹은 휴식의 의미를 잃은 첨단 공간에서 살아가는 현대인에게 정착과 안정을 요구하는 것은 역설이 아닐 까. 고립된 개인으로 치열한 경쟁 속에서 살아가야 하는 현대인들에게 대지는 더 이상 어머니도 탄생도 아니며 휴식과 안정은 더더욱 아닌 것이다. 이제 문명의 역설에서 벗어나 상상력을 발휘해 '지금 이 시대의 대지 이미지(대지의 시뮬라시옹)'에 대한 냉철한 고찰을 해야 할 시점이다. 대지 이미지에 대한 새로운 인식을 통해서 '인간성'을 회복할 수 있기 때문이다. 또한 개인의 주체성을 회복하고 시대의 변화와 흐름에 유기적으로 호흡하고 반응하여 진정 자유로운 인간성에 부합하는 삶

21 노르베르트 엘리아스, 『문명화 과정』, 박미애 옮김, 한길사, 2009, p.180.
22 위의 책, 역자 후기 재인용.

을 살고자 함이다.

대지 이미지의 새로운 정의를 통해 인간 기질에 부합하는 '대지와 인간의 관계성'을 회복하는 일은 '갇힌 삶'에서 '열린 삶'으로 우리를 데려다 줄 것이다. '열린 삶' 즉, '자유의지로 내가 선택한 삶'을 사는 문제에 있어서 성숙한 해결책은 우리가 다양한 대지의 이미지들로부터 나만의 이미지를 상상할 수 있다는 사실을 인식하는 데서 시작한다. 살던 대로 살 수도 있고 남의 기준에 맞춰 방향 수정을 할 수도 있고, 또는 전혀 다른 새로운 삶을 살 수도 있다. 어떤 삶을 사느냐는 우리의 의지에 따른 자유로운 선택이다. 강요받은 혹은 교육받은 가치에서 벗어나 주체적으로 자유를 누리며 사는 유일한 길은 상상력을 발휘해 대안적 삶을 실천하는 것이다. "우리의 상상력이 너무 조심스러워 대안을 생각하지 못하기 때문이다."[23]고 경고한 알랭 드 보통의 말을 상기하자.

이제는 다수의 가치로부터 인정받지 못하는 가치, 다수의 가치를 비판하는 새로운 가치에 기초하여 상상력을 발휘해야 한다. 그 방책으로서 최근 도래한 '디지털, 유비쿼터스'라는 정보사회의 특성을 고찰하고, 그 안에서 상상력을 발휘해 '대지와 인간의 관계성'에 대한 새로운 가치를 창출하며 살겠다는 보헤미아적 삶의 방식을 살펴보기로 한다.

3. 바슐라르와 무위의 상상력: 유비쿼터스 시대의 대지 이미지

산업사회와 과학기술의 발전은 인간의 삶에 물질적 풍요로움과 편리함을 안겨주었다. 인류는 풍요와 편의를 누리기 위해 도시라는 틀을 만들었고, 그렇게 인류는 안락함과 그들의 자유를 바꿔버렸다. 그러나 이

23 알랭 드 보통, 앞의 책, p.385.

내 도시의 구속에서 벗어나 자유를 얻고자 하는 보헤미안(여기서의 보헤미안은 '아날로그 보헤미안'을 말한다.)이 등장했다. 최근 등장한 '디지털 보헤미안'은 아날로그 보헤미안과 그 정치·사회적(물리적) 배경은 상이하지만 정서적 배경에서는 동일한 철학을 가졌다고 볼 수 있다. 본 연구에서는 그들을 둘러싼 물리적 환경에는 관심을 두지 않았다. 다만 철학과 신념, 시대정신을 중심으로 대지 이미지에 대한 그들의 생각을 들여다보려 노력했다. 그런 의미에서 디지털 보헤미안의 전신인 아날로그 보헤미안의 시대정신은 어떠했는지 눈여겨 봐야한다.

아날로그 보헤미안들의 입장에서는 산업화의 모든 특성이 응집되어 있는 '도시'라는 틀 속에 갇힌 채 누리는 '안위'가 자신이 원하는 대로 살 수 있는 '자유'보다는 못했다. 그들은 진정한 자유를 꿈꿨고, 자신의 꿈을 찾아 유랑하기 시작했다. 19세기 부르주아지의 물질주의적인 삶과 세속성을 경멸하며 등장한 아날로그 보헤미안의 정서는 스탕달의 말에서 여실히 드러난다. "부르주아들의 인간과 삶에 대한 대화는 진짜 추하고 잡다한 말들의 집합체에 불과하며, 한동안 어쩔 수 없이 거기에 귀를 기울여야 할 때면 울화가 치밀어 오른다."[24] 아날로그 보헤미안들은 안정된 직장이나 사회적 존경을 포기하고 대신에 글을 쓰거나 그림을 그리거나 음악을 만드는 등 예술적 감수성을 발휘하며 사는 방식을 취했다. 그러니 그들의 대화의 소재는 물질적인 성공이나 사회적 지위에 관련된-커다란 집이나 우아한 옷, 고급스러운 음식 따위- 잡다한 것들이 아니라 예술적인 감수성이나 자유로운 영혼, 상상력이 가득한 정신에 대한 것들이었다. 물질주의에 대한 그들의 혐오는 시대를 초월하여 이어졌다. 부유한 사업가들을 풍자한 찰스 부코프스키의 시[25] 일부를 보자.

---

24 위의 책, p.354.
25 찰스 부코프스키, 「호객꾼, 수녀, 식료품점 점원, 그리고 당신을 위한 것」—위의 책, p.360.

음악이란 것이 있는 줄도 모르고 걷는 사람들,
고용하고 해고하고 이윤을 남기는 것이 똑똑하다고 생각하는 사람들,
씨를 뿌리거나 자랑을 하거나
무능한 사람들이 못 들어오게 담을 쳐놓은
60에이커의 땅덩이처럼 값비싼 부인을 소유한 사람들……
폭 10미터의 유리창 앞에 서서 아무 것도 보지 못하는 사람들,
호화로운 요트를 타고 세상을 돌아다니지만
조끼 호주머니에서 결코 빠져나오지 못하는 사람들,

이러한 아날로그 보헤미안의 정신은 예술이나 감수성마저 상업화 되어버린 현대 사회로 오면서 잊혀졌다. 그러는 사이 과학기술은 계속 발전해갔고, 슈퍼컴퓨터의 등장과 함께 '디지털 혁명'이 시작되었다. 컴퓨팅 기술의 발전은 퍼스널 컴퓨터와 월드와이드웹의 탄생으로 이어졌으며, 이제 인터넷 망에만 접속하면 언제 어디서나, 누구나, 모든 곳의 누군가와 통신하고 정보를 주고받을 수 있다. 정보화 시대로 인도된 인류는 디지털 기술의 발달에 힘입어 컴퓨터와 네트워크를 의식하지 않은 상태로 시간이나 장소에 구애 받지 않고 자유롭게 네트워크에 접속할 수 있는 '유비쿼터스' 세상으로 이동하게 된다.

이제 유비쿼터스 사회는 새로운 대지 이미지를 요구한다. 사람들은 더 이상 물리적 공간에 제약되지 않고 새롭게 형성된 '유비쿼터스적 대지'에서 새로운 형태의 삶을 도모하기 시작한 것이다. 이를 과거 보헤미안들이 '디지털 보헤미안'의 이름으로 다시 등장한 것으로 봐도 무리는 아니다. 고정되어 있던 유한한 대지가 이제는 역동적이고 무한하며, 변화무쌍한 모습으로 탈바꿈하게 되면서 디지털 보헤미안들은 삶의 가치를 새롭게 발견하고 '자유로운 삶'을 실현할 수 있는 가능성을 발견하게 된다. 물론 그들의 출현은 기술적 혁명과 무관하지 않지만 우리는 디지털 보헤미안이 무엇을 상상하고, 삶의 바탕을 재편하게 되었는지, 그 정

서적인 면에 집중했으며, 이 지점에서 과거 아날로그 보헤미안과 현시대 디지털 보헤미안의 차별점이 찾아진다고 보았다.

아날로그 보헤미안들은 주로 예술 분야에 종사하며 감수성을 앞세워 '자본을 조롱'하며 '게으르고 가난한 생활'에 가치를 부여했다면, 디지털 보헤미안들은 예술 외에도 다양한 분야에 종사하며 '지루함을 조롱'하며 '살고 싶은 곳에 살고, 일하고 싶을 때 일하는 합리적 삶의 방식'에 가치를 부여한다. 그러니까 그들은 자본 시스템을 경멸하여 배척하는 것이 아니라 자본 시스템을 자기 식으로 수용하여 자기 마음대로 조종하고 재편하겠다는 것이다. 젊은 나이에 회사를 때려 치고 장기여행을 떠나는 어느 디지털 보헤미안의 대사를 보자. "은퇴를 하고 나면 대개 20~30년 정도가 생기는 데, 이 시간을 모아 마지막에 펑펑 쓰는 대신 평생 동안 사이사이에 나눠 쓴다고 문제가 될 게 뭐지?"[26]

그러니까 아날로그 보헤미안은 역사 속으로 사라져버린 것이 아니라 자유로운 삶을 실현 가능하게 해주는 '유비쿼터스' 환경에서 이제는 '감수성'이나 '영혼' 같은 모호한 개념들을 버리고 '합리성'을 추구하는 '디지털 보헤미안'으로서 새 생명을 얻게 된 것이다. 디지털 보헤미안들은 자유로운 영혼의 상상력으로 무장한 채 언제, 어디서나, 실시간으로, 아무 어려움 없이 유비쿼터스 세상의 정보를 손쉽게 활용할 수 있는 신인류인 '유비 노마드(Ubi-nomad)'로도 불리며 새로운 삶의 방식을 예고하고 있다. 그들에게 중요한 것은 첨단 과학기술이나 기계의 발전이 아니라 아날로그 보헤미안의 정신과 영혼, 감수성을 이어받아 유비쿼터스 사회에서 자유를 만끽하며 '인간적으로 살겠다는 의지', 그 자체이다.

그러나 유비쿼터스 시대가 과연 인류에게 어떠한 의미로 다가올 것인가에 대해서는 의견이 분분하다. 일각에서는 오히려 새로운 매커니즘

---

26 티모시 페리스, 『4시간』, 최원형 옮김, 부키, 2009, p.329.

적 구속이 될 수 있다고 보기도 한다. 전자와 전기, 디지털로 이루어진 이 사회가 점점 더 자연 및 생명과는 거리가 멀어지고, 눈에 보이지 않는 망들로 만들어진 '팬옵티시즘(panopticism)'[27]이 구성되어, 보이지 않는 감시와 구속이 심화되고 있다는 것이다. <공각기동대>, <블레이드러너>, <신세기 에반겔리온>, <매트릭스>, <아바타>, <더 로드> 같은 영상 콘텐츠들은 인류의 과욕이 부른 지나친 기계화로 인한 인간성의 상실과 더불어 인류문명의 멸망이라는 암울한 미래를 그리고 있다. 이러한 불안한 상상은 어디에서 온 것일까? 유비쿼터스 세계의 도래를 예견한 마크 와이저는 첨단과학기술인 컴퓨팅 기술과 정보통신 기술의 융합이 유비쿼터스 시대의 기반이 될 것인데, 이 기술은 사람들의 눈에는 보이지 않아서 사람들이 이 기술 및 기계의 존재를 인식하지 못할 것이라고 밝히고 있다.[28] 우리의 눈앞에 펼쳐진 이 가상세계가 어떻게 구성되는지 알지 못하는 '무지'의 불안함이 인류가 기계에 지배당하고, 결국 멸망한다는 불안한 상상으로 이어지는 것이다. 기계 문명이 인류에게 위협을 가하고 새로운 방식의 구속으로 작용할 수 있다는 가능성에 대해서는 향후 지속적인 성찰과 연구가 필요할 것이다. 하지만 본 연구에서는 이러한 불안감 자체를 유비쿼터스 시대에 인류가 진정한 자유를 획득할 수 있는 반전의 기회로 보았다. 보헤미안들의 '저항적 상상력'이 그 해답이 될 수 있다는 것이다. 다시 말해 유비쿼터스 사회를 기계가 주도권을 장악한 사회가 아니라 인간의 상상력이 과학기술 발전의 도움을 얻어 만들어낸, 다시 인간에게로 주도권이 넘어온 꿈과 몽상이 넘실대는 사회로서 인식해보자는 것이다.

미래에 대한 암울한 상상을 펼쳐놓았던 작품들도 인류의 실낱같은

27 미셸 푸코, 『감시와 처벌』, 오생근 역, 나남출판, 2003 참조.

28 Mark Weiser, 「The Computer for the 21st Century」, *Scientific American*, Vol.265, No.3, September 1991, p.78.

희망의 끈을 놓지 않는다. 기계가 지배하는 세상 속에서의 인간성 소멸과 인류사회의 멸망을 그리고 있으면서도 결말 부분에 희망적인 신인류의 출현을 암시하고 있다.(<아바타>의 마지막 장면에서 자신의 생일날 인간 제이크는 죽고, 나비족 제이크가 눈을 떠 새 생명을 얻는 부분을 보라.) 기계와 첨단기술의 보이지 않는 망에 속박되어 자유를 박탈당한 인류가 아니라 기계와 첨단기술이라는 터전에서 오히려 자유를 획득하여 적극적으로 삶을 통찰하는 신인류의 탄생을 비유한 것이 아니겠는가. "새로운 미래상으로서의 유비쿼터스 사회는 인간친화적인 기술이 우리 주위에 자연스럽게 파고들어 기술에 대한 거부반응을 보이지 않고, 심지어는 자신이 컴퓨터를 사용하고 있는지조차 인식하지 못하는 사용자 중심의 컴퓨팅 환경으로 둘러싸인 사회로, 인간과 보이지 않는 기술이 조화된 문화가 창출되는 사회다."[29] 인간이 과학기술 위에서 더욱 인간답게 살 수 있는 사회라는 설명이다. 이것이 바로 마크 와이저가 꿈꾼 진정한 의미의 유비쿼터스 사회의 모습이 아닐까.

인간의 욕망이 무엇인가를 하고자 하는 의지이며, 힘이 나아갈 방향이라면, '무위의 상상력'은 그 힘이 자유로움을 향할 수 있도록 도와줄 것이다. "상상력의 무한은 바로 이 세계가 초대한 여행의 끝에 나타나는 것"[30]이라는 곽광수의 논지에 힘을 실어 박치완 역시 "이 무한을 인지하지 못하는, 거부하는 인간에게 오히려 문제가 있다면 있을 수 있다."[31]고 '무한 상상력'의 힘에 대해 역설한다. 눈에 보이지 않는 과학기술에 얽매이는 대신 외려 '무위의 상상력'을 발휘하여 현실에 접목시키고, 보이지 않는 망으로 첩첩이 둘러싸인 이 유비쿼터스 시대를 '진정한 자유

---

29 이호영·유지연, 「유비쿼터스 통신환경의 사회문화적 영향연구」, 정보통신정책연구원, 2004, p.44.

30 박치완, 「바슐라르와 무욕의 상상력」, 『프랑스학연구』 제48집, 2009, p.133, 재인용.

31 위의 글, p.133.

를 획득할 수 있는 장'으로 인식해보자.

결국 희망을 가지고 암울한 세계를 다시 극복하도록 만드는 것, 그것은 바로 '무위의 상상력'이다. 박치완은 「바슐라르와 무욕의 상상력」이라는 논문을 통해 "상상력을 통한 무위의 회복만이 자연을 살리고 동시에 인간을 되살릴 수 있다."[32]고 강조한다. 상기 논문에는 P. 알베르-비로의 표현대로 '세계의 주인'은 '경계를 초월한 인간'이라 할 수 있으니 '유위적 지상세계에만 유폐되어 그것을 삶의 전부로 착각하지 말라'는 주장과 함께 그 어떤 욕심이나 집착도 버려야 했을 바슐라르는 '무아무심, 망아의 상태'에서 그가 접한 대상들과 자연스럽게 한 몸이 될 수 있었을 것이라고 역설한다.[33] 지금 이 시대를 살아가는 우리의 정신이 바로 그러해야 할 것이다. 인류 역사를 거듭하며, 문명화, 산업화, 도시화의 소용돌이를 겪으며 자본 시스템에 길들여진, 한낱 범인(凡人)에 불과한 우리가 어찌 명상가에 다름 아닌 바슐라르의 정신을 계승할 수 있겠는가마는 '무위의 삶'을 사는, '경계를 초월한' 명상적 인간이 되기 위한 첫걸음을 내딛는 것이 중요한데, 최근 그 대안적 삶의 한 방편으로 '디지털 보헤미안'이 등장한 것이다. 그들은 '유비쿼터스적 대지'에서 과거 대지가 확보한 정주(定住)라는 이미지를 역설적으로 다시 정의하고 있는 것이다. 바슐라르도 말하지 않았던가. "이미지는 이와 같이 반대되는 가치들로 쉬이 둘러싸인다. (…) 그런데도 어떻게 한없이 많은 운동성으로 이루어진 이 경이로운 이미지를 간과해버리고 말았던지, 미칠 듯이 역동화된 한 내면성의 무정부적인 온갖 기쁨들을!"[34] 디지털 보헤미안들이 상상한 대지는 우리 인류에게 어떤 '무정부적인 기쁨'을 줄 것인지 그들의 내면성을 살펴보자.

---

32 위의 글, p.135.
33 위의 글, p.135.
34 G. Bachelard, *La Terre et les rêveries du repos. Essai sur les images de l'intimité*, José Corti, 1948, p.63.

4. 디지털 보헤미안의 정신: 수평적 대지와 유랑하는 개인

'디지털 보헤미안'에 대한 정의는 이렇다. "대개 특정한 역사적인 상황에서 특정한 장소에 나타나 활동했던 '아날로그 보헤미안'과 달리 디지털 보헤미안은 더 이상 어떤 장소에 묶이지 않는다. 그들은 대도시 안에 연결점을 갖고 있지만 지방으로도 뻗어나가며 부분적으로는 대륙을 넘어서까지 영향을 미치는 네트워크를 형성한다. 그것은 다양한 의사소통 채널들을 통해서 아이디어, 프로젝트, 잠재적인 공동체 그리고 주제에 관련된 플랫폼들을 모아서 엮어놓은 양탄자와 같다. 그들 하나하나는 제각기 다양한 개성을 지녔지만 공통점이 있다면 그것은 오직 불확실한 것을 향해서 늘 새롭게 출발한다는 것과, 새로운 형태의 일을 하면서 협력하되 마치 놀이를 하듯 즐기면서 충분히 시험한다는 것이다."[35] 그들은 인간의 자유의지를 소중하게 생각하며 '독립적이고 자발적인 삶'을 사는 신인류인 것이다.

산업화에 따라 재편된 인간의 삶에는 '9 to 6'라는 전대미문의 워킹타임이 적용되었고, 일과 휴식, 노동과 여가의 엄격한 분리가 행해졌는데, 그 시스템 안에서 살아가는 인간을 '자유인'이라고 칭하는 것은 어불성설이 아닐 수 없다. 먹고 사는 데 필요한 재화를 얻기 위해 노동을 제공하는 것은 당연하지만, 일하는 시간을 운용하는 자유 역시 당연하게 주어졌던 시절도 있었다. "사실 이런 형태로 생존을 이어나가던 방식은 인간의 역사에서 불과 얼마 전까지만 해도 정상적인 것이었다. 평생 직업이 확정된다는 것은 산업화에 따른 산물이며, 문화사적으로 보면 충분히 시험을 거친 뒤에 확정된 것이 아니라 '베타 버전'과 같은 것이다."[36] 그렇다면 디지털 보헤미안들이 프리랜서로 일하며 시간을 자유롭

35 홀름 프리베·사샤 로보, 『디지털 보헤미안』, 두행숙 옮김, 크리에디트, 2007, p.48.

게 배분하려는 시도는 지극히 자연스러운 인간 본성의 발로인 것이다.

디지털 보헤미안의 일하는 시간에 대한 자유의지는 공간에도 바로 적용된다. 일하는 시간과 여가 시간을 구분하지 않듯이 어떤 장소에서든 일하고 싶을 때 일하고 놀고 싶을 때 놀 수 있는 것이다. 나아가 어디서든 일하면서 놀고, 놀면서 일할 수도 있는 것이다. 그야말로 '경계 없음'의 가치를 몸소 실천하며 살아가는 그들은 상상력을 발휘해 새로운 공간의 개념을 창조하고 있다. 디지털 보헤미안들이 더 이상 도시에 머무르기를 거부하는 이유가 바로 여기에 있다. 산업화의 결과, 자연을 파괴하여 대도시가 조성되고 더 나은 직장을 구하기 위한 사람들이 도시로 몰려들었다. 마치 생명체처럼 진화에 진화를 거듭한 도시는 그 기능을 점차 세분화하였고(거주, 근로, 소비, 오락 등) 그 안에서 살아가는 사람들이 체험한 편의성으로 인해 도시를 이탈하지 못하도록 조장하고 있다. 바우하우스의 창시자인 발터 그로피우스는 "오늘날 우리가 살고 있는 도시들과 거주지들이 앓고 있는 병은 인간적인 기본 욕구들을 경제적·산업적인 요구보다 우위에 놓기를 거부한 데서 생겨난 슬픈 결과이다."[37]고 말한 바 있다. 그러니 대지 이미지를 수정하지 않으면 영원히 인간 본질을 거부한 채 감옥과도 같은 도시에 갇혀 살아가야 할지도 모른다.

이에 디지털 보헤미안들은 일정한 장소에 뿌리를 내려야 한다는 강박이 만들어낸 '수직적 대지'를 이탈하여 광활한 대지 어디에도 자리할 수 있는 가능성이 열린 '수평적 대지'로 향하고 있으며, 이는 바슐라르적 혹은 무위의 상상력과 궤를 같이 한다. 기존의 공간과 일상을 거부하고 유랑을 자처한 '디지털 보헤미안', 과연 그들의 정신을 이루고 채우는 것은 무엇일까? 우리가 그들에게 집중하는 이유는 예의 그들만의 자

---

36 위의 책, p.121.
37 위의 책, p.348.

유의지로 '창조의 시대'를 열어가고 있기 때문이며, 기존의 일상을 파괴하려 하기 때문이다. 이들이 거부하려는 일상은 자신들의 자유를 막고 있다고 여겨지는 고착된 사회적 틀과 그 틀이 생성한 일상의 부조리이다. 사회가 강요하는 성공의 기준에 맞춰 어디로 가는지도 모르고 달리는, 그 지루하고 힘겨운 일상을 비극이라 여기며 경계를 무너뜨리고 삶의 새로운 지평을 열어 헤치려한다. 그들은 늘 새로운 출발이라 말하며 놀이하듯 일을 즐기려 한다. 그렇기에 자유를 위해 감수해야 하는 불확실성을 문제 삼지 않는다. 안주하면서 살아왔던 문이 열리고 외부로부터 무한한 가능성이 흘러 들어오는 기쁨은 이들이 이겨해야 하는 위험과 불안정을 삶의 부분으로 수용해 버린다. 그들은 '나는 무슨 일을 하는가? 나는 왜 일하는가?' 자문하면서, 물리적 거리와 장소의 제약으로부터 자유로워진 디지털 시대의 '프리랜서 정신'을 숭배한다. 이처럼 디지털 보헤미안은 정착과 안정이라는 '수직적 대지 이미지'의 지배적 존재방식을 과감히 거부하며 끊임없이 정신적 자유에 대해 탐구하며 대지의 지평을 한없이 넓힌 '수평적 대지 이미지'를 기반으로 유목하려 한다.

군둘라 엥리슈는 '유목하려는 정신적 욕구'에 대해 질문한다. "사람들은 왜 떠나는 것일까? 이들은 어느 곳에도 정착하지 않고 돌아다니는데 성공할까? 떠돌아다니면서도 휴식을 찾을 수 있을까? 우리의 삶을 안정시켜 주는 것은 도대체 무엇일까?"[38] 그녀는 이 물음들이 가지는 의미는 다시금 본질에 집중하는 능력, 결핍을 극복하는 능력, 움직이고 머무는 것 사이에 균형을 유지하는 능력, 고도의 문명이라며 오만불손하게 고착된 사회를 자랑하지 않고 끊임없이 스스로를 부정하며 새로운 창조성을 향하려는 '유목적 능력'에 있다고 설명한다. 결국 '유목하려는 정신적 욕구'는 난폭한 짐승의 무리들이 모여 땅과 재산을 가져다가 담을 쌓고, 다른 사람들과 자신을 구분하려 하고, 무엇이든 혼자 독차지하

38 군둘라 엥리슈, 『잡노마드 사회』, 이미옥 옮김, 문예출판사. 2002, p.13.

려는 승인된 야만이 난무한 현대사회의 가치관을 적극적으로 거부하는 움직임에서 기인하는 것이다.[39] 이는 기존의 가치와 삶의 방식을 부정하고 불모지를 옮겨 다니며 새로운 것을 창조하는 일체의 방식을 의미하는 '노마디즘(유목주의)'[40]이라는 개념과도 일맥상통하는데 이는 다음 장에서 살펴보기로 하고, 디지털 보헤미안들이 만들어낸 유목적 풍경을 구체적으로 들여다보자.

이미 우리 주변의 많은 사람들이 디지털 보헤미안의 삶을 살고 있다. 인터넷이라는 가상의 망을 적극적으로 이용하여 일상과 일의 구분이 없이, 공간과 시간의 제약을 벗어나 살아가는 프리랜서들이 그들이며, 이들을 위해 홍대와 강남, 대학가 주변의 많은 카페들은 무료 인터넷 망을 제공하고 노트북 테이블을 기본으로 구비하고 있다. 일부 카페들은 '디지털 룸'을 마련, 각종 충전 장치, 팩스와 프린터 등을 서비스하고 있다. 그곳을 일터로 이용하는 디지털 보헤미안 중에는 작가, 연구자, 학생 등을 비롯하여 예술에 종사하는 사람들, 일부 1인 기업가들도 있다. 이들은 홀로 테이블을 차지하고 앉아서 일하지만 눈치 보는 일이 없고, 심지어는 서로서로 주고받는 시선을 통해 응원을 보내면서 동질감을 확인하곤 한다.

최근 네덜란드의 암스테르담에 마련된 디지털 노마드들을 위한 커뮤니티의 사례를 보자. 한때 대성당이었으나 문을 닫게 된 장소를 상상력을 발휘해 리모델링한 곳으로, 소셜 웹 같은 인터넷 상의 보금자리를 넘어 오프라인에 물리적 공간을 마련해 디지털 보헤미안들이 서로 만나기 시작한 것이다. 그들만의 순례지 안에는 토론하는 사람들, 책을 읽거나 음식을 먹는 사람들, 기다란 소파에 누워 긴장을 풀며 누워 있는 사람

39 위의 책, pp.26~28 참조.
40 이진경, 『노마디즘』, 휴머니스트, 2002, 참조.(질 들뢰즈,『천개의 고원』, 새물결, 2001) 주해서.

들, 컴퓨터 키보드를 두드리는 사람들, 커피를 만드는 사람들 등으로 가득한 데, 한마디로 자유분방한 풍경 그 자체이다. 프리랜서들이 오가며 서로의 창조 작업들을 공유하고 토론하며 쉬어가는 오프라인 플랫폼인 셈이다. 이곳은 가상 네트워크의 시대에도 실제로 만나 소통하는 물리적 접촉의 중요성을 인식한 디지털 보헤미안들의 상징적인 장소가 되었다. 이들은 신기술의 사회가 선사한 디지털 문화를 향유하며 자유로운 삶을 찾아다니는 동시에 잃어버린 인간성을 회복하려는 노력 역시 게을리 하지 않는다.

위에 소개된 디지털 보헤미안들의 정신과 삶의 방식에 대해 누군가는 의문을 제기할 수도 있다. '거부하기 힘든 이 사회의 단단한 틀을 어떻게 쉽게 져버릴 수 있으며, 자유라는 정신만을 쫓아 가진 것들을 모두 버리고 떠날 수 있는가?' 하지만 당장 디지털 보헤미안이 되고 말고의 문제보다는 '창조적이고 능동적인 생각을 할 수 있는가?' 하는 본질에 초점을 맞춰보면 어떨까. 이미 우리 주변 곳곳에서 이런 움직임이 일어나고 있다. 거창고등학교의 사례를 보자. 그곳에는 학생들이 3년 동안 숙지해야 할 '직업선택의 십계'가 있는데, 이 십계를 읽다보면 디지털 보헤미안들의 깊은 철학과 신념이 느껴진다.

> 1) 월급이 적은 쪽을 택하라. 2) 내가 원하는 곳이 아니라 나를 필요로 하는 곳을 택하라. 3) 승진의 기회가 거의 없는 곳을 택하라. 4) 모든 것이 갖추어진 곳을 피하고 처음부터 시작해야 하는 황무지를 택하라. 5) 앞을 다투어 모여드는 곳은 절대 가지 마라. 아무도 가지 않는 곳으로 가라. 6) 장래성이 전혀 없다고 생각되는 곳으로 가라. 7) 사회적 존경 같은 건 바라볼 수 없는 곳으로 가라. 8) 한 가운데가 아니라 가장자리로 가라. 9) 부모나 아내나 약혼자가 결사반대를 하는 곳이면 틀림없다. 의심치 말고 가라. 10) 왕관이 아니라 단두대가 기다리고 있는 곳으로 가라.[41]

물론 이러한 몇 가지 사례만으로 '디지털 보헤미안'을 제대로 이해하기는 어려울 것이다. 그러나 그들이 추구하는 '불확실성'과 '자발성', 그들이 거부하는 '비합리성'과 '지루함'에 대한 신념에 어느 정도는 동의할 수 있을 것이다. 그들은 대체 어디에서 왔으며, 어디로 가고 있는 것인지, 인간 본성에 대한 고찰을 통해 디지털 보헤미안의 정체성을 살펴보자.

5. 디지털 보헤미안의 정체성: 부활하는 노마드와 인간 본성

사시사철 따스하며, 아지랑이가 피어오르는 야트막한 언덕. 그곳에는 갖가지 과수가 시원한 그늘을 드리우고, 맑고 아름다운 시내가 흐른다. 그곳은 마치 나른한 신기루와도 같지만, 기실 그 무엇보다도 단단하고 내밀한 '태초의 낙원'으로 우리의 마음 깊은 곳에 자리한다. 많은 종교가 그리는 이상향이 대체적으로 이와 유사한 이미지를 취하고 있다는 사실이 느슨하게나마 이러한 가정을 뒷받침해줄 것이다. 그곳은 꿈속에서 그리는 어머니의 품과도 같은 그리움을 상징하고 있다. "모든 휴식의 장소들은 모성적"[42]인 것이다. 낙원을 '휴식과 평화와 새로운 탄생'의 장소로 정의하는 것은 대지가 불러일으키는 물질적 상상력과도 맞닿아 있다. 이로 미루어 보면 성서에 나온 태초의 두 남녀가 경험한 이동과 방랑, 그리고 정착의 과정은 유사 이래 인류의 수없이 많은 이동과 정착을 상징하며, 태초의 낙원이 인간에게 제공하던 모든 기제, 즉 휴식과 평화, 재충전을 다시금 누리고자 하는 욕망을 은유하고 있는 것처럼 보인다.

---

41 고병헌, 『평화교육사상』, 학지사, 2006, p.98.

42 G. Bachelard, *La Terre et les rêveries du repos. Essai sur les images de l'intimité*, José Corti, 1948, p.63.

이따금 신발을 벗고 부드러운 흙에 두 발을 딛고 섰을 때 우리는 자신이 마치 한 그루의 나무가 된 듯한, 대지와 혼연일체가 된 듯 자유로운 느낌을 받지 않던가. 그 수직적 일체성은 인간과 대지를 분리할 수 없는 하나의 연속적 개체로 상정한다. 천공을 떠받치는 아틀라스 이야기와 같은 신화는 어쩌면 그와 같은 맥락에서 온 상상력의 발로가 아니었을까? 예술 작품에서 그러한 정신은 흔히 저 뿌리가 표상하는 질긴 생명력과 불굴의 의지에 결부된다. 펄 벅(Pearl S. Buck)의 『대지』가 우리에게 벅찬 감동을 선사하는 까닭이 이와 같다. 왕룽의 아내는 낙원이란 곳을 생각도 못한 미천한 신분의 소유자였지만, 자신이 일궈나간 전답을 낙원이라 여기며 숱한 역경과 싸우며 대지를 마주한다. 실로 농경이란 대지를 통해 물질적 상상력을 한없이 자극하는 행위가 아니겠는가. 한 뼘의 밭을 가는 호미와 쟁기 아래 더없는 무한성이 전개되는 것. 그러한 무한성은 비단 땅 속에 국한된 것이 아니라, "우리들의 내부에 있는 것이다."[43] 땅으로부터 생명의 싹을 틔우는 신성(神聖)성에 대해 고대인들이 느꼈을 경탄과 감동을 상상하기란 어려운 일이 아니다. 저 '어둡고 아늑한' 대지는 진실로 인간의 상상력을 배태하는 근원적 기제이며 낙원인 것이다.

그렇다면, 한 개인에게 있어 태초의 낙원은 어디일까? 그곳은 아마도 태어난 집일 것이다. "태어난 집, 절대적 내밀성의 집, 내밀성의 의미를 깨달았던 바로 그 집"[44]은 바슐라르가 추억 이상의 것이라고 언급하고 있거니와, 우리 모두에게 있어 그리움의 대상으로 자리매김한다. 그러나 유감스럽게도 많은 현대인에게 있어서 '태초의 낙원'은 전원에 둘러싸인 목가적인 '초원의 집'이 아니라 메마른 회색빛 콘크리트로 둘러싸인 대단지 아파트 혹은 좁다란 골목길 안에 자리한 연립 주택의 잿빛

43 G. Bachelard, *La Poétique de l'espace*, PUF, 1957, p.311.
44 위의 책, p.108.

스모그와 함께 우울한 환영으로 다가온다. 그러한 조망이 어떻게 추억과 그리움의 대상이 될 수 있으며, 그 속에 침잠하고 싶은 내밀한 욕구를 불러일으킬 수 있겠는가. 그리하여 이런 환경은 현대인에게 대지 이미지에 대한 새롭고 적극적인 상상을 요구하기에 이른다. 부드러운 흙이나 풀로 뒤덮인 들이 아닌, 검고 냄새나는 콘크리트로 포장된 현대의 대지 속에서 상상력을 발휘하여 정신적인 가치를 발견해야 하는 것이다. 이제 대지에 대한 상상력은 돌연 방향을 바꿔 위로 치솟고 옆으로 확장된다. 하루가 다르게 변하는 도시의 스카이라인, 하늘을 메우는 여객기와 '보이지 않는 손'처럼 허공을 떠다니는 전파 등 본래는 대지라는 질료에서 시작되었을 인간의 손길은 이제 내밀한 공간을 초월해 전방위로 도처를 누비고 있다.

이렇듯 현대문명은 대지 이미지를 확장하고 있으며, 그 한 가지 현상으로서 잡 노마드, 디지털 노마드, 디지털 보헤미안 등으로 불리는 새로운 행동양식을 보이는 이들이 도처에서 늘어나고 있다. Ⅲ장의 예와 같이, 자유의지에 따라 새로운 시·공간성을 창조해낸 그들은 저 옛날의 '정착민'과 대치되는 개념인 '노마드'에 비견할 수 있다. 보통 대지보다는 바람, 또는 하늘의 아들을 자처했던 노마드들은 속도를 중시했다. 그들은 정착민과는 비교도 할 수 없이 빠른 속도-예컨대 말의 속도-로 움직였다. 그 점에 있어서는 현대의 디지털 보헤미안도 그들과 매우 흡사하다.(다만 활용하는 도구가 다를 뿐이다.) 말하자면 그들은 인간 본성에 충실하기 위해 다시 부활한 '노마드적 신인류'라 할 수 있다.

그렇다면, 그들의 출현은 단순히 시대적 요청에 따른 것인가? 자크 아탈리는 인류의 본성, 아니 생명의 역사 자체야말로 노마드적이라고 주장한다. 그는 정주성은 결코 인류에게 보편적인 삶의 방식이 아니며, 기나긴 역사에서 한시적으로 우리를 지배하고 있는 가치에 불과하다고 역설한다.[45] 태생적인 정착민은 태초에는 존재하지 않았던 삶의 방식이고, 안정과 휴식의 달콤함을 맛보기 위한 정주에의 욕망은 인간의 진화 과정을 통해 부득이하게 형성된 욕구라면 그 옛날엔 모두가 노마드였던 것이다. 그러한 노마디즘에는 '탈영역화', '탈경계화'가 반드시 수반된다. 잘 살펴보면 그 기저에는 상상력의 작용이라고 밖에 풀이할 수 없는 일종의 무한성, 즉 '가로-세로 지르기'가 구현되고 있다. 퓨전, 융합, 통섭이니 하는 소위 통합적 가치를 추구하는 현대적 사회 현상의 본질이야말로 그러한 탈영역화, 탈경계화에 있는 것이 아닐까. 앞서 Ⅰ장에서 서술한 바, 보드리야르 역시 "지도가 영토에 선행하고-시뮬라크르들의 자전(自轉)-심지어 영토를 만들어낸다."[46]고 얘기함으로서 현대문명의 탈 실재를 지적하지 않았던가. 이러한 맥락에서 노마디즘이야말로 비단 디지털 보헤미안의 정체성에 국한되는 것이 아니라, 현대문명의 현상적 가치를 잘 아울러 '인간의 자유의지'를 표명하는, 지금 이 시대에 부합하는 세계관이라고도 할 수 있다.

인간은 환경의 영향을 받는다는 점에서 철저하게 비가역적인 존재이다. 그러나 역사적으로 인간은 자신의 필요에 의해 신중하게 환경을 골라왔다. 그런 점에 있어서 대단히 능동적인 존재라 할 수 있지만, 역으로 한번 속한 환경으로부터 좀처럼 이동하지 않는다는 점에서는 수동적인 존재라고도 할 수 있다. 그것이 노마드와 정착민이라는 형태로 역사에 나타난 것이 아닐까. 그렇다면 노마드 역시 인간 본성의 한 축을 이루는 개념이라 할 수 있을 것이다. 현대의 디지털 보헤미안이 갖는 모든 특질이 얼핏 새롭고 기이함에도 불구하고, 그 기저에 노마드의 그림자가 아른거리는 것은, 결국 디지털 보헤미안 역시 인간 본성이 이끄는 대로의 자연스러운 귀결이기 때문일 것이다.

---

45 자크 아탈리, 『호모노마드: 유목하는 인간』, 이효숙 역, 웅진닷컴, 2005, pp.122~137 참조.

46 장 보드리야르, 앞의 책, p.13.

다만 그들에게는 중대한 과제가 남아 있다. 미래에 그들은 어떠한 정체성을 확보하게 될 것인가. 노마드가 정착민으로 탈바꿈했듯이, 새로운 노마드로서 디지털 보헤미안 역시 더 나은 환경을 찾아 그에 안주할 날을 맞을지도 모른다. 자유와 변화를 추구하는 것이 당대의 특질은 될 수 있을지 몰라도 불변의 정체성일 수는 없지 않은가. 누군가는 국지적인 제약을 받지 않는 그들이야말로 진정한 세계시민적 존재가 될 수 있을 것이라고 주장하기도 하지만 섣부른 판단에 앞서 그들의 무속성(無屬性)이 어떤 방향으로 전개될지에 대해서 향후 주의 깊은 관찰과 연구가 필요할 것이다. 다시금 어딘가에 소속될 것인지, 아니면 끝까지 자유의지를 추구할 것인지, 우리는 그 변화의 과정 속에서 살아가고 있으며, 그 결과를 후세에 증언해야 할 당사자이다.

6. 디지털 보헤미안이 꿈꾸는 미래의 대지

하늘의 지배자로 불리는 새 앨버트로스! 고요하게 하늘을 날며 뱃사람들의 물길에 동행해주던 그 새는 장난스런 뱃사람들의 손에 잡혀 갑판 위에 놓인다. 이렇게 감금된 거대한 새는 큰 날개 때문에 휘청거리며 나약하고 초라한 존재로 비춰진다. 자유를 갈망하는 인간 본성을 억누른 채 가정에, 직장에, 사회에, 넓게는 국가에 종속되어 가면을 쓰고 자본의 노예로 살아가는 나약한 현대인들의 모습 자체가 곧 앨버트로스가 아니고 무엇이겠는가. 원대한 꿈을 품고 자유의지를 발휘해야 할 인간이 절뚝거리는 모습으로 지상에 억압당한 채 살아가는 일이 고역이 아니고 무엇이겠는가.

과연 우리 인간은 어디로부터 왔으며 인간 본연의 자유의지란 무엇일까. 고생물학과 발생유전학을 통해 인간 진화의 기원을 밝힌 저서『내안의 물고기』에서는 물고기에서 '업그레이드' 된 인간을 설명한다.[47]

뭍으로 올라온 물고기가 인간으로 진화하기까지의 35억 년이라는 물리적 시간도 시간이지만 공간의 대이동이라는 측면에서 인간 존재가 겪었을 그 근본의 혁명적 변화가 더 경이롭다. 물에서 뭍으로 길고 긴 여행을 떠나온 존재의 고통스러웠을 여정을 생각해보자. 나아가 '인간의 신체는 유전자의 생존을 위한 기계일 뿐이다.'[48]고 주장한 리처드 도킨스의 『이기적 유전자』에서 설명하는 인간의 본질, '자궁의 안온함으로부터 버려진 아이의 결핍이 곧 욕망으로 남게 된다.'[49]는 자크 라캉의 『욕망 이론』에서 설명하는 인간에 대해서도 차분히 생각해보자. 그것이 선천적인 유전 요인이든 후천적인 문화 요인이든 우리 인간은 너무나 거대한 시름 속에서 신음하며 환골탈태의 지난한 과정을 지나왔다.

그 고통의 발원지가 무엇인지 밝히는 것은 본 연구에서 중요하지 않다. 새롭게 정비되는 유비쿼터스 시대는 비로소 인간이 진정한 자신의 소리에 귀 기울일 수 있는 '열린 시절'의 가능성을 내포하고 있기 때문이다. 이제는 나약함을 거두고 강요된 욕망의 사슬에서 벗어나 인간 본능에 충실한 채 무엇에도 얽매이지 않는 자유를 만끽해볼 수는 없을까. 우리를 가두고 옭죄는 '수직적 대지 이미지'에서 벗어나 다양성과 다원성을 인정받으며 삶의 고귀한 가치인 '경계 없는 자유로움'의 세계로 들어가 보는 것은 어떨까. 우리가 디지털 보헤미안의 가치관에 주목하는 이유는 그들이 '경계를 초월한 무위의 삶'을 추구하면서 인간의 본질에 접근하고 있기 때문이며, 그들의 삶의 방식을 통해 '수평적 대지 이미지'를 실현할 수 있으리라 기대하기 때문이다.

물론 상상력을 발휘해 인간 본연으로 다가간다고 하더라도 여전히 기존의 가치관은 유효할 것이고 대안적 삶을 실천하는 것이 현실적으로

---

47 닐 슈빈, 『내안의 물고기』, 김명남 옮김, 김영사, 2009, pp.20~44 참조.
48 리차드 도킨스, 『이기적 유전자』, 홍영남 옮김, 을유문화사, 2010, p.69 참조.
49 자끄 라캉, 『욕망 이론: 자크 라캉』, 민승기 역, 문예출판사, 1994, pp.48~60 참조.

어려울 수도 있다.(어차피 이 시대를 살아가는 우리는 시간과 장소의 제약에서 자유롭기는 힘들 것이므로.) 인간이라는 존재는 특정 장소에서 형이하학적으로 살아가는 존재이며 이는 부인할 수 없는 엄연할 사실이다. 우리는 이곳 아니면 저곳, 오두막집 아니면 궁전처럼 으리으리한 집에 거주하며 육신의 형태를 가지고 살아가는 피조물일 뿐이다. 그러나 디지털 보헤미안들은 어디에서, 언제, 최대한 자발적으로 일을 하고 생활을 영위할 것이지를 신중하게 찾고 있으며 그들이 선택한 시간과 장소는 이제 서서히 새로운 기능을 확장해나가고 있다. 과거에는 관습에 의해 '안정'이나 '정착'으로 고정되어 있던 시·공간의 이미지가 이제는 개인의 자발적인 선택을 통해 '자유'와 '독립'의 이미지로 우리에게 다가오고 있다.

또한 오늘날에는 거주의 개념을 확장하여 다양한 기능을 부여하는 일도 잦아지고 있다. "젊은 작가들의 작품을 소개하는 도록을 열어보고 그 작가들의 이력사항을 검토해보면, 그들 가운데 적어도 절반은 두 곳에 거주지가 있음을 알 수 있다. 이것은 사람들의 생활 개념이 점점 더 확대되어가고 있음을 보여준다."[50] 그들에게 대지라는 질료에서 비롯된 시·공간은 강요된 무엇이 아니라 스스로 선택한, 상상력을 마음껏 발휘할 수 있는 삶의 터전이다. 나의 영혼을 자유롭게 풀어줄 수 있고, 영감과 상상력이 넘쳐나는 자발적으로 선택한 공간! 이런 곳이야말로 우리가 정녕 원하던 고향이 아니고 무엇이겠는가. 이렇듯 디지털 보헤미안들은 일에서든 생활에서든 시간과 장소의 제약에 적극적으로 저항하는 삶을 살아가고 있다.

어쩌면 이 세상에 그 어떤 공간도 완성되지 않고, 완전하지 않으며, 영원하지 않다고 말할 수 있다. 또는 반대로 모든 공간이 완성된 것이

50 홀름 프리베·사샤 로보, 앞의 책, p.193.

며, 모든 것이 완벽하고, 모든 것이 영원하다고도 말할 수 있다. 엄밀히 따지면, 둘 다 대지의 이미지를 규정하는 바른 시각은 아닐 수 있다. 대지를 바라보는 바른 시각은 우리가 대여섯 살 때 놀이터 구석에 흙집을 마련했던 시절에 세상을 바라보았던 그런 시선일지 모른다. 완전한지 불완전한지를 생각하지도 않았고 그저 '흙에 물을 얼마나 개어야 할까?' 만 고민했던 그때의 시선일지도. 그때로 돌아갈 수 없는 우리지만 최대한 순수성을 동원해보자는 거다. 본 연구를 통해 우리는 그러한 동심으로 돌아가 대지와 관계함에 있어서 자발적이고 독립적인 삶을 유지하기 위한 열쇠가 무엇이냐는 물음에 대한 답을 찾고자 했고, 결국 우리가 찾은 답은 존재론적으로나 감성적으로 그러한 삶을 유지할 수 있는 '나 고유의' 대지 기반을 마련해야 한다는 것이다. 그 한 가지 방법으로 상상력 가득한 보헤미안의 삶의 방식을 살펴보았다.

디지털 시대에 영혼이 자유로운 보헤미안이 되어 낯선 거리를 어슬렁거리며 산책하다가 아무 곳에서나 멈춰서 그 곳에 머물며 상상을 하고 예술적 영혼을 고양시켜 보자. 어찌 보면 떠돌이 같은 그러나 상상력에 있어서만큼은 고유한 삶의 방식, 그런 방식으로 살아가는 인생을 축복해보자. 우리의 과제는 단순명료하다. 명상이나 다름없는 '무위'의, '무경계'의 삶의 가치를 최선으로 삼고, 그곳이 도시든 시골이든 고향이든 낯선 곳이든 위대한 대지를 거닐다가 이따금 멈춰서 상상의 나래를 펼치며 평온하게 나의 본질에 다가가 보는 것이다. 결국 우리 인간이 진정으로 대지를 품고 인간 본연으로 다가가는 최선의 길은 '명상적 보헤미안'이 되는 것 아닐까.

10

4원소의 도시 이스탄불

홍종열

1. 문화수도 이스탄불의 어제와 오늘

이스탄불은 오랫동안 유럽과 아시아 문명의 교차로 역할을 해왔다. 또 대제국의 수도로서 기독교와 이슬람 문화가 공존하는 수많은 문화유산을 가지고 있다. 오늘날 이스탄불은 '도시의 역사와 문화유적들을 어떻게 활용하여 새로운 문화도시로 거듭날 수 있을까'라는 문제의식에 당면했다. 이에 이스탄불은 문화유산을 콘텐츠로 개발해 지역문화를 부흥시키는 전략을 마련하고 유럽문화수도 프로그램에 지원한다. <이스탄불 2010 유럽문화수도>은 '4원소의 도시 이스탄불'이라는 메인 컨셉을 내세우면서 독창적 아이디어로 매우 높이 평가되었다. 물, 불, 공기, 흙이라는 4원소는 인류 공통의 상상력의 원소로서 보편성을 지향한다. 여기에 도시가 가진 역사라는 특수성이 결합하여 이스탄불만의 고유한 도시 프로그램이 기획되었다. 이 글은 이스탄불이 4원소론을 중심으로 하나의 이벤트가 아닌 도시의 근간을 새로이 세우기 위한 전략으로서 문화수도 프로그램을 어떻게 활용하였는가에 대해 이야기해 보고자 한다.

나폴레옹은 일찍이 "만약 세계가 하나의 나라로 된다면 그 수도는 이스탄불이 될 것이다"라고 말했다. 이는 이스탄불이라는 도시가 역사적으로 비잔티움(Byzantium), 콘스탄티노플(Constantinople)로 불리며 대제국의 수도로서 세계적으로 중심적인 역할을 해왔다는 사실과 무관하지 않을 것이다. 지형적으로도 유럽에 속하는 발칸반도와 아시아에 해당하는 소아시아 지역에 걸쳐있는 세계 유일의 도시 이스탄불은 오래 전부터 문명의 교차로 역할을 해왔다. 거대한 기독교 제국의 수도로서 명성을 떨쳤던 이스탄불은 화려한 기독교 문화유산을 고스란히 간직한 채 1453년 오스만 제국이 들어서면서 이슬람 수도로 계승되었다. 1923년 술탄제 폐지와 함께 터키 공화국이 수립되면서 수도는 앙카라로 옮겨졌지만, 여전히 이스탄불은 화려한 문화유산을 지닌 터키 최대의 문화수도로 알려져 있다.

이스탄불을 대표하는 아야 소피아 사원은 기독교 문화와 이슬람 문화의 공존을 상징하고 있다. 비잔틴 제국의 전성기인 537년에 지어진 그리스 정교의 본산이었던 아야 소피아 성당은 천 년 가까이 세계에서

ⓒ www.holylandphotos.org

[그림 1] 이스탄불의 지리적 환경

ⓒ www.istanbul2010.org

[그림 2] 아야 소피아 사원

가장 큰 성당으로 명성을 떨쳐오다가, 1453년 오스만투르크 족에 의해 도시가 점령되고 동로마제국이 멸망하면서 이슬람 사원으로 탈바꿈되었다. 현재는 터키 정부에 의해 모든 종교적 행위가 금지되고 인류 모두의 공동유산을 간직한 박물관으로 활용되고 있다.[51] 이 외에 이스탄불에는 사원 내부의 벽과 기둥이 99가지 푸른색의 타일로 장식되어 있어 '블루모스크'로 불리는 술탄 아흐멧 모스크, 바티칸 시국의 두 배 크기로서 강력한 오스만제국을 상징하는 톱카프 궁전 등의 대표적 건축물이 있다. 뿐만 아니라 이스탄불 구시가 전역이 유네스코 세계문화유산으로 지정되어 보호받고 있다.

이스탄불은 이미 너무도 잘 알려진 도시로서 매년 많은 관광객을 유치하고 있다. 그러나 근래에 들어 이스탄불이 고심한 문제는 도시의 선전이나 관광객 유치가 아니었다. 문화의 시대라고 불리는 오늘날 어느 다른 도시보다 풍요로운 자원을 가진 도시였지만 이것들을 어떻게 새롭게 활용하느냐가 문제였다. 즉 이스탄불은 그 크기와 역사적 중요성에 비해 문화창조산업(cultural & creative industries)의 낙후된 발달을 새로

51 이희수, 『이스탄불 동서양 문명의 교류』, 살림, p.29.

운 과제로 인식하고 있었다. 이스탄불을 과거에 머무르지 않는 현대 예술과 문화의 창조적 센터로 만들고자 하는 당연한 욕심인 것이다. 또 하나는 이스탄불 내 다양한 문화적 배경의 사람들과 더불어 도시의 젊은 역동적 세대들, 이 두 그룹이 자신들을 표현할 수 있는 문화적 장소로 만들고 싶었다. 이 두 가지가 바로 이스탄불이 유럽문화수도 프로그램을 지원한 동기이다.[52]

유럽연합에서는 매년 유럽을 상징하는 도시를 선정하여 '문화수도(cultural capital)'라는 타이틀을 부여함과 동시에 다양한 문화프로그램을 지원하는 사업을 실행하고 있다. 즉 선정이 되면 몇 년간의 준비기간 동안 일정한 재정적 지원을 유럽연합을 통해 받게 되며, 동시에 유럽의 다양한 문화적 인프라와 인력이 이스탄불로 오게 되고 서로 간의 교류를 통해 이스탄불은 어느 정도 소기의 목적을 이룰 수 있다. 따라서 이스탄불은 문화유산을 복구하여 산업적 재생을 이루기 위한 창조적 활동을 도모하기 위해 유럽문화수도 프로그램에 지원하여 2010년 유럽문화수도로 지정되기에 이른다.

2010 유럽문화수도 이스탄불의 문제의식은 "도시의 역사와 문화유적들을 어떻게 현재 시민들의 삶과 비전을 위한 자원으로 새롭게 활용하느냐"였다. 유럽문화수도로서 이스탄불이 가지고 있는 의미는 이스탄불 시민들뿐만 아니라 이스탄불, 터키, 더 나아가 유럽에 있어서도 매우 특별한 기회가 될 것으로 기대되었고, 결과적으로 이스탄불 시민사회의 조직과 정부 사이에 연계된 성공적인 도시 발전의 한 예가 되고 있다.[53] 동시에 지역 개발에 있어 문화가 지닌 강력한 힘과 중요성을 보여주는 사례이기도 하다. 이스탄불은 지금과 같이 다문화성이 화두가 되고 있

52 ECORYS, *Ex-post Evaluation of 2010 European Capitals of Culture*, Birmingham: Ecorys, 2011, p.67.

53 위의 글, pp.66~68 그리고 Ayse Orhun Gültekin, *Istanbul 2010 European Capital of Culture Program*, Epsilon Reklam, 2009, pp.5~9 참조.

ⓒ www.istanbul2010.or

[그림 3] 블루모스크

는 시기에 새삼 다시 한 번 주목해볼 만한 도시이다.

2. 이스탄불과 유럽연합의 문화 간 대화

이스탄불은 유럽인가, 아닌가. 터키는 영토의 일부가 유럽에 속해있고 유럽축구연맹에도 가입되어 있으며, 1950년대부터 유럽평의회 회원국으로 활동해왔다. 그러나 터키는 이미 1987년 유럽연합에 정식 가입 신청을 했지만 오늘날까지 회원국으로 받아들여지지 않고 있다. 낮은 경제 수준 또는 정치적 결함 등 몇 가지 표면적인 이유가 제시[54]되고 있지만, 보다 근본적인 문제는 종교적 정체성이라고 보는 것이 타당하다. 터키는 이슬람제국인 오스만제국에서 탈피하여 세속적인 공화국으로 거듭났으며, 그 과정에서 유럽법체제를 도입했다. 그럼에도 터키가 이슬람 국가로 간주됨으로써 문화적으로 유럽국가가 아니라는 생각이 여전히 많은 유럽인들의 의식 속에 깊이 자리하고 있다.[55] 유럽연합 시

54 European Commission, *EU Enlargement: 20 Myths and Facts about Enlargement,* Oopec, 2006, pp.12~13 참조.

55 신종훈, 「유럽연합의 확장과 터키의 유럽연합 가입문제: 유럽 정체성에 대한 한

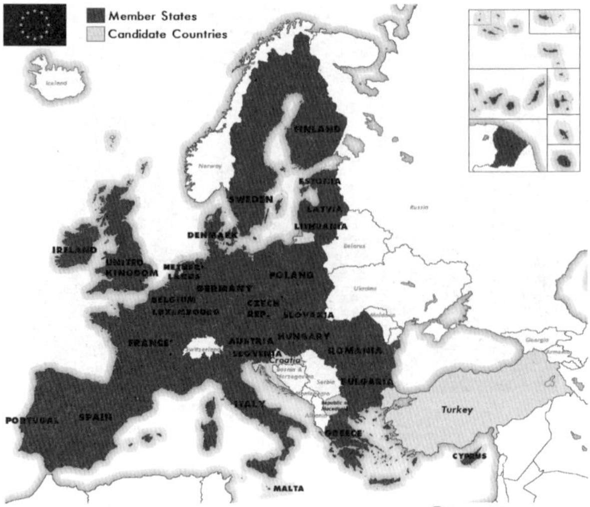

ⓒ http://europa.eu

[그림 4] 유럽연합과 회원국

민들에게 유럽적 정체성에 대한 재고와 설득 없이는 터키의 유럽연합 가입은 요원하다고 볼 수밖에 없다. 이러한 상황을 극복하기 위한 하나의 초석이 된 것이 바로 유럽문화수도 선정이라고 본다.

유럽연합은 현재 문화정책의 아젠다로서 상호문화주의를 적극적으로 표방하고 있다. 27개 유럽연합 회원국들 간의 상호문화교류와 이해가 선행되어야만 시민들에게 유럽적 차원의 정체성을 고취시킬 수 있기 때문이다. 또한 유럽연합은 회원국 이외 국가에 대한 대외정책에서도 문화 간 대화 정책을 중요하게 내세우고 있다. 터키와의 문제에서 핵심이 되고 있는 이슬람은 사실 유럽 내 오랜 고민이었고 이러한 갈등을 해결하지 않고서는 유럽연합은 진정한 의미의 글로컬라이제이션을 실현할 수 없다. 이스탄불의 유럽문화수도 선정을 통해 유럽연합은 상호문화주의를 적극 실천하는 노력을 보여주었고, 대외적 이미지 쇄신도 동시에 도모했다. 문화수도 이스탄불과 유럽연합의 문화 간 대화는 양

물음」, 『서양사론』제108호, 2011, pp.146~147.

자 모두에게 중요한 계기로 작용하였는데 이에 대해 좀 더 자세히 논의해보겠다.

유럽이사회와 유럽의회는 1999년 유럽연합 회원국이 아니더라도 유럽문화수도 프로그램에 지원해 선정이 되면 유럽문화수도라는 타이틀을 부여받을 수 있다는 새로운 결정을 관철시켰다. 이는 1990년대 동구권 국가들의 독립 이후 유럽연합의 확장 정책과도 맥을 같이 한 결정이라고 볼 수 있다. 특히 문화를 대외적 외교정책으로서 그 비중을 늘리고 있는 유럽연합 입장에서는 유럽문화수도 프로그램이 실질적 실천과 그 성과를 가시적으로 취할 수 있는 전략의 하나이기도 하다. 또한 향후 동유럽에 대한 확장을 준비하는 과정에서 하나의 상징적 프로그램으로서 중요한 역할을 할 수 있다고 보았기 때문이기도 하다. 이러한 과정은 이스탄불과도 역시 궁극적으로 문화 간 교류를 통한 협력적 장을 마련함으로써 외교력에 큰 힘을 실어 주었다.

유럽문화수도 프로그램은 궁극적으로 유럽의 어느 개별국가가 아닌 한 차원 위인 유럽적 차원(European dimension)에서 그 정체성 고취를 위해 진행되고 있는 프로그램이다. 그렇다면 유럽연합은 이 근본적 취지를 충족시켜야 하는 이스탄불에 대해 어떠한 해석을 제시할 수 있을까. 우선 이슬람 국가라는 이스탄불의 종교적 혹은 문화적 정체성은 언뜻 보기에 유럽적 정체성에 반하는 내용이라고 보일 수 있지만 더 넓은 시각으로 바라보면 그렇지 않았다는 점이다. 이스탄불 시민들과 유럽에 살고 있는 다른 국가의 시민들이 이스탄불의 긴 역사를 통해 알 수 있듯이 도시는 유럽문화의 중심적 위치에 있었고 심지어 유럽문화의 태동과도 긴밀한 관련이 있음을 역사적으로 알 수 있다. 동시에 현대의 이스탄불은 근현대의 유럽문화와 깊은 고리를 이어가고 있으며 새로운 창조적 문화 중심도시로의 역할을 충분히 할 수 있다고 보았다. 이것이 이스탄불이 다소 이질적이라고 느껴질 수 있는 유럽문화수도로 선정된 이유이기도 하다. 나아가 근원적인 유럽적 정체성 형성에 향후 이 도시가 그 역할과 의미를 함께 만들어 갈 수 있다고 보았기 때문이다.

다른 한편 이스탄불 입장에서도 유럽연합과의 문화적 대화를 위해 노력을 기울였음을 알 수 있다. 이슬람 문화정체성으로 인해 유럽연합 가입에 갈등과 어려움을 겪고 있는 동시에 유럽문화수도 조직위원회에서 요구하는 유럽적 차원에 대한 해답을 제시해야만 했다. 이스탄불은 오랜 고민과 준비 끝에 4원소에 기반한 프로그램을 제안했고, 이 아이디어는 매우 높이 평가되었다. 네 가지 원소, 물·불·공기·흙은 고대로부터 수천 년 동안 세계를 구성하는 근원적 원소로 인식되어왔다. 따라서 인류의 보편적인 하나의 상징소로 여겨질 수 있다. 즉 이스탄불 2010 유럽문화수도 프로젝트는 유럽시민 모두가 공유할 수 있는 보편적 컨셉을 내세우며, 그 아래에서 이스탄불만의 고유한 로컬리티를 장점으로 승화시키는 전략을 택했다. 유럽문화수도 분과위원회는 터키의 제안서에 대해 찬사를 보냈다. 아주 주의 깊은 준비의 결과였고, 유럽문화수도 프로그램의 본질과 목적에 대한 깊은 성찰을 읽을 수 있었기 때문이다.[56] 전문가들은 프로그램의 혁신적인 성격과 함께 프로젝트의 강한 '유럽적 차원'에 대해서 만족을 표명했다.

이로써 이스탄불이 얻은 것은 우선 직접적으로 지역문화의 개발이다. 2010 유럽문화수도 프로젝트를 계기로 이스탄불은 예술과 문화의 중심지로서 세계적으로 홍보되었다. 다양한 예술문화산업 발전을 통해 이스탄불의 긍정적인 이미지를 증대시키고 경제적인 효과를 안겨주고 있다. 동시에 이러한 성과는 지역의 중요성을 드러낼 수 있는 중요한 계기가 되었다. 즉 도시를 통해 국가 발전에 대한 비전을 공유할 수 있다는 점

---

56 Eda Beyazit & Yasemin Tosun, *Evaluating Istanbul in the Process of European Capital of Culture 2010*, 42th IsoCaRP Congress 2006, p.7 그리고 Ayse Orhun Gültekin, 앞의 글, pp.5~9 참조.

이다. 이것이 바로 이스탄불의 글로컬 전략이다. 하나의 지역성이 개발되어 유럽연합 가입의 초석이 되고, 나아가 세계적으로 성장하는 것이다. 이스탄불의 유럽문화수도 선정은 문화 간 대화를 통해 서로 시너지를 창출해나가는 모범적인 사례를 보여준다고 하겠다.

3. 2010 유럽문화수도 이스탄불

이스탄불은 2005년 12월 13일 브뤼셀에서 유럽문화수도 선정을 위한 프레젠테이션에 참가했다. 여기에는 각 도시들의 경쟁과 준비가 매우 치열하다. 이스탄불은 패널들의 심사를 거쳐 2006년 4월에 우크라이나 도시 키예프와의 경쟁을 물리치고 '2010년 유럽문화수도'로 최종 선정된다. 이후 개최년까지 유럽연합의 모니터링을 받으며 철저한 준비에 들어가게 된다. 이스탄불의 유럽문화수도 개최를 위한 준비과정을 살펴보면 다음과 같다.[57]

- 2006년 구상(Planning): 프로그램과 관련될 모든 인적 그룹과 네트워크에 대한 내부적 준비
- 2007년 작동(Fire-Up!): 목표와 비전 완성, 타겟 청중 층들을 고려한 전략 수립, 로고 및 비주얼 작업
- 2008년 동원(Mobilizing): 홍보물 작업, 웹사이트 구축, 광고 및 미디어 에이전시와 협력
- 2009년 완성(Completion): 광고 캠페인, 홍보 계획 등 다양한 미디어 매체와 채널을 통한 전략 수립 및 실행
- 2010년 실행(Action): 2010 프로그램 시작, 월간 뉴스레터, TV 뉴스 프로그램 등에 계속된 이슈화

57 ECORYS, 앞의 글, p.76 그리고 Eda Beyazit & Yasemin Tosun, 앞의 글, p.9 참조.

유럽문화수도 역시 선정될 때 기본적 조건이 유럽의 문화적 자산과 다양성을 가지고 있는가이다. 즉 도시가 사람들에게 들려줄 많은 이야기를 가지고 있는가를 말한다. 이스탄불은 3000년의 긴 역사를 가지고 있다. 각기 다른 종교의 대제국들이 그 안에서 흥망했으며, 전략적인 위치가 아시아와 유럽의 중간에 있어서 두 대륙의 가교 역할을 해왔다. 이스탄불이 유럽적인 차원까지 아우른다고 하면 유럽의 문화적 다양성과 풍요로움을 재조명한다는 유럽연합의 목적에 매우 부합하는 것이다.

한편 선정되는 도시는 단지 과거의 어떠한 역사와 의미를 지닌 도시만이 아니라 문화수도로서 1년 동안 이행해야 하는 탁월한 계획을 가지고 있어야 한다. 우선 이스탄불은 가장 큰 자산인 문화유산을 국제적 수준으로 복구할 계획을 세웠는데, 이는 도시 프로젝트 전반과 상관된다. 아야 소피아 사원과 톱카프 궁전, 술탄 아흐멧 광장 등의 유적지들의 보수작업이 대대적으로 전개되었으며, 페너(Fener)와 발랏(Balat) 같은 오래된 유대인 지구나 그리스 정교회 지구 등 역사지구들을 복구했다. 이스탄불 성곽 또한 유네스코 기준에 맞게 복원했다. 디지털 시대에 부응하여 이스탄불의 문화유산에 대한 데이터베이스 구축이 처음으로 대대적으로 이루어지고 있는 것도 하나의 성과이다. 이 프로젝트는 이스탄불 시민들에게 '도시'에 대해 관심을 갖고 새롭게 생각할 수 있는 기회를 부여했다. 즉 단지 하나의 문화이벤트가 아니라 공공자원으로서의 도시를 말한다. 또한 지속가능한 도시 프로젝트를 의미한다. 터키 문화관광부는 2010년을 시작으로 이후 2023년까지 비잔틴 박물관 건설 등을 실천하고 있다는 사실이 이를 뒷받침한다.

ⓒ http://europa.eu

[그림 5] 유럽문화수도 이스탄불 로고

유럽문화수도의 선정 기준에서 주요한 사항이 유럽적 차원에서의 기여도 못지않게 후보도시와 그 도시의 시민들에 대한 평가부분이다. 그런 면에서 이스탄불의 유럽문화수도 제안은 매우 흡족할 만한 평가를 얻었는데, 이유는 이것이 시민에 의한 프로젝트였기 때문이다. 유럽문화수도 프로그램의 제안은 위로부터가 아닌 아래로부터(bottom to top) 이루어졌다. 즉 시민사회 활동 단체들이 정부기관들을 방문하여 건의하고 설득하여 착수된 것이다. 유럽문화수도 선정도시 사상 유일하게 정부에 의해 계획된 것이 아닌 아래로부터의 정책 건의와 추진이 이루어진 시민의 프로젝트(A civilian project)라는 점은 초반부터 유럽연합의 주목을 끌기에 충분했다.[58] 터키 정부나 이스탄불 지자체의 정부기관이 관심을 가지고 움직인 것이 아니라 문화계에 종사하는 민간인들과 NGO를 비롯한 시민단체들이 6개월 넘게 자발적으로 유럽문화수도 프로그램 선정에 관련해 논의를 하고, 유럽연합과도 접촉해 이 지원계획을 구상했다. 후에 이 비공식적인 민간그룹은 터키의 문화부와 외무부, 그리고 이스탄불 시정부를 설득해 유럽문화수도 프로그램 지원과 지지를 받아냈다.

이들 민간그룹은 이 프로그램에 대한 공식적인 지원 전에 터키 내 대학, 문화계 종사자들, 다양한 NGO 등과 추진 계획과 과제를 논의하며 실질적 프로그램의 세부 콘텐츠들을 개발했다. 유럽연합 본부가 있는 브뤼셀과 이스탄불이라는 두 공식 기관을 오가며 다리 역할을 했으며, 터키 정부를 설득하고 그 후 터키 내 다양한 전문단으로부터 열린 자문을 받아 구체적 계획 및 비전을 준비했다. 이러한 점은 유럽연합 집행위원회에 유례없는 인상을 주기에 충분했다. 바로 유럽연합이 바라는 시민의 유럽을 향한 여정에 좋은 사례이자 모델로서 주목될 수 있었기 때문이다. 유럽문화수도 선정 후 이 시민들에 의한 계획은 현실화되면서

---

58 ECORYS, 앞의 글, p.66 참조.

[표 1] 다양한 기관 및 단체 등에 의해 실행된 프로그램 비율

Type of co-ordinating body	%
Istanbul2010	17
Non-governmental organization	18
University	11
Municipality	7
Other public body	17
Commercial company	22
Individuals	8
Total	100

ⓒ ECORYS

합법적인 조직 구성과 작업을 위한 법적 초안이 제출되어 2007년 의회 승인을 얻어 마침내 2010 이스탄불 유럽문화수도 추진체(Istanbul 2010 ECOC Agency)가 만들어져 실제적인 일을 수행해 나갔다.[59]

[표 1]을 보면 이스탄불 2010 유럽문화수도 프로그램들이 정부기관뿐만 아니라 사회 여러 단체에 의해 실행되었음을 알 수 있다. 전체 2484개의 지원 프로젝트 중 719개가 선정되었다. 나중에 다시 133개가 취소되고 586개의 프로그램이 채택된다. 이 외에도 아주 작은 프로젝트들은 재정적 지원은 받지 못했지만 '이스탄불 2010'의 로고는 쓸 수 있도록 허락되었다.

앞서 살펴본 대로 시민사회의 적극적 역할과 함께 아래로부터의 참여과정이 유럽문화수도 제안에 중요한 자산으로 평가되었다. 그런데 이는 한편으로 유럽문화수도의 다양한 프로그램을 추진하는 데만 해당하는 것이 아니다. 즉 이를 향유하는 수용자 측면도 고려될 수 있다. 문화이벤트의 주요 타켓 그룹에서 일반적으로는 우선 순위가 아닌 지역민을 유치하려는 의도를 표시하여 매우 긍정적으로 평가되었다. 이스탄불

59 위의 글, p.74 참조.

2010의 중요한 미션 중 하나는 도시 거주민들, 특히 다양한 배경의 모든 거주민들이 프로그램에 참여하거나 많은 이벤트들에 방문을 유도하여 동참시키는 것이었다.[60] 최대한 시민들이 동참하는 것이야말로 이 도시의 예술문화들과 그 미래를 보장하는 길이라고 보았기 때문이다. 유럽에서 뿐만 아니라 터키 전역에서도 많은 관광객들이 자국의 도시를 방문했다는 성과는 시사하는 바가 그래서 크다.

문화와 예술을 통한 이스탄불 시민들의 삶과 비전을 고취시키기 위해서는 문화 인프라 강화가 매우 중요한 부분을 차지할 것이다.[61] 하드웨어 측면에서는 터키 최대의 문화센터인 '아야자야 문화센터' 건축, 공연예술과 콘서트를 위한 마스라크 문화센터 완성, 현대예술 전시공간인 아타튀르크 문화센터 리노베이션, 오페라하우스와 극장 건설, 도시 주변부의 규모가 작은 문화센터 지원 등이 이루어졌다. 소프트웨어 측면에서도 기존의 안이한 관광상품 수준을 넘어선 양질의 문화 이벤트들이 이스탄불에서 개최되어 주목을 받았다. '이스탄불의 삶과 일(Lives and Works in Istanbul)' 프로젝트를 통해 유럽 전역에서 파견된 예술가들이 이스탄불에서 생활하며 다양한 작품 활동을 할 수 있도록 지원되었다. 문화와 예술의 인적 물적 자원을 도시 경쟁력으로 발전시키려는 의도이다. 그리고 이들의 작품은 2010년 다양한 전시장에서 일반인에게 선보였다. 세계적인 오케스트라단 및 오페라단의 공연과 대중음악 콘서트가 열렸고, 유럽대학 연극축제 등의 이벤트가 상시 개최되었으며, 이스탄불이 배경이 되거나 소재가 된 영화들을 상영하고 소개하는 장이 마련되었다. 창조성과 문화·예술의 새로운 접목을 통해 이스탄불을 다시 젊은 활기로 넘칠 수 있도록 하는 것이 주요한 목적이라고 볼 수 있다.

[표 2]에서 알 수 있듯이 이스탄불 2010 프로그램 내에서 실행된 문화

---

60 Eda Beyazit & Yasemin Tosun, 앞의 글, pp.9~10.

61 위의 글, pp.9~10.

[표 2] 이스탄불 2010에 의해 지원된 프로젝트들과 예산

Directorate	Completed	Euro	Ongoing	Euro
Visual Arts	49	4,072,091	0	0
Music and Opera	43	5,981,339	0	0
Urban Culture	42	7,116,313	0	0
Cultural Heritage and Museums	30	7,091,542	7	1,906,517
Literatures	26	3,185,133	1	885,000
Traditional Arts	20	1,548,415	0	0
Promotion and Marketing	1	62,500	0	0
Tourism Promotion	33	3,427,604	0	0
Theatre and Performing Arts	25	6,358,490	0	0
Cinema Documentary Animation	40	20,663,116	0	0
International Relations	30	1,170,231	1	77,147
Urban Projects Coordination	37	7,424,872	51	59,345,145
Public Relations	5	295,445	0	0
Corporate Relations	51	4,463,191	9	5,698,150
Urban Applications	23	1,955,307	7	2,989,404
Education	10	5,186,076	0	0
Projects Belonging to the Agency	18	5,909,620	0	0
Classical Turkish Music	19	1,943,706	0	0
Activity	5	5,631,915	0	0
Projects related to article 14 of law no.5706	2	129,100	0	0
Closing Activities	1	362,295	0	0
Total	510	93,978,296	76	70,901,362

ⓒ ECORYS

관련 프로젝트들의 다양함을 볼 수 있다. 우선 프로그램들이 문화예술 전반에 걸쳐 광범위한 영역을 아우르고 있다. 또한 문화유산 복구 프로젝트 역시 많은데 이들은 2010년까지 끝난 것이 아니라 그 기간과 규모 문제로 2010년 이후에도 계속적인 복구 작업이 재정적 지원을 받으며 이어지고 있음을 알 수 있다. 문화예술 활동에 있어서는 유럽연합 내 다

양한 문화 관련 종사자들과 네트워크를 형성하고, 이스탄불과 터키 내의 지역 예술가들의 전통과 현대를 매개하는 문화예술 공연과 전시를 국내외적으로 선보일 수 있는 장을 마련했다는 주요 성과를 얻었다. 동시에 2010년 이스탄불과 함께 선정된 독일의 에센(Essen)과 헝가리 페치(Pécs)와 도시 간 문화교류가 이루어졌다는 점도 또 다른 성과였다.

4. 4원소와 도시 이스탄불

이스탄불이 2005년 유럽문화수도 프로그램 선정을 위한 프레젠테이션에 참가했을 때 메인 컨셉이 "이스탄불: 4원소의 도시"였다. 앞서 논의되었지만, 이 독창적인 아이디어와 실행 계획은 유럽연합 조직위원회의 매우 긍정적인 평가를 얻어내었다. 혁신적인 아이디어인 동시에 도시의 근간을 새롭게 세우는 것으로 보였기 때문이었다.[62] 그렇다면 왜 대지, 물, 공기, 불인가? 그것은 이야기가 어떻게 세상에 시작되었나 하는 것을 보여준다. 이 네 개의 원소가 세계를 구성한다는 아이디어는 오늘날 터키 영토인 아나톨리아에서부터 깊은 뿌리를 가지고 있다.[63] 만물의 근원은 '물'이라고 한 탈레스와 그것이 '공기'라고 주장한 아낙시메네스는 옛 아나톨리아 땅에 있던 도시 밀레토스에서 살았다. 그리고 만물의 근원을 '불'이라고 한 헤라클레이토스를 넘어서, 원소가 반드시 한 가지일 필요는 없다며 처음으로 물, 공기, 불, 흙이라는 네 가지 원소를 주장한 사람은 엠페도클레스였다. 이를 이어 4원소에 대한 자연철학을 발전시킨 아리스토텔레스가 말년을 보낸 곳도 바로 서쪽 아나톨리아 지방이었다. 이것이 프로젝트의 이름과 방향을 인도했다. 다시 말해 4원

62 Eda Beyazit & Yasemin Tosun, *op. cit.*, p.7 그리고 Seyda Barlas Bozkus, *Putting Istanbul on the Map of Art world: Analysing Istanbul 2010 Cultural Capital of Europe,* Atiner Conference Paper Series No: MDT2010-0075, 2012. pp.7~8 참조.

63 http://challengefuture.org/news/361

ⓒ www.istanbul2010.org

[그림 6] 이스탄불 2010의 컨셉: 대지, 공기, 물, 불

소론은 보편적 상징소이자 인류의 상상력을 자극하는 매개체로 문화 프로그램에 독창적인 아이디어를 불어넣기도 했지만, 직접적으로 이스탄불이라는 도시의 역사와 밀접하게 연관된 소재로서 고유한 문화유산의 개발이라는 기능도 동시에 충족시켰다.

4원소를 모티프로 하는 세부 프로그램들에 대해 살펴보도록 하겠다.[64] 대지는 전통과 변형(Tradition and Transformation), 공기는 천상의 사자(Heaven Sent), 물은 도시와 바다(The City and the Sea), 불은 미래의 설계(Forging the Future)를 나타낸다. 유럽문화수도 프로그램에서는 시간에 맞춰서 여행을 하며 이스탄불을 경험할 수 있도록 안내된다. 그리고 이 프로젝트에 주어진 이름을 2010년 한 해 동안 도시에서 실현시키고자 했다. 연금술에 따르면 네 개 원소의 완벽한 조화는 인류의 황금시기를 의미한다. 이스탄불은 오랜 역사를 통한 여러 도전들에서도 이 네 가지 원소의 조화를 위한 비밀의 공식을 찾아왔다. 그리고 이는 오늘날

64 프로그램 내용에 대해서는 Ayse Orhun Gültekin, 앞의 글과 Eda Beyazit & Yasemin Tosun, 앞의 글, 그리고 인터넷 사이트 www.istanbul2010.org 를 참조하였음.

[표 3] 이스탄불 2010 프로그램의 주요 테마와 메시지

원소	테마	기본 메시지	재현 시기
대지	전통과 변형	전통문화	겨울(1월1일-3월20일)
공기	천상의 사자(使者)	종교문화	봄(3월21일-6월21일)
물	도시와 바다	타자와의 연결고리	여름(6월22일-9월22일)
불	미래의 건설	현대 초국가적 문화	가을(9월23일-12월31일)

ⓒ ECORYS

문화적으로 세계를 위한 하나의 가이드가 될 수 있다. 즉 네 가지 원소의 합성은 오늘날 다문화적 환경에서 함께 살아가는 모두가 만들어가는 새로운 조화를 상징한다.

대지의 주제로 2010년 1월 1일부터 3월 20일까지 유럽문화수도 프로그램의 "거대한 서막(Grand opening)"을 열었다. 대지는 땅의 역사이자 전통이며 문화유산이다. 대지위에서 이루어진 과거의 가치들이 미래의 세대들에게 전해지고 이어진다. 이런 의미에서 대지라는 모티프가 전달하는 메시지는 전통문화로 설정되었다. 즉 세계 역사 속 여러 전통들의 오래 지속된 생존을 반영하는 활동들의 시리즈가 실현되었다. 현재까지 보존되어왔고 다음 세대에도 전해질 과거의 가치를 보여주는 전시들이었다. 이를 통해 과거의 가치들이 다시 새로운 활기로 채워지고 현대적 가치로 변화되는 것을 보여주려는 의도가 반영되었다. 대지를 주제로 한 프로젝트의 예를 들면 다음과 같다.

- **일만년 동안의 이스탄불**(Istanbul of 10,000 Years): 새롭게 발굴된 7000년 전 석기시대 도시유적들이 6세기 교회, 11세기 함선, 아드리아누스와 콘스탄티누스의 성벽, 테오도시우스 항구의 부두 등 다른 역사적 유산과 함께 전시
- **콘스탄티노플에서 이스탄불까지**(From Constantinopolis to Istanbul): 이 여러 시대들에 걸친 도시의 역사적 발전상에 대한 메가급 전시

- **오토만 이스탄불**(Ottoman Istanbul): 500년간 오토만제국이 도시의 문화와 삶에 가져온 변화들을 전시

공기의 주제로는 3월 21일부터 6월 21일까지 봄의 도래가 축하되었다. "아나톨리아에서의 공존(Living together on Anatolia)"을 상징하기 위해 일련의 프로그램들이 진행되었다. 기본적 목적은 도시의 오랜 역사와 정신적이고 문화적인 도시의 부를 반영하는 것이고, 아나톨리아 땅이 세 개의 신성한 종교의 가치와 장소를 지켜왔음을 보여주는 것이었다. 공기는 이슬람 사원인 모스크의 첨탑이나 교회의 종탑같은 하늘을 향해 뻗어 있는 도시의 정신적·종교적 부 또는 자산의 상징과도 맥을 같이 한다. 오늘날도 매우 아름다운 외연으로 특징되는 모스크들은 이스탄불이 가지는 자랑스러운 문화적 유산으로 신의 은총 속에 여전히 자리하고 있다. 이스탄불 2010의 한 해 동안 이 곳을 방문한 사람들은 수백 년간 자유롭게 각기 다른 믿음과 종교를 가졌던 다양한 모습들이 어떻게 공존했는가를 동시에 둘러볼 수 있는 좋은 기회를 가졌었다. 공기를 주제로 한 프로젝트를 예로 들면 다음과 같다.

- **아이콘과 성 유물**(Icons and Holy Relics): 아야 소피아 성당 금고에 보관된 아이콘 등의 전시
- **이슬람과 후마니타스**(Islam and Humanitas): 오늘날 세계에서 이슬람에 대한 문화와 다양한 질문들에 대한 국제심포지엄
- **히드렐레즈**(Hidrellez): 샤머니즘과 같은 많은 토속신앙까지를 포함한 여러 신앙의식을 재현한 봄의 축제

물의 주제로는 6월 22일부터 9월 22일까지 이스탄불의 물과 바다와의 밀접한 관계를 반영하는 상호연관된 일련의 활동들이 진행되었다.

이스탄불은 물길인 수로들에 의해 갈라지고 이어지는 도시이다. 특히 유럽과 아시아를 가르는 해협인 보스포러스 해협과 이스탄불 내항인 골든 혼은 의미하는 바가 크다. 이 물을 통해 이스탄불의 서로 다른 사람들은 이어지고 있다. 보스포러스 해협과 골든 혼이 이스탄불의 일상에 미치는 중요한 의미를 이해하기 위해 유럽문화수도 프로그램에 이스탄불의 물길들이 의미있게 다루어졌다. 보스포러스 해협과 골든 혼은 물을 주제로 하는 축제 기간인 여름 기간 동안 주요 공연장소로 이용되었다. 물을 주제로 한 프로젝트의 예를 들면 다음과 같다.

- **물 위의 유럽**(Europe on Water): 보스포러스 해협, 골든 혼, 마르마라 해의 이스탄불 지구에서 조형미술을 비롯한 다양한 전시
- **3국가/3작곡가/3콘서트**(3Countries/3Composers/3Concerts): 3명의 작곡가(Bela Bartok/Franz Liszt/A.Adnan Saygun)를 중심으로 하는 음악 교류 프로그램과 콘서트들(이는 독일의 루르지역/에센과 헝가리의 페치 공동 개최 도시와 공동 프로그램으로 진행됨)
- **이스탄불 역사와 바다 페스티벌**(Istanbul History and Sea Festival): 해양 페스티벌로 대형 범선 퍼레이드, 과거 역사적 배들의 경주, 바다 위의 스포츠 경기와 쇼 등

불의 주제로는 9월 23일부터 12월31일까지 문화와 예술 행사가 열렸으며 "마지막 축제(Gala Final)"가 다음 해의 유럽문화수도로 이양되면서 막을 내렸다. 불은 물질을 가장 강력하게 변형시키는 도구이다. 물을 증기로 바꾸어버리고, 나무를 한 줌의 재로 만들어 버리고, 모래를 유리로 바꾸어 버린다. 이런 의미에서 불은 이스탄불의 미래를 상징한다. 즉 미래로의 전환, 문명의 변형, 지속적인 문화적 자산을 나타낸다. 이스탄불 2010의 가을은 이런 불을 주제로 하여 다음에 중점을 두었다. 첫째, 진취적 미래 전략을 위한 영감, 둘째, 지속적인 문화적 자산과 도시 재

생을 창조하기 위한 연구, 셋째, 다문화주의에 대한 현대적 이해를 위한 기회의 장, 넷째, 도시의 정책결정 과정에서의 민주주의화에 대한 새로운 전망과 대중에 대한 개념의 발전적 재해석이다. 불을 주제로 한 프로젝트 의 예를 들면 다음과 같다.

- **이스탄불의 삶과 일(Lives and Works in Istanbul)**: 2010년의 마지막 전시로 이스탄불에 새로운 영감을 불어넣어 줄 10명의 국제적으로 명성있는 예술가들/10명의 유명한 로컬 예술가들/ 100명의 젊은 인재들이 함께 창조적 프로젝트를 전시
- **건축 비엔날레(Architectural Biennial)**: 도시프로젝트와 관련된 작업을 하는 건축가, 예술가, 학생들의 국제적 전시회와 심포지엄
- **디자인 2010(Design 2010)**: 이스탄불의 디자인이 도시 전역에서 다양하게 선보여 짐

5. 도시의 문화자원과 지역 개발

창조 경제의 시대 이스탄불은 유구한 역사에 기인한 수많은 문화유산이라는 매우 중요한 자산을 가지고 있었다. 문제는 새로운 시대에 맞는 콘텐츠 개발이다. 유럽문화수도 프로그램을 통해 이스탄불은 문화유산을 수리하거나 재정비하고 이를 국제적 수준으로 맞추는 작업, 디지털 기술을 이용하여 데이터베이스를 구축함으로써 문화유산을 보전하고 재조명하는 작업, 그리고 보다 많은 사람들이 향유할 수 있도록 도시의 문화자원을 예술적 콘텐츠로 가공하여 전시하는 작업 등을 진행하였다. 한 해 동안 이 모든 일들이 한꺼번에 이루어질 수는 없으며, 그럴 경우 하나의 문화이벤트로 그칠 위험이 다분하다. 이스탄불 2010 유럽문화수도는 공공자원으로서의 도시 프로젝트였다. 다시 말해 일회적인 이벤트라기보다 지속가능한 개발에 중점을 두었다. 오랜 세월 이어져

내려온 문화유산을 오늘날 되살리고 후대에 계속해서 잘 보전될 수 있도록 계획하는 것이다.

이스탄불의 유럽문화수도 프로젝트는 또한 '시민의 이스탄불(Civic Istanbul)'이라는 모토에 초점을 두고 적극적인 시민의 협력과 단합을 강조함으로써 그들의 역할이 도시 전체의 발전에 이바지할 수 있다는 가능성을 보여주었다. 유럽문화도시 선정에 있어 유례없이 시민에 의해 아래로부터 제안되고 실천되었다는 사실은 매우 중요한 특성으로 볼 수 있다. 또한 문화와 예술을 통한 이스탄불 시민들의 삶의 질 향상에 많은 노력을 기울였음을 알 수 있었는데, 문화 프로그램들을 진행함에 있어 외부인보다도 지역민을 우선적으로 유치하려했던 점도 눈여겨 볼만한 부분이다. 물론 문화유산과 문화적 인프라에 대한 직간접적 투자가 도시 발전과 재생에 공헌하였다는 점도 의미있는 결과이다. 그러나 궁극적으로 도시의 역사와 문화가 현재 시민들의 삶과 비전에 새로운 활력을 제공하였다는 점이 중요한 성과라고 본다.

우리는 이스탄불의 유럽문화수도 프로젝트를 통해 지역문화 개발에 있어 문화유산의 콘텐츠화가 중요한 역할을 하고 있음을 알 수 있었다. 여기에 덧붙여 얻을 수 있었던 것은 바로 다문화성에 대한 이해이다. 오늘날 터키 지성들의 가장 큰 화두는 '이슬람과 서구'를 합리적으로 조화한 터키식 이슬람 정신의 확립이다.[65] 첨단과학과 디지털 시대를 실감하고 급변하는 세계적 흐름에 지성적으로 대처할 수 있는 종교적 재해석과 종교생활의 유연성을 강조하고 있다. 즉 역사적, 지리적으로 다문화성을 그 자체로 상징하고 있는 이스탄불도 더 큰 차원에서 자신의 틀을 깨고 '공존'을 시도하고 있다는 것이다. 이러한 발상의 전환과 노력 없이는 그들이 꿈꾸는 유럽연합 가입에 이를 수 없다는 점을 겸허히 받

65 이희수, 앞의 책, p.89.

아들였기 때문이라고 본다. 오늘날 다문화적 상황에 대해 보다 적극적인 자세로 대처해야 한다는 교훈을 남긴다. 그럴 때에만 진정한 문화 간 대화가 실천될 수 있으며, 그 사이에서 만들어지는 풍요로운 문화콘텐츠의 향연도 맛볼 수 있다.

III

문화콘텐츠의 이미지와 상상력

제11장 이미지와 상징의 배열, 신화를 다시 그리다

제12장 훈데르트바서의 건축물에 나타난 역동성과 소통의 이미지

제13장 찰나의 예술 ‘사진’, 새롭게 보기

제14장 미각적 상상력, 음식 스토리텔링, 만화

제15장 발효음식과 연금술적 상상력

11

이미지와 상징의 배열, 신화를 다시 그리다

이수진

1. 신화와 이미지

신화와 직접적으로 혹은 간접적으로 연계한 예술 작품의 특성은 우리가 살고 있는 여기, 오늘과 멀리 떨어진 지점에서 시공간적 거리를 두고, 현실에서 경험할 수 없는 사건을 재구성하는 것이다. 우리는 테르모필레 협곡의 전투와 그리스로마 신(神), 스파르타 전사를 이야기하는 <300> 만화를 읽거나, 영화를 보면서 수천 년을 뛰어넘어 한 번도 가보지 못한 그 곳으로 상상의 나래를 펼친다. 혹은 북유럽 신화를 배경으로 한 <반지의 제왕> 소설을 읽거나, 영화를 보면서 신비로운 그 세계가 존재할 법한 가능성 속으로 빠져 든다. 뿐만 아니라 신화 속에 내재된 영웅의 모험담은 우리의 인생이나 정체성 찾기의 여정과도 궤를 같이하기에, 단지 그들의 이야기가 아닌, 우리의 이야기가 될 수 있는 보편적 정서를 자극하고 따라서 공감하기도 하며 감동하기도 한다. 신화는 상징을 통하여 우리의 감수성을 자극하고, 인간이 처한 본질적인 문제와 이에 대한 고민을 표출하려는 욕구를 충족시키는 것이다.

일반적으로 '신화'라는 개념을 다양한 의미에서 쓰고 있으나, 크게 네 가지 정도의 범주로 간추리면, '이 세상에 존재하는 것의 기원에 관한 신성한 전승설화'로서의 신화(단군 신화 같은 건국 신화), '우주, 인간, 문화(사물)와 같은 인간생활에 있어 본질적 의미를 갖는 존재의 시원(始源)에 관한 설화'로서의 신화(예로서 그리스로마 신화, 켈트 신화) 혹은 '어떤 시대에 일어났던 큰 전쟁이나 큰 사건에 관한 설화'로서의 신화(예로서 트로이 전쟁), '진실성이 박약하여 사실(史實)이라고 인정할 수는 없으나 한번 유행하기 시작하면 언어나 지리적 장벽을 넘어 무한정 퍼져 나가는 이야기'로서의 신화(신데렐라 신화, 드라큘라 신화), '많은 사람이 절대적인 것으로 믿고 있는 대단한 사건'(예문으로서 한국 축구 국가대표팀의 월드컵 4강 진출 신화, 올림픽 동메달 신화) 등이 있다. 이 글은 특히 그리스로마 신화를 중심으로 한 '우주, 인간, 문화(사물)와 같은 인간생활에 있어 본질적 의미를 갖는 존재의 시원(始源)에 관한 설화'에 집중해서 이야기를 풀어보려 한다.

2. 신화의 어원과 그리스로마 신화

신화를 뜻하는 프랑스어 '미뜨(mythe)'는 그리스어 '미토스(mûthos)'에서 유래한다. 사실 플라톤 이전 시대까지 고대 그리스에서 미토스는 오늘날 일반적으로 이해하고 있는 신화(神話)라는 개념을 포함하지 않았다.

플라톤은 미토스를 과거부터 구전되는 이야기, 일종의 메시지를 전달하는 담화 형태로 정의한다. 따라서 미토스의 경우, 이야기를 전달하는 화자, 즉 구술하는 시인이 담화 상황에 따라 대중의 호응을 끌어내기 위해 이야기 구성 요소를 첨가하거나 삭제하기도 하며, 재미를 살리기 위해 1인칭 주어 '나'를 사용하면서 이야기 상황 속에 화자 자신을 대입하여 감정 이입시키기도 한다. 바로 이 점이 플라톤이 미토스를 모방 원리에 근거하여 비판한 이유이다. 주지하다시피 플라톤은 존재론적인 실체로서 이데아론을 주장하였고, 그에게 진실에 해당하는 언어는 철학적이고 이성적 언술인 '로고스(logos)'였다. 논리적인 사고 내지 그 결과의 언어적 표현인 로고스에 비해 상대적으로 미토스는 의미나 지식 전달과는 거리가 먼 흥미위주의 이야기인 것이다. 단지 일상에서 현실에서 사람들이 믿고 있는 것이라고 폄하된 미토스는 결국 플라톤이 주장한 이원적 세계관에 따라, 로고스의 상대어로서, 이성적으로 논증될 수 없는 감각적인 담화 형태로 분류되었다.

반면 아리스토텔레스는 관념 세계만을 인정한 플라톤의 비판을 넘어서, '미메시스(mimesis)' 개념을 통해 미토스를 재정의한다. 아리스토텔레스의 『시학』은 예술 활동 전반이 인간의 모방 본능에 기초한다는 모방설과 비극의 정의, 비극의 6가지 구성 요소 등을 서술하고 있는데, 여기에서 그는 미토스 즉 신화는 모방이 구현되는 영역이라고 주장한다. 또한 신화는 이미 벌어진 일이 아닌 발생할 수 있는 잠재적인 사건을 이야기하면서 보편성을 추구한다고 설명한다. 이후 유럽 문화 예술의 기본적인 미학에 지대한 영향을 끼친 아리스토텔레스는 신화를 매우 긍정적으로 평가했던 것이다.

재미있는 사실은 우리가 흔히 신화의 대표격이라고 생각하는 그리스 신화가 플라톤이나 아리스토텔레스가 살았던 기원전 4, 5세기경 고대 그리스에서도 동시대 이야기가 아니었다는 사실이다. 올림포스 산에 사는 제우스, 아폴론, 디오니소스, 아프로디테 등의 신(神)들과 오이디푸스 왕이나 아킬레우스 같은 영웅이 등장하는 이야기, 그리스 신화라고 지칭되는 이 일련의 이야기들은, 그 명칭에도 불구하고, 고대 그리스로부터도 훨씬 더 거슬러 올라가는 과거를 배경으로 하는데, 한 마디로 당시에도 그리스 신화는 옛날 이야기였던 것이다. 조금 과장해서 말하면 그리스 신화는 언제나 '옛날 옛적 이야기'였다.

신화 구조를 연구한 인류학자 레비-스트로스(Lévi-Strauss)의 말을 빌리자면, 신화란 "인간과 동물이 아직 구분되지 않던 시기의 이야기, 인간의 출현 속에서 인간의 조건과 그 연약함의 발단이 된 사건을 보여주는"[1] 시점의 이야기이다. 따라서 그리스 신화라는 명칭은 그리스 시대에 벌어진 동시대 이야기를 의미하는 것이 아니라, 그 이전부터 구전되었던 이야기가 기원전 6세기경 그리스 시인 호메로스와 헤시오드에 의해 글로 기록되고 편찬된 것에서 붙은 이름일 뿐이다. 즉 그리스 시대에 글로 고정된 문화 맥락을 반영한 명칭인 것이다. 물론 그리스 시대에 만들어진 그림, 조각 등의 미술 작품이나 당시 상연되었던 작품의 흔적인 희곡(비극)을 통해 자주 등장하는 신들의 이야기를 통칭하여 그리스 신화라고 분류하기도 한다. 한 번쯤 사진이나 이미지를 통해서 유럽의 미술 작품을 접해본 사람이라면 혹은 직접 런던의 대영 박물관이나 파리의 루브르 박물관을 관람한 사람이라면 고대 유적에서 넘쳐나는 신들을 보았을 것이다.

여하튼 아리스토텔레스가 그 미학을 강조한 그리스 비극은 운명에 대처하는 인간의 모습, 인간의 내면에 자리한 격정과 광기를 담는 과정에서 올림포스 신화를 차용하는 일이 빈번했다.[2] 신들의 이야기를 통해 인간 역시 함께 이야기했던 것인데, 특히 그리스 3대 비극 시인이었던

---

1 클로드 레비-스트로스 ,『가까이 그리고 멀리서』, 송태현 옮김, 강, 2003, p.214.

2 신화의 내용을 다룬 그리스 비극은, 프랑스 문학사의 구분을 기준으로, 라신, 코르네유 같은 17세기 고전주의 비극 작가들에게 많은 영향을 주었으며, 장 아누이, 장 지로두, 장 콕토 등의 현대 극작가들에게까지 영감을 준다. 차후 자세하게 살펴볼 그래픽노블 <이피게니아>에 등장하는 연극 무대는, 프랑스어권 문화에서 연극과 신화의 상관관계를 생각해 볼 때, 간과할 수 없는 상징 공간으로서 역할하고 있다. Xavier Löwenthal, *Iphigénie*, Bruxelles, La 5e couche, 2000.

아이스킬로스(Aeschylos), 소포클레스(Sophokles), 에우리피데스(Euripides)의 작품은 '신과 인간의 관계', '인간의 운명과 자유', '영웅적 인간의 비극성' 등을 담아내고 있다. 사실 신화는 표면적으로는 인간과 유리된 존재인 신들의 이야기를 하고 있는 것 같지만 그 심층에 내재하고 있는 의미를 살펴보면 다른 차원[3], 즉 인간과 밀접한 부분을 사유할 때가 많다.

3. 신화의 다원성과 그래픽 재현

신화는 사실처럼 보이는 사건과 인물을 통해 궁극적으로 전달하고자 하는 다른 무엇인가를 제시하는데, 우리는 이 사건과 인물이 매우 자연스럽다고 여기기 때문에 별 거부감 없이 받아들이게 된다. 신화에 등장하는 인물과 사건은 특정 시대와 특정 인물에만 국한된 듯 보이나 찬찬히 살펴보면 인간의 내면을 쉽게 부각시킬 수 있는 포괄적인 조건과 보편적인 속성을 가지고 있다. 다시 말해 신화적 원형이란 것이 존재하며, 이를 재현하는 상황에 맞추어 얼마든지 재해석될 수 있는 여지를 내포한다는 뜻이다.

현대 신화 비평가 질베르 뒤랑(Gilbert Durand)은 신화 비평을 '쓰이고 말해진 텍스트, 즉 이야기 속에서 신화적 핵 혹은 신화적 패턴을 찾는

---

3 신화 해석의 한 방식으로 '해석학'을 들 수 있는데, 이는 호메로스와 헤시오드가 신화를 문자로 고착시킨 당시에 대두되었던 비평론이기도 하다. 여기에서는 그리스 신들을 현상학적, 심리적 혹은 도덕적인 알레고리라고 가정하면서, "아폴론은 불을, 헤라는 공기를, 포세이돈은 물을 상징하는 한편 아프로디테는 욕망을, 아레스는 광기를, 아테나는 지성을 풍유한다고 보기도 한다." Volume dirigé par Sylvain Auroux, *Les Notions philosophiques dictionnaire*, Tome 2, Paris, puf, 1990, p.1714. 같은 맥락에서 신들의 전쟁이 더위와 추위, 가뭄과 홍수 등 고대 인간들의 과학으로 이해할 수 없었던 자연현상의 변화 과정 알레고리라고 보기도 한다. 알레고리에 대한 중요성은 스토아학파에 이르러서 특히 강조되었고, 이 관점은 아주 오랫동안 신화를 연구하는 지배적인 방식으로 자리하였다. 하지만 아메리카 대륙의 발견과 함께 새롭게 접하게 된 신대륙 신화의 영향을 받아 신화 연구는 이야기의 기원과 원형 연구로 변화하기 시작한다.

방법'이라 규정하고, 신화의 통합적 의미야말로 텍스트를 이해하는데 결정적인 요소라고 설명한다. "하나의 신화란 구체적인 역사적 맥락에 삽입될 수 없는 것인 만큼, 또한 그것은 지역적, 시간적 위치 결정에서 벗어난 '다른 곳'을 말하고 있는 만큼 그 출생 시기가 없다"고 할 수 있으며, "신화는 그 무엇인가를 함축하거나 그 무엇인가를 설명하지만 그 자체로 자명하게 설명되지 않으며 시간, 공간적으로 위치 결정된 프로쿠스트(그리스 신화에 등장하는 강도. 사로잡은 나그네를 철제 침대에 눕히고는 침대 길이에 맞추어 다리를 잡아 늘리거나 잘랐다)의 침대에 몸을 맡기지 않는다."[4] 다시 말해 신화는 보편화된 이야기로서, 늘 다른 것과 다른 곳을 말하고 있으며, 그 내부에는 다원성의 실마리가 내재되어 있고, 따라서 복합적인 것이다.

신화가 고대 그리스로부터 아니 그 이전부터 현재까지 많은 예술 작품 속에서 반복되어 재현되는 근본적인 이유는 바로 이 다원성과 복합성에 있다고 하겠다. 신화는 인류 정신의 원형으로서 자체에 역동성을 품고 있어 예술 창조의 원동력이 될 수가 있는데, 작품 속에서 구현된 혹은 파생된 신화는 사회적이고 문화적인 상황 속에서 새롭게 변화되고, 작가의 개인적인 관심에 따라 의미 있는 요소가 변형되기도 한다. 이즈음에서 보다 세밀한 관찰을 위해 구체적인 작품 한 편을 소개하고자 한다.

프랑스어권 만화는 일본의 망가, 한국의 만화, 미국의 카툰처럼 정형화된 주류 상업 만화의 틀을 보유하고 있으나 이와 동시에 작가주의 정신을 최대한 반영한 독립 만화 역시 적극적으로 지원해왔다. 소위 그래픽노블, 예술 만화, 작가주의 만화 등으로 지칭되는 일련의 작품들은 그림체의 다양성뿐만 아니라 기법, 색감, 판형 그리고 내용까지 철저히 작

4 질베르 뒤랑, 『신화비평과 신화 분석: 심층사회학을 위하여』, 유평근 옮김, 살림, 2002, pp.89~90.

가의 개성을 살리는 방식을 지향한다. 한국 독자들에겐 익숙하지 않지만 프랑스어권 만화 산업은 미국, 일본에 이어 세계 3대 시장을 형성하는데다 프랑스 국내만 해도 2011년 결산에 따르면 2억 3천만 유로(한화 1유로=1400원 적용, 3천2백억 원) 규모, 단행본 5천만 권 판매고를 올리며 문화 예술 방면에서 경제적인 수익이 높은 분야로 각광받고 있다. 산업적인 측면 이외에도 다양한 페스티벌, 학술대회, 시상, 전시 등 만화를 독립적인 예술 장르로 구축하고 확고히 하기 위한 노력을 계속하고 있다.[5]

이러한 문화적 맥락에서 신화를 만화로 재구성하는 사례를 종종 찾아볼 수 있는데, 신화에서 소재를 가져오거나, 신화의 이야기를 재현하거나, 신화에서 고민하는 주제를 다루거나 하면서 신화와 만화의 관계를 사유하는 경우가 특히 그러하다. 가령 2004년 프랑스 클레르몽페랑(Clermont-Ferrand)시에서 근현대문학 연구센터(CRLMC)가 개최한 '신화와 만화' 학술대회를 보면, 만화와 신화를 둘러싼 다채로운 담론을 가늠할 수 있다. '만화에서 신화적인 읽기를 내재하는 선행 장치들', '만화의 신화적이고 매체 발생적인 두 형태들: 지하와 추락', '만화에 있어서 여행이라는 신화', '만화에서 자서전적 이야기와 신화의 자리', '영웅 신화의 희화적이고 포스트 모던한 아바타', '신화의 재활성화' 등 특정 개념을 적용한 연구 방식이라든가, 작품 속에서 신화비평이 가능한 미학적 시도를 찾는 사례 연구로서 '땡땡(Tintin)의 지팡이와 아스테릭스(Astérix)의 방패가 나타내는 그들의 국가적 신화', '아스테릭스와 두 가지 형상을 지닌 왕국: 창건 신화에 대한 패러디', '이탈리아 파시스트 시기 아동용 만화에서 나타나는 영웅 신화', '에르제(Hergé)와 보이스카우트 또는 서구의 선(善)의식에 대한 신화', '만화에서의 신데렐라 신화',

5 프랑스어권 만화에 관한 자세한 설명은 필자의 다음 책을 참고하길 바란다. 이수진, 『만화기호학』, 씨엔씨레볼루션, 2004.

'토르칼(Thorgal), 영웅 판타지의 복구적인 헤라클레스', '아프리카에 재현된 이탈리아의 현재성: 위고 프라트(Hugo Pratt)와 근원 신화' 등을 볼 수 있다.

신화는 사실 문학이라든가 종교적인 담화를 통해서 표현될 수도 있지만, 시각적인 언어들을 통해서도 즉 이미지, 색채 그리고 공간 구성을 통해서도 표현이 가능하다. 그림과 말의 결합으로 서사를 이끌어가는 만화에서 신화를 재해석하는 방식은 분명 문자만으로 구성된 텍스트와는 구별되는 지점이 있다. 즉 직접적인 방식으로 신화가 '이미지와 상징의 배열'이란 특성을 재현한다 하겠다. 바로 이 지점에서 우리는 신화와 만화의 소통 가능성을 발견하게 된다. 왜냐하면 만화 역시 상징적인 이미지들로 구성된 이야기를 통해 삶의 문제를 고민하기 때문이다. 이제 신화의 그래픽 재현이라는 관점에서 프랑스어권 작품 『이피게니아』[6]를 살펴보기로 하자.

4. 신화 이피게니아 그리고 신화소

'엘렉트라 콤플렉스'로 우리에게 잘 알려져 있는 아가멤논의 딸 엘렉트라, 아버지에 의해 희생당한 딸 이피게니아, 딸을 죽인 남편을 살해한 부인 클리템네스트라, 아버지를 죽인 어머니를 살해한 아들 오레스테스의 이야기가 중심을 이루는 아가멤논 일가의 비극적 운명은 아이스킬로스의 『아가멤논』, 소포클레스의 『엘렉트라』 그리고 에우리피데스의 『아울리스의 이피게니아』에까지 그리스 3대 시인에게 모두 영감을 준 신화이다. 게다가 이 일가의 이야기는 최근까지 유럽을 비롯하여 한국에

6 신화는 그 내용이 여러 가지로 해석되고 변형되기 때문에 다양한 판본이 존재하는데, 작가마다 본인의 작품에 더 적합한 판본을 채택하기 마련이다. 『이피게니아』는 에우리피데스 판본 '*Iphigénie à Aulis*'을 참조한다.

서도, 연극, 오페라, 영화, 만화 등 다양한 예술 장르에서 빈번하게 차용되는 신화이기도 하다.

절세미인 헬레네가 결혼할 나이가 되자 각지에서 훌륭한 젊은이들이 찾아왔다. 그리스 지역의 모든 왕들과 왕위 계승자, 영웅들 중에 결혼 적령기의 후보자들이 모여 든 것이다. 모두 합쳐 백여 명에 달했다고 한다. 이 많은 구혼자를 보고 헬레나의 아버지인 틴다레오스는 근심에 휩싸였다. 어느 한 사람을 그 대상으로 점찍었을 때, 다른 사람들이 난동을 부리지 않을까 하는 것이었다. 이 고민을 해결해 준 것이 바로 훌륭한 지략과 언변의 소유자 오디세우스였다. 오디세우스의 권유에 따라, 틴다레오스는 구혼자들에게 헬레네의 남편으로 선택된 사람의 생명과 권리를 존중한다는 서약을 받고, 만약 헬레나가 강탈당하는 일이 발생하면 헬레나의 남편은 물론 다른 모든 후보자들이 함께 궐기해 이 납치범을 상대로 전쟁을 도모하자고 제안한다. 헬레나의 남편이 되는 영광은 스파르타 왕 메넬라오스에게 돌아갔고, 그리스 왕들 간의 동맹이 맺어졌다.

스파르타에 들렀던 파리스가 헬레나를 납치(혹은 유혹) 트로이로 향하는 사건이 벌어진다.[7] 메넬라오스는 즉시 동맹을 상기시키며 그리스 왕들에게 도움을 청하였고, 원정군이 아울리스 항에 집결, 메넬라오스

---

7 파리스가 헬레나를 트로이로 데려간 이유에 대해서는 그 배경에 아테나, 헤라, 아프로디테 그리고 제우스 신(神)들이 개입하였다고 전해진다. 불화의 여신 에리스는 펠레우스와 테티스의 결혼식에 초대받지 못한 데 격분하여 '가장 아름다운 신에게' 라고 새겨진 황금 사과를 하객 좌중에 던진다. 이 사과를 갖고 싶어 하는 헤라, 아프로디테, 아테네 세 여신을 두고 제우스는 판결을 내리기가 꺼려졌다. 이다 산으로 보내진 세 여신 中 아프로디테를 파리스는(트로이의 왕자 파리스는 장차 국가 존립의 화근이 될 것이라는 신탁 때문에 유년 시절부터 이다 산에 숨겨진 채 성장하고 있었는데, 당시 제우스신의 양떼를 돌보고 있었다.) 황금 사과의 주인으로 선택한다. 아프로디테는 파리스에게 환심을 사기 위해 세상에서 가장 아름다운 여인을 아내로 얻게 해주겠다고 이미 약속한 후였다. 이 여인이 바로 헬레나, 스파르타에 도착한 파리스는 아프로디테의 도움을 받아 그녀를 트로이로 데려가게 되는 것이다.

의 형이자 미케네의 왕 아가멤논이 총 사령관이 되었다. 하지만 트로이로 진격할 군선 출항 일이 되어서도 바람이 불지 않았다. 신이 분노한 것이리라. 아가멤논이 예언자 칼카스를 불렀다.

신탁을 받은 칼카스의 설명에 따르면 아가멤논의 딸 이피게니아가 제물로 바쳐져야만 했다. 사실 아울리스 항에 오기 전, 아가멤논은 사냥터에서 오만방자하게도 자신이 사냥과 자연의 여신 아르테미스보다도 활솜씨가 뛰어나다는 망발을 했는데, 이에 노한 여신의 복수였던 것이다. 아가멤논은 아킬레우스와 결혼시킨다는 거짓말로 딸 이피게니아를 아울리스 항으로 불러들이고, 본인의 운명을 깨달은 이피게니아는 저항 없이 제단에 바쳐지기를 희망한다.

이피게니아가 실제로 희생되었는지의 여부는 판본에 따라 변화하는데, 우리가 참조로 하는 에우리피데스의 『아울리스의 이피게니아』에서는 아르테미스 여신이 제물로 바쳐진 이피게니아를 사슴과 바꾸어 놓고 그녀를 살려 나중에 자신의 사제로 삼았다고 전한다.

'이피게니아 신화'는 에라스무스에 의해 1509년 라틴어로 번역된 후 여러 학자와 작가들에 의해 보존, 변형, 재창조[8]되었다. 그중 1640년 프랑스 희곡 작가 로트루(Rotrou)가 발표한 『이피게니』(*Iphigénie*)에서는 아킬레우스와 이피게니아의 사랑이 극적인 요소로 첨가되면서 전작들과는 다른 면모를 보이고 있다. 또한 에우리피데스의 판본이 운명 앞에 순종하는 이피게니아에 초점을 맞추고 있다면, 로트루 작품은 그녀가 종교적 임무로서 희생을 받아들인 것이라고 설명한다. 17세기 후반부터

8 이피게니아 신화와 관련된 예술 작품에 관한 설명은 다음 책과 논문을 참조하였다. Sous la direction de P. Brunel, *Dictionnaire des mythes littéraires*, Paris, Editions du Rocher, 1988, p.773. 송전, 「신화의 문학적, 연극적 변용 연구 —하우프트만의 『아트리덴 4부작』과 관련하여」, 『뷔히너와 현대문학』 제21호, 2003, pp.199~228. 임홍배, 「에우리피데스와 괴테의 "이피게니아"에 나타난 신화와 계몽」, 『괴테연구』 제11집, 1999, pp.211~232.

18세기 전반까지는 프랑스 작가 라신(Racine)의 『이피게니』(*Iphigénie*, 1674)를 필두로 많은 비극 작품에서 이피게니아 신화의 정치적 측면이 강조되었다. 특히 라신은 강요된 희생과 희망 없는 삶에 대한 열정이 충돌하는 비극적 정황에서 인간의 행동 양식에 관해 표현한다. 라신의 작품을 오페라로 각색한 글룩(Gluck)의 『아울리스의 이피게니아』(*Iphigénie en Aulide*, 1744)가 있으며, 괴테의 『타우리스 섬의 이피게니아』(*Iphigenie auf Tauris*, 1787)에서는 극한 상황에 처하여 존재론적인 변모를 경험하게 되는 이피게니아의 내면이 드러나 있고, 하우프트만(Hauptmann)의 아트리덴 4부작 『아울리스의 이피게니아』(*Iphigenie in Aulis*, 1944)에서는 중요한 순간에 작용하는 주술적인 힘과 몽환 세계가 강조되어 있다.

수 없이 재현된 '이피게니아 신화'에서 다양한 변용에도 불구하고 공통적으로 반복되는 특성, 즉 레비-스트로스의 용어를 빌려 신화소(mythème)를 도출할 수가 있다. 레비-스트로스에 의하면 신화는 어떤 한정된 요소들로 구성되어 있는데, 이 한정된 요소는 인간의 정신구조가 만들어내는 것으로써, 인간의 정신구조는 결국 이 요소들을 조합하여 더 큰 차원의 변화를 만들어낸다. 레비-스트로스는 신화를 언어 체계처럼 구조화되어 있는 것으로 보고, 신화를 구성하고 있는 일반적인 조합 논리를 추출해낼 수 있다고 생각했다. 이런 맥락에서 신화소 개념은 언어학의 기본 요소가 되는 음소(phonème)에 상응한다 하겠다.

'이피게니아 신화'의 신화소는 '국가적 이익을 위해 희생양으로 선택된 순수한 처녀', '그녀가 죽음이라는 운명을 받아들여야만 하는 딜레마' 두 가지로 요약할 수 있을 것이다. 이는 '이피게니아 신화'와 관련된 많은 작품에서 발견되는 공통적이면서도 결정적인 구성 요소이다.

5. 프랑스어권 그래픽노블『이피게니아』

벨기에를 거점으로 하는 독립 만화[9] 출판사의 발행인이면서 동시에 작가로 활동하는 자비에 루벤탈(Xavier Löwenthal)[10]은『이피게니아』서문에서 에우리피데스의『아울리스의 이피게니아』를 언급하며 다음과 같이 설명한다.

> 신화와 관련해서 역사적 진실이란 없다. 신화는 의미를 만들어야 한다. 이와 같은 믿음에서 작품을 위해 '이피게니아 신화'에서 꼭 필요한 부분을 가져왔다. 살아 있는 이피게니아, 하지만 접근할 수 없는 이피게니아, 우리의 주인공 레옹스는 희망을 포기할 수도 있을 것이다. 레옹스는 확정되어 있는 죽음으로부터 그녀를 구해야 한다. '작은' 영웅주의로 인해 자신의 이익과 명분을 버려야만 한다. '작은'이라 함은 이피게니아 생명의 대가로 자신을 희생해야할지 모르기 때문이다. 만약 레옹스가 사랑하는 이를 구할 용기가 있다면 말이다.『이피게니아』에서 말하고자 하는 바는 바로 강력한 운명에 관한 것이다. 달리 말하자면 '예정설', '결정론', '우연과 필연' 혹은 '대의명분론'……. 이피게니아는 주어진 운명을 자발적으로 받아들인다. 아니 오히려 자신을 운명에 맡긴다는 표현이 적절할 것이다. 반면 프롬프터[11] 레옹스는 이에 맞서고, 정해진 질서, 숙명처럼 예견된

---

9 프랑스어권에서 사용되는 'Label indépendant'의 번역. 한국에서는 창작성이나 예술적 측면이 강조된 만화를 일컬어 예술 만화, 교양 만화, 대안 만화 등을 혼용하고 있다. 이 모든 용어는 출판 시장에서 주류가 된 일련의 작품 군(群)과 구별되는 독립적인 특성을 지닌 장르를 지칭하는 것이기에 이 글에서는 '독립'이라는 용어를 사용한다.

10 루벤탈과『이피게니아』는 2005년 서울국제만화애니메이션페스티발(SICAF)에 초청된 바 있다. 필자가 기획하고 큐레이팅한 <유럽 만화 속 다색느낌>이라는 특별전에 참석하기 위해서였는데, 이때의 인연 덕분에 필자의 글에『이피게니아』이미지를 사용할 수 있었다. 이 자리를 빌어 감사의 말을 전한다.

11 프롬프터(prompter): 배우가 대사나 동작을 잊었을 때, 대사를 가르쳐주거나 동작을 지시해주는 역. 프롬프터는 배우에게는 들리지만 관객에게는 들리지 않게 말하는 훈련을 해야 한다. 프롬프터의 위치는 일반적으로 무대 옆이지만, 이상적인 위치는 무대 중앙 앞부분이다. 유럽의 오페라 극장에서 이 시설을 종종 보게 되는데,『이피게니아』에서 주인공 레옹스는 이 프롬프터 박스를 통해 무

질서에 대항한다. 그러나 우리의 작은 레옹스는 이피게니아를 위해 목숨을 던질 만큼 위대한 영웅은 아니다. 아버지, 삼촌을 비롯하여 복수를 위한 피를 당연한 것으로 여기는 무리들의 죄를 대신 속죄하는 운명, 그녀는 영웅적인 행동으로서 자신의 운명을 받아들인다. 레옹스는 그녀를 진정 사랑한 것일까? 죽어서야만 의미를 갖게 될 이피게니아의 인생, 신화 속에서 그녀의 역할을 이해한 것일까? 바로 이 지점에서 우리의 이야기가 시작된다. 새로운 이야기를 쓰고자 하는 레옹스와 함께…….

『이피게니아』의 레옹스는 엄마와 함께 도서관에서 생활하는 사서(司書)이다. 그의 거주 공간은 책으로만 둘러싸인 서재로서 빛이 거의 들지 않는 굉장히 어두운 곳이다. 그는 하루 종일 책을 정리하는 임무를 맡고 있다. 엄마와 그만이 살아가는 이 세상에서 중요한 것은 (강압적인 엄마 말에 따르면) 책에 쓰인 진실, 그렇지 않은 모든 것이 무의미하다. 레옹스는 어둡고 깜깜한 지하에 살면서, 오로지 책에 갇혀 책만이 전부라 믿고, 그 책을 정리하는 일만을 하는 못생기고 보잘것없는 인물이다.

레옹스의 유일한 대화자 엄마는 자신이 속한 세상을 위해서는 책에 쓰인 것을 절대적으로 존중해야 한다고 믿는 인물이다. 이야기는 레옹스가 책에 쓰이지 않은 것에 대한 가능성을 의심하면서 시작된다. "엄마, 오늘 저녁 이피게니아가 나를 봤어요."(7쪽) 여기에서 이피게니아는 우리가 알고 있는 『아울리스의 이피게니아』의 여인과 동일한 인물이다. 이어지는 엄마의 답변, "이피게니아 대사를 읊어주었으면 되었지."(7쪽) 사실 레옹스는 연극 무대에서 배우들의 대사를 일러주는 프롬프터이기도 하다. 레옹스는 아마도 무대에서 우연히 그 쪽으로 시선을 돌린 이피게니아를 본 모양이었다. 하지만 책에 적히지 않은 것은 존재하지 않으며 발생할 수도 없다고 믿는 엄마는 레옹스를 쓸데없는 소리라며 나무

대에서 연기하는 이피게니아를 가까이 지켜볼 수 있다.

ⓒ 루벤탈

[그림 1] 이피게니아 7쪽

란다. 분명 『아울리스의 이피게니아』 희곡에는 '이피게니아 레옹스 쪽을 쳐다본다.'라는 내용은 찾아 볼 수 없을 것이다. 하지만 엄마의 말을 수긍할 수 없는 레옹스, "그럼 우리는? 우리도 책에 쓰이지 않았는데..."(7쪽)라며 반문하고, "우리는 이 세상 속에 포함된 존재가 아니라 이 세상을 지키는 존재라서 다르다."(7쪽)는 엄마의 눈을 피해 자신의 책에 반복적으로 벌어지는 사건과 우발적으로 벌어진 사건을 분류하여 매일 적는다. 감히 금지된 행위, 쓰기를 행하는 것이다.

레옹스와 엄마의 공간 위쪽에는 다른 종류의 공간이 존재하는데, 레옹스의 방에서 올려다볼 수 있는 연극 무대이다. 무대 바닥에 뚫어진 구멍 틈새로 레옹스의 방에 불빛이 비칠 때쯤이면 연극이 상연되는 시간, 이피게니아를 볼 수 있는 시간이다. 프롬프터 박스에 머리를 내밀고 이피게니아의 삶을 관찰하는 레옹스, 그가 살고 있는 서재에 비하면 이피게니아가 속한 곳은 조명이 밝게 비추고 있다.

공연되고 있는 연극은 다름 아닌 『아울리스의 이피게니아』. 무대에서는 이피게니아가 죽어야하는 순간을 재연하고 있다. "그녀가 죽을 수는

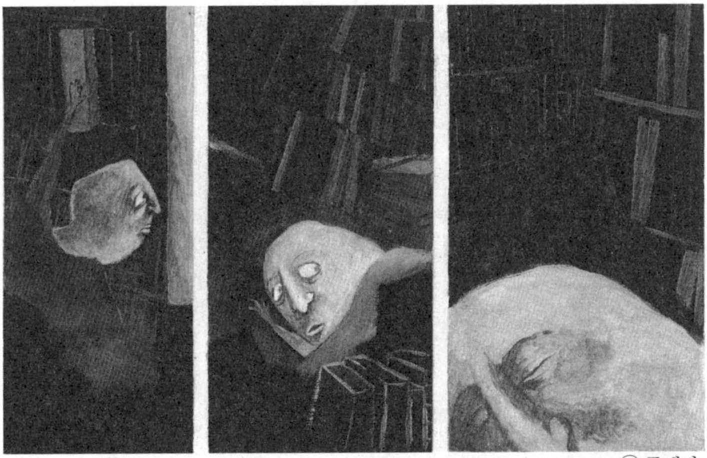

[그림 2] 이피게니아 9쪽

없다고, 이는 정당하지 않다."(16쪽)고 생각하는 레옹스에게 엄마는 "그녀는 어쩔 수 없이 죽을 것이고, 선한 것이건 악한 것이건 발생하는 모든 일은 책에 써 있는 대로"(17쪽)라고 다시 한 번 강조한다. 이피게니아의 죽음을 너무나 슬퍼하던 레옹스는 꿈속서 그녀를 구출해내는 말 탄

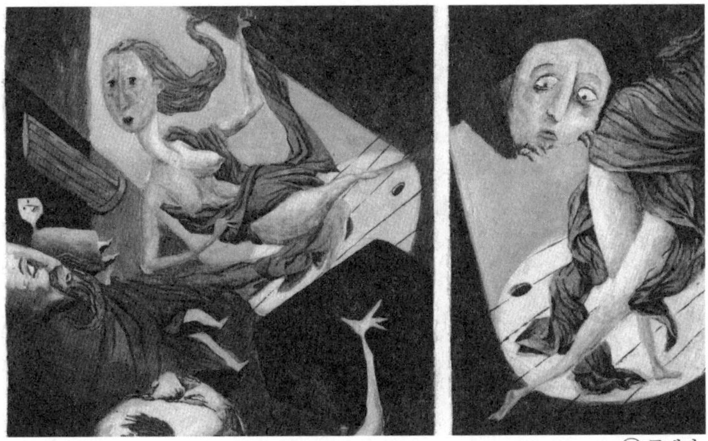

[그림 3] 이피게니아 11쪽

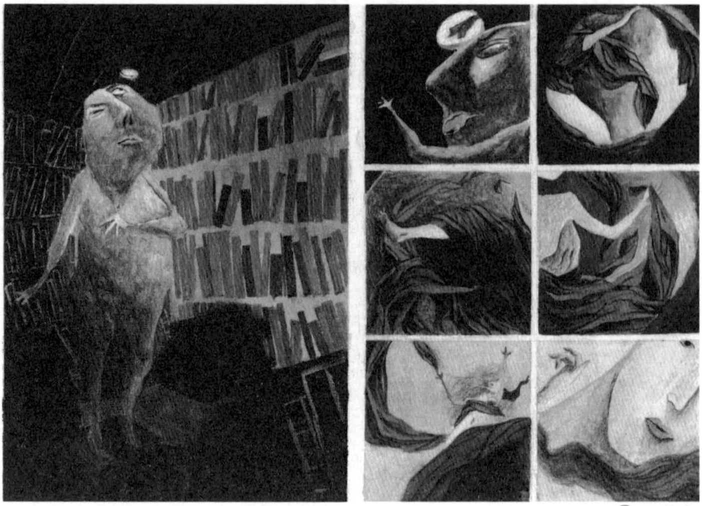

ⓒ 루벤탈

[그림 4] 이피게니아 12쪽

기사로 변신, 빛의 칼로 그녀의 육체를 옭아매고 있는 괴물을 처치하는데, 이 빛은 바로 그와 그녀를 연결시켜주는 연극 무대 조명이었다. 꿈에서 깨어난 순간, 무대 위에서 춤추는 이피게니아를 쫓아 춤추는 레옹스. 이피게니아를 향한 그의 고민은 점점 깊어져만 가고, 드디어 결심을 한다.

책에 써있는 것만이 세상에 존재한다면, 엄마 말이 사실이라면, 레옹스가 사랑하는 여인을 죽음에서 구해낼 수 있는 방법은 책장을 찢어버리는 일. 레옹스는 이피게니아 책 마지막 장을 찢어 버린 후 아킬레우스의 대사를 바꾸기로 결심한 것이다. 책에서 없어진 내용은 사라져버리고 이피게니아의 운명은 모든 것이 가능한 상태가 된다. 운명을 거스르는 일을 했다고 생각한 레옹스, 자신의 임무를 저버렸단 사실에 괴로워하다가 도망치듯 서재를 뛰쳐나온다. 이 행위는 영웅 신화의 서사구조를 따르는 이야기에서 일반적으로 발견할 수 있는 입문(initiation)에 대입시킬 수 있다. 다른 세계로 이동하기 위해 반드시 이겨내야만 하는 과

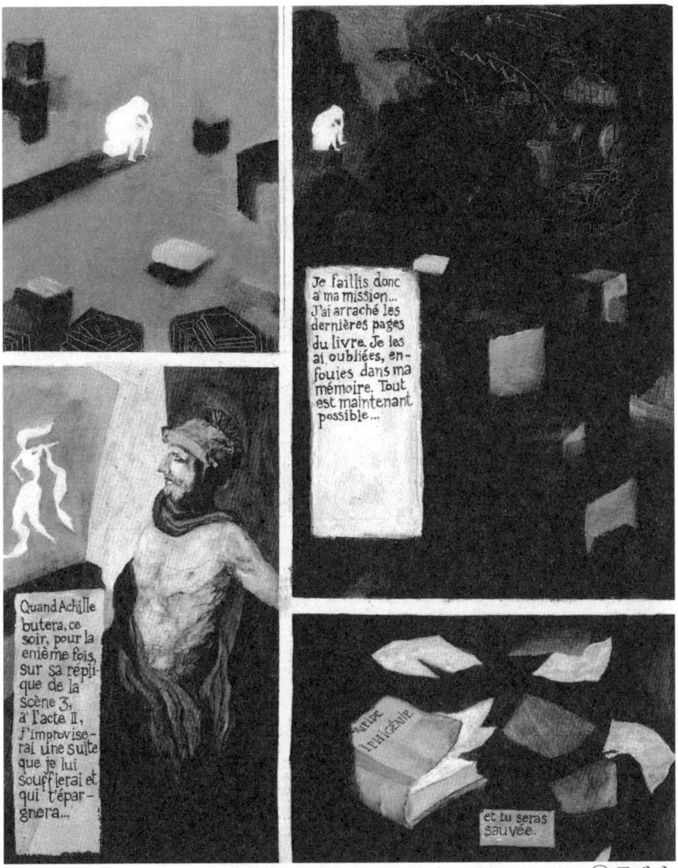

ⓒ 루벤탈

[그림 5] 이피게니아 27쪽

정인 입문은 우리의 영웅 레옹스도 거치는 성장통인 것이다.

<이피게니아>의 재미와 반전은 레옹스가 입문 과정 후에 경험하는 제3세계의 존재에 있다. 레옹스가 빠져나온 곳은 놀랍게도 극단 관계자들의 출입구, 그가 새로 발견한 곳은 바깥세상, 타인들이 살고 있는 실제 현실이다. 그동안 주인공과 함께 어둡고 깜깜한 지하 공간에 갇혀 있었던 독자는 이제야 비로소 레옹스가 살았던 세상이 전부가 아니라는 사실을 깨닫는다. 하지만 서재에서만 살았던 그는, 연극 무대에서 이피

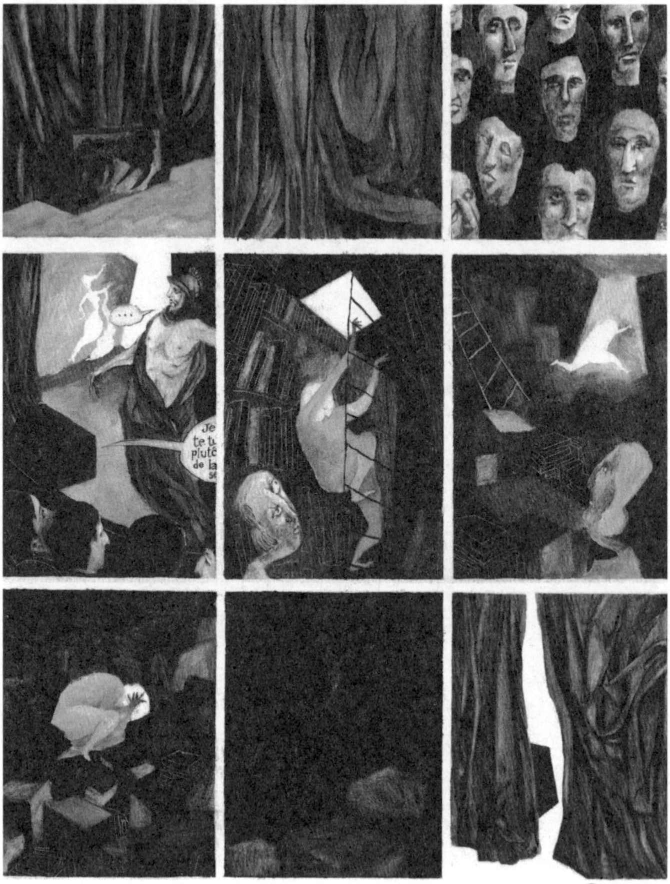

ⓒ 루벤탈

[그림 6] 이피게니아 28쪽

게니아를 비롯하여 신화 속 인물들만을 봤던 레옹스는 바깥세상에서 마주친 다른 사람들 역시 배우라는 생각, 그 자신이 다른 책 속에 와있다는 생각으로 절망에 빠진다. 이피게니아를 다시는 볼 수가 없게 된 것이다. 잠시 피곤에 지쳐 쉬고 있는 순간, (독자의 눈에는) 이피게니아를 닮은 한 여인이 레옹스에게 말을 건다. "저 실례합니다. 혹시 우리가 알고 있는 사이가 아닌가요?", "아니오. 그럴 리가… 저는 이 세상 사람이 아닌걸요."(32쪽) 레옹스는 그토록 찾아 헤맸던 이 여인을 (정확히 말하자

ⓒ 루벤탈

[그림 7] 이피게니아 29쪽

면 연극 무대에서 이피게니아를 연기했던 배우를) 알아보지 못하고 만다. 작품은 열려 있는 결말로 끝을 맺는다.

6. 『이피게니아』에 나타난 신화의 시각적 재현

이피게니아 신화를 변용하여 창작한 『이피게니아』는 신화에 등장하는 인물이 아닌 다른 주인공을 내세운 작품이다. 이피게니아 신화의 서사를 따라 사건이 진행되는 작품도 아니다. 이피게니아 이야기에서 핵심적으로 논의되고 있는 것은 오직 '죽어야 하는 운명'이다. 이피게니아 신화에 등장하는 아가멤논, 아킬레우스, 그리스 동맹군 등은 아예 언급조차 되지 않거나 미비한 역할을 맡고 있을 뿐이다. 주의를 기울여야 하는 대상은 『아울리스의 이피게니아』 공연 자체, 그리스 비극을 출발점으로 하여 신화를 구현하고 그에 생명력을 불어넣는 매체로서의 연극, 이 연극이 재현되는 상징 공간, 무대이다. 이피게니아 신화를 끊임없이 환기하는 역할을 하는 이곳은 레옹스가 진실이라 믿어야 하는 세계이며, 사랑하는 이피게니아가 속한 선망의 세계이다.

『이피게니아』의 서사 공간은 크게 세 범주로 구분된다. 레옹스가 속한 지하 서재, 이피게니아가 속한 지상 연극 무대, 작품 후반부에 등장하는 제3의 외부세계. 이 세 종류의 공간은 각기 개성을 담은 색채로 표현된다.

> 인간에게 색채, 윤곽, 소리 그리고 향기의 정신적 의미를 가르쳐주는 것은 상상력이다. 상상력은 태초에 유추와 은유를 창조하였다. 상상력은 삼라만상을 분해하고 인간 영혼의 가장 깊숙한 데서 생겨났다고밖에 할 수 없는 규칙에 따라서 재료들을 모으고 처리해서 일종의 새로운 세계를 창조한다. 그래서 상상력은 새로움이란 감각을 만들어낸다. […] 꿈이 자기 자신만의 분위기 속에 위치한 것처럼, 마찬가지로 개념은 구성이 되어가면서 자기 고유의 채색된 분위기 안에서 움직일 필요가 있다. 모든 사람들은 노란색, 오렌지색, 붉은색이 기쁨, 풍부함, 여유 그리고 사랑의 개념을 불러일으키고 표현한다는 것을 알고 있다.[12]

"스스로 사고하는 색채"를 통해 예술 작품이 환기하는 감정을 강조한 보들레르의 미술비평에서처럼 색은 시각 예술에서 중요한 위치를 차지

12 박기현, 『프랑스 문화와 상상력』, 살림, 2004, p.36에서 재인용.

한다. 컬러가 지배적인 프랑스 그래픽노블은 특히 색을 통해 작가의 감수성을 표현한 경우가 많다. 그중에서도 다양한 기법과 재료로 채색된 '회화적 만화'는 독특한 분위기를 소유하기 마련인데, 따라서 색의 질감을 통해 독자들의 감성적이고 정서적인 부분에 말을 걸게 된다. 전체 33쪽의 유화로 작업된 『이피게니아』는 '회화적 만화', '색채 만화'이다. 다시 말해 색과 이미지로 이야기하고자 하는 바를 형상화시킨 작품이다. 나아가 공간과 색을 연결시켜 의미를 부여한 측면은 더할 나위 없이 독창적이다.

『이피게니아』의 두 번째 서사 공간인 연극 무대는 물리적 위치상, 우리가 저 높은 곳을 꿈꾸듯, 하늘 즉 이상향에 가까운 지점이다. 바라볼 수는 있으나 접근할 수 없는 그곳은 첫 번째 서사 공간, 레옹스의 현실과는 대조적으로 빛이 있는 공간이기도 하다. 『이피게니아』 첫 페이지부터 26칸으로 구성된 5쪽 분량까지의 분위기는 검은색과 짙은 자주색이 주를 이루면서 (전체적으로는 노란색과 주황색으로 밝은 색조를 띠고 있지만) 답답하고 폐쇄적이다(그림 1, 2 참조). 11쪽에서 이피게니아와 연극 무대가 처음 등장한 칸은, 지금까지와는 대조적으로 밝은 느낌이 두드러진다. 어두운 서재 공간 내부, 책에서 발산되던 노란색과 주황색이 연극 무대로 옮겨와서 마치 이피게니아가 입은 빨강색 의상, 그녀를 비추는 조명과 쌍을 이루는 듯하다(그림 3, 4 참조). 서재의 어두움에 대조되는 무대의 밝음은 지하 공간에 빛을 비추는 유일한 근원지라는 이유에서 그 의미를 더한다고 할 수 있다.

사실 서재 공간은 플라톤의 동굴 알레고리를 연상시키는 측면이 강하다. 동굴 속에 죄수처럼 갇힌 인간은 외부 세상과 단절된 채 동굴 벽에 보이는 그림자만을 진실로 믿는다. 갇힌 사람 뒤쪽, 즉 동굴의 입구쪽에서 들어오는 빛이 동굴 내벽에 바깥사물들의 그림자를 투영하는 것이다. 요컨대 태양 빛이 구멍을 통해 동굴 안쪽 벽면에 맺는 상(像)은 바깥 세상의 그림자이자, 동굴 속 인간의 경험으로 상상하고 이해할 수 있는 전부이다. 레옹스와 엄마가 속한 지하 서재 공간은 바로 이 동굴 내부를 상징한다. 바깥세상이 존재하는 것조차 알지 못하는 갇힌 두 인물은 플라톤의 동굴 속에 갇힌 죄수를 상징한다. 이들은 공통적으로 허상을 보고 진리라 믿으며 살아가는 것이다. 그런데 레옹스는 엄마와는 다르게 구멍을 통해 들어오는 빛을 쫓아 참된 세계의 실재를 보려하는 존재이다. 천장의 구멍을 통해 새어나오는 연극 무대의 조명은 그를 더 높은 곳으로, 선망의 세계로 안내한다. 나아가 그를 고민하게 만들고, 그를 사고하게 만든다.

레옹스의 시선이 머무는 그곳에는 신화가 재현되고 있다. 지금 여기에서 특정 시대와 특정 인물을 이야기하고 있으나, 다른 곳, 다른 것, 다른 무엇인가를 끊임없이 환기시키는 신화 말이다. '이피게니아 신화' 속에 담긴 다른 무엇인가는, 우리가 역사적으로 확인할 수 있는 기존의 작품들에서 끊임없이 반복적으로 이야기하는 신화소라 이해할 수 있다. '국가적 이익을 위해 희생양으로 선택된 연약하고 순수한 이피게니아가 죽음이라는 운명을 순순히 받아들일 때', 우리의 레옹스는 과연 무엇을 생각하게 되겠는가? '그녀의 정해진 죽음 앞에서 어떻게 대처해야 하는가?', '운명은 과연 선택할 수 없는 것인가?', …….

『이피게니아』는 레옹스의 사랑이야기가 아니다. 오히려 정해진 조건 안에서 정해진 삶을 살아가는 레옹스와 이피게니아가 겪는 보편적인 인간 조건에 관한 이야기이다. 결국 정해진 운명에 반항하는, 동굴 밖을 뛰쳐나오는, 그리하여 다른 곳으로 이동할 수 있는 용기, 작은 레옹스의 결단 앞에서 우리의 실존을 생각할 수밖에 없다. 다시 플라톤의 동굴 알레고리로 돌아가자면, 동굴 밖 실재를 보는 철학자의 역할을 레옹스가 하고 있는 것이다. 그가 직접 쓴 가능성에 대해 말하는 "쓸모 있는 책"(25쪽)은 레옹스가 주어진 조건에 대해 항상 의심하고 연구했던 존재임을 보여주는 매개체이다. 이제 서재 밖으로 뛰쳐나온 그는 유일한 이상향처럼 제시되었던 무대 공간을 넘어 또 다른 제3의 세계를 만나게 된다. 지금까지 믿고 있었던 것이 전부가 아니었으며 새로운 세계와 진리가 그를 기다리고 있는 것이다.

『이피게니아』의 후반부, 레옹스가 갑자기 '내동댕이쳐진' 그곳은 지금까지 서재와 연극 무대와는 색감이 완전히 다르게 표현된다(그림 7 참조). 레옹스의 입문 후 발견한 제3의 외부세계는 첫 번째, 두 번째 공간에서 전혀 발견할 수 없는 하늘색이 두드러진다. 태양빛의 존재를 환기시키는 하늘색, 그곳에서 마주치는 사람들 옷의 다양한 색깔, 이들이 발을 대고 서있는 황토색 땅은 폐쇄된 공간에서 느꼈던 답답함을 한순간에 없애버리는데 충분하다. 가장 중요한 변화는 이제 레옹스는 각양각색의 사람과, 무엇보다도 미리 쓰인 대사와 다른, 살아 있는 말을 하는 그들 속에서 다시 새 의미를 찾아야 하는 공간이란 것이다.

7. 『이피게니아』의 의의

『이피게니아』는 신화가 한 작품에서 구현될 때 예술 장르에 따라 어떤 종류의 언어로 이야기되어지는가를 잘 보여주는 사례이다. 인간 존재에 대한 본질적인 물음, 그중에서도 운명에 관한 고민을 담아내기 위해 신화 세계를 차용하는 데서 이야기의 틀을 잡고, 신화의 줄거리를 따라가는 대신 신화와 고대 비극간의 상관관계를 이용, 무대라는 공간으로 시각화하면서 신화를 환기한다. 또한 어둡고 밝음의 이미지를 이용하여 인간이 진리라고 믿고 사는 것과 실제 존재하는 진리와의 차이점을 대비시킨다. 이 과정에서도 역시 서재 지하와 극장 외부라는 시각화를 통해 공간으로 상징해내고 있다.

우리네 인생에서 한번쯤 본인의 힘으로 어찌할 수 없는 운명 같은 절박한 순간에 맞닥뜨린 경험이 있을 것이다. 혹은 세상의 전부라고 믿어왔던 진실이 한순간 거짓이었음을 깨닫는 경험도 있을 것이다. 정해진 죽음에 대처하는 순수한 희생양 이피게니아나 주체적 의지로 강요된 조건에 대항하는 레옹스는 이러한 의미에서 우리를 닮았다. 결국 '신화'의 본질은 신(神)들의 이야기를 하는 것이 아니라 인간의 삶과 조건에 대해 질문을 던지는데 있다. '좋은' 예술 작품에 대한 정의는 논란의 여지가 있겠으나, 그 기능을 쾌락적(오락, 지적 쾌락, 시각적 쾌락 등), 교훈적(학습, 서사를 통한 간접 경험 등), 예술적 기능(감정 순화, 형식 실험 등), 매체 기능(홍보, 교육, 정보 전달 등)이라 한다면, 『이피게니아』는 심오한 주제로서 지적 쾌락을 제공함과 동시에 수려한 그림과 상징적인 색 선택으로 시각적 쾌락을 제공한다. 나아가 교훈적 기능뿐만 아니라 예술적 기능까지, 본연의 기능을 충실히 수행하고 있다.

『이피게니아』의 독창성은 바로 여기에 있다. 단순히 신화의 서사를 소재로 정보를 전달하는 수준에 머물거나 그리스로마 신화를 배우는 학습의 도구로 사용되는 것이 아니라, 작품으로서 본연의 감수성을 지니고 신화 나아가 모든 예술의 궁극적 질문인 인간의 삶에 대해 고민하기 때문이다. 그래픽이라는 형식을 통해 신화를 재현하는 방법은 여러 가지가 있겠으나 그 표현 언어를 십분 활용하는 것이야 말로 작품의 완성도를 높이는 길이라 할 것이다. 그래픽노블이 그림과 말의 결합, 그 연속에서 이야기를 전달한다는 사실을 주지한다면, 신화가 말하는 그 다른 것, 다른 곳은 결국 공간으로 혹은 사물 혹은 인물로 이미지화되어 독자들에게 시각적 요소로서 제공되어야 할 것이다. 동시에 이미지가 재현해낸 세상을 설명하고 모호함을 해소하는 말로써 의미를 명확히 해야 할 것이다.

『이피게니아』는 레옹스에게 동일화된 독자가 이 작품을 통해 인간이

처한 운명에 대해 한 번쯤 생각해 볼 기회를 제공한다. 한 칸 한 칸 정성 들여 그린 유화 기법은 내용의 무거움을 담아내기에 알맞은 그릇 역할을 잘해낸다. 또한 검은색과 어두운 자주색으로 시각화된 서재는 레옹스가 속한 현실 세계 혹은 원칙과 관습, 질서들로 들어찬 상징계를 상징하고, 밝은 자주색과 오렌지색으로 시각화된 무대는 뛰어난 상상력의 총체를 상징적으로 나타난 상상계를 상징하고 있으며, 밝은 노란색과 하늘색이 사용된 바깥세상은 입문 후 레옹스가 발견하는 세계를 시각화하고 있다. 다양한 색으로 상징되는 각 공간과 빛, 색감은 독자를 그 너머의 다른 세계로 초대하고 있다. 이미지와 상징의 배열, 신화가 이렇게 다시 그려진 것이다.

12

훈데르트바서의 건축물에 나타난 역동성과 소통의 이미지

— 바슐라르의 공기적 상상력

김양수

> 파리에는 집이 없다. 포개어져 놓인 상자들 속에서 대도시의 주민들이 살아간다. (…) 포장된 지면에서 지붕까지 방들이 포개어 쌓아 올려져 있고, 지평선 없는 하늘의 천만이 도시 전체를 둘러싸고 있다.
>
> — 가스통 바슐라르, 『공간의 시학』[1]

1. 넌버벌(Non-verbal) 콘텐츠로서의 건축물

인간은 언어가 지배하고 있는 세상 속에서 살아간다. 상대방을 가르치거나 설득하며, 생각을 공유하고, 특정한 대상에 이름을 붙이는 등 사람과 사람사이의 커뮤니케이션에서 언어가 차지하는 비중은 상당히 높다. 이렇게 언어는 인간 커뮤니케이션의 가장 대표적인 도구로 자리 잡았다. 인간이 사용하는 기호들 중 가장 효율적인 매체가 바로 언어라고

1 가스통 바슐라르, 『공간의 시학』, 민음사, 1990, p.144.

할 수 있을 정도로 인간은 언어라는 매개체 없이는 살아갈 수 없게 되었다. 언어학자 소쉬르가 지적했듯이 "언어란 단순히 이름을 붙이는 것에 그치는 게 아니라 애초에 어떤 물체를 구성하는 것이 무엇인지를 판단하는 일종의 메커니즘"이 되고 있다. 그러나 우리 생활세계 속에 위와 같은 언어적인 커뮤니케이션만 존재하는 것은 아니다. 비언어적 커뮤니케이션은 언어가 주는 효율성을 넘어 우리가 알고 있는 것 이상으로 우리에게 상당히 많은 의미를 전달한다. 얼굴의 표정, 눈의 움직임, 몸짓 등 언어 이외의 기호로도 우리는 자연스럽게 대담자의 정보를 인식할 수 있고 의사소통을 형성해낸다. 비언어적 의사소통은 때때로 언어가 전달하지 못하는 화자의 감정이나 심리적 상태까지도 전달가능하게 하는 역할을 담당한다. 이러한 비언어적인 의사소통이 가장 효과적으로 드러나는 콘텐츠는 대표적으로 무언극이라고도 불리는 넌버벌 퍼포먼스나 무성영화가 있다. 그 밖에도 회화, 조각, 패션디자인, 사진 등 언어 이외의 상징체계를 이용하는 것들은 모두 넌버벌 콘텐츠라고 할 수 있다. 여기에서 필자는 또 하나의 넌버벌 콘텐츠로서 건축물에 초점을 맞춰보려 한다.

언어적이든 비언어적이든 메시지를 주고받는 형태의 커뮤니케이션이 만일 사람과 사람사이뿐만 아니라 사람과 사물사이에서도 가능하다고 한다면, 우리가 몸담으며 살아가고 있는 도시와 인간 사이의 커뮤니케이션도 충분히 가능하다고 볼 수 있다. 그렇다면 도시와 인간 사이에서는 어떤 방식의 의사소통이 오고갈까. 이 또한 분명히 비언어적 의사소통의 형태를 띨 것이며 건축물이 이 역할을 가장 대표적으로 담당하고 있을 것이다. 본래부터 우리가 살아가고 있는 도시라는 장소에서의 건축물은 실용적인 가치를 지닌 공간이기도 하면서 도시와 인간사이의 비언어적 커뮤니케이션을 형성하는 역할을 담당한다. 건축물은 하나의 넌버벌 콘텐츠로서 도시의 정체성을 표현해주는 대상이자 시대정신을 반영하는 매개체가 되기도 한다는 의미다. "몸이 정신과 육신의 결합체인 것처럼 건물도 정신적 가치와 구조체의 결합체이다"[2]라는 말을 고려해 봤을 때 건축물들은 우리가 지닌 잠재적 무의식을 가장 잘 표출해주고 있는 대상일지도 모른다. 건축물은 시대 사람들의 저변 의식을 반영한 형태로 표출되고 있으며, 그 자체로 넌버벌 콘텐츠로서 인간과 상당히 밀접한 관계를 맺고 있다.

그렇다면 현대의 건축물들이 반영하고 있는 의식과 무의식의 세계는 어떤 것일까 생각해보자. 이는 우리 사회에서의 건축물들이 어떤 지위를 차지하고 있는지를 생각해보면 쉽게 파악할 수 있다. 현대 사회에서 대부분의 건축물은 문화적 가치보다는 물질적 욕구와 경제논리에 부합하고자하는 형태의 지표가 되어버렸다. 인간들의 이성적이고 합리적인 계산으로 이루어진 욕망들의 덩어리가 응축된 공간으로 전락한 것이다. 따라서 이러한 현실이 관료적으로 전승되고 재생산되는 모습을 별다른 돌파구가 없다는 핑계로 지켜볼 수만은 없게 되었다. 이제 우리는 활력을 잃은 도시와 건축물을 문화적 가치와 풍요로운 삶의 공간으로 재위치 시키기 위한 작업이 필요한 시점에 이르렀다. 이에 필자는 합리적 이성에서 벗어나 인간 지성에 코페르니쿠스적 전환을 제시한 바슐라르(Gaston Bachelard)와 훈데르트바서(Friedensreich Hundertwasser, 1928~2000)를 소개하고자 한다. 이 두 상상력의 대가들을 통해 우리는 건축물이 구태의연한 현실을 넘어 역동적이고 소통의 이미지를 지닌 문화적 가치로 평가받을 수 있는 방향을 모색할 수 있을 것이다.

본 논의를 간략히 소개하자면 다음과 같다. 우선 2장에서는 우리가 잃어버린 상상력을 되찾는 작업을 위해 바슐라르의 상상력의 힘을 빌리고자 한다. 바슐라르의 4원소 이론 중 공기적 상상력을 중심으로 살펴

---

2 임석재, 『기계가 된 몸과 현대 건축의 탄생』, 인물과 사상사, 2012, p.8.

봄으로서 논의를 진행할 것이다. 바슐라르의 상상력 이론은 우리의 의식세계를 지배하고 있는 로고스적 합리주의와 이성주의에서 벗어나 새로운 사고의 날개를 펼치는 데에 밑거름이 될 것이다. 3장에서는 2장에서 논의한 바슐라르의 상상력 이론을 토대로 하여 오스트리아 몽상의 건축가 훈데르트바서의 건축 작품들을 분석해보고자 한다. 이어서 4장에서는 앞서 살펴본 논의를 바탕으로 우리 도시의 건축물들이 지니는 모습을 조명해보고, 바슐라르와 훈데르트바서의 작업들이 우리 시대의 건축물에 어떤 점을 시사하고 있는지를 도출해내려 한다.

2. 역동성과 소통을 위한 공기적 상상력

인간 의식주의 중요한 한 축을 형성하는 건축이 현대사회에서는 메마르고 상상력이 고갈된, 그리고 물질적 욕망을 분출하는 공간이 되어버렸다. 우리 삶의 공간을 이처럼 황폐하게 만든 원인은 바로 인간의 자연적 본성에서 멀어졌다는, 즉 상상하고 꿈꾸는 것으로부터 점점 멀어져왔다는 데 있는 듯하다. 이성에 기반을 둔 객관적인 사고방식이 오늘날까지 인류의 물질적인 문명의 진보를 이끌어온 것에 기여를 한 것은 사실이다. 자신이 명확히 이해할 수 있고 눈에 보이는 가시적인 것들만을 인정하는 합리주의적 사고방식은 물질문명을 발전시키는 데는 큰 공헌을 했지만, 합리주의의 발달은 인간 이성 이외의 가치들, 즉 인간의 상상력이나 감성과 같이 인간의 행복과 직접 관련이 있는 요소들을 비합리적이라는 명목 하에 문화의 전면에서 몰아냈다. 그 결과 비합리적인 요소들은 자신의 정당한 자리를 내어준 채로 합리적 이성의 방해물로 취급받기에 이르렀다. 인류는 오랜 시간 동안 이미지나 상상력을 인간의 정신활동 중에서 가장 무익한 것으로 더 나아가 적극적으로 피하고 제거해야 할 것으로 생각해 왔다.[3]

그러나 결코 상상력이 무익하거나 제거되어야 할 요소는 아니다. 오히려 인간의 삶을 질적으로 풍부하게, 자세히 말하자면 인간의 정신적인 삶을 풍요롭게 가꾸어주는 요소가 바로 비물질적인 요소들이자 상상력이라고 할 수 있다. 이제 우리는 감성의 역할과 창조적인 생산자의 역할이 간절히 필요한 시점에 도달했고 이를 위해서는 이성의 잣대만을 들이댈 것이 아니라 상상력에서 그 실마리를 찾아야 한다. 이러한 판단하에 필자는 현실의 문제를 극복하기 위해—즉 현대의 건축물들이 합리적인 교환가치의 대상에서 문화적가치의 대상으로 재위치 시키기 위해서—우선 우리의 의식세계에로 그 무게의 중심을 옮겨갈 필요가 있다고 생각했다. 바슐라르의 상상력 이론 중 얽매인 사고의 틀에서 벗어나 자유로움을 추구하고자 했던 공기적 상상력에서 그 의미를 찾아 볼 수 있을 것 같다.

바슐라르는『공기와 꿈』에서 상상력이 가진 역동적인 힘을 강조했다. 본래 바슐라르의 상상력은 각개의 물질이 가진 성질로부터 출발하는 면이 있으며, 궁극적으로 그가 진정 중요시 했던 것은 그 물질적 대상의 질료성이 아니라 물질로부터 다양한 이미지들을 끌어내는 상상력의 힘이었다. 다시 말해 바슐라르의 물질적 상상력은 "이미지의 대상을 형태로 파악하는 것이 아니라 그것이 가지고 있는 물질성에 기반을 두어 발전해나가는 상상력이며 이것은 우리의 느릿한 몽상 속에서 천천히 변화"[4]하는 것이다. 예를 들어 우리가 공기라는 물질을 형태로 파악했을 때는 눈에 보이지 않는 기체에 지나지 않는다. 하지만 공기라는 물질성을 생각할 때 연상되는 이미지들은 단순히 시각적 이미지가 아닌 정신적인 이미지들로 나타난다. 공기가 만들어내는 대표적인 이미지는 가벼움, 높이 상승하고자 하는 의지, 자유로움 등으로 표현할 수 있다. 바슐

---

3 홍명희,『상상력과 가스통 바슐라르』, 살림, 2010, pp.4~5.
4 홍명희, 앞의 책, pp.32~33.

라르의 『공기와 꿈』에 나오는 다음의 인용문을 참고해보자.

> 기실, 상상력의 왕국에서 공기라는 실사(實詞)와 가장 가까운 부가형용사는 자유로운이라는 형용사임을 새삼 강조할 필요가 있을까? 자연스런 공기는 자유로운 공기이다. (…) 공기적 정신심리는 우리로 하여금 승화의 여러 단계들을 실현하게 해준다.[5]

이처럼 공간의 제약을 받지 않고 자유로운 움직임을 지니는 공기는 생동하는 삶을 상징하고 있다. 이 상징은 우리로 하여금 물질적 세계의 제약에서 벗어나 이상의 세계를 향해 도달하고자 하는 모습을 그리게 만든다. 바슐라르는 공기의 이미지를 하늘에 떠다니는 구름[6]이라고 묘사하기도 했고, 하늘을 향해 가볍게 날아오르는 새에 비유하기도 했다. 가벼움 속에 공중을 비행하는 존재인 새는 "인격화된 자유로운 공기"[7]이다. 새의 존재는 자신의 몸을 감싸는 공기에 의해 형성되며 새의 생명은 그것을 싣고 날아가는 운동에 의해 만들어지는 것이라고 바슐라르는 말했다. 이처럼 사회적인 통념을 깬 독특한 그의 공기적 상상력은 우리의 정신세계를 마치 자유로운 새처럼 날아오르게 만든다.

공기의 또 다른 물질적 이미지로는 숨과 호흡이 있다. 공기는 이 땅위에 존재하는 모든 생명에게 없어서는 안 될 숨을 제공한다. 숨은 인간을 비롯한 모든 만물의 삶을 가능케 하는 것이며, 하늘과 바람 그리고 자연의 기운을 온 몸으로 받아들이는 것이다. 생명의 순환과 자연의 리듬을 닮은 숨은 생동하는 우주적 공기이자 활력의 에너지이다. 이러한 활력

5 가스통 바슐라르, 『공기와 꿈』, 정영란 옮김, 민음사, 1994, pp.26~27.

6 긍정적이며 능동적인 상상적 모습 속에서 보자면 구름의 상상력이 가지는 기능은 상승에의 초대, 바로 그것이다. 즉 정상적인 몽상은 저 푸른 하늘 높은 곳에서 분해됨으로써 가장 높은 경지의 승화에까지 이르고야 마는 어떤 질료적 상승인 양 구름을 따라 오른다. 위의 책, p.383.

7 위의 책, p.163.

의 에너지를 발견할 수 있는 또 다른 대상은 바로 나무이다. 비록 뿌리는 땅에 있지만 그 가지는 하늘을 향해 뻗어 있고 잎사귀는 수많은 날개가 되어 파득거린다. 그리고 "쭉 뻗은 나무는 삶을 푸른 하늘로 싣고 오르는 분명한 힘"[8]을 상징한다. 이곳과 저곳을 자유로이 넘나들며 지상이 아닌 천상을 꿈꾸는 공기의 이미지를 통해 우리는 구태의연한 현실을 타개하고 현실 이상의 것을 추구하고자 하는 의지와 욕구를 발견하게 된다.[9]

공기가 상승과 비상의 이미지만을 지니고 있는 것은 아니다. 바슐라르의 4원소가 가진 이미지들이 모두 그렇듯이 공기 또한 양가성의 이미지[10]를 지닌다. 즉 자유로운 상승의 이미지와 추락의 이미지를 동시에 지니고 있다는 것이다. 이와 관련하여 날개를 달고 하늘 높이 비상했지만 추락하게 되고 마는 이카루스를 떠올릴 수 있다. 미노스 왕에 의해 미궁에 갇힌 이카루스와 그의 아버지 다이달로스는 탈출을 위해 밀랍과 깃털을 이용하여 날개를 만들게 되었고, 힘찬 날갯짓으로 하늘을 향해 날아올랐다. 하지만 탈출에 성공한 이카루스는 기쁨에 겨워 아버지의 충고를 망각한 채 하늘에 닿을 정도의 높이로 올라갔다. 태양과 점점 가까워지던 이카루스는 결국 날개를 고정시키던 밀랍이 녹아내리면서 결국 바다로 추락해버리게 된다. 이로 미루어 볼 때, 공기는 자유로운 상승과 비상의 이미지를 지니고 있지만, 반대로 공기적 자유를 잃게 되면 이카루스처럼 추락하게 된다는 이미지 역시 지니고 있다.

지금까지 살펴본 바와 같이, 공기란 매우 특이한 이미지인데 이것은

---

8 위의 책, p.406.

9 송희영, 「바슐라르와 상상력, 그리고 현대 디지털 아트」, 『글로벌문화콘텐츠』 제4호, 한국글로벌문화콘텐츠학회, 2010, p.199 참조.

10 바슐라르의 물질 상상력에서, 모든 물질이미지들은 양가성 혹은 이중성을 가진다. 바슐라르는 이것을 상상력의 기본적인 법칙이라고까지 부른다. (채숙희, 「Gaston Bachelard의 시학에 나타난 물의 이미지와 죽음의 몽상」, 『프랑스어문교육』 제30집, 한국프랑스어문교육학회, 2009, p.395 참조.)

바슐라르에게 있어서 역동성과 물질성이 온전히 결합되어 하나가 되는 이미지이다. “그리고 이것이야말로 순수한 운동이며, 우리 삶의 가장 높은 장소에서 드러나는 실재적 운동이다. 또한 그것은 무한[11]에 대한 지향을 드러내며 자유 그 자체를 표현하는 질료”[12]이다. 더욱이 약동하는 공기의 벡터적 성격은 개체 외부의 힘으로부터 변화하는 것이 아니라, 개체 내부에서부터 자체적으로 힘을 얻어 방향적 행동을 일으키게 된다. 바슐라르는 이러한 “공기적 훈련 없이, 가벼움에의 예행 수련 없이는 인간의 정신심리는 절대 진보할 수 없다. 공기의 혁명 없이는 인간의 정신심리는 그저 과거나 만들어내는 그런 진보만 하는 셈”[13]이라고 말하고 있다. 이러한 생명력은 곧 의식의 자유로움에의 추구, 역동적인 상상력 등은 우리가 공기라는 물질에서부터 얻을 수 있는 이미지들이며 바깥 자연과 교감할 수 있는 통로가 되고 궁극적으로는 일상의 그림자로부터 벗어나 새로운 삶을 향해 비약하는 일[14]이다. 바슐라르가 삶의 확대를 실현하기 위해서는 아무리 많이 상상하고 의지적으로 상상해도 지나치지 않다고 했던 이유를 바로 여기에서 찾아볼 수 있다.

『공기와 꿈』의 역자인 정영란은 바슐라르의 상상력은 물질적, 역동적 상상력의 존재에 대한 단순한 발견을 넘어서 이성보다 상상력이 우위의 중요성을 차지하는 인식의 새로운 방법론을 설득하는 것이라고 말한다. 더 이상 희망이 없는, 대화가 단절된 상상력이 마른 단지 기계처럼 상대방에게 반응하는데 그치는 세계에 살기를 원치 않는다면, 우리는 모나

11 바슐라르가 말한 무한이란 존재의 팽창과 결부된 시적 상상력의 한 범주이며, 상상력의 진정한 거울로 작용하는 것이다. (박치완, 「가스통 바슐라르와 무욕의 상상력」, 『프랑스학 연구』 통권 제48호, 2009, pp.132~133.)

12 임성훈, 「속도의 관점에서 본 현대건축」, 부산대학교 박사학위논문, 2009, p.154.

13 가스통 바슐라르, 앞의 책, p.521.

14 “상상하는 것, 그것은 곧 (이 자리를 떠나) 부재한다는 것이며, 새로운 삶을 향해 비약하는 일이다.” 위의 책, p.15.

지 않은 부드러운 감성으로 —바슐라르가 추구하고자 했던 상상력의 힘을 통해— 꿈을 꾸어야 한다.[15] 이를 위해 우리는 인간이 꿈꾸는 존재이자 가시적인 현실에만 얽매여있지 않고 초월적, 비가시적인 세계를 자유롭게 넘나들 수 있는 존재라는 사실을 다시금 깨달아야한다. 사고하며 꿈꾸는 인간, 그가 자신의 눈에 와 닿는 감각 세계를 수동적으로 바라보는데 그치지 않고 그 내부를 꿰뚫어 볼 수 있는, 새롭게 자신의 창조할 수 있는 능력을 갖는 것도 논리적으로 사고하는 인간일 때가 아니고 영혼을 통해 상상하는 인간일 때이다.[16] 이제 우리는 문명의 진보를 이끌었던 합리적이고 이성적인 인식의 틀은 잠깐 뒤로 미뤄둔 채 상상력의 세계에로 천착해야 할 필요가 있다. 필자가 훈데르트바서라는 예술가를 소개하고자 하는 목적도 여기에 있다. 몽상하는 예술가, 상상력의 건축가라고도 불리는 훈데르트바서는 지금까지 우리가 봐왔던 건축물들과는 새삼 다른 형태의 건축으로 사람들의 이목을 끌었다. 특히나 바슐라르의 공기적 상상력의 역동성과 소통의 이미지가 잘 드러나고 있다는 것이 특징이라고 할 수 있다. 다음 3장에서는 창조적 상상력의 세계를 건축물로서 발현시킨 훈데르트바서의 작품을 분석해보는 것으로 논의를 옮겨가고자 한다.

3. 훈데르트바서 작품에서 표현된 역동성과 소통

오스트리아의 예술가이자 건축가인 프리덴슈라이히 훈데르트바서는 위대한 몽상의 건축가라고도 불린다. 훈데르트바서를 상상력의 건축가라고 칭하는 것에는 그 나름의 이유가 있다. 훈데르트바서는 자신의 상

15 박치완, 「바슐라르 읽기, 바슐라르와 더불어 꿈꾸기」, 『세계의 문학』 제114호, 2004, p.265 참조.

16 박치완, 「상상력의 힘과 현대문명 비판」, 『비교문화연구』 제9권, 경희대학교 비교문화연구소, 2005, p.58 참조.

상력을 통한 건축을 추구함으로 인해 죽음의 이미지로 하강하는 도시에 새로운 삶의 숨결을 불어넣었다. 기능주의적이고 획일화 된 기존의 그늘진 도시의 모습을 빛으로 승화시킨 것이다. 그가 만든 건축물의 이미지를 한마디로 표현하자면 공기적 상상력이 투영된 역동성과 소통의 이미지라고 이야기할 수 있겠다. 사실 훈데르트바서는 화가였다. 화가였던 그가 건축에 관심을 가지게 된 것은 기능주의와 실용주의에 바탕을 둔 현대 건축물들이 사람을 병들게 한다고 생각했기 때문이었다.

훈데르트바서는 자신이 설계한 건축물을 지어서 올리기도 했다. 하지만 그의 대부분 작업들은 기존의 건축물을 다시 리모델링하는 방식으로 이루어졌다. 이러한 작업을 그는 '치료'라고 불렀다. 도시의 메마른 건축들을 자연과 인간의 행복한 동거의 공간으로 탈바꿈 시키고자 크고 작은 프로젝트를 맡아서 진행하게 되면서 그는 건축치료사라는 별명을 얻기도 했다. 그의 예술작업이 '행복한 삶의 추구'에 기초하고 있다는 점을 고려해 봤을 때, 인간이 실질적인 삶을 영유하는 공간인 건축물에 관심을 갖고 있는 것은 어찌 보면 당연하다고 할 수 있다. 우리가 숨 쉬며 살아가는 공간인 집을 그는 세 번째 피부라고 믿었다. 첫 번째 피부는 우리의 피부, 두 번째 피부는 우리가 입는 옷, 세 번째 피부는 우리의 거주공간인 건축물이다. 그는 첫 번째, 두 번째 피부와 같이 세 번째 피부를 통해서 또한 우리의 존재성을 나타내고 창의성을 표현할 수 있어야 한다고 생각했다.[17] 그렇다면 이제 인간의 세 번째 피부라고도 하는 그의 건축물과 그 안에서 드러나고 있는 상상력에 대해 살펴보도록 하겠다.

그의 대표작이라 할 수 있는 빈의 훈데르트바서하우스는 물론, 블루마우 온천마을, 탁아시설, 고등학교, 쓰레기 소각장 등 그의 수많은 건

---

17 훈데르트바서 한국 특별전 공식 웹사이트 참조 http://www.hundertwasserkorea.kr/introduce1_3.html (2012.05.16)

축물들은 주변에서 흔히 볼 수 있는 여느 건축물들과는 확연히 다르다. 일단 주의깊게 볼 수 있는 내용은 훈데르트바서의 작품이 특히 주변 건물들과 분명하게 차이가 나는 점인데, 그가 만든 건물의 가장 큰 특징은 바로 건물 자체에서 '역동'적 이미지가 뿜어져 나온다는 면이다. 무미건조하고 단조로운 형태의 주변 건물들과는 다르게 훈데르트바서는 이러한 단조로움에 맞선 다양성을 추구했으며, 불규칙적인 디자인 방식을 사용하여 틀에 박히지 않은 접근법을 시도했다. 이는 곧 얽매인 사고의 틀에서 벗어나 자유로움을 추구하고자하는 공기적 상상력을 떠올리게 한다. 또한 다양한 색채와 부자재 그리고 기울어짐, 곡선, 형태의 유희 등을 활용한 독특한 표현방식은 우리로 하여금 또 다른 무언가를 상상하게 만드는 힘을 지니고 있다.

[그림 1]은 오스트리아 빈에 위치한 '쿤스트하우스빈'이라는 건물의 모습이다. 본래 이 건물은 1892년 빈 제3지구에 건설되었던 소넷 브라더스 가구공장이었다. 하지만 이 공장은 훈데르트바서의 치료를 받고 난 이후 "전시공간만 4000평방미터에 달하는 미술관으로 재탄생되었으며 지역의 문화적 보석"[18]이 되었다. 가운데의 치료 도면을 보면 알 수 있겠지만 기존 건물의 표면에 색감과 불규칙적인 격자무늬를 입힘으로

ⓒ Google 이미지

[그림 1] '쿤스트하우스빈'의 치료 전의 모습과 치료 도면 그리고 치료 후의 모습

18 피에르 레스타니, 『훈데르트바서』, 박누리 옮김, 마로니에북스, 2010, p.51.

ⓒ Google 이미지

[그림 2] '훈데르트바서하우스'의 전체적인 모습과 독특한 모양의 기둥

서 단조로움을 탈피하고자 노력했던 모습이 돋보인다. 한편 우중충한 외관과 어둡고 칙칙했던 낡은 건물로 치부 받았다가 랜드마크가 된 또 다른 건물이 있다. 그것은 바로 [그림 2]의 '훈데르트바서하우스'이다.

이 건물은 훈데르트바서의 가장 대표적인 작품이라고도 할 수 있는데 시(市)의 제의를 받고 1985년 빈의 도심에 건설한 건물이며 이곳은 실제로 주민들이 거주할 용도로 지어진 건축물이다. 훈데르트바서하우스는 하나하나 저마다 색깔이 다르고 창문의 모양이 다르다. 마치 퍼즐의 조각들이 잘 끼워 맞춰진 모습을 떠올리게도 한다. 건물의 중앙 부근에는 둥근 벽돌과 들쭉날쭉한 도기타일로 가장자리를 장식한 분수가 묵직하게 자리 잡고 있다. 울퉁불퉁한 스카이라인과 거리로 이어지는 둥글게 굽은 계단 등은 우리로 하여금 마치 스페인의 건축가 가우디(A. Gaudí) 의 밀라 하우스를 연상하게 만든다.[19] 훈데르트바서하우스는 회화는 물론이고 건축물을 지음에 있어서도 직선보다는 어디로 뻗어나갈지 모르는 선이나, 곡선, 둥근 모양과 같이 자연과 어울리는 유기적 형태를 선호했다. 직선은 자연스럽지 못하며, 우리가 자연의 일부라는 것을 망각하게 만드는 게 직선이라고 생각했기 때문이다. 획일화되고 실

---

19 위의 책, p.46 참조.

용성만을 최대화 시킨 직선의 공간을 최대한 배제하고, 건물과 그 안에 사는 사람이 같이 호흡할 수 있게 자연의 굴곡을 그대로 보존하고자 하는 의도에서 불규칙한 구석과 모서리가 있는 유기적 건물을 만들었다. 둥근 이미지와 역동적인 이미지를 지닌 그의 건축물들은 온통 직선으로 가득차고 넘쳐나는 현대의 도시에 활기를 불어넣는 힘을 지니고 있었다.

또 다른 작품들을 살펴보면, [그림 3]의 위쪽 사진은 독일의 비텐베르크에 위치한 마틴 루터 고등학교의 모형인데, 이 또한 기존의 낡은 건물을 재디자인하는 형태의 치료과정을 거친 작품이다. [그림 3]의 사진은 프랑크푸르트에 위치한 헤던하임 어린이 탁아시설의 모형이다. 두 작품

ⓒ Google 이미지

[그림 3] 독일 비텐베르크에 위치한 마틴루터고등학교 (위),
프랑크푸르트에 위치한 헤던하임 어린이 탁아시설 (아래)

모두 학생들을 위한 건축물로 다양한 색감과 곡선의 활용 같은 요소들은 다른 작품들과 크게 다르지는 않지만, 어린이와 학생들에게 창의적이고 시적인 환경을 만들어주기 위한 그의 배려를 느낄 수 있게 되는 건축물이라 할 수 있다.

그의 작품 전체에서 공통적으로 나타나는 특징은 바로 살아있는 거대한 유기적 덩어리로 독특하면서도 역동성이 넘치는 건축물의 이미지이다. 다양한 색깔의 원기둥을 잘라서 만든 기둥, 나무로 된 지붕, 수염이 달린 창문, 양파모양의 돔, 부러진 타일을 붙인 바닥 등은 훈데르트바서의 건축 스타일의 트레이드마크라고 할 수 있다. 이러한 요소를 이용하여 그는 합리적 이성주의에서 벗어나 상상력을 통해 도시에 새로운 활력—단조로움에 활력을 부여하고 운동성을 느끼게 하며 경관성의 초점으로 이질적인 요소를 강조하는 것이 아니라 전체적인 흐름의 일부로서의 역동성[20]—을 불어넣고자 시도했다. 그래서 결국 그의 이러한 작업들은 앞서 살펴본바와 같이 새로운 형태의 건축물들을 창조해내기에 이르렀다. 일상적인 따분함을 벗어나 역동성이 느껴지는 훈데르트바서의 건축 작업 바탕은 이론적인 계산이나 합리적 목정성에 있었던 것이 아니라, 어디에도 얽매이지 않은 자신만의 다채로운 상상력에 바탕[21]을 두고 있었기에 가능했었다고 볼 수 있다.

둘째로 훈데르트바서의 작품에서 느껴지는 또 다른 상상력의 요소는 바로 '소통'이라는 이미지이다. 그의 작품들을 살펴보면 유난히 창문이

---

20 최창배, 「자연의 형태에서 도출된 유기적 디자인의 특성 분석」, 홍익대학교 석사학위논문, 2011, p.38 참조.

21 훈데르트바서는 미술정규교육을 받지 않았다고 한다. 유년시절 3개월가량 빈 예술학교를 다니며 수업을 들었던 것이 전부이며, 훗날 파리에 있는 에꼴 데 보자르라는 미술전문학교에서 다시 한 번 정식교육을 받고자 시도했지만 단 하루 만에 포기하고 말았다. 그때의 그는 이미 자신만의 길을 걷고 있었던 것이다. (마로니에북스 편집부, 『훈데르트바서 2010 한국전시』, 마로니에북스, 2010, p.41.)

ⓒ Google 이미지

[그림 4] 오스트리아 스티리아에 위치한 블루마우 온천마을

많다는 것을 발견할 수 있다. 그의 대표작 '쿤스트하우스빈'이나 '훈데르트바서하우스', 그리고 [그림 4]의 블루마우 온천마을 건물들에서 볼 수 있듯이, 창문은 훈데르트바서의 작품에서 대표적인 상징적 요소로 자리 잡았다. 그가 창문에 대해 애착을 갖게 된 것은 다음과 같은 이유에서이다. "모든 사람은 자신의 창문 밖으로 몸을 내밀어 자신의 세 번째 피부를 재창조하고 개조할 권리가 있다. 팔이 닿는 만큼 외벽을 개조해 저곳에는 자유로운 사람이 살고 있다는 것을 알릴 수 있도록 하는 것이다."[22] 창문은 여러 가지 의미를 지니고 있다. 창문은 열림을 뜻하기도 하며, 이 창문을 통해 인간은 외부와 소통하고 응집되어 있던 꿈을 표출하기도 한다. 저마다 다른 모양을 지닌 창문은 그 안에서 거주하고 있는 사람의 개성을 나타내주기도 하며 이것은 그의 작품이 지닌 독특

22 훈데르트바서가 1972년에 발표한 창문에 대한 권리의 내용. (위의 책, p.151 참조.)

한 매력을 형성하고 있다. 이렇게 훈데르트바서는 외부와의 자유로운 소통을 위해 창문의 중요성을 강조했으며, 도시의 대단위 주택단지나 아파트처럼 똑같이 찍어낸 건물에서 드러낼 수 없는 자신만의 개성을 창문을 통해 표현하고자 했다. 이는 곧 단조롭고 갇힌 공간을 벗어나 외부를 향해 트인 공간을 지향하는 것이며, 여기서 내부와 외부, 이곳과 저곳을 넘나들며 자유로운 소통을 가능케 해주는 공기적 상상력의 특징을 찾아볼 수 있다.

또한 창문과 더불어 그의 작품 곳곳에 배치되어 있는 나무와 녹지공간들은 인간과 인간사이의 소통뿐만 아니라 인간과 자연 사이의 소통까지도 그가 염두에 두었다는 사실을 짐작케 하고 있다. 훈데르트바서는 인간이 지어올린 건물에 의해 본래 그 땅의 주인인 나무들의 권리가 빼앗긴다고 했다. 그렇기 때문에 그는 식물이 자랄 땅을 빼앗아 집을 지은 인간은 옥상과 집안에 나무들을 위한 공간을 마련해야 한다고 주장했다. 이에 그는 건물 구석구석 나무와 식물을 위한 공간을 마련했고, 건물과 인간이 자연과 함께 소통할 수 있는 환경을 조성했다. 이렇게 자연과 인간 사이의 조화와 소통을 중요하게 생각했던 훈데르트바서는 [그림 4]와 [그림 5]에서도 나타나듯이 건축물의 옥상을 포함하여 곳곳에 풀과 나무를 심어 건축물을 마치 하나의 생명을 유기체로 탈바꿈시켰다. 특히나 [그림 4]의 블루마우 온천마을은 건축물과 인간 그리고 자연이 조화를 이룰 수 있다는 가능성을 보여주는 대표적인 작품이다.

ⓒ Google 이미지

[그림 5] 창문들 사이로 드러난 나무

1997년에 세워진 블루마우 온천마을은 자연의 곡선을 따라 지어졌으며, 땅과 지붕이 하나의 면으로 이어지면서 자연과 건축물의 경계를 넘어 교감과 조화가 이루어지고 있는 공간이다. 이 작품을 통해 알 수 있는 것은 훈데르트바서가 자연이 만들어낸 형태를 유지하면서 그 안에서 인간과 자연이 함께 숨 쉬고 소통할 수 있는 건축을 고민했다는 것이다. 그는 특유의 상상력과 창의력을 바탕으로 자연과 인간이 공존하는 이상적인 건축물들을 창조해냈다.

기존의 방식과는 다르게 다채로운 색채감과 표현방식을 이용한 훈데르트바서의 작품들은 건축이 그 기계적인 기능에서 분리되어 시각적 오브제로서 작용할 수 있다는 것에 일차적 의의가 있다. 이것은 건축이 조각이나 회화 같은 시각 예술의 일종임을 의미한다. 건축물들이 인간의 삶과 만나는 동시에, 사람들의 눈을 통해 시각적 감동을 주는 아름다운 예술품으로 탈바꿈 될 수 있다는 것이다.[23] 그의 손길이 지나간 곳은 자연과 인간이 공존하는 문화 공간으로 다시 태어났으며, 어둡고 칙칙했던 낡은 건물들은 생명력을 지닌 하나의 오브제가 되었다. 그리고 이 오브제들은 매년 수많은 관광객을 불러 모으고 있다. 도시의 메마른 건축들을 치료하며 전 세계 곳곳에서 수많은 건축 재생 프로젝트를 진행했던 훈데르트바서가 건축 치료사라고 불리는 것도 이러한 이유다. 또한 예술작품으로서의 가치를 넘어서 그의 작품들은 역동적 상상력을 바탕으로 우리를 꿈꾸게 하는 대상으로서, 인간과 자연을 하나로 이어주는 소통의 담지체로서 의의를 지닌다. 극도로 단조로우며, 죽어있는 영혼을 바탕으로 합리성만을 강조한 개성없는 건축물들을 보며 인류가 느끼는 아픔에 책임져야 한다[24]고 말했던 그는 일상적 따분함에서 벗어난

---

23 이진경, 「현대 건축에서 기능주의와 기계주의」, 건축도시공간연구소, 2008, p.35 참조.

24 마로니에북스 편집부, 앞의 책, p.171 참조.

건축, 갇힌 공간에서 트인 공간으로의 건축, 메마른 공간에서 자연과 인간이 소통하는 공간으로서의 건축을 지향함으로서 사람과 자연이 함께 하는 이상적인 미래도시의 모습을 제시하였다. 이러한 의미에서 훈데르트바서는 예술로 사회를 변화시키고자 했던 많은 이들의 꿈을 현실화시킨 예술가였다.

4. 도시 속 건축물과 우리의 자화상

앞서 살펴본 논의의 연장선에서 이제는 우리가 살고 있는 도시 속 공간을 조명해보자. 인간의 역사는 도시와 함께 했다고 해도 과언이 아니다. 아테네와 스파르타와 같은 작은 도시국가에서부터 시작하여 지금의 메가시티에 이르기까지 인류의 역사가 곧 도시의 역사이며, 인간이 만들고 이룩한 많은 것들이 도시 안에 담겨 있다. 도시는 인간과 사회가 만든 문명의 총화이자 성장과 쇠퇴를 반복하는 유기적 생명체이다.[25] 도시는 마치 살아있는 하나의 생명체와 같은 것이자, 그 도시를 형성하는 건축물들은 시대의 가치관과 사고방식이 투영된 응집물이라고 할 수 있다. 예를 들자면 민주정과 집회가 발달했던 그리스의 경우, 광장인 아고라(agora)가 형성되어 정치 행사 및 축제 등의 장소로 적극 활용되었는데, 당시 이 공간은 시민들이 서로 간에 공감을 만들어 내는 정신적인 장소였었다. 중 세시대의 고딕양식의 건축물도 그 시대 사람들의 세계관을 반영한 대표적인 형태의 건축이다. 하늘과 가깝게 닿고자 그들의 열렬한 신앙심은 높은 천장과 수직으로 솟은 첨탑, 크고 긴 창문을 가진 형태 등으로 드러났다.

현대 프랑스 철학자인 앙리 르페브르(Henri Lefèbvre)에 의하면, 공간

25 김현아 외, 『도시는 브랜드다』, 삼성경제연구소, 2008, p.15 참조.

은 사회적 생산물이라고 한다. "공간이란 텅 빈 허공이나 좌표계가 아니라 사람들의 사고와 행동의 수단이자 그것을 지배하고 통제하는 수단으로서[공간은]사회적으로 생산"[26]되는 것이다. 도시라는 공간은 그 시대의 이데올로기를 정확히 반영하고 있으며, 현대의 도시는 현대사회의 가장 정교한 이데올로기를 나타내주고 있다. 즉 사회의 사상이 건축물로 드러나고 있는 것이다. 도시 공간의 사회·문화적 역할에 주목해서 보게 되면, 건축물은 단순히 실용적인 기능에서 그치는 것이 아니라 어떠한 해석의 여지를 지니는 하나의 물질적인 텍스트가 되고 있다는 의미다. 그렇다면 오늘날 우리가 살아가고 있는 도시의 모습은 어떨까. 때로는 제3자의 시선을 빌릴 필요가 있다. 우리의 모습을 좀 더 객관적인 시각으로 조명해 볼 수 있다는 판단 하에, 필자는 현대사진의 거장이라고도 불리는 독일의 사진작가 토마스 스트루스(Thomas Struth)[27]가 한국의 모습을 담아낸 몇 장의 사진[28]을 소개해보고자 한다.

[그림 6]과 [그림 7]은 어쩌면 한국의 도시의 정체성을 가장 극명하게 드러내주는 것일지도 모른다. 우선 [그림 6]은 대량생산방식으로 이루어지는 서울의 아파트 건축 현장 모습을 담은 사진이다. 무미건조하고 일렬의 형태로 지어지고 있는 아파트 단지와 매끈하게 다듬어진 아스팔

---

26 이진경, 『근대적 주거공간의 탄생』, 소명출판, 2000, pp.43~44.

27 토마스 스트루스는 1954년 독일 갤던 태생으로 뒤셀도르프 아카데미에서 뒤셀도르프 미술대학에서 세계적인 대가인 게르하르드 리히터에게 회화를, 사진의 거장 베른드 베허 교수에게 수학한, 세계적으로 가장 인정받은 사진 작가 중의 한 명으로 꼽힌다. 스트루스는 1980년대 표면적으로는 평범해 보이나 매우 복잡한 거리나 도시 풍경 사진, 열대 우림을 포착한 파라다이스 시리즈, 그리고 개인과 가족의 얼굴을 다양하게 촬영한 초상사진 시리즈로 사진계의 관심을 불러일으켰다. 여러 평론가들이 언급한 바와 같이, 스트루스의 사진들은 우리들의 삶 속에 존재하는 문화와 전통의 현재 모습, 그리고 영원과 순간이 융화하는 모습을 인지하게 한다. 갤러리현대 웹사이트 참조 http://www.galleryhyundai.com/kor/artists/introduction.asp?SiteNum=1&ArtistsPK=320 (2012.05.11)

28 사진 출처 갤러리현대 공식 웹사이트
http://www.galleryhyundai.com/kor/exhibitions/past.asp?SiteNum=1&Year=2011 (2012.05.11)

ⓒ Google 이미지

[그림 6] Samsung Apartments, Seoul, 2007

C-print 183.1x227.4cm

트 도로가 상징하듯 산업화의 중심에서 생명력을 잃어가고 있는 건축물의 대표적인 형태를 표현하고 있다. [그림 7]는 수도권 성남에 있는 대규모 아파트 단지를 담아낸 모습이다. 이 또한 왼편의 작품에서 느껴지는 이미지와 크게 다르지 않다. 넓은 들판으로 보이는 공간 위에 건물들

ⓒ Google 이미지

[그림 7] Samsung Apartments, Seoul, 2007

C-print 183.1x227.4cm

ⓒ Google 이미지

[그림 8] Ulsan 2, Lotte Hotel, Ulsan, 2010

C-print 166.1x330.3cm

이 부조화스럽게 수직으로 내리꽂은 형태로 지어져 어떠한 감정도 느껴지지 않게 만드는 삭막한 현실의 인상을 극명하게 드러내고 있다. 이는 곧 인간미가 느껴지지 않는 모습이며 안타깝지만 우리의 현실이다.

또 다른 작품 [그림 8]을 보자. 울산의 도시 풍경이다. 저 멀리 보이는 산의 능선이 무안하게 느껴질 정도로 도시의 스카이라인은 아파트로 뒤덮여있다. 미학적·생태적인 고려는 전혀 하지 않은 채, 쌓아올려지기에 적합한 건물들이 성냥갑처럼 빽빽하게 들어서서 도시의 풍경을 형성했다. '한국의 랜드마크는 아파트이다'라는 조롱 섞인 비판을 받는 것은 어쩌면 당연지사일지도 모른다. 이뿐만 아니라 도심 속 오피스 빌딩들은 창문이 열리지 않는 구조로 설계되어 있어 폐쇄적이고 자폐적인 공간으로 변모해가고 있다. 건축사학자인 임석재 이화여대 건축학과 교수는 이러한 현실에 대해 "외부 자연과의 소통이 불가능한 형태의 인공적인 구조물에 '캐슬(castle)'이라는 그럴듯한 이름을 붙여놓지만, 결국 우리는 이 성에서 빠져나오지 못하고 숨을 헐떡거리며 살과 뼈를 갉히며 살아가고 있다"[29]라고 비판하고 있다.

---

29 임석재, 『건축, 우리의 자화상』, 인물과 사상사, 2006, p.127 참조.

심지어 우리가 살아가는 아파트—작은 면적 위에서 효율성을 극대화 시키기 위한 외관적인 높이만을 지향해서인지 몰라도—는 앞서 살펴본 이카루스의 경우처럼 위태로운 추락의 가능성을 내포하고 있다. 그래서 어쩌면 인간들은 죽음의 장소로서 자신의 아파트를 선택하고 있는지도 모른다. 외관적인 높이만을 자랑하고 있는 그 자태에는 현대인들이 집이라고 부르는 공간에 추락의 이미지마저 내포하게 하여 현대인들을 불안하고 위태로운 심리에로 노출시킨다. 이렇게 우리가 살아가는 도시는 어느 순간부터 생동감과 생명력을 잃었으며, 어느덧 죽음의 이미지마저 내포한 형태로 변모하게 되었다. 하루가 멀다 하고 새로운 건물이 들어서고 형형색색의 대형 간판들이 내걸리지만 그것이 우리 삶의 활력을 준다거나 즐거움을 선사해주지는 않는다. 활력을 잃고 눈길이 머물 수 있을만한 대상이 없다는 것이 우리 도시의 경관이자 현실이다.[30]

화려하지만 삭막한 현대의 도시와 건축물들의 문제점은 어디에서부터 시작된 것인가 생각해보면 우리는 합리주의와 기능주의적인 관점에서 그 이유를 찾을 수 있다. 근대 건축조형의 최대 보급자로서 위치하고 있는 프랑스의 건축가 르 코르뷔지에(Le Corbusier)는 일찍이 "집은 살기 위한 기계"라고 정의한 바 있다. 이는 형태가 기능을 따르며 실질적인 필요에 따라서 형태를 기능으로 환원하는 태도인 기능주의 혹은 기계미학으로 이어지고 있다. 비행기는 날기 위한 기계이며, 극장은 공연을 보기위한 기계이고, 성당은 예배에 적합한 기능을 가지도록 만들어져야 한다는 것이다.[31] 건축물을 하나의 기계로 정의하고, 건축물이 기능적이어야 한다는 르 코르뷔지에의 기계적 정의는 어찌 보면 당연한 발상인지도 모른다. 그러나 실은 르 코르뷔지에조차도 단순히 기능주의

30 김찬호, 『도시는 미디어다』, 책세상, 2002, p.9 참조.

31 이진경, 「현대 건축에서 기능주의와 기계주의」, 건축도시공간연구소, 2008, p.20 참조.

ⓒ Google 이미지

[그림 9] 롱샹 성당

나 기계미학만이 옳다고 강조하지는 않았다. 그 역시 롱샹 성당[그림 9] 등의 건축물들을 통해 자연에 대한 경외와 건물의 유기체적인 면을 보여주면서 풍부한 조형적 상상력과 미적 태도에 근거한 건축이 왜 중요한가를 강조하기도 했다. 그 역시 기계적이고 기능적인 목적이 건축 자체가 가지고 있는 문화적인 가치를 압도할 때 문제가 발생할 수 있음을 본 것이다. 하지만 안타깝게도 이런 압도의 상황이 현대의 일반화된 건축 형태와 직결되고 있는 듯하다. 이 맥락에서 보면 현대의 일반적 건축물들이 비인간적으로 보이는 이유는 "기본적으로 건축이 동일한 단위의 형태를 끝없이 반복하고 있기 때문이다. 이 끝없는 반복은 산도 골짜기도 없이 잔잔하게만 흐르는 물처럼 기운이 없어 보인다. 물론 모든 기능은 원활히 수행되어야 하겠지만, 그 기능이 그대로 인간을 뒤덮을 때 사람들은 압박감을 느끼게 된다[32]라는 논리에 기인하고 있다. 건축은 그 기능만을 충족시켜서는 안 되고 심미성 또한 중요시되어야 한다. 훈데르트바서가 말한 것처럼 기능을 위한 건축, 즉 "건축을 위한 건축은

32 이경희, 「현대건축 디자인의 감성적 표현요소 연구: 상업, 문화건축의 사례분석을 중심으로」, 단국대학교 박사학위논문, 2010, p.19.

범죄"[33]이며 로고스적 합리주의와 이성주의에 함몰된 습관적 지성을 답습할 뿐이다. 그러나 여전히 우리 주변 곳곳에는 여전히 근대적인 육면체 박스형의 수많은 건물들이 매일, 매시간 지어지고 있을 따름이다.[34]

육면체 박스형 건물들로 둘러싸인 우리의 도시들은 활력을 잃은 공간이자 시멘트와 아스팔트로 둘러싸인 회색의 공간으로 변모했다. 인간에게 활력을 주는 상승의 이미지가 아니라 하강의 이미지가 강하게 작용하고 있는 공간이 된 것이다. 무엇인가에 짓눌리고 단단한 틀 속에 갇혀있다는 느낌을 지울 수가 없다. 공간은 인간 의식주의 중요한 축을 형성하고 그 속에서 누구나 생활하고 근무하며 휴식하고 있으므로, 우리가 살아가면서 결코 피할 수 없이 늘 접해야 하는 것임에도 불구하고 이렇게 우리를 억누르고 있다. 이는 곧 이러한 건축물들을 쌓아올린 인간의 사유체계, 즉 상상력이 거세된 현대인의 사유체계를 반영한 결과물이라고 할 수 있다. 더욱이 세계에 소비자본주의적인 가치가 뿌리를 내린 이후, 건축 분야에서도 자본재로서의 가치를 우선시 하는 경향이 만연하고 있다. 소위 교환가치를 따지는 수단으로 전락해버리게 된 것이다. 특히 압축적 경제성장을 이룩한 우리나라에서는 왜곡된 자본주의적 습성과 합쳐지면서 건전한 돌파구를 찾지 못하고 있다.[35] 건설이라는 행위 혹은 건축물이 기업의 이윤증대나 부동산의 소유나 투자 혹은 투기의 수단으로 이용되는 것과 같은 우리가 봉착한 많은 문제들은 삶의 터전인 도시의 건축물들을 일회적이고 욕망을 성취하기 위한 도구로

---

33 피에르 레스타니, 앞의 책, p.43.

34 70년대 이래 근대 건축은 이미 죽음을 선고받았고, 그것을 대체한다고 주장하는 여러 가지 건축이론들이 등장했었다. 하지만 하나의 시대를 사로잡았던 이념이나 스타일은 생각처럼 쉽게 사라지지 않고 근대적인 건축물들은 여전히 지어지고 있다. 더구나 근대건축처럼 공간적 효율성과 물리적 생산성을 추구하던 스타일이라면, 생산성을 이념으로 삼는 자본의 지배가 지속되는 한 이론적인 비판이 아무리 거세다 해도 좀처럼 끝나지 않을 것이다. 이진경, 앞의 책, pp.14~15 참조.

35 임석재, 앞의 책, pp.136~137 참조.

만들었다. 이는 곧 우리가 가진 현재의 의식세계를 여과 없이 보여주는 것이기도 하다. 합리적이고 기능주의적인 판단으로 세워진 오늘날 우리 도시의 얼굴은 초고밀도와 고층화가 주도하고 있는 영혼 없는 도시이자 상상력이 고갈된 메마른 도시를 낳았다. 지난 수십 년 동안, 속도와의 경쟁을 펼치며 발전을 거듭했지만, 그 속에서 정작 삶의 터전인 곳은 재산 증식의 수단이 되어버렸고 예술적이고 문화적인 가치를 추구해야하는 인간의 정신 의식은 오히려 퇴보했다.

5. 상상력의 힘 되찾기

지금까지 우리는 바슐라르의 공기적 상상력, 그리고 역동성과 소통의 이미지를 지닌 훈데르트바서의 건축물을 살펴보았고 이어서 우리 도시 속 건축물들이 지니는 문제점을 조명해 보았다. 공기적 상상력의 특징을 지녔던 훈데르트바서의 건축물들은 인간의 물리적인 삶과 맞닿아 있는 공간이자 질적 가치를 향상 시켜주는 공간이었다. 이러한 의미에서 건축은 인간에게 기억과 추억의 공간이자 시간적, 공간적으로 방향성을 제시해주고 있었으며, 하나의 문화적 커뮤니케이션을 형성하고 이야기를 전달해주고 있다. 하지만 우리 도시 속의 건축물들은 더 이상 기억과 추억의 공간이 아닌 합리적 기능적 공간의 역할이 강하게 작용하고 있었다. 바슐라르가 파리에는 집이 없다고 지적했듯이 대도시의 고층아파트를 비롯한 현대의 건축물들은 이제 꿈꿀 수 있는 공간이 아니라 존재의 내밀함을 잃은 공간으로 바뀌어가고 있었다. 현대의 건물들은 그 수직적인 높이만을 지향한 탓인지, 삶과 활력의 공간이 되어야 할 우리의 집들은 어느덧 추락의 공포에 시달리고 있다. 건물들은 외관적인 높이만을 자랑하는 자태를 지니게 되었고, 이 때문에 추락의 이미지를 내포하여 현대인들의 불안하고 위태로운 심리에 영향을 미치고 있다. 먹고 마시는 것조차도 우리는 문화라고 부르는 시대인데, 하물며 우리가 몸담으며 살아가고 있는 건축물—훈데르트바서의 표현을 빌리자면 인간의 제3의 피부[36]라고도 하는—을 문화적인 가치로서 받아들이지 않고 있으며, 이로 인해 우리의 삶을 위태롭게 만들고 있다는 면을 다시 한번 성찰해보아야 한다.

인간은 몽상과 상상이라는 활동을 통해서 역동하는 정신변화의 힘을 느끼고 이를 통해서 새로운 존재로 거듭난다고 할 수 있다. 하지만 이러한 본능을 버린 채 합리주의와 이성주의에만 함몰되고 있는 우리의 일상 속 공간은 활력을 잃은 이미지로 가득할 수밖에 없다. 이런 현상이 지속된다면 우리는 이 땅에서 좀 더 생각하고 좀 더 상상할 수 있는 권리와 여유를 잃게될 것이다. 거대한 도시는 점차 엄청난 규모로 우리를 짓누르게 될 것이며, 우리는 따분한 회색빛의 공간 속에서 살아가게 될 것이다. 이러한 진공의 공간 속에서 벗어나기 위해서라도 우리는 상상력의 힘을 되찾아야 한다. 이제 우리는 활력을 잃은 도시와 건축물에 새로운 생명력을 불어넣는 작업이 필요한 시점에 이르렀다. 일상의 무게에 짓눌린 우리는 공기적 상상력을 통해서 비상하는 꿈을 지향함으로서 말라버린 우리의 일상에 좀 더 풍요로운 활력을 불어넣을 수 있어야 한다.

자유로운 움직임, 소통, 그리고 생명의 숨을 불어넣는 공기적 상상력은 폐쇄적 공간 속에서 살아가는 우리에게 역동적인 삶을 꿈꾸게 하는 단초로서 작용할 것이다. 이러한 맥락에서 보면 "상상력에 대한 연구는 더 이상 예술의 미학적 차원의 문제가 아니라 인간의 진정한 생존의 문제"[37]가 된다. 훈데르트바서가 일상적인 것들의 무게를 벗어던지고 상

---

36 훈데르트바서는 "인간을 보호하는 피부는 총 세 가지인데, 첫번째는 우리의 피부이고, 두번째는 의복이며 세번째는 바로 집"이라고 말한다. (마로니에북스 편집부, 앞의 책, p.171 참조.)

37 홍명희, 앞의 책, p.90.

승의 자유로움을 표현해내고자 했던 것처럼, 폐쇄된 공간을 벗어나 인간과 자연을 이어주는 소통의 담지체로서 건물을 지향했던 것처럼, 역동성과 소통의 상상력을 발휘할 수 있다면 우리 도시의 건축물 또한 폐쇄적인 공간의 이미지를 넘어 문화적인 가치를 지닌 공간으로서 그 가치를 이끌어 올릴 수 있다. 상상력이 발현된 건축물들은 도시에 살고 있는 이들이나 도시를 찾는 이들에게 새로운 사유의 길을 뚫어주고, 철학적, 예술적 상상력을 제공해주는 또 다른 자양분으로 작용할 수 있을 것이다.

13 찰나의 예술 '사진', 새롭게 보기

조소연

1. 기록에서 예술로 향한 사진

인간은 기록하는 동물이다. '사냥'을 주요 소재로 삼고 있는 선사시대 동굴의 벽화에서 시작하여 문자의 발명, 필사본을 거쳐 인쇄술이 발달하면서 기록문화의 꽃을 피웠다. 그리고 마침내 인간은 그들의 눈에 보이는 이미지를 기록할 수 있는 방법을 찾아냈다. 19세기에 들어와서 사생도구로 사용되던 카메라 옵스큐라(Camera Obscura)의 원리를 이용하여 물체의 상을 영구적으로 정착시키고자 감광재료를 사용하였고, 여기에 여러 가지 연구가 이어지면서 마침내 렌즈, 셔트, 조리개 등의 기구가 장착된 오늘날의 카메라가 완성되었다.

조셉 니세포르 니에프스(Joseph-Nicephore Niepce)는 1827년 오목렌즈가 달린 16cm 정도의 정방형 암상자를 통해 자신이 있던 방의 창문을 열고 정면의 풍경을 촬영한다. 그의 <창문에서 본 조망>은 가장 오래된 사진 이미지이다.

ⓒ HARRY RANSOM CENTER, University of Texas at Austin

[그림 1] 니에프스의 〈창문에서 본 조망〉 (파리), 1827

이 이미지는 아스팔트와 비슷한 감광재료를 사용하였으며 촬영을 위한 노출시간은 8시간에 이른다. 8시간에 걸친 노출 시간동안 해는 동쪽에서 서쪽으로 이동하면서 건물의 양편을 모두 비추었기 때문에 명암의 대비가 없어졌다.[1] 니에프스는 이러한 일련의 작업을 '조망'이라고 명명하여 인간의 손에 의존하지 않고 기계적이고 화학적으로 하나의 관점, 시점을 통해 이미지를 재현해냈다는 점에서 사진의 재현과 인간의 지각과의 관계를 설명하려 했다. 후에 니에프스의 촬영 기계와 그 작동원리로 촬영된 이미지를 태양이 그린 그림 혹은 태양이 쓴 글이라는 뜻을 가진 '헬리오그래프(Heliograph)'라고 명명하였는데, 이 사진 이미지는 노광을 오랜 시간 주어야 하고 복제성이 없이 단 한 장만 만들어진다는 단점을 가지고 있었다. 그러나 광화학적으로 현실의 상을 기록한 이 최

1 류기상, 『Digital media& Phtography』, 두양사, 2006, p.17. 각주 4번 인용.

초의 사진은 인간의 손으로 ’그린다‘라는 행위 없이 이루어진 ’재현‘이라는 측면에서 인간의 재현과 기록의 역사상 중요한 의미를 갖는다.

빌렘 플루서(Vilem Flusser)는 그의 책 『사진의 철학을 위하여』에서 다음과 같이 이야기 하였다.

> 이 책은 태초 이래로 인간 문화에는 두 가지 대립되는 전환점이 존재한다는 가설에서 출발한다. 그 첫 번째 전환점은 기원전 2000년대 중반 무렵 완성된 ‘선형문자’의 발명이고, 두 번째는 현재 우리 자신이 그 증인인 ‘기술적 영상’의 발명이라는 말로 요약될 수 있다.

이 글에서 플루서가 말하고자 하는 ‘기술적 영상’이란 상상작용(Imagination)에 의해 생성되는 전통적인 그림(Bild)과는 달리, 프로그래밍된 기계장치에 의해 생성되는 그림, 즉 사진을 가리킨다.[2] 인간이 이미지를 기록할 수 있게 되면서 기존의 사고방식과 철학 등 많은 부분이 변화되었다. 이미지가 문자를 대체하여 쓰이기 시작하면서 1950년대 중반에는 학자들 사이에서는 기존의 읽고 해석하는 텍스트와 이미지의 차이에 대한 논쟁이 벌어지게 되었다. 텍스트를 이미지의 우위에 두고 그들의 관계를 ‘중계’의 개념으로 설명한 ‘마틴 졸리(Martine Joly)’, 텍스트와 이미지의 교환은 불가능한 것이라 한 ‘로날드 슈스테르만(Ronald Shusterman)’의 의견과 같이 텍스트와 이미지를 ‘다른 것’으로 보고 논의를 전개하는 개념이 서로 상충되기도 하였다. 이렇게 초기 사진은 ‘기록’하는 매체로 집중되며 그 ‘해석’에 대한 논의가 계속 되었다.

이러한 논쟁을 뒤로하고 이 놀라운 ‘기록장치’는 작가들에게 ‘매혹적인 존재’가 되었다. 작가들은 카메라를 단순하게 눈에 보이는 것들을 그

2 빌렘 플루서, 『사진의 철학을 위하여』, 커뮤니케이션북스, 1999, p.86.

대로 저장하는 기능에 그치지 않고 기계의 조작으로 여러 가지 효과를 얻어내면서 새로운 표현 방식을 찾게 되었다.

20세기 초의 아방가르드 작가들은 카메라의 조리개, 셔터 등 각종 조작을 통해 포토몽타주(Photomontage), 콜라주(collage), 화면삽입(incrustation), 미장아빔(mise en abîme) 등의 방법을 실험하고 발전시켜 나갔다.[3] 이제 '사진'이라는 인간의 발명은 인간의 문화를 말 할 때 빠뜨릴 수 없는 중요한 정점에 위치하고 있다. 과거 사진의 등장은 문화적으로 큰 충격이었으며 기록 방식의 커다란 혁신이었을 것이다. 그러나 작가들의 눈으로 본 카메라는 새로운 표현의 방법이었으며, 새로운 예술의 시작이었던 것이다.

2. 현상된 사진, 해석된 사진

1930년대부터는 사진의 인쇄가 본격적으로 일반화되어 사진에 의한 포토저널리즘(photojournalism)의 시대가 열렸다. 20년대 후반에 독일에서 처음 시작된 포토저널리즘은 30년대에 이르러 『라이프(LIFE)』나 『루크(LOOK)』지 등의 창간과 함께 삽시간에 많은 사진 잡지가 쏟아져 나옴으로써 본격적으로 이미지적 의사소통의 시대로 진입하게 되었다. 포토저널리즘의 등장은 문화사적으로 보면, 유사 이래 인류가 의사전달을 유일하게 문자에 의존해 온 문자문화시대로부터 이미지 문화시대로 접어들었음을 의미하는 것이다. 이 시기의 사진의 '알린다'는 문제는 보도사진으로 집약되어 단순한 뉴스사진이나 사건사진의 범주를 벗어나서 사진전체를 수렴하는 대명사로 비약한다. 이 시기에는 사진이 포괄하는 '내용의 다양화와 확장'이라는 특징을 갖는다.

---

3 조윤경, 『미래를 만드는 새로운 문화 새로운 상상력』, 이화여자대학교출판부, 2006. p.144.

1950~1960년대에 이르면 앞서 사회적 일상생활 속에 정착된 사진이 개개인의 자아의식화의 단계로 발전한 시기이다. 잡지나 신문에서 기사의 내용을 보충해주는 한낱 삽화의 역할밖에 하지 못하던 사진이 이미지 중심 잡지의 등장으로 문자언어를 제치고 정보 전달기능을 발휘하기 시작함으로써, 현대인은 언어의 생활화와 마찬가지로 이미지 언어의 생활화시대로 돌입하게 되었다. 그리하여 인류는 이미지적 정보환경에 둘러싸여 이미지적 지각과 자아의 표현능력에 익숙해지고 제2차 세계대전 후 자아의 의식체계에 깊숙이 동화됨으로써, 사진은 눈의 연장이며 시신경계통과 직결된 지각기능으로 체질화하게 되었다. 사진은 이미지 언어로서 그 이미지의 내포와 외연이 확대되고 심화되었으며 사진적 표현은 내면적인 심층세계로까지 침투되어 의미론적인 상징성을 띠게 되었다.[4]

끊임없는 변화 속에서 사진과 사진철학은 그 변화에 발맞추고 있다. 노출시간, 빛, 인화, 필름이라는 사진의 기술적인 부분에서 복제와 현상의 끊임없는 재현, 조작 등의 사고들이 쏟아져 나왔다. 사진의 등장으로 인한 문화사적 충격과 완충작용을 위한 기제들은 이제 현대사회, 이미지의 사회에 이르러서는 사진 이미지의 해석에 초점을 맞추고 있다고 볼 수 있다.

사물을 보는 '인식'과 그것을 알게 되는 '인지', 이렇게 현상을 보고 아는 것에 대하여 과거부터 끊임없는 논쟁이 있어왔다. 근대 사진철학의 시작은 새로운 이미지의 등장과 그 해석에서 출발한다. 이제 사진은 사진 자체의 재현성 보다는 사진의 작가와 사진을 보는 이들의 해석을 기초로 하는 인간 중심의 논의로 이동하였다.

4 육명심, 『세계 사진가론 (1900-1960)』, 열화당 미술신서 62, 1994. 참조.

> 우선 사물들을 바라본다. 그 뒤에 사물들을 상상한다. 상상력에 의해서 체험된 실제의 추억들과 지각된 실재의 단편들을 결합시킨다.[5]

우리가 사진을 보고 느끼는 과정은 바슐라르가 말한 바와 같이 우선 사진을 바라보고, 사진에 나타나지 않은 부분까지 상상해 주관적인 해석을 덧붙이는 것과 다름없음을 알 수 있다. 사진의 등장으로 이미지의 대량 유통이 초래되었으며, 이미지는 다양한 정보의 전달과 더불어 인간의 인식력과 사고력의 확장을 가져왔다. 사진이 대중화되고 일반화되면서 대중의 시각은 분석적으로 변환되었고 이는 과거 곧이곧대로 받아들이는 대중의 사진 수용 방식에 변화를 초래하였다.

발터 벤야민(Walter Benjamin)은 이러한 변화를 '아우라(Aura)의 몰락'이라는 개념으로 설명하려 하였다. 그의 글 「사진의 작은 역사」에서는 아우라를 자연 현상에 비유하여 설명하였다.

> 그것은 어떤 먼 곳이-비록 그 먼 곳이 아무리 가깝게 있는 것처럼 보이더라도-일회적으로 나타나는 현상인 것이다. 어느 여름 한 낮 고요한 휴식 속에서 보는 사람의 눈에 그 그림자를 던지고 있는 지평선 상의 산맥이나 아니면 작은 나뭇가지를 바라보고 있는 바로 그 순간, 이 순간의 시간은 이들 현상과 혼연일체가 되어 하나로 어울리게 되는데, 이때 우리는 이러한 산이나 나뭇가지가 갖는 분위기를 숨 쉬게 되는 것이다.

아우라는 어떤 대상을 바라보면서 느끼게 되는 어떠한 진중한 분위기로 대상의 원본성, 진품성, 유일무이성, 일회성에 기인한다. 벤야민은 이러한 아우라는 사진의 복제성과 대중의 등장이 맞물리면서 종언을 맞

5 송태현, 『상상력의 위대한 모험가들 융, 바슐라르, 뒤랑 —상징과 신화의 계보학』, 살림. 2005. p.35. (원 출처: Gaston Bachelard, *La Terre et les rêveries de la volonté. Essai sur l'imagination des forces*, Paris: José Corti, 1948. p.3.)

게 되고 아우라의 몰락과 함께 기존의 예술 개념들도 영향력을 잃었다고 말한다. 그는 이렇게 변화된 사진을 창조적 주체로서의 작가 개념을 '생산자'로 축소시키고, 수용자의 측면에서 다루어야 한고 주장하였다.

사진이 등장하며 작가는 죽거나 축소되고 그것을 보고 느끼는 수용자는 그 역할이 커졌다. 이런 변화에 사람들은 그 의미를 찾기 위해 방황하였다. 사진가 라즐로 모홀리나기(Laszlo Moholy-Nagy)는 "미래의 문맹자는 문자를 모르는 사람이 아니라 사진을 모르는 사람이 될 것이다" 라는 말은 현대 사진 이미지의 해석의 중요성을 대표하고 있다.

3. 찰나의 예술 순간의 해석

사진을 찍는다는 기계적인 행위, 그리고 카메라라는 기계의 태생적 한계 때문에 예술이라기보다는 과학으로 치부되었다. 그래서 사진의 '과학-예술 논쟁'은 19세기 한 세기 동안 계속 되었던 논쟁이기도 하다. 그러나 이제는 사진의 예술성에 대해 공공연하게 인정하고 있으며, '과학-예술 논쟁'이 어느 정도 종식되었다고 할 수 있을 것이다. 사진을 찍는 기계적인 조작 과정이 단순한 '기록'의 과정에 머물지 않고 작가의 생각과 의도를 반영했을 때 사진은 '과학-예술 논쟁'에서 한 발짝 물러설 수 있었다.

사진의 이미지만을 놓고 사진에 대해 이야기 한다면 가장 큰 특징은 사진은 현재를 과거로 저장하고 재현하는 것에 있다고 할 수 있다.

롤랑 바르트(Roland Barthes)가 그의 사진 철학에서 이야기하고 있듯이 사진은 과거에 '이미 존재 한' 것을 기록한 것이다. 그 존재의 '순간'이 바로 사진을 찍는 결정적 순간이라 할 수 있을 것이다.

[그림 2] <총 맞은 병사(1936)>는 로버트 카파(Robert Capa)의 대표작

ⓒ International Center of Photography

[그림 2] 〈총 맞은 병사(falling soldier)〉, 1936

으로, 전쟁의 비참함에 대한 강한 메시지를 총을 맞고 쓰러지는 병사의 순간을 포착하여 전달하고 있다. 로버트 카파는 종군사진 기자로 활발한 활동을 한 사람이며, 자기희생과 위험을 무릅 쓴 취재 정신을 뜻하는 '카파이즘' 이라는 용어를 탄생시킨 장본인이다. 카파는 프리랜서 사진작가들의 권익과 수익을 보장하기 위해 역시 위대한 사진작가인 앙리 카르티에 브레송, 데이비드 침 시모어 등과 보도사진 통신사인 매그넘(MAGNUM)을 설립했고, 잠시 경영을 맡기도 했다. '세상을 있는 그대로 기록한다'는 기치를 내걸고 창립한 매그넘은 단 한 장의 사진을 통해 '이것이 바로 현실'이라는 사실을 인류에게 일깨워 주는 작품들로 유명하다. 로버트 카파의 '총 맞은 병사'처럼 사진은 현실의 한 '순간'을 잡아내는 작가의 통찰력에서 출발한다.

카파와 함께 매그넘의 멤버이자 유명한 사진작가 앙리 카르티에 브레송(Henri Cartier-Bresson)은 「결정적 순간(L'instant décisif)」이라는 글을 1952년 헨리 마티스(Henri Matisse)에 의해 편집된 『재빠르게 붙잡은 이미지(Image à la sauvette)』라는 사진집에 기고함으로써 사진예술에 대한 자신의 이론을 밝힌다.[6]

ⓒ magnumphotos.com

[그림 3] 〈생-라자르 역 후문〉, 1932

<생-라자르 역 후문>은 카르티에 브레송의 대표작이다. 물웅덩이를 건너뛰는 사람의 모습을 잘 담고 있는 이 사진은 이미 발을 떼어 놓아 물결이 이는 뒷부분의 수면과 발뒤꿈치가 수면에 닿으려하는 한 '순간'을 사진에 담고 있다. 사람의 모습과 뒤의 배경이 수면에 그대로 반사되면서 이 사진만의 독특한 분위기를 이끌어냈다. 이 사진 역시 작가 본인도 결정적인 순간을 이야기 하고 있으며 작가의 사진 또한 절묘한 한 '순간'을 담고 있다.

카르티에 브레송의 '결정적 순간'은 그에게서 처음 시작된 개념은 아니다. 장 클레르는 「카이로스: 카르티에 브레송의 작품에서 적정 순간의 개념」이라는 글에서 고대 그리스인들의 카이로스(kairos)라는 개념을 '결정적 순간'과 대비하여 설명하고 있다. 원래 카이로스는 로고스와 반대되는 말이었다. 카이로스는 생사를 결정짓는 중요한 신체부위나 흉갑의 틈과 같이 시간의 개념이라기보다는 결정적인 어떠한 장소를 가리키는 말이었다. 그러나 이 말은 적절한 때, 유리한 순간, 시간적으로 놓쳐서는 안 되는 상황적인 포획을 나타내는 어떤 결정적 순간으로도 풀이될 수 있다.[7]

6 정기철, 「사진의 해석학 —카르티에 브레송의 사진예술을 중심으로」, 『해석학연구』 제 16집, 2005. p.238.

7 이경률, 앞의 책. p.57.

카이로스의 개념에 대비하여 본 카르티에 브레송의 결정적 순간은 시간의 불가역성과 연관되어 있는 결정적 순간이다. 카르티에 브레송의 '순간'이 결정적인 이유는 대상 자체의 본질이 가장 잘 나타나는 그 순간에 사진의 구성요소인 광선과 구도 그리고 감성이 일치되어야 하기 때문이다.[8]

이러한 사고는 사진을 '찰나의 예술'이라 부르기에 부족함이 없을 것이다. 감정과 광선과 구도가 일치하는 그 결정적 순간이 바로 사진이라는 카르티에 브레송의 말은 그를 '찰나의 거장'으로 불리게 하였다. 그러나 그 찰나의 순간조차도 사진작가에게는 의도되고 계산된 시간이기도 하다. [그림 3]을 다시 보고 이야기를 하자면, 이 장면은 우연히 절묘한 순간을 작가가 잡아낸 것으로 보이지만 실상은 대상이 물웅덩이를 건너뛰기 이전부터 연속 촬영한 장면 중 작가의 의도에 맞게 선택된 한 장의 사진일 뿐이다.

사진을 찍을 때 대상은 그 시간 속에서 계속적으로 움직이고 있기 때문에 작가는 대상과 움직임, 그리고 사진의 구성요소들이 완벽해지는 한 순간, 그 찰나의 시간을 기다려야 한다.

그는 "나에게 결정적 순간이란 눈 깜짝할 찰나에 어떤 사실의 의미와 형태의 조화를 동시에 인식하는 것이다."라고 말하며 작가 자신의 해석을 더한다. 그리고 이러한 의도의 사진을 보는 대중들 역시 작가가 붙잡아 놓은 찰나의 시간에 각각의 해석을 더해간다.

즉, 앙리 카르티에 브레송의 결정적 순간(The Decisive Moment) 요소는 '찰나'이다. 그것은 단순한 시공간의 순간(moment)이 아니라 개념적으로 지속되는 찰나(instant)인 것으로 단순히 결정적 순간을 포착하는 사진 기술을 의미하지 않는다. 그것은 대상 자체의 본질이 가장 잘 드러

8 정기철, 앞의 글. p.239.

ⓒ magnumphotos.com

[그림 4] 앙리 카르티에 브레송의 〈시프노스〉, 그리스. 1961

나는 순간이며, 작가의 의도나 피사체, 그리고 그 주변 상황이 딱 맞아 떨어지고, 구도와 형태의 예술적 감각이 완벽하게 구성되는 아주 짧은 순간을 의미한다.[9]

카르티에 브레송은 촬영 대상이 움직임으로써 만들어지는 순간적인 윤곽 역시 사진의 새로운 조형성이라 설명하였다. [그림 4]와 같은 사진을 보면, 새하얀 벽과 집들이 계속되는 그리스의 한 마을에 검은 그림자가 계단에 드리워지면서 색상만으로도 충분히 대비적인 효과를 보여주고 있다. 여기에 한 소녀가 뛰어가는 모습이 포착되었다. 이 찰나의 순간을 잡아낸 사진은 단지 건물들, 계단, 소녀라는 평범한 피사체를 찍은 사진에 그치는 것이 아니다. 작가는 작가가 상상하는 하나의 어떤 순간을 포착했고, 대중은 이 사진을 보면서 각자의 해석을 덧붙인다. 그래서 이 사진은 한 장의 의미있는 사진이 되는 것이다.

9 류기상, 『Digital media& Phtography』, 두양사, 2006, p.67.

이처럼 피사체들의 위치, 상황, 움직임 등을 통해 작가는 자신의 생각을 표현하려 하고, 대중들은 그렇게 표현된 사진 이미지들을 통해 주관적인 생각과 견해를 덧붙여가면서 점점 사진을 의미있는 예술작품으로 만들어가고 있다.

이러한 과정은 바슐라르가 이야기한 '순진성의 학교'라 부르는 개념과 유사하다 할 수 있을 것이다. 사진 이미지는 그 사진을 접한 사람들 각자가 자신의 의식으로 직접 다가서게 하며, 이렇게 마주하게 된 작품은 사람들에게 감동 혹은 감탄을 마지않게 한다. 이러한 대중들의 '순진한 경탄'은 바슐라르의 주장대로 사진 이미지를 적극적으로 해석하는 대중들의 태도에서 찾아볼 수 있는 것이다.

사진이 일상에 깊숙이 들어오게 되면서 우리는 사진을 보는 일을 특별하게 생각하지 않는다. 그리고 사진을 능숙하게 읽어낼 수 있다. 찰나의 순간을 잡아낸 사진들을 통해 우리는 다양한 정보와 메시지, 그리고 감동까지도 느낄 수 있다. 그렇게 우리는 찰나의 예술이 포착한 순간의 예술을 해석해내고 있는 것이다.

4. 주관적 이미지, 주관적 해석

사진은 시대의 변화와 기술의 발전에 따라 변화하고 있다. 사진이 과학-예술 논쟁에서 해방되고 작가와 수용자의 자유가 확대되면서 사진에 의한 다양하고도 자유로운 표현들이 등장했다. 앞서 이야기한 20세기 아방가르드 작가들의 사진 역시 그러한 예라 할 수 있을 것이다.

여기에 덧붙여 이제 사진작가들은 자신의 생각을 작품에 표현하기 위해 여러 가지 방법을 사용하게 되었다. 카메라의 여러 장치들을 조작함으로써 혹은 현상 과정에서 그리고 이제 디지털 이미지를 간당하게

ⓒ Google 이미지

[그림 5] 뉴욕 타임스퀘어의 일상적인 모습 사진

ⓒ 김아타

[그림 6] 김아타의 〈타임스퀘어 온-에어 '뉴욕'〉 시리즈, 2005

수정함으로써 주관적 이미지를 만들어내게 되었고 이것은 다시 사진을 보는 이로 하여금 다양한 해석을 하도록 만들고 있다.

[그림 5]는 미국의 뉴욕 한복판 타임스퀘어 근처를 촬영한 사진이다. 세계 어느 나라나 다 마찬가지겠지만, 도심 한 복판의 전경은 하루 종일 밀리는 자동차와 북적거리는 사람들, 하늘 높이 솟은 건물의 모습일 것이다. 타임스퀘어 주변의 사람들의 북적임과 자동차들의 모습과 같은 일상적인 모습을 잘 보여주고 있다. 한편 [그림 6]의 김아타 사진은 똑같은 타임스퀘어를 찍은 사진인데도 불구하고 차도, 사람도 없이 텅 빈 공간만을 볼 수 있다. 뉴욕시는 동양에서 온 사진작가를 위해 타임스퀘어라는 번화가를 차도, 사람도 없는 공간으로 통제해준 것일까?

답은 바로 사진을 찍은 '방법'에 있다. 작가의 설명에 따르면, ON-AIR 프로젝트는 8×10인치 필름 한 컷에 긴 시간을 노출하여 움직이는 것을 그 속도만큼 사라지게 하거나, 각각의 아이덴티티를 가진 여러 컷의 이미지를 포개어 쌓아가면서 그 경계를 허물어 새로운 아이덴티티를 창조해 가는 두 가지 프로세스와 고체였다가 서서히 녹으면서 액체가 되는 얼음의 물질성을 이용한 작업으로 나누어진다.[10]

10 김아타, 『ON-AIR』, 예담, 2007. p. 43-44.

김아타는 자신의 사진을 통해 사라짐-공(空)과 불교 등 동양철학에 대한 진지한 고찰로 서양 사진계의 주목을 받았다. 그의 연작 <The Museum 프로젝트>와 <아이스 모놀로그> 그리고 앞서 본 <On Air> 등의 시리즈 역시 그와 같은 철학적 메시지를 담은 사진들이다.

현상을 해체하여 존재의 사라짐이라는 자연의 법칙을 보여주고자 그것의 본질을 사진에 담기위해 장시간의 노출을 이용하는 것은 '찰나'의 미학과는 상반된 개념으로서 '영겁'의 미학이라고도 할 수 있을 것이다. 그저 단순히 장시간 노출이라는 물리적인 시간의 이야기가 아니라 장시간 노출을 통해 표현된 사진의 이미지가 그만큼의 시간을 한 장의 사진에 고스란히 담아내고 있다.

[그림 7]의 058-2는 얼음이 모두 녹는데 걸린 25시간을 담아내고 있다. 사진 속의 얼음은 고체도, 액체도 아닌 형태로 마치 우주의 소행성이 폭발 하는듯한 장면을 연출하고 있다. 이 한 장에 담긴 이미지는 그 대상이 불분명 한 듯 보이지만, 대상이 지속되었던 25시간을 담아내기

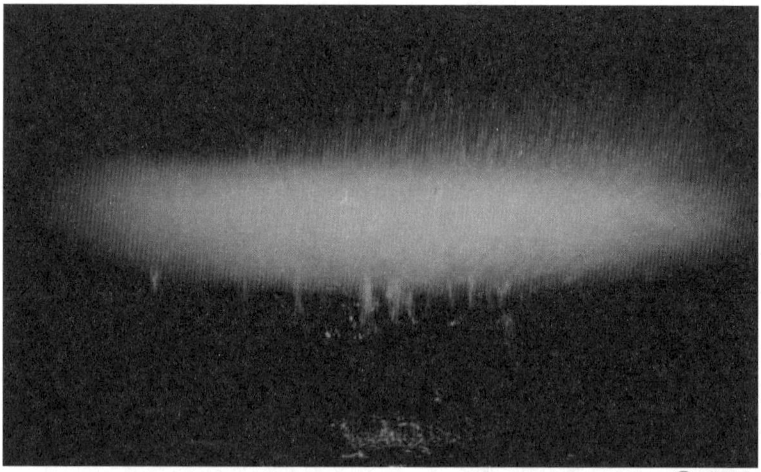

ⓒ 김아타

[그림 7] 〈온-에어 프로젝트 아이스 모놀로그: 058-2〉, 2004

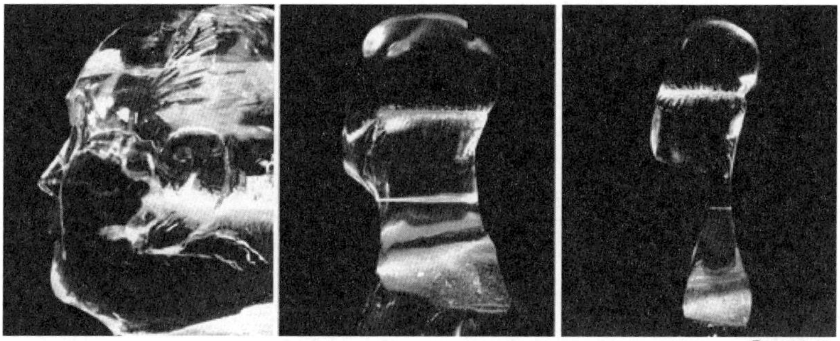

ⓒ 김아타

[그림 8] 김아타의 〈온-에어 프로젝트 아이스 모놀로그: 116-2, 마오의 초상〉, 2006

에 그 자체로도 의미를 가질 수 있다. [그림 8] 마오의 초상은 대형 얼음으로 만들어진 마오쩌둥이 녹아가는 과정을 2일간 2시간씩 기록한 것이다. 우리가 마오의 초상을 보면서 하나의 얼음 조각상이 점점 녹는 과정이라는 단순 정보를 습득하는 것은 아닐 것이다. 20세기 사회주의의 아이콘인 마오쩌둥, 시간의 흐름 앞에서 한 시대의 아이콘이 녹아내리는 과정을 담아낸다는 것은 그 과정의 진행이 가지고 있는 여러 가지 상징성을 말하고자 하는 것이며 이 사진 이미지를 통해 그렇게 느낄 수 있도록 표현한 것이다.[11] 이처럼 '아이스 모놀로그' 시리즈를 통해 작가는 얼음의 상징을 통해 시간의 흐름 속에서 사라지고 다시 뒤 섞이는 존재의 정체성을 보여주고자 하였다.

이제 다시 [그림 1]로 돌아가자. 1827년 니에프스가 파리의 풍경을 촬영하기 위해서는 그때 당시의 기술의 한계로 인해 장시간의 노출이 불가피했다. 그러나 김아타는 '온-에어(ON-AIR) 프로젝트'에서 의도적으로 장시간 노출이라는 물리적인 시간의 지속을 감행함으로써 사진 한 장에 사진이 담고자하는 '지속의 시간이 의미하는 어떤 것'을 담아냈다

11 김아타는 이 작업 이후에 마오쩌둥 얼음상이 녹아내린 물을 108개의 그릇에 담는 작업을 하고 불교와 연결시켜 설명하였으나 본고에서는 그 부분에 대한 설명은 생략하고 있다.

고 할 수 있다.

> 사람들은 상상력이 이미지를 형성하는(former) 능력이라고 파악한다. 그런데 상상력은 오히려 지각에 의해 제공된 이미지를 변형(déformer)능력이다. 그것은 무엇보다도 최초의 이미지들로부터 우리를 해방하고, 이미지들을 변화하는 능력이다.[12]

사진을 찍을 때 작가는 거기에 담고 싶은 이미지를 단 한 장에 담아낸다. 그래서 단 한 장을 만들어내는 셔터를 누르는 순간은 바로 작가의 직관과 연관된다고도 할 수 있다. 그러나 이러한 사진이 작가의 의도대로 여러 과정을 거치게 되면 이제 사진을 보는 사람들에게도 사진 자체를 진실로 받아들이지 않고 사진을 통해 또 다른 상상을 할 수 있도록 한다.

에릭 요한슨(Erik Johansson)은 초현실주의 사진을 대표하는 젊은 작가 중 한 사람이다. 공대에서 인터랙티브 디자인을 공부한 컴퓨터 공학도인 그는 자신을 사진 촬영가이자 사진 수정가라 소개한다. 그의 작품들은 치밀한 사전 계획을 거쳐 정교한 포토샵의 리터칭 기술을 바탕으로 실재하지 않을 것 같은 놀라운 사진 이미지들로 탄생되고 있다. [그림 9]는 2007년 스칸디나비아 사진전 우승을 차지한 작품이다. 비 온 뒤 마치 거울과 같이 생겨나는 수면을 마치 퍼즐 조각을 맞추듯이 한 장 한 장 깔고 있는 사람의 모습을 보여주고 있다. 이것은 사진일까? 그의 사진은 '카메라로 찍을 수 없는 사진'이 대부분이다. 그럼에도 이것은 사진이다.

12 송태현, 앞의 책. p.36.

ⓒ Erik Johansson

[그림 9] Anlagd översvämning, 2007

"카메라로 사진을 찍으면 그 과정은 당신이 작동 버튼을 누르면 끝나버립니다. 저는 그것이 누구나 할 수 있는 것이라 생각했습니다. 그래서 저는 무언가 다른 것, 그 과정이 셔터를 누른 순간부터 시작하는 것을 창조하고 싶었습니다...(중략)...우리를 제한하는 유일한 것은 우리의 상상력 입니다."

〈Erik Johansson: Impossible photography〉 Video On TED[13]

그는 사전에 계획한 이미지를 만들어내기 위해 같은 각도, 같은 조명, 같은 빛을 계산하여 여러 장의 사진을 각각 찍어낸다. 그리고 포토샵 과정을 거치면서 좀 더 본인의 의도를 잘 드러내기 위해 색 보정 등을 더 한다. 이렇게 완성된 그의 사진은 현실적인 사진 속 비현실적인 이미지가 잘 나타나도록 재탄생 된다. 이러한 과정을 통해 사진은 이제 셔터를

13 http://www.ted.com/talks/erik_johansson_impossible_photography.html

누르기 전부터 작가의 상상을 통해 구현되고 그렇게 완성된 이미지를 통해 사진을 보는 이들의 상상작용을 자극하게 된다. 사진은 기술의 발전과 함께 있는 그대로의 모습을 재현하는 데에서 이제는 작가의 주관에 의해 만들어지는 이미지로 또 다시 변화하고 있다.

5. 기록에서 예술로 그리고 일상으로

예술작품을 이야기 할 때 우리는 흔히 작가의 경험이나 사고가 작품과 연결된다는 사고를 가지게 된다. 그러나 사진을 해석하는데 있어 사진이 가지는 특성 때문에 우리는 예술작품과는 다른 해석 방식을 요구해왔다. 사진은 다른 재현 매체와는 달리 작가의 사고를 번역한 결과물이 아니라 지시하는 생성물이기 때문이다. 다시 말해 사진의 진정한 이해는 이미 만들어진 이미지 위에서가 아니라 그 이미지를 구성하게 한 개념적인 원인성(이미지-행위)에 있기 때문이었다.[14]

처음 사진이 발명되었을 때, 사진은 회화의 대체물이라는 개념으로 작가의 작품을 만들기위한 수단이었다. 그러나 점차 시간이 지나고 회화의 '초상'을 대신하여 일반인들도 그들의 모습을 사진에 담을 수 있게 되었다. 사진이 점차 보편화 되면서 이제 사진의 이미지는 개인적인 삶의 일상들을 재현해내고 있다. 초상사진, 스냅사진, 결혼사진 같은 일상과 그 추억의 기억 속에서 사진을 통해 여가 시간을 소비하는 수단은 주요한 소비시장을 구성하기도 한다.[15]

[그림 10]의 사진은 포토 콜라주라는 기법의 사진으로 유명한 작가 데이비드 호크니(David Hockney)의 작품이다. 사진 한 장 한 장이 모여 하나의 큰 그림을 이루는 이 기법은 피사체를 해체하여 다시 구성하면

14 이경률, 『철학으로 읽어보는 사진예술』, 사진 마실 사진예술 문고 03, 2005. p.5.
15 류기상, 앞의 책, p.114.

서 사진의 입체성을 부각 시키는 효과를 보여준다. 이러한 작가의 기법은 이제 스마트폰 애플리케이션을 통해 일상으로 들어와 사람들에게 '놀이'가 되고 '즐거움'이 되었다.

ⓒ David Hockney

[그림 10] 예술에서 일상이 된 사진
Imogen&Hermione, Pembroke Studios, London, 30 July 1982.

이제 일상이 된 디지털 문화에서 사진 이미지는 일상과 소비주의 그리고 커뮤니티가 뒤섞이면서 구체화되고 강력해졌다.[16] 심지어 누구나, 언제나 가지고 다니는 휴대폰으로 원하는 때에 만들어낼 수 있게 되면서 카메라 앞에서 사진이 될 만한 순간을 선택하고 볼만한 사진을 선택하는 과정은 특정한 개인의 작업이 아니다. 뿐만 아니라 사진 이미지 합성을 통해 또 다른 이미지도 손쉽게 만든다. 현대인은 이미지를 통해서 스스로의 정체성과 그들의 소통 문화를 만들어 가는 것이다.[17] 그리고 이러한 과정은 어디까지나 스스로 해나간다는 주관성과 적극성을 특징으로 하고 있다.

> "이미지의 현상학은 창조하는 상상력에 우리가 적극적으로 참여하기를 요구한다." 독자는 문학 이미지에 대한 수동적인 관찰자로 머물러서는 안된다. 오히려 독자는 이미지를 정복하고자 애쓰는 능동적인 투사여야 한다.[18]

16 마틴 리스터, 『디지털 시대의 사진 이미지』, 시각과 언어, 2000. p.51.
17 위의 책. p.53.
18 송태현, 앞의 책. p.40.

바슐라르가 비록 문학이미지로 한정하여 말하고 있지만 이 말은 현대의 모든 이미지들에 해당한다고 해도 과언이 아닐 것이다. 그가 이미지를 진정으로 체험하기 위해서는 적극적이고 공격적이며 정복적인 상상력이 필요하다고 말한 것처럼 이제 사진 이미지는 기록에서 예술을 넘어서서 일반인들도 적극적으로 경험해보는 일상에 이르고 있다. 블로그나 미니홈피에 올려져있는 사진 이미지들은 대상의 재현이라기보다는 그들의 일상 그 자체라 할 수 있게 되었다. 사람들은 일상에서 사진을 통해 기록을 하기도 하고, 연출을 하기도 하며 간편해진 작업툴을 가지고 이미지를 만들기도 한다. 자신이 직접 사진을 찍는 행위를 하지 않더라도 기존의 사진들을 재조합하고 합성하여 전혀 다른 이미지를 만들어낼 수 있게 되었다.

인간의 시각의 역사에서 '보는 것'과 '보이는 것'의 관계 속에서 이처럼 자유롭게 이미지를 형성해 온 시기가 어디에 있었는가? 이러한 디지털 환경의 혜택은 정보의 경계를 넘나드는 문화로 정착될 것이다. 이러한 구조 속에서 재현과 시각화 하는 소통이 재미있고 의미가 있는 큰 이유 중 하나는 만들어지는 이미지의 특정한 시간과 행위를 재현하기 때문이다. 그리고 그 재현은 자신의 경험을 투영하고 독해하기 때문이다.[19] 결국 현대의 사진 이미지는 주관적인 작가와 주관적인 사람들의 해석에 의해 다양한 의미를 가지고 다방면으로 활용되고 있는 것이다.

다시 오래된 이야기로 거슬러 올라간다.

"사진 역시 의미전달을 담당하는 도구로 기호로 볼 수 있지만 문자와 같은 형태의 기호가 아닌 형상적 수단에 의해 의미전달을 하는 기호로 볼 수 있다. 사진은 구름 같은 환상이자 압축된 정보이다." —수잔 손탁, 『On Photography』

---

19 류기상, 앞의 책, 앞의 쪽.

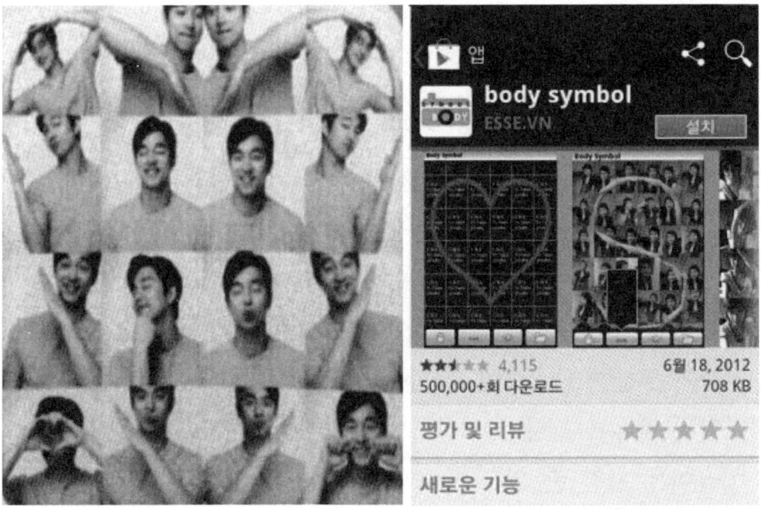

ⓒ Google 이미지

[그림 11] 예술에서 일상이 된 사진예술

포토콜라쥬 기법을 활용한 하트 모양을 만들어주는 스마트폰 애플리케이션 Body Symbol

앞서 살펴본 사진에 관한 개념과 이해는 시대에 따라 점차 변화했다는 것을 알 수 있었지만 본질적인 사진의 의미는 수잔 손탁이 말한 바와 같이 변함없이 '구름 같은 환상이자 압축된 정보' 라 할 수 있을 것이다.

우리는 사진 이미지를 통해 자신의 생각을 표현하고 정보를 읽어내는 것에 능숙해졌다. 그리고 이 능숙함에는 인간의 사고의 자유로움, 즉 상상력이 밑바탕이 되었다. 바슐라르에 의하면 객관적 진실의 세계와는 별도로 주관적 진실의 세계가 존재하고, 이성의 가치와는 별도로 무의식 혹은 상상력의 가치가 존재하며, 과학의 세계와는 무관하게 시 혹은 예술의 세계가 존재한다. 또한 정신의 세계와는 별도로 영혼의 세계가 존재한다.[20] 사진이야말로 태생적으로 과학의 세계와 시학의 세계, 두 세계가 양립할 수 있는 것이라 할 수 있을 것이다. 그리고 이제는 사진 이미지들이 그 세계를 관통하고 있다. 이제 이러한 세계를 읽어내고 해

20 송태현, 앞의 책. pp.41-42.

석하는 과정은 지극히 주관적인 과정이 되었고 이러한 과정을 통해 인간의 상상력이 발현되고 있다.

현대의 사진 이미지는 흔히 범람하는 홍수에 비유되곤 한다. 우리 주변에 왜 그런 많은 이미지들이 발생하게 되었을까? 그 이유는 물론 기술의 발전도 전제되어 있지만, 사람들이 사진을 다루고 사진을 찍는 여러 가지 방법들을 생각하고, 사진을 가지고 다른 것을 창조하면서 사진을 통해 자유로움을 만끽할 수 있게 되었기 때문은 아닐까. 여기에는 바로 인간의 무한한 상상력이 큰 힘을 보태어 주었다. 기술과 예술에 얽매이지 않는 자유롭고 당당한 인간의 상상력이야 말로 현대 사진의 발전을 이끌어온 가장 큰 원동력이라 할 수 있을 것이다.

14 미각적 상상력, 음식 스토리텔링, 만화

김기홍

1. 미각적 상상력과 스토리텔링, 그리고 미디어

상상력은 "이미지를 만드는 힘"을 일컫는다.[1] 흔히 이미지라 하면 시각이미지를 떠올리기 쉬운데, 이는 인간의 지각기관 중 시각영역이 특히 발달한 생물학적 특성에 기인하는, 혹은 명증성을 담보하는데 시각만한 감각기관이 없다고 전제한 로고스중심주의와 시각중심주의의 영향으로 보인다. 그러나 이미지에 관계하는 감각기관은 시각 이외에도 청각·촉각·후각·미각 등 다양하며, 이에 주어지는 자극은 "주체의 경험과 섞여 가치부여가 이루어지고 따라서 청각·촉각·후각·미각에 대한 표현" 또한 하나의 이미지가 된다.[2]

이 장에서 주로 관심을 가지는 것은 미각이미지이다. 좀 더 정교하게는, 미각이미지와 다른 이미지와의 결합이 산출한 제3의 이미지로서, 미

---

1 유평근·진형준, 『이미지』, 살림, 2001, p.45.
2 위의 책. p.29.

각적 상상력을 지향하지만 감각기관으로서의 미각과 직접 관련 없는 미학적 쾌를 양산하는 콘텐츠이다. 미각이미지는 음식을 만드는 행위를 통해 쉽게 발현되기 때문에 주로 요리를 매개로 상상력과 만나게 된다. 과거 방영되어 높은 시청률을 기록한 음식 관련 TV 드라마 <대장금>에 '맛을 그리는 능력'이라는 표현이 등장하는데, 바로 이것이 미각과 관련된 이미지를 만드는 능력, 즉 미각적 상상력을 의미하는 것이다. 따라서 우리가 '맛있는' 음식들을 다양하게 즐길 수 있게 된 것도 미각적 상상력 덕분이다.

미각적 상상력은 다른 상상력과 결합해 제 3의 이미지를 만들기도 한다. 예를 들어 음식의 겉모습에 관한 것, 즉 음식의 시각 이미지가 우리의 미각적 상상력을 부추길 때와 같은 경우이다. '보기 좋은 떡이 먹기도 좋다'는 속담이나 '골라먹는 재미가 있다'는 광고 문구처럼, 음식과 그에 대한 감상은 미각뿐만 아니라 시각 등 다양한 이미지가 동원되어 빚어진 상상력의 총체인 셈이다.

오늘날 미각적 상상력은 시각적 이미지에 더해 문자 이미지를 포함하는 청각적 상상력 등 다채로운 이미지와 만나 새로운 상상의 세계를 만들어내고 있으며, 그 중심 매개체는 스토리텔링과 미디어이다. 최근 음식이나 요리가 과거와 비교할 수 없을 만큼 대중적 관심을 끌고 있는 것은 경제성장에 의한 외식 산업 팽창, 삶의 질과 의미에 대한 인식 변화, 건강에 대한 관심 등 다양한 원인에 의한 것이지만, 미디어가 대중의 상상력을 자극하는 직접적인 촉매역할을 하고 있음은 분명하다. 최근 쏟아져 나오는 음식관련 서적이나 음식 소재 TV 드라마와 영화, 각종 요리 프로그램, 음식 전문 케이블 채널 등에서 보듯, 미디어는 음식에 대한 대중의 이미지와 상호작용하며 특정한 음식 이미지를 조형하고 확대재생산하고 있다. 즉 직접 만들거나 맛보고자 하는 음식의 물리적 특성을 벗어난, 문화소비의 대상으로서의 음식 이미지를 일컫는다. 배가 고프거나 맛있는 것이 먹고 싶다는 생물학적 욕망을 충족시킬 목적으로 미디어의 음식문화가 대량으로 소비되는 것은 아닌 것이다. 즉, 기호로서의 음식, 기의를 필요로 하지 않는 기표로서의 음식에 대한 상징 소비인 것이다. 이때, 각종 미디어가 음식을 다루는 중심전략은 정보의 단조로운 제공에서 벗어나 이야기를 만들어 입히는 스토리텔링(storytelling)이다. 이는 미각적 상상력이 다른 상상력과 조응해 제3의 상상력을 통해 소비 가능한 상징태로서의 환유 이미지를 만드는 메카니즘이며, 우리는 매스미디어를 통해 이런 음식 스토리텔링을 소비하고 있는 것이다.

이 연구의 전반부는, 주로 기록의 형식이었던 음식에 관한 이야기가 미디어의 발전을 통해 대중문화로 편입되었고, 그 과정에서 정보의 전달보다 현대적 의미의 이야기하기, 즉 스토리텔링의 성격을 현저하게 띠게 되었으며, 서사적 성격이 가미된, 혹은 노골적인 허구서사(fiction) 콘텐츠가 가세하게 된 과정을 추적하며 그 의미를 탐색하고 있다. 그 결과, 오늘날 대중매체에서 담아내고 있는 음식 스토리텔링은 인포테인먼트(infotainment) 성격의 정보전달 콘텐츠와 허구서사 콘텐츠로 나누어지게 되는데, 본 연구의 뒷부분은 다양한 대중문화 형식 가운데 원소스멀티유스(one source multi use)를 통해 TV 드라마나 영화, 인터넷 등 여타 매체에 파급효과가 큰 만화를 주요한 연구대상으로 이 구분을 적용해 사례를 분석하고 있다. 특히 음식만화장르가 가장 먼저 정착하였고, 시장에서 가장 큰 성공을 거둔 일본만화의 성공사례를 중심으로 음식만화의 서사적, 매체적 특징을 분석하고, 발 빠르게 발전하고 있는 우리 음식만화의 현황과 의미에 대해 고찰하였다.

2. 음식에 대한 기록의 발전 양상과 스토리텔링

본격적인 논의에 들어가기 전에 다음과 같은 기본적인 의문을 짚고 넘어갈 필요가 있다. 왜 음식 스토리텔링이 사회문화적, 학술적 관심을 끌고 있는가? 이는 무엇보다 음식 자체에 대한 높은 사회적 관심이 음식 스토리텔링을 요구했기에 가능했을 텐데, 음식에 대한 연구가 문화연구로 확장된 최근의 경향을 통해 그 원인과 추이를 가늠해 볼 수 있다.

동서양을 막론하고 과거, 음식에 관한 집필은 대체로 사회적으로 존중받을 만한 것으로 여겨지지 않았고, 주류 문학계나 학계의 저술 대상도 되지 못했다. 요리책 역사가인 바바라 하버(Barbara Haber)에 의하면, 과거 서구에서는 "요리와 음식에 관련된 얘기라면 무엇이건 퇴행적이고 사업(과 같은 일)에도 나쁜 것으로 여겨졌다"고 하며, 가사노동으로서 요리를 전담해온 여성의 역사 연구에서조차, 그 사회비판적 본성에도 불구하고, 초기에는 음식에 관한 논의가 금기시되었다고 한다.[3] 이런 의미에서 음식에 대한 최근의 학술적 관심은 격세지감을 느끼게 한다. 미국 윌리엄즈 칼리지(Williams college) 교수이자 미식(美食) 학술지 「개스트러너미카(Gastronomica)」의 편집장인 대러 골드스테인(Darra Goldstein)은 어느 때보다 높은 음식에 대한 사회적 관심이 음식연구(food studies)를 여성연구나 영화연구처럼 멋있고(chic) 시의적인 학문으로 만들었다며, "음식은 문화와 그것을 둘러싼 제의(rituals)를 이해하는 가장 좋은 방법 중 하나"로서 "음식의 프리즘을 통해 문화의 파노라마를 볼 수 있다"고 주장한다.[4]

---

3 Marina Wolf, *Food for Thought, Food-studies scholars pursue truth at the table. Metroactive.* http://www.metroactive.com/papers/sonoma/05.03.01/foodstudies-0118.html. 접속일 2012년 5월 4일.

4 Elaine Showalter, *Food: My Dinner with Derrida*, The American Prospect, http://prospect.org/article/food-my-dinner-derrida, 접속일 2012년 4월 27일.

그가 쓴 '제의'나 '음식의 프리즘'과 같은 메타포는 음식에 대한 최근의 관심이 무엇을 지향하고 있는지 축약하고 있어 주목할 필요가 있다. 즉, 음식에 대한 사회적 관심이 영양학적 지식이나 특정 음식물을 구성하는 재료와 조리법에 대한 정보에 국한되는 것이 아니라, 그 음식의 상징적 의미가 인간과 사회에 미치는 영향, 예를 들어 앨렌 비어즈워스(Alan Beardsworth)와 테레사 케일(Teresa Keil)이 던진 음식에 대한 기본적인 사회학적 의문인 "우리가 어떻게 먹을거리를 획득하고 나누고 선택하고 준비하고 먹는가, 그리고 우리가 그것과 관련하여 일어나고 있는 일들에 어떻게 의미를 부여하는가"에 관한 "서로 뒤얽힌 일련의 생리적, 심리적, 생태적, 정치적, 사회적, 문화적 과정들"[5]까지를 포괄하고 있는 것이다. 따라서 현재의 '음식에 대한 관심'의 대상은 획득과 저장, 조리와 섭취 등 매일 소비하는 음식들의 물리적 특성 너머에 있으며, 그 대상이 존재하는 장소는 미디어 중심의 대중문화다.

그렇다면 구체적으로 미디어는 음식을 어떻게 담아내고 있으며 대중문화로서의 음식문화는 어떤 모습으로 존재하는가. 미디어 기반의 대중문화 속에서 음식이 재현되고 소비되는 양식은 음식에 대한 현대인의 관심을 반영하고 있는데, 이는 나름의 변천사를 가지므로, 미디어가 담아내는 음식에 대한 관심의 변화추이를 통해 그 내용과 현대의 음식 스토리텔링에 미친 영향을 알 수 있을 것이다. 무엇보다 기원에 대한 발생학적 가정을 통해 접근해 볼 수 있다.

음식은 인간의 최대 관심사인 생존과 밀접한 관련이 있기 때문에, '섭식 가능성'과 관련된 정보가 인류의 탄생부터 어떤 형태로든 발화되고 구비 전승되어, 문자의 발명 이후 다양한 형태로 서술되어 왔으리라 가정해 볼 수 있다. 예를 들어, 최근까지도 등산 도중 잘못 알고 채집한

5 앨런 비어즈워스·테레사 케일, 『메뉴의 사회학』, 박형신·정현주 옮김, 한울아카데미, 2010, pp.20~21.

독버섯을 먹고 병원에 실려 갔다는 뉴스를 접할 수 있다는 점을 상기하며 마빈 해리스(Marvin Harris)류의 문화유물론적 접근을 해보자면, 먼 과거 유사하게 생긴 수많은 초목들 중 인간이 소화할 수 없는 것들, 특히 잘 못 먹으면 사망할 수도 있는 것들과 먹을 수 있는 식용물, 즉 '음식'을 구분해 구전교육과 현장실습을 통해 그 지식을 공유하고 대물림하는 것이 집단의 생존에 관계된 대단히 중요한 과업이었으리라는 것은 어렵지 않게 짐작할 수 있다. 인류에게 음식은 태초부터 검증된 정보를 축적하고 전달해야 할 중요한 논의의 대상[6]이라는 점에서 음식은 기록과 전달, 공유와 소통의 대표적인 소재였던 것이다.

실제로, 음식과 활자 매체와의 만남은 매우 오래된 것으로, 고대 그리스의 아르케스타라투스(Archestratus)가 기원전 350년 경 집필한 『헤디파테이아(Hēdypatheia)』에서 보듯, 최소한 2400여 년 전으로 거슬러 올라간다.[7] 그 관심의 방향은 위에 언급한 바와 같이, '섭식 가능성'에 기반한 정확한 정보의 기록과 전달을 지향하고 있으며, 사회와 미디어의 발전 양상에 따라 점점 세련되어 졌다. 예수와 비슷한 시기를 살았던 아피시우스(Apicius)의 요리책에는 "소금에 절인 성게를 넣은 암돼지 젖통" 하는 식으로 재료와 함께 완성된 요리를 대체로 상상해 볼 수 있는 설명이 들어있고, 2세기 경 로마 작가 유베날리스(Juvenalis)가 "코르시카산

---

6 『동의보감』과 같은 저서도 이런 맥락으로 해석할 수 있을 것이다. 또한 이런 관심은 최근 쏟아져 나오는 음식 관련 서적들에 그대로 반영되고 있는데, 예를 들어 '웰빙(well-being) 식품'에 대한 관심이 현재 시점에서 '섭식 가능성'의 관점에서 진화한 정보 기록과 전달 문화의 정점에 서있다고 할 수 있을 것이다. 즉 섭식을 통한 신체적 건강의 유지, 몸에 좋은 음식에 관한 정보는 모든 음식 이야기의 가장 중요한 요소 중 하나로서 늘 주요하게 다루어지고 있는 것이다.

7 이 책은 현존하는 것은 아니고, 기원전 2세기 경 아테나에우스(Athenaeus)가 저술한 음식관련 기록 『데이프노소피스타이(Deipnosophistai)』에 소개된 것이다. 이 책에 의하면, 그보다 앞서 요리에 대한 기록을 남긴 저자가 20명이나 있었다고 보고하고 있어 음식관련 기술에 대한 오랜 관심을 알 수 있다. Encyclopædia Britannica. http://www.britannica.com/EBchecked/topic/136079/cookbook. 접속일 2012년 4월 22일.

숭어, 시칠리아 해협에서 잡은 아주 맛있는 칠성장어...” 하는 식으로 자신이 먹었던 식사 코스의 메뉴들을 나열한 기록이 있다.[8] 아랍권에도 10세기 경 ‘조리법 책’이라는 의미의 『Kitab al-Tabikh』이 집필되었고[9], 아시아에서는 13세기 쿠빌라이 칸의 조리사가 남긴 기록이 유명한 것으로 기록되어있다.

한국의 경우도 조선 초기였던 14세기 『수운잡방(需雲雜方)』부터, 15세기 『도문대작(屠門大爵)』, 한글로 쓰여진 『음식디미방』, 16, 17세기의 『산림경제(山林經濟)』, 『규합총서(閨閤叢書)』 등 오래 전부터 적지 않은 음식관련 서적이 집필되었다. 대게 농서(農書), 의서(醫書)로 써진 이들 서적들은 음식 재료와 조리법, 건강과의 관련성에 관한 데이터베이스 혹은 매뉴얼의 성격을 띤다.

이렇게 여러 문화권에서 발전을 거듭한 음식 정보 기술(記述) 문화는 인쇄술의 발명과 중산층의 성장에 힘입어 다수의 독자들을 상대로 한 대중요리책으로 발전하게 된다. 당대의 명사였던 이탈리아의 바르톨로메 스카피(Bartolema Scappi)의 1485년 출간된 요리책이나, 최초의 여성 요리 저술가 해너 울리(Hannah Wooley)의 1670년 저서가 주로 거론되는 유명한 사례다.

이어서, 근현대의 ‘대중’ 그리고 ‘대중문화’의 발현과 함께 요리책은 또 다른 전기를 마련하게 된다. 신문과 잡지를 중심으로 형성된 대중문화가 비약적으로 발전하던 19세기, 영국에서 활동한 프랑스 요리사 알렉시스 소이어(Alexis Soyer)의 요리책이 베스트셀러가 되었고, 비슷한 시기 미국에서 『보스턴 요리학교 요리 책』이 큰 인기를 끈 것,[10] 서구와

---

8 존 리처드 스티븐스, 『기이한 역사』, 류경희 옮김, 예문, 1998, pp.358~360.

9 Charles Perry, ‘Cooking with Caliphs’, *Saudi Aramco World,* July/August (2006), pp.14~23.

10 Encyclopædia Britannica, 같은 글.

는 사정이 다르지만, 일제 강점기 방신영의 요리책 『조선요리제법』이 최초의 베스트셀러 요리책이 된 것[11] 등에서 보듯, 매일 준비하고 섭취하는 음식물 그 자체에 대한 관심이 갑자기 증폭된 것이 아니라는 의미에서, 요리책의 생산과 소비는 점점 현대적인 '대중문화현상'의 성격을 닮아가게 된다. 문자기반 지식정보가 특정 계급의 전유물이었던 봉건계급사회의 몰락 이후, 시민사회의 성장과 대중의 발현, 대중문화의 형성, 미디어의 발전 등 문화사의 맥락이 요리책의 대중화와 함께 대중문화화를 이끌었던 것이다.

음식에 대한 대중문화적 관심, 혹은 음식 정보의 대중문화화는 현대에 와서 단순한 정보의 기록과 전달을 넘어선 스토리텔링을 요구하게 되었고, 특히 지식정보화 시대에 디지털 등의 신기술이 견인한 미디어의 진화나 오락에 익숙한 세대의 가치관 등이 작용하여 정보(information)와 오락(entertainment)이 결합된 '인포테인먼트(infotainment)'의 성격을 띠며[12] 미디어를 통해 접할 수 있는 거의 모든 음식 스토리텔링의 근간을 이루게 된다.

3. 음식의 상징성과 스토리텔링

이 장에서는 앞서 살펴본 음식 자체에 대한 정보의 기록과 전달에 대한 유구한 관심과 함께, 음식 스토리텔링의 또 다른 근간을 이루고 있는 음식의 상징성과 그 기능에 대해 알아보겠다.

음식은 매우 오래전부터 자연스럽게 상징적 의미를 획득하고 문화적으로 맥락화 되었다. 그 방향성은 꿀이 달콤함의 은유로 작용하거나 특정 종교문화권에서 사과가 유혹의 상징이라는 식의 음식에 덧칠해 진

11 한복진 외, 『한국음식문화와 콘텐츠』, 글누림, 2009, pp.407~419.
12 강현구, 「인포테인먼트형 만화의 새로운 가능성」, 『인문콘텐츠』 제12호, p.102.

상징 이 외에, 주로 인간의 관계를 이어주는 매개라는 관점에서 발전 했다. 이는 언어관습에서 쉽게 찾아볼 수 있는데, 가령, 우리는 가족(家族) 구성원을 '식구(食口)'라고 부르며, 영어단어 'companion(동료)'은 함께(com) 빵(pan)을 나눠먹는 사람들[13]이라는 의미이다. 페루의 사라나후 원주민들에게 음식을 함께 먹는 행위는 친족관계를 확인하는 것이며[14], 이슬람인들에게 육식의 허가와 금기 대상을 일컫는 할랄(halal)과 하람(haram)을 구성원들이 함께 지켜나가는 것은 공동체를 유지하는 가장 중요한 원칙 중 하나다. 관계를 매개하는 음식의 상징성은 음식 스토리텔링에서, 예를 들어 '어머니가 해 주신 요리의 추억'과 같은 보편적이고 강렬한 소재에서 쉽게 찾아볼 수 있다.[15]

그러나 '관계의 매개'라는 상징성은 사회경제적 맥락에서 대단히 복잡한 의미를 구축하며 권력 개념과 관련을 맺게 된다. 예를 들어, 개인관계를 중요시하는 중국 사회에서는 예나 지금이나 식사에 초대하고 초대 받는 일이 개인의 체면과 관련된 매우 중요한 의미를 지니는 데[16], 이때 음식은 여전히 관계의 매개로 기능하는 상징이지만, 음식이 오랜 옛날부터 개인의 취향을 반영하였고 소비와 과시의 대상이었다는 점에서 계급과 관련된 복잡한 사회적 상징체계와 결부될 수밖에 없다. 즉, 음식에 대한 개인의 취향은, 피에르 부르디외(Pierre Bourdieu)의 논의를 빌리자면, 개인의 고유한 특질이 아니라 사회적 지위를 드러내는 문화자본인 것이다. 누가 무슨 음식을 좋아하고, 어떤 음식을 접대할 수 있

13 Peter Farb & George Amelagos, *Consuming Passions: The Anthropology of Eating*, Houghton-Miffin, 1980, p.4.

14 Janet Siskind, *To Hunt in the Morning*, Oxford. 1973, p.9.

15 예를 들어, 디즈니-픽사의 애니메이션 <라따뚜이(Ratatouille)>에서, 주인공 요리사가 프랑스 최고의 비평가인 안톤 이고(Anton Ego)의 인정을 얻는 대목에서 제시된 장면은, 요리가 어린 시절 이고가 맛 본 어머니의 음식 맛을 떠올리는 짧은 추억이다. '어머니의 음식 맛'이 '최고의 요리'와 쉽게 동일시되는 보편적 관념에 기댄 것이다.

16 장동천, 「중국어권 영화의 뉴웨이브와 음식문화」, 『中國文化研究』 제9호, p.457.

으며, 어떤 음식을 접대 받을 수 있는가가 그 사람을 사회경제적으로 규정하는 기표로 작용하며, 이런 맥락에서 그 사람의 아비튀스(abitus)를 드러내는 음식에 대한 취향과 품평능력은 그 사람의 '능력'이 된다. 어떤 회합의 장소에 무슨 음식이 적절하며 테이블 매너는 어떠한지, 몇 년도에 보르도 지방 포도작황이 좋았으며, 어느 제조가의 와인이 좋은지 아는 것은 봉건귀족들의 문화자본을 수호하는데 중요한 능력이었다.

정리하자면, 음식에 대한 '품평'이 제도화된 관습으로 존재해 왔고, 더 좋은 음식과 열등한 음식의 경계를 구분하는 사회심리적 근간을 이루었으며, 체면이나 명예와 같은 상징자본을 이루는 주요한 자산이었기 때문에 음식을 평가하는 행위 자체가 권력이었고, 따라서 품평은 권력자에게 속한 권능이었던 것이다.

이런 음식의 우열 구분은 결국, 음식의 맛에 등급이 있고, 그것이 요리사의 능력에 의한 것이기 때문에 요리사의 우열이 존재함을 전제한다. 귀족이 아니어도 직업요리사의 음식을 맛볼 수 있는 시대가 되자 이런 능력은 요리사의 위상을 크게 변화시켰다. 이는 19세기 프랑스의 앙뚜안느 카렘(Marie-Antoine Carême), 오귀스트 에스코피에(Georges Auguste Escoffier) 등 요리책 집필의 선구자로서[17] '전설적인' 혹은 '천재적인'과 같은 수식어가 붙는 유명전문요리사의 등장이나 1900년 발간된 유명 레스토랑 품평지 『미셸린 가이드북(Michelin guidebook)』의 등장 등에서 예견되었다고 볼 수 있으나, 음식이 대중문화콘텐츠의 소비재적 성격을 얻어 영양학적 관심 이상의 사회적 관심을 끈 이후에 본격화되었다고 볼 수 있다.

영문학자인 미국 프린스턴 대학의 엘레인 쇼월터(Elaine Showalter)에 의하면, 1960년대부터 영미권에서 저서와 대중문화의 대상이 되면서 음

---

17 구성자·김희선, 『새롭게 쓴 세계의 음식문화』, 교문사, 2005, pp.115~161.

식은 당대의 사회적 관심사인 섹스, 권력, 예술의 기호가 되었는데, 예를 들어 1963년 영화 <톰 존스(Tom Jones)>에 등장했던 식사장면이 유명해진 것이 계기가 되어 음식이 에로틱한 욕망과 가능성을 상징하게 되었다며, 비슷한 시기, 영국 런던에 르 가브로쉬(Le Gavroche) 등의 유명 레스토랑들에서 음식과 요리사에 대한 '숭배(worship)'가 시작되었다는 것이다. 이는 1990년대 TV 프로그램 진행자이자 수백만 부의 요리책을 판매한 제임스 올리버(James Oliver)나 나이젤라 로슨(Nigella Lawson)과 같은 스타 요리사의 탄생으로 연결된다.[18]

ⓒ Google 이미지

[그림 1] '요리권력'의 정점에 서있는 고든 램지의 〈헬스 키친〉 광고 컷

미디어와 대중문화는 이런 맥락에서 전문요리사들에게 권력을 가져다주었다. 즉, 책의 집필이나 TV 출연 등을 통해 그들은 품평을 받는 사람, 즉 음식을 만드는 사람에서 맛을 창안하고 그것을 품평하는 권력자로 격상된 것이다. 실제로 오늘날 TV 요리 프로그램, 특히 요리 경합 프로그램에서 스타 요리사들은 자신이 만든 요리에 대해 평가를 받는 대상이 아니라 남의 요리를 품평하는 권력자이며, 자신이 요리를 하는 경우에 있어서도 맛을 보는 역할로 등장하는 연예인 등의 보조출연자들이 하는 실제 역할은 음식에 대한 평가가 아니라 열광적 반응이나 적절한 미사여구를 구사하여 음식과 요리사를 숭배하는 것이다. 즉, 봉건시대 음식과 관련된 상징자본의 가치가 현대에도 세습된 가운데, 문화자

18 Elaine Showalter, 앞의 글.

본이 대중문화를 통해 귀족이 아닌 전문요리사에게 전이되었으며, 미디어의 스토리텔링 전략에 의해 대중숭배를 불러일으키게 된 것이다.

이런 전문요리사 숭배의 맥락은, 권력과 관련하여, 음식 관련 허구서사 작품의 중요한 모티브를 제공하게 된다. 최근 쉽게 접할 수 있는 음식 소재 TV 드라마를 예로 들자면, 등장인물들이 요리를 통해 추구하는 것은 결국 권위, 권력, 명예와 같은 것이며, 수많은 음식 스토리텔링이 대결 방식을 지향할 수밖에 없는 필연성을 부여하기도 한다. 이는 또한, 음식 스토리텔링의 특정한 관습을 형성하게 된다.

4. 음식 스토리텔링의 내용과 관습

1) 정보전달과 스토리텔링

음식 스토리텔링의 관습은 섭식 가능성을 바탕으로 진화해 온 정보전달에 대한 인류의 기본적 관심을 반영하는데, 대중문화에서 이 '정보전달'은 요리하는 주체의 전문성을 부각시켜 권력을 부여하는 핵심적인 서사장치로 기능한다. TV 요리프로그램에 출연하는 실제 요리사이건, <대장금>, <신들의 만찬> 류 음식 소재 TV 드라마나 영화의 주인공이건, 이들은 때로 장황하게 늘어놓는 음식 관련 지식을 무기로 전문가의 권위를 획득하는 것이다. 이는 음식만화 스토리텔링에서 보편적으로 쓰이는 수법이기도 하다.

몇 가지 예를 들어보자. 한국의 대표적인 음식만화 <식객>의 주인공 성찬은 트럭에 야채와 생선 등 음식재료를 싣고 다니며 판매하는, 사회적으로는 별 볼일 없는 남자다. 그러나 그에게 가용한 음식정보는 백과사전 수준이며, 이 지식이 그를 주인공으로 만들어주는 권력이자 매력의 요체이다. 예를 들어, 이 만화 23권에서 그는 양봉을 하는 시골 출신

후배의 꿀 판매를 도와주며, 아래와 같은 멘트로 지나가는 사람들에게 호객을 한다.

> 중국 의약서인 『신농본초경』은 약을 상약, 중약, 하약으로 나누는데 상약은 신체에 독성과 부작용이 없는 자연 상태의 생약으로 사람의 생명을 북돋는 약을 말합니다. 이 중, 식물성 상약은 인삼이고 동물상 상약은 꿀입니다.[19]

성찬이 전문가 혹은 그 이상 수준의 멘트를 쏟아내는 대상은 거의 모든 종류의 음식에 걸쳐있으며, 그 지식은 개별 음식들에 대한 영양학적, 역사적, 식품공학적, 경제적 접근에다 맛에 대한 시적 표현력까지 망라한다. 같은 책의 다른 에피소드, 산 생선을 바로 잡은 활어회와 숙성시킨 선어회의 비교 시식회 장면에서는 아래와 같은 유창한 대사로 선어회의 우수성을 웅변한다.

> 어패류의 맛과 관계가 깊은 아미노산이 몇 가지 있는데 그중 글루탐산이 이노신산과 함께 사후 시간이 흐를수록 맛을 좋게 하는 작용을 한답니다... 이노신산은 열 시간이 지나도 감칠맛을 더해주지만 탄력성은 떨어지기 때문에 탄력성이 최고조인 네 시간에서 여섯 시간 사이에 먹어야 탄력성과 맛을 함께 즐길 수 있는 것이죠.[20]

이런 지식을 통해 성찬은 전문가로서의 신뢰를 구축하고, 상대방을 공격하거나 도와줄 수 있는 선택이 가능한 권력을 갖게 된다. 권력으로서의 정보는 종종 라이벌로 등장하는 실력 있는 안타고니스트에서도 발견되며, 이는 악당이 강할수록 주인공도 강해지는 동반 상승효과를 가져온다. 예를 들어, 주인공의 아버지가 유언으로 남긴, '사도'라고 명명된 와인을 알아맞히는 대결을 그린 <신의 물방울> 제8권에서, 주인공이 제시한 와인 얼터 에고(Alter Ego) 2000년산에 대해 라이벌은 주인공이

---

19 허영만, 『식객: 아버지의 꿀단지』 제23권, 김영사, 2009, pp.64~65.

20 위의 책, p.258.

틀렸고 자신이 제시한 샤토 팔메(Chateau Palmer) 2000년산이 맞다며 아래와 같은 대사로 전문가의 지식을 쏟아낸다.

> '팔메'의 세컨드 와인은 소비뇽을 중심으로 한 와인이 많은 마고 마을의 등급 와인 중에서도 메를로의 비율이 매우 높은 와인으로 알려져 있지... 같은 2000년이라도 세컨드인 '얼터 에고'는 카베르네 비율이 매우 낮은 30퍼센트. 그에 비해 메를로가 67퍼센트나 들어갔소. 하지만 2000년은 카베르네가 무척 좋은 해라. 이 밸런스도 퍼스트 라벨인 '팔메'를 연상시키는 맛을 표현할 수 있었어요. 그러나 반대로 퍼스트 라벨인 '샤토 팔메' 2000년은 카베르네의 품질에 의존해 만드느라 53퍼센트나 그걸 넣었고, '팔메'다움이 결여된 남성적인 와인이 되고 말았소.[21]

이 밖에도 인기를 끈 거의 모든 음식 만화들이 예외 없이 위와 같은 전문가 수준의, 혹은 그 이상의 대사로 주인공의 권위에 힘을 싣는다. 이는 음식 스토리텔링에서 흔한 '대결구도' 패턴에서 주인공의 영웅성을 부각시키는 핵심기제로 작동하는데, 이에 대해서는 다음 장에서 자세히 알아보겠다.

정보의 제공은 음식 만화에서 인포테인먼트의 성격과 매우 잘 결합한다. 위에 제시한 대사를 통한 음식에 대한 정보제공 방식, 예를 들어 성찬이 장황하게 늘어놓은 선어회에 대한 정보 또한, 독자에게 지식과 정보를 만화라는 재미있는 매체를 통해 전달한다는 의미에서 인포테인먼트 성격을 지니고 있다. 그러나 이런 새로운 지식을 알아가는 '재미'를 준다는 인포테인먼트의 성격이 특별히 부각되는 지점은, 무엇보다 독자들에게 새로운 음식, 특히 이국적인 음식과 재료, 용어를 소개하는

---

21 타다시 아기 글, 슈 오키모토 그림, 『신의 물방울』 제8권, 학산문화사, 2006, pp.172~174.

서사 수법에서다. 커피전문가의 이야기를 그린 『바리스타』 2권에서는 '커피 대결'의 평가기준으로 '아로마(향)', '끄레마(거품)', '플레이버(풍미)', '보디(농도)', '애프터 테이스트(뒷맛)'가 있다는 바리스타의 세계를 엿볼 수 있는 정보와 함께 '속 재료를 끼운 빵'이라는 뜻의 '파니노', '치아바타'라는 빵이 슬리퍼를 닮아서 이탈리아에서 '슬리퍼'로 불린다는 것, 작가의 창안품인 '채식주의자용 파니노 친퀘친퀘' 요리 등 흥미유발용 정보가 곳곳에 배치되어 있다[22].

최근 이러한 음식에 대한 인포테인먼트적 접근이 가장 활발히 일어나는 공간은 인터넷으로, 특히 한국에서 성장한 독특한 만화문화인 웹툰(webtoon)을 통해서다. 강풀, 조석 등의 스타 만화가를 배출한 이 장르는 현재 직업 만화작가의 세계가 되고 있으나 그 출발점은 독자들 중 아마추어 만화가들이 취미로 올렸던 UCC 만화로서, 지금도 많은 독자-만화가들이 나름의 작품을 연재 형식으로 업데이트 하고 있다. 그중 몇몇 음식 웹툰이 큰 인기를 얻고 있는데, 다분히 인포테인먼트적 성격을 띠고 있다.

예를 들어, 꽃게, 비빔밥, 카레, 빙수 등 익숙한 음식들에 대한 작가의 추억과 소회를 무엇이든 맛있게 먹는 능력을 지닌 코알라 캐릭터를 통해 그린 야미의 『코알랄라』, 순대나 부대찌개 등 흔한 음식들을 가족애와 버무려 재조명한 조경구의 『오무라이스 잼잼』, 요리과정을 촬영한 사진을 만화적으로 재구성한, 이른바 '포토툰[23]'인 정다정의 『역전 야매요리』 등이 있다. 이들의 공통점은 전문요리사가 아닌 일반인의 시각에서 일상에서 흔히 접할 수 있는 요리에 접근한다는 친근한 일상성과, 일부 작품의 경우 그 서술 수법이 인터넷이라는 형식에 걸맞게 멀티미디어적이라는 것인데, 작가가 직접 찍은 음식 사진을 만화 속에 삽입해 리

22 무로나가 쿠미, 『바리스타』 제2권, 이은주 옮김, 서울문화사, 2011.
23 photo(사진)과 toon(만화 혹은 웹툰)의 합성어.

얼리티를 살리면서, 스마트폰 등에 내장된 디지털 카메라로 음식을 찍어 개인 홈페이지 등에 게시하는 소위 '인증샷 문화' 트렌드를 반영하고 있다.

이는 음식 스토리텔링의 인포테인먼트 성격을 극대화하는 방향으로 진화하고 있는데, 예를 들어, <코알랄라> 4화에서는 설탕과 딸기를 일 대 일 비율로 버무린 다음 끓여서 딸기잼을 만드는 과정을 코믹한 캐릭터가 등장하는 만화로 보여준 후, 그 아래 다섯 컷의 실제 사진을 올려 간단하게, 그러나 생생하게 조리과정을 전달하고 있다.[24] 포토툰으로 큰 관심을 모으고 있는 <역전 야매요리>의 경우는 사진 이미지를 더욱 적극적으로 차용한 사례다. 15화 '외롭지 않아! 봄 소풍 도시락' 편에서는, 애인이 없어 서글픈 주인공 캐릭터의 외로움과 애인이 없지만 봄소풍 도시락을 싸겠다는 결심을 만화로 코믹하게 묘사한 다음, 62장의 사진을 나열해 새우튀김과 고로케, 샐러드, 주먹밥의 3단 도시락을 싸는 과정을 감자 깎는 장면까지 세밀하게 묘사하고 있다. 사진의 나열은 단순한 정보전달이 아닌, 그 안에 글자를 삽입해 글과 그림이 결합된 만화적 효과를 지속하고 있으며, 사진 중 일부는, 인기 아이돌 그룹 샤이니 멤버들의 판넬을 소풍가는 남자친구 대용으로 사용해 캐릭터의 외로움을 자학적으로 증폭시키는 코믹 컷으로 씀으로써 만화적 상상력을 발휘하고 있어, '포토툰'이라는 용어가 무색하지 않은 '만화'로 남고 있다.

이상 살펴본 바와 같이, 음식 스토리텔링이 음식 정보를 다루는 방식은, 전문서적과 전문가 인터뷰 작업을 거친 전문적인 내용의 구성이라는 고전적인 음식이야기 기술 방식의 축과, 굳이 전문성의 정도를 따지지 않고 만화 형식을 통해 일상적인 먹거리에 대한 정보공유의 즐거움 자체를 새로운 형식으로 생산해 내는 형태의 양 극단으로 발전하고 있

24 Yami, 『코알랄라』, 웹툰, http://cartoon.media.daum.net/webtoon/viewer/7444, 접속일 2012년 4월 22일.

으며, 지식과 정보의 획득에서 즐거움을 얻는 '오프라인 형' 읽기 문화와 인터넷이라는 뉴미디어와 그것을 둘러싼 디지털 문화 전반, 좀 더 구체적으로는 짧고, 가볍고, 기발하고, 즐거운 단막극 중심으로 조형되어 가는 웹툰의 양식과 디지털 카메라와 인터넷이 연계된 '인증샷' 문화 등이 결합한 온라인형 보기 문화가 공존하고 있다고 할 수 있다.

2) 상징과 스토리텔링

위의 3장에서 알아본 '매개적 상징' 또한 음식 스토리텔링의 지배적 관습이다. 이는 1960년대 영화 <톰 존스(Tom Jones)>를 예로 들며 위에 언급한 바와 같이, 음식이 섹스, 권력, 예술의 기호가 되었던 것, 음식이 에로틱한 욕망과 가능성을 상징하게 된 것과 같은 맥락인데, 가장 대표적인 작품으로 손꼽을 수 있는 것은 영화로서, 1994년 대만의 뉴웨이브 2세대 감독인 리안의 <음식남녀(飮食男女)>다. 이 영화의 성공요인은 중국 상류층의 화려한 미식문화를 뛰어난 영상미로 재현한 것과, 미각을 잃어가는 유명 요리사인 노년의 남자 주인공이 젊은 여성에 대한 사랑으로 미각을 되찾는다는[25], 즉 음식이 섹스와 관계의 메타포로 작용한다는 점이 대중들의 수긍을 이끌어 내면서도 신선하게 다가갔기 때문이다. 이 영화가 제시한 화려한 음식 이미지와 관계 메타포의 결합 전략은 이후 영화, 드라마, 만화 등에서도 쉽게 발견된다.

만화의 경우, 최수웅이 「요리만화의 스토리텔링 양상 연구」에서 음식만화 스토리텔링의 특징 중 하나로 제시한 '일상적 공간에서 이루어지는 소통'이 여기에 해당 된다고 볼 수 있다.[26] 예컨대 2009년 일본 TBS에서 드라마화 되어 인기를 재확인한 일본만화 『심야식당』의 경우, 밤

---

25 장동천, 앞의 글, pp.460~461.

26 최수웅, 「요리만화의 스토리텔링 양상 연구」, 『인문콘텐츠』, v18, 2010, pp.147~166.

12시부터 아침 7시까지 운영되는 한 식당에서 일어나는 인간 군상들의 애환을 그린 작품으로, 매회 제시되는 서로 다른 음식과 그에 대한 고객들의 취향과 반응이 소개되며, 인생 혹은 인간관계의 메타포로 쓰이고 있다. 이에 대해 홍경수는 식당 주인이 일종의 샤먼으로서 사람들의 관계를 매개하는 역할을 하며, 음식은 맛을 전달하는 것이 아니라 추억을 전달하는 미디어라고 주장하기도 했다.[27] <다카스기가의 도시락>, <어제 저녁 뭐 먹었어?>나, 여성만화의 감수성을 음식 스토리텔링에 결합시킨 한국의 요리만화 <키친> 등도 일정한 인기를 얻은 작품들로, 같은 맥락으로 볼 수 있다.

예를 들어, 단막 에피소드로 이루어진 <키친>의 제2권 54화 '날 기다리던 식탁'은 불치병으로 병원으로부터 '사망선고'를 받은 아버지에게 그 사실을 숨기고 있는 장성한 딸과 어머니 얘기다. 어느 날 아내에게 저녁 메뉴로 동태탕을 부탁하고 딸과 함께 외출한 아버지는, 은행으로 가 통장잔고를 딸의 계좌에 이채하고, 평생 함께 일했을 포크레인 등 중장비를 처분해 딸의 통장으로 입금되도록 하고, 차를 팔아 딸에게 새 차를 사서 어머니를 잘 모시고 다니라고 부탁하고, 마지막으로 핸드폰을 정지시키며 하루를 보낸다. 그 사이, 장을 봐 동태탕을 하던 아내는 전화로 딸에게 아버지가 자신의 '사망선고'를 눈치 챘다는 얘기를 듣고 가슴이 미어진다. 독백을 통해 아버지는, 집에 가면 밥이 차려져 있는 게 너무나 흐뭇한데 그걸 모르고 밖으로만 돈 인생을 후회하고, 수많은 나날 자신을 기다렸을 주인 없는 밥상들을 생각하며 아내에게 미안한 마음을 보낸다. 딸이 택시를 잡자 아버지는 "그래, 가자. 가서 저녁먹자"는, 너무나 일상적이기에 낯선 멘트를 한다. 그 시간, 아내는 동태탕을 끓이고 있다. 이 에피소드에서 동태탕이라는 음식물은 1차적 관심의 대

27 홍경수, 「일본만화의 이야기 구조와 미디어 속성」, 『한국콘텐츠학회논문지』, 2010, v.10. 10, p.162.

상이 아니다. 요리와 음식의 특성에 대한 장황한 정보도 전혀 없고, 권력관계나 전문성의 요소도 찾아볼 수 없다. 동태탕은, 죽어가는 초로의 한 남성이 가족과의 관계, 아내에 대한 애잔한 마음과 같은 전 인생에 걸친 가족과의 추억과 회한이 버무려진 다의적 환유장치일 뿐이다. 이처럼 음식 스토리텔링은 음식 자체에 대한 관심의 거리와 정도, 정보의 양과 전문성의 정도 조절을 통해 작품 자체의 성격을 판이하게 바꾸고 있다. 그 성격의 차이들이 재미와 의미를 생산하며 음식만화 스토리텔링에 다양성을 덧보태고 있다.

그러나 음식만화 스토리텔링중 대중적으로 가장 큰 인기를 끈 작품들의 두드러진 특색은 '대결'이다. 주로 요리사끼리 경쟁을 하고 맛에 대한 평가로 판가름 나는 이런 우열 구분은 음식만화 뿐만 아니라 TV 드라마와 영화 등 음식관련 허구서사의 천편일률적인 패턴으로 자리 잡게 되었다. 다음 장에서 이에 대해 자세히 알아보겠다.

5. 음식 스토리텔링과 일본만화

'요리대결' 서사관습은 일본만화에서 가장 먼저 시작되었으며, 30여 년 전부터 이 관습을 고수하면서 대중문화 음식 스토리텔링 전반에 큰 영향을 미쳤다. 시장에서 가장 크게 성공한 작품들 역시 이 관습을 따른 작품들이며, 한국에도 적지 않은 영향을 미쳐, 만화의 <식객>, TV 드라마 <대장금>을 필두로 한 관련 콘텐츠들이 대거 양산되는 기폭제가 되었다고 볼 수 있으므로 중요한 관심사라 할 수 있다.

요리대결 구도는 중국의 영웅 무협서사에 일본의 장인정신과 일본 소년만화의 서사관습이 교배되어 있는 혼종적 서사관습에서 그 모태를 찾을 수 있다. 이 장에서는 일본만화 음식 스토리텔링의 대결 구도를 무협서사 관습과 연계하여 자세히 알아보도록 하겠다.

1) 일본 음식만화의 대결구도

국내에 번역된 일본만화 중에는 '왕'이나 '달인' 등 뛰어난 능력을 일컫는 명사가 포함된 요리만화들이 꽤 있다. 카리야 테츠, 하나사키 아키라의 <맛의 달인>, 쿠베 로쿠로, 카와이 탄의 『라면 요리왕』, 테라사와 가이스케의 <미스터 초밥왕>, <요리왕 비룡>으로 잘 알려진 애니메이션의 원작만화 에츠시 오가와의 <중화일미> 등이 사례다. 물론, <맛의 달인>의 원제목이 '美食家'이고, <요리왕 비룡>의 원제목이 '中華一番'이라는 데서 알 수 있듯, 번역과정에서 국내 출판사 혹은 방송사들이 한국시장의 관습에 맞게 바꾼 경우가 많지만, 이들 바뀐 한글 제목이 콘텐츠의 서사적 특성을 매우 잘 드러내고 있다는 점에서 염두에 둘 가치가 있다.

대개 이들 만화는 설익은 영웅기질을 가진 주인공 소년이 좌충우돌하며 성장해 가는 다소 판에 박힌 이야기 패턴을 반복하는데, 이는 요리소재 이 외에도 흔히 볼 수 있는 일본의 소년 취향 만화의 서사관습에 충실한 것이다. 제목에 노골적으로 드러나지 않는 만화들 중에서도 하시구치 다카시의 <따끈따끈 베이커리>, 여성만화가 무로나가 쿠미의 <바리스타> 등과 같이 이런 '소년영웅 만화서사'의 관습을 공유하는 작품이 상당수 있다.

소년영웅이 등장하는 음식만화의 서사적 특징을 최수웅이 "대결을 통한 성장"으로 정의했듯이,[28] 일본 소년만화 스토리텔링의 핵심적 모티브인 '대결'은 음식 스토리텔링에도 그대로 적용된다. 실제로 인기 있는 음식만화들 상당수가 대결에 집착한다. 왜 '대결'인가? 폭력이 강조

28 최수웅, 앞의 글, pp.147~166.

되는 액션물이 아닌 음식만화 마저도 '대결'을 주요한 서사전략으로 배치하고 이를 대중들이 즐겨 소비하는 근원적 이유에 대해서 고찰할 필요가 있다.

데즈먼드 모리스(Desmond Morris)는 농업에 의한 전문화된 식량생산에 의해 사라진 "사냥의 흥분들—추격의 스릴, 교묘한 덫, 전략 짜기, 죽음의 절정, 위험과 불확실, 남성 사냥 집단의 동료애"를 "상징적 사냥"을 통해 보상받으려 한다고 주장한다. 보상은 주로 작전과 전략, 유인책과 같은 사냥의 특색을 띈 비즈니스나 도박, 스포츠와 같은 활동들로 달성된다.[29] 또한, 요한 호이징하(Johan Huizinga)는 고대 사회에서 사냥과 같이 생물학적 삶을 영위하는데 필요한 행위들마저 놀이 형태를 가지고 있었기 때문에, 오락으로서의 경쟁이 문화로부터 유래한 다기 보다는 문화에 앞서는 것, 즉 놀이가 문화를 만든 것이라고 주장한다. 그에 의하면, '함께 놀이하는 것'은 본질적으로 대립적 성격을 가지는데, 이때 놀이의 결과에서 승리자는 놀이 그 이상의 무엇을 얻게 되며, 이때 권력이나 지배를 간접적으로나마 구체적으로 실현하고자 하는 욕망은 2차적인 것이고, 가장 중요한 일은 "다른 사람을 능가하여 첫째가 되고 그 덕분에 존경을 받고자 하는" 혹은 명예를 얻게 되는 것, 즉 "이겼다는 점" 그 자체라는 것이다.[30]. '대결'은, 따라서, 특히 남성들의 잃어버린 원시적 본능에 대한 대리만족을 강하게 충족시켜주는 상징적 사냥게임이며, 존중받고자 하는 욕망의 실현인 승리와 그 쾌감 또한 문화에 앞설 만큼 본능적인 것이다. 소년만화가 대결구도를 선호하는 이유를 잘 설명하는 대목이다.

그러므로 '대결'은 '동서양'과 같은 문화권역 구분을 넘어서는 서사의 원형적 특징이라고 볼 수 있다. 그 원형성은 문학을 포함한 모든 예술장

---

29 데즈먼드 모리스, 『피플 워칭』, 김동광 옮김, 까치, 2004, p.427.
30 요한 호이징하, 『호모 루덴스』, 김윤수 옮김, 까치, 1993, pp.75~81.

르의 모티브가 되었고, 그 서사구조는 '분리-입문-회귀'로 도식화된 캠벨의 영웅서사구조 등으로 잘 설명될 수 있다. 이런 영웅서사의 관습은 대중문화에도 편입되어 할리우드의 스워시버클러(swashbuckler), 웨스턴(western), SF, 슈퍼 히어로 등의 장르로 대물림 되었다.

아시아에서 이 원형성이 발현된 가장 유명한 서사관습은 무협에서 발견할 수 있다. 프로타고니스트(protagonist)와 안타고니스트(antagonist)의 대립구도에서 갈등을 일으키고 해결하는 장치라는, 대결에 대한 고전적이고 일반적 해석에서 한 발 더 나아가 일본 음식만화 스토리텔링에서 보이는 대결구도의 특징을 논하자면, 바로 이 무협서사의 관습이 음식 스토리텔링에 전이되었다는 점이다. 이는 무협서사에 대한 일본문화의 관심과 관계맺음에 관한 나름의 역사적 배경을 통해 확연히 드러난다.

2) 음식만화 스토리텔링과 무협의 서사관습

무협소설은 청말에 출현했으나 '무협소설'이라는 용어는 중국에서 생겨난 것이 아니라 일본의 통속과학소설의 선구자이자 1911년 창간한 잡지『무협시대(武俠時代)』의 편집장이었던 오시가와 순로(押川春浪)에 의해 처음 사용되었고, 이것이 당대 지식인인 량계초(梁啓超), 정일(定一), 서념자(徐念慈) 등에 의해 중국에 소개된 것이다. 오시가와가 의미하는 무협은, 그가 군국주의적 해양 SF 소설『해저모험기담 해저군함(海島冒險奇談 海底軍艦)』으로 출세한 것에서 알 수 있듯, 주로 과학소설을 지칭하는 용어였으나, 중국으로 건너간 용어 '무협소설'은 '기격소설(技擊小說)', '협의소설(俠義小說)', '협정소설(俠情小說)', '기협소설(奇俠小說)', '검협소설(劍俠小說)' 등 같은 장르를 일컫는 다양한 용어와 경쟁하여 살아남았다.[31]

ⓒ Google 이미지

[그림 2] 『미스터 초밥왕』의 요리대결 장면 —주인공에 대한 관객의 열광은 무림고수에 대한 경탄과 유사하게 묘사됨

이후 중화권에서 독자적으로 자리를 잡은 무협서사는 일본에 역수출되었고, 특히 영화 매체를 통해 일본의 사무라이 영화와 영향을 주고받으며 동반 성장하게 된다. 이 과정에서 '무협'의 개념과 세계관, 서사관습은 여타의 매체에도 지대한 영향을 미쳤는데, 만화도 예외는 아니었다. 무협서사가 일본의 만화에 미친 영향은 광범위하고 결정적인 것으로 보이는데, 액션을 중심에 둔 거의 모든 혼종 장르 만화의 대표적 서사관습으로 자리하며 손꼽히는 베스트셀러들을 양산했다. 무술인들의 대결을 그린 무협만화 장르 이외에도 <크라잉 프리맨>, <북두의 권>이

---

31 유경철, 「무협소설을 보는 또 다른 시각」, 『中國現代文學』 第31號, p.365.

나 애니메이션 <자이안트 로보> 등에서 보듯 과장된 형태의 중국무술 권법이 직접 등장하는 액션물들도 있으나, 그 서사구조는 <내일의 조>, <슬램덩크>와 같은 스포츠 만화, <드래곤 볼> 류의 SF, 심지어 <포케몬>와 같은 어린이용 콘텐츠에서도 쉽게 발견된다.

한국의 경우도 <열혈강호>, <용비불패> 등 베스트셀러를 낳은 무협만화 장르는 짧지 않은 전통과 변천사를 가진다. 그러나 무협장르 자체의 영향력보다 무협 서사관습이 여타 장르의 만화에 미친 범위가 더 넓다고 볼 수 있는데, 신형빈의 <도시정벌>이나 권가야의 <남자이야기>와 같이 시대적 배경이 현대나 미래일 뿐 무협장르로 분류되는 만화부터 SF, 학원, 액션, 스포츠, 기업만화에 이르기까지 그 영향이 광범위하다[32].

무협소설의 특징은 첫째, 권선징악을 바탕으로 둘째, 선이 악과 대결해 퇴치하는 과정을 그린 것으로 단순하게 정리된다. 그 서사구조에 대해 정영강(丁永强)은 열다섯 단계를 구분했으나 핵심은 악인에게 화를 당하는(仇殺) 사건이 발단이 되어 "온갖 역경을 겪으며 강한 무공을 익힌 협객이 은원을 갚으며 강호의 분쟁을 평정하고(掃淸群凶) 은거하게 되는 대단원"[33]까지 이다. 이를 바탕으로 음식만화의 무협서사적 특성을 논할 때 눈여겨 볼 특징은, 대게 요리사인 주인공이 협객의 변형인 '영웅'이라는 점과 대결을 통해 악을 퇴치하며 성장해 나간다는 점이다. 다음 장에서 일본 음식만화의 무협서사적 관습의 특징에 대해 알아보겠다.

---

32 이런 의미에서 인기 만화가 이현세의 『남벌』과 『아마게돈』의 스토리작가 야설록이 무협지 작가였다는 사실은 시사하는 바가 대단히 크다고 할 수 있다.

33 우강식, 「김용 무협소설의 악인의 형상 연구」, 『中國小說論叢』 第34輯, 2011, p.191.

6. 일본 음식만화의 무협서사적 특징

최혜실은 무협을 하나의 놀이로 보아, 비일상적 공간에서 나름의 규칙을 만들고 그 규칙을 지키며 재미를 얻는 하나의 놀이라고 주장한 바 있다.[34] 놀이에서의 규칙은 참여자들의 역할과 한계를 규정하고, 목표를 정하고, 그 목표가 달성되는 상태, 즉 승부가 판가름 나는 조건을 정하는 합의된 룰이다. 이런 관점에서 음식만화의 무협서사적 관습을 본 연구의 필요에 따라 정의해보면, '범상치 않은 자질을 가진 소년영웅이 연쇄적인 시험의 관문을 대결을 통해 통과하며 성장해 나가는 놀이'인 것이다. 등장인물은 선악이 분명한 인물들이고, 주인공은 영웅이다. 목표는 최고의 요리사가 되는 것이고, 그 목표를 획득하는 방법은 더 맛있는 요리를 만드는 대결을 통해 반복되는 관문을 통과하는 것이다. 따라서 음식만화의 무협서사 관습에 대해 인물의 영웅성과 관문통과를 통한 성장으로 나누어 용이하게 설명될 수 있다. 또 무협서사의 지배적 세계관인 협(俠) 개념이 음식만화 스토리텔링에 어떻게 전용되었는지 알아보겠다.

1) 인물: 주인공 캐릭터의 영웅성

많은 대중서사에서 주인공은 범상치 않은 능력을 가진 영웅인데, 대게 핏줄을 통해 전수받은 것으로, 초월적 외계 유전자를 가진 슈퍼맨과 뛰어난 마법사의 적자(嫡子)인 해리 포터가 대표적인 사례일 것이다. 무협지 역시 다양한 출생 배경과 능력을 가진 주인공이 등장하며, <녹정기>의 주인공 위소보와 같이 무공 연마와 관련 없는 주인공도 등장하지만, 대체로 서구 영웅서사의 주인공 성격과 맥을 같이 한다. 따라서 우

34 최혜실, 『디지털시대의 문화읽기』, 소명출판, 2001. pp.277~300.

월한 능력의 영웅은, 특히 대중서사에서 특이한 것은 아니다. 다만, 본 논의에서 눈여겨볼 것은, 액션이 아닌 요리 만화의 주인공이 영웅서사의 영웅적 특징을 가진다는 점이며, 그 '범상치 않은 능력'이 주인공에게 시련을 가져다주거나 그 시련을 극복하는 기제로 작동해 드라마의 진행을 추동하는 기능을 수행한다는 점이다.

예를 들어, 와인 소재 음식만화 <신의 물방울>의 경우, 주인공 칸자키 시즈쿠는 아버지로부터 와인에 대한 '절대 미각'을 물려받은 인물로 설정되어 있다. 그 누구도 감별할 수 없는 미세한 맛과 향의 차이와, 그 누구도 알 수 없는 와인의 역사성과 추억을 주인공은 모두 알아맞힐 수 있다. 세계적 와인 평론가인 아버지에 대한 애증으로 주인공은 와인을 멀리하고자 했으나, 아기자기한 저간의 사정들이 스토리에 제시되었음에도, 무엇보다 그의 타고난 능력이 그를 와인의 세계에 깊이 빠져들 수밖에 없도록 만드는 내러티브 전개의 추동장치로 작동한다. <따끈따끈 베이커리>의 주인공 아즈마 카즈마 역시, 제빵의 반죽과정에서 이상적

ⓒ Google 이미지

[그림 3] 『신의 물방울』의 한 장면 ―주인공은 미각에 특별한 능력을 타고난 능력자

인 발효온도를 제공해주는 '태양의 손'을 가지고 태어났다. 똑같은 재료로 같이 반죽해서 빵을 만들어도, 주인공의 손을 거쳐 만들어진 빵은 그 발효의 적절성으로 인해 훨씬 격이 높은 맛을 내도록 되어있다. 이 영웅적 능력으로서의 '태양의 손'이 주인공을 '빵의 달인'으로 만들기 위한 전 단계로서 도쿄로 이끌게 된다.

일본의 요리 만화에서 주인공의 이런 영웅적 능력은 이미 30여 년 전 창작된 가리야 데쓰, 하나사키 아키라의 <맛의 달인>과 같은 만화에서도 발견된다. 별 볼일 없는 회사원인 주인공은 '궁극의 메뉴'를 작성해 문화유산으로 후세에 길이 남긴다는 목표로 신설된 신문 특집기획의 담당자로 발탁된다. 그의 아버지는 미식가이자 음식에 조예가 깊고 까다로운 인물이다. 어머니의 죽음과 관련한 오해로 사이가 좋지 않은 주인공과 아버지는 '궁극의 음식'의 해석에서 사사건건 반목하는 관계이지만, 드라마에서 아들이 음식의 재료부터 요리에 이르기까지의 과정을 쫓으며 발전하도록 독려하며 화해를 모색해 가도록 설정되어 있다. 주인공은 화수를 거듭하며 발전해 가는데, 이는 모두 주인공이 천부적인 미각을 가지고 있기에 가능했던 일이다[35].

이런, 비범한 능력이 서사체 내에서 수행하는 기능은 한국 TV 드라마에서도 쉽게 찾아볼 수 있다. 예를 들어 <대장금>의 주인공 서장금의 '절대미각'이 있다. 왕실 소주방에서 각시와 나인으로 종사하던 시기, 즉 도제 시절 장금이 가진 절대미각은 정상궁과 한상궁을 자신의 후견인으로 세우고, 라이벌인 금영의 시기를 불러 일으켜 그 후견인인 최상궁과 대립각을 세우게 만드는 드라마 진행의 주요 기제로 작동한다. <제빵왕 김탁구>의 주인공이 가진 천부적인 후각이나 <발효가족>의 주인공이 가진 천부적인 미각 등 대장금 이후 요리 소재 TV드라마에서

35 오시로 요시타케, 『만화의 문화기호론』, 김이랑 옮김, 눈빛, 1996, pp.139~144.

이런 선천적인, 즉 피에 의해 전수되어진, 따라서 특정한 직업과 그 분야의 최고가 되도록 점지된 영웅적 능력은 하나의 서사관습이 되어 가고 있다. 이들 드라마의 작가 개개인이 음식 만화로부터 직접 영향을 받은 것인지는 확인할 수 없으나, 최소한 '무협서사적 특징을 가진 음식 만화 서사관습을 공유하고 있다'는 진술은 받아들여질 수 있을 것이다.

2) 스토리: 관문통과를 통한 성장

범상한 능력을 지닌 영웅으로서의 음식만화 주인공은 수련과 시험의 관문을 통과하며 성장해 가는데, 이는 미국식 슈퍼히어로와 무협지의 '고수' 캐릭터를 드러내는 서사관습의 차이를 극명하게 대립시켜 보여주는 사례다. 2008년 부산국제영화제의 특집 프로그램 '아시아의 슈퍼히어로' 코디네이터 옥미나는 영화전문잡지 씨네21에 기고한 글에서, 오랫동안 아시아에서 할리우드 식의 슈퍼히어로 장르가 정착하지 못한 원인을 문화적 이질성에서 찾고 있다. 유교권 국가인 중국, 대만, 홍콩 등의 서사관습은 쿵푸에 대한 대중의 신뢰와 존중을 기반으로 하는데, 이에 의하면 주인공은 엄격한 자기 절제와 규율을 가지고 오랜 시간의 수련을 거쳐야만 영웅의 경지에 도달할 수 있다. 반면 스파이더맨, 아이언맨, 헐크 류의 미국 대중문화의 슈퍼히어로들은 우연히 초능력이 주어지거나 첨단 테크놀로지에 의해 갑자기 영웅이 되는 것으로, 동양적 정서로는 그 '도인의 경지'를 불순한 사기로 느낄 수 있어 정서에 맞지 않는다는 것이다[36].

이런 관점에서 요리만화 주인공이 영웅이 되어가는 과정은, 그가 뛰어난 능력을 가진 것에 더해, 무협서사의 관습을 충실히 따른다. 이를

---

36 옥미나, '아시아에도 슈퍼히어로들이 있다'. 제13회 부산국제영화제 특별전에 앞서 미리 보는 아시아 슈퍼히어로 영화들, 『씨네21』(통권 670호), 2008, pp.80~85.

일본만화에서 흔히 ‘에스컬레이트 시스템’이라고 일컫는데, 이는 “주인공이 반동인물과 대결하고 고전을 거듭하다 결국 승리하고 이를 통해 성장하며, 이어 보다 강한 라이벌이 등장하면서 일련의 과정을 반복하는 것”[37]으로 정의할 수 있다. 하나의 고수를 물리치면 다른 유형의 무공을 가진 더 강한 고수가 나타난다는 식의 무협지적 서사수법은 음식만화에서 요리 경연대회나 맛 대결의 형태로 쉽게 변형된다.

<미스터 초밥왕>, <따끈따끈 베이커리> 등의 만화는 이런 무협서사적 관습을 완벽하게 답습한다. 예를 들어, <미스터 초밥왕>의 경우, 주인공은 작은 시골동네인 고향에서의 요리경연대회에서 일정한 활약을 해 심사위원으로 참석한 유명한 ‘초밥계의 고수’의 눈에 띄고 발탁되어 도쿄로 상경하게 되는데, 막상 그 고수는 초밥 만드는 법을 가르쳐주는 것이 아니라 “어깨 너머로 알아서 배우라”고 하고, 주인공은 못된 선배의 미움과 시기 속에서 눈칫밥을 먹고 설움을 이기며 ‘내공과 외공’을 다져나간다. 절정의 무공을 배우기 위해 입산한 주인공에게 밥 짓고 물 깃고 청소하는 등 허드렛일부터 시키는 고수의 존재는 무협서사 관습에서 흔한 수법이다. 또한 <따끈따끈 베이커리>에서 주인공이 동경에서 요리사로 입신하기 위해 상경해 한 처음 행위가 ‘판타지아’라는 유명 베이커리에 인턴사원으로 취직하는 것이다. 인턴 정도이니 이미 취직이 된 것이라 생각한 주인공의 기대와 달리, 현장에는 삼십 여 명의 젊은이들이 모여서 입사를 위한 요리 경합을 준비하고 있다. 빵 만드는 법을 배우기 위해 유명 베이커리에 들어가는 것 자체부터가 경쟁이며, 스토리 구조상 ‘에스컬레이터’에 오르는 첫째 관문인 것이다. 아기자기한 내용이 다채롭게 변형되어 재미 요소를 구성하지만, 전체 스토리의 얼개는 더 강한 ‘요리 고수’가 연쇄적으로 등장해 주인공을 위기에 빠뜨리고, 그 위기를 극복하며 발전해 가는 무협 서사적 반복구조로 짜여

37 최수웅, 앞의 글, p.152.

있다.

3) 무(武)와 협(俠)의 변형

서구식 슈퍼히어로물과 차별화되는 음식만화의 무협서사적 특징으로 '경지'라는 개념을 들 수 있다. 이는 앞서 살펴본 '주인공의 성장'의 정서적 모티브가 된다. 요리만화에서 주인공인 '요리영웅'들은 일정한 경지에 오르게 되는데, 스토리 곳곳에 그것이 단순한 조리 실력과 구분되는 것임을 강조하는 장치들이 배치되어 있다. 이는 '동양적 정서'라고 부를 만한 집단적 도덕관념이나 미의식에 호소하는 방식으로 발현되는데, 예를 들어 앞서 언급한 옛날 만화 <미식가>에서 주인공의 아버지가 주인공에게 다음과 같이 일갈하는 장면이 나온다.

> 최고의 재료와 최고의 기술 이외에 무엇이 필요한가를 빠뜨렸구나! 너는 이번에도 또 중요한 것을 잊어버렸다! 자만심 이외의 아무것도 아니다! 요리는 사람의 마음을 감동시킬 때 비로소 예술이 된다. 그렇지만 지금 너의 마음 자세로는 어떤 요리를 만들어도 재료자만, 솜씨자만의 저속한 눈요기 요리에 그칠 것이다![38]

이 요리의 덕목은 무협의 본연적 개념이 변형된 것으로 볼 수 있다. 무협의 무는 무공(武功), 무예(武藝)와 관계되는 것인데, 신체나 무기를 사용해 상대와 맞서는 '외공'과 몸속으로부터 발산되는 기운을 의미하는 '내공'으로 나뉜다. 내공이란 "엄격한 심신 수련 과정을 통해서만 도달될 수 있는 무형의 기운으로서, 외공의 물리력을 극대화시키는 데 필요한 고도의 집중력과 영적에너지[39]"를 포함한다. 따라서 무협서사가

---

38 가리야 데쓰, 하나사키 아키라, 『美食家』, 小學館, 제8권 p.133, 오시로 요시타케, 앞의 책, p.141에서 재인용.

ⓒ Google 이미지

[그림 4]『맛의 달인』의 한 장면 —요리와 미식에는 무공과 같은 일정한 경지가 존재

유통되는 문화권에서는 엄격한 심신 수련 과정을 필요로 하는 내공을 외공보다 더 중요하게 생각하는, 혹은 내공이 외공을 포함하는 개념으로 보는 세계관이 함께 유통된다고 볼 수 있다.

이는 협 개념과 관련되어 더욱 선명해진다. 협이란 "무덕, 즉 무인으로서의 덕망이나 인격과 관계가 되는 것으로서, 이는 곧 무공 사용의 전제가 되는 기준 내지는 원칙"[40]이다. 이는 음식을 다룬 만화에서 쓰러뜨려야 할 적, 즉 안타고니스트를 특정하고, 그 적을 '권선징악'의 대의 하에 타도하는 것을 정당화시켜주는 주요한 도덕적 기제로 작동한다. 예를 들어, <미스터 초밥왕>에서 주인공의 가업인 작은 초밥집의 극중 상대는 사사초밥이라는 프랜차이즈인데, 이 기업은 동업자정신이나 상도덕을 저버리고 이익만을 추구해 인근의 좋은 재료를 매점매석하는, 의(義)를 저버린 악당이기에 타도의 대상이 된다. <중화일미>에서의 안타

39 김유중, 「무협 소설과 컴퓨터 게임」, 『한중인문학연구』 27, 2009, p.111.
40 위의 책, p.112.

고니스트들 중 하나인 쟝 바자르는 요리대결에서 패한데 앙심을 품고 주인공이 속한 음식점을 방화로 전소시켜버린 프랑스 요리사로, 협을 행하기 위해 불가피하게 무를 사용할 수 밖에 없는 '징악'의 대상이며, 악인에 대한 응징은 다시, '요리대결'이라는 서사장치 속으로 환원된다.

7. 한국 만화 〈식객〉과 음식 스토리텔링의 가능성

위와 같은 맥락에서, 한국의 대표적인 음식 만화 <식객>의 서사관습은 맺음말을 갈음할 수 있는 흥미로운 분석대상이다. 사실상 이 작품은 본 연구에서 제시한 음식 스토리텔링의 모든 관습과 특징을 가지고 있기 때문이다.

먼저 이 작품은 요리에 관한한 모르는 것이 없고 못하는 것이 없으면서도 세속적인 욕심 없이 작은 트럭에 생선과 야채 등 값 싼 음식재료들을 팔러 다니는 주인공 성찬이 '요리 협객'으로 등장하는데다, 초기에 '운암정'이라는 식당의 주도권을 둘러싼 '요리 영웅'들의 요리대결에 초점을 맞췄다는 점에서 무협서사적 특징을 선명하게 보여주었다. 그러나 후반부로 가면서, 특히 성찬이 운암정을 나와 다시 차 장수로 복귀하면서, 방방곡곡의 음식 취재기로 완전히 변모했다. 많은 에피소드들이 음식의 기원과 재료, 양념의 의미, 조리법과 음식에 얽힌 비화(秘話) 등 '문자정보'에 집착하면서 <식객>은 '만화로 그린 팔도음식 정보지'라고 불릴 만한 변신을 꾀한다. 그렇게 몇 화가 흘러가다가, 어느 에피소드에서는 운암정을 갑자기 등장시켜 예전의 '무협서사적 긴장'을 부추기고 요리대결을 넣는가 하면, 그 다음 에피소드에서는 요리와 재료, 양념과 그 역사성, 신토불이의 중요성에 대해 장황하게 설명하는 '정보만화', '인포테인먼트'가 되고, 다른 에피소드에서는 가난한 연극배우 사위를 못마땅하게 생각하는 장모와의 갈등을 중재하는 매개 요리로 돼지껍데기가 등장하는데, 음식에 대한 정보는 전혀 없는, '일상적 공간에서 이루어지는 소통'의 특징을 가진 에피소드로 처리되기도 한다.

이는 물론, 매체의 특징이 한 몫 하기도 한다. 잡지 연재 중심의 긴 호흡의 스토리만화의 일반적 특징인 '시리얼', 즉 앞의 에피소드의 갈등이 다음 주 에피소드에도 그대로 연결되어 전체 내러티브가 구조적으로 통합되어 있는 기존의 일본 음식만화와는 다르게, 주인공과 기본 감정선은 연결이 되지만, 에피소드 별로 등장인물과 갈등이 새롭게 제시되는 시츄에이션 시리즈라는 특성이 작가에게 일정한 자율성을 가져다주는 것이다. 그러나 이것 역시 작가가 선택할 몫이기 때문에, 스토리텔링의 성격은 매체적 특성과 지대한 영향을 주고받는 것이지, 지배를 받도록 운명 지워져 있는 것은 아니다.

본 연구를 통해 얻을 수 있는 교훈은 음식 스토리텔링이 심원한 역사적 배경과 변천사를 가진다는 점과 끊임없이 변하고 있다는 것, 또한 특정 문화권의 서사관습이 공통분모를 가지며, 지배적 관습이 되기도 한다는 점에서 찾을 수 있다. 그 지배적 관습은 대중의 기호를 반영하는 동시에 구축하기도 한다. 스토리텔링은 대중문화를 통해 대중의 욕망을 들어내는 동시에 그것을 조형하는 장치다. 이런 면에서 음식만화 스토리텔링의 지배적인 관습을 대중성만을 기준으로 본다면, 위에 사례로 든 <맛의 달인>과 같은 작품들이 1억 권이 넘게 판매되었다는 점 등에서, 단연 무협서사적 대결구도로 귀착된다. 그 안에 이미 '천편일률', '다양성 결여'라는 함정이 도사리고 있다. 이런 점에서 천편일률적으로 무협서사적 대결구도를 지향하는 최근의 한국 음식 TV 드라마의 스토리텔링 전략은 그 한계가 노정되어 있다고 볼 수 있다. 그런 의미에서 <식객>의 스토리텔링 형식의 끊임없는 흔들림은, 특히 이 만화가 '우리 고유의 음식문화'를 찾아간다는 기획의도와 맞물려, 우리의 정서를 담아낼 수 있는 고유한 음식 스토리텔링을 찾고자하는 작가의 끊임없는 노력으로도 읽히며, 이런 기획은 인터넷 매체를 통한 다양한 음식만화 스토리텔링의 형식실험을 통해 가능성을 높여 나가고 있다고 평가할 수 있다.

15

발효음식과 연금술적 상상력

— 음양오행과 감칠맛의 언어표현을 중심으로

최인령 · 오정호

1. 발효음식에서 발효문화로

오늘날 텔레비전 방송 프로그램을 면밀히 검토해보면, 음식은 대중문화 콘텐츠로서 다른 어떤 것보다도 풍부한 소재임을 확인할 수 있다. <누들로드>(2008)나 <한식탐험대>(2010), <한국의 음식을 말하다>(2012) 그리고 현재 방영중인 <한국인의 밥상>과 같은 차별화된 품질의 콘텐츠가 체계적으로 기획되어 소개되기도 한다. 또한, 김치를 소재로 한 영화 <식객-김치 전쟁>(2010)과 막걸리를 소재로 한 드라마 <신데렐라 언니>(2010), 그리고 다큐멘터리 <한식탐험대 제8회, 기다림의 맛 '발효명작-된장'>(2010)은 한국의 대표적인 발효식품을 콘텐츠로 제작된 고무적인 영상콘텐츠물이라 하겠다. 시청률 50%를 넘긴 드라마 <제빵왕 김탁구>(2010)도 빵의 발효 작용을 중심으로 펼친 상상력의 산물이다.

‘한국문화는 발효문화[1]’라고 할 수 있을 만큼 한국의 일상적 식생활은 발효음식에 기반을 두고 있다. 채소를 발효시켜 만든 김치류(158개)와 장아찌류(103개), 콩을 발효시킨 장류(127개), 어패류를 발효시킨 젓갈류(164개), 곡물을 발효시킨 술류(267개), 그리고 식초류(10개) 등의 다양하고 독창적인 발효식품[2]이 우리 음식의 80%에 이를 정도로 한국인의 식생활 속에서 발효음식의 중요성이 높다. 또한, 세계 5대 건강식품으로 주목받고 있는 김치와 함께 그리스의 요거트, 일본의 낫토가 발효식품임에 주목할 필요가 있다.[3]

본 연구는 이처럼 다채로운 발효음식이 문화상품으로 그 위상을 확보하고, 보다 우수한 콘텐츠 개발을 위해서는 그 문화에 대한 심도 있는 인문학적 연구가 절실히 필요하다는 관점에서 출발한다. 즉, 발효음식의 문화콘텐츠 개발에 앞서, 그 문화의 원형과 그 문화적 가치는 무엇인가에 대한 질문과 연구가 선행되어야 할 것이다.

이러한 전망을 바탕으로, 본 연구는 오랜 역사적 흐름 속에서 한국인의 문화코드로 자리 잡은 발효음식과 우리의 정신문화적 원형인 음양오행사상과의 관련성에 대해 심층적으로 고찰하고, 나아가 ‘감칠맛’이란 표현의 분석을 통해 그 속에 담겨있는 발효음식의 문화적 가치를 발견하여, 향후 발효문화의 콘텐츠 개발을 위한 기반을 마련하는 데, 그 의의와 목적이 있다.

인문학적 관점에서 접근하는 본 연구는 발효의 특수성에 착안한 획기적인 인식의 전환이라는 의미를 갖는다. 화학적 변화과정과 일정한

---

1 ‘발효문화’의 개념 정의와 학제간 통합연구 모형은 최인령·노봉수 「발효문화의 학제간 융합연구 —발효음식과 기다림의 미학을 중심으로」(투고예정) 참고.

2 발효음식의 종류는 윤서석의 『한국의 음식용어』, 민음사, 1991 참고.

3 미국의 건강전문 월간지 '헬스' 인터넷판(www.health.com)은 2006년 3월 26일 한국의 김치와 함께 스페인의 올리브유, 그리스의 요거트, 일본의 콩(낫토), 인도의 렌틸 등을 건강에 좋은 5대 음식으로 선정해 소개했는데, 그중에 김치, 요거트, 낫토가 발효식품이다.

숙성 기간을 거치는 발효의 특징은, 인문학적 관점에서 '기다림'과 '삭힘' 그리고 '연금술적 변화의 원리'에 기초한 '재생산'의 미학이라 할 수 있다. 다시 말해, 버려질 수 도 있는 것을 삭힌 음식으로 바꾸어 먹는다는 의미에서 '연금술적 상상력'의 의미를 담고 있다. 이러한 미학의 전파와 확산에 의해 지역별로 독특한 발효음식(순창 고추장, 충청도의 인동주, 함경도의 가자미식해 등)의 문화가 형성되었다. 또, '감칠맛', '농익은 생각', '그들은 곰삭은 사이', '분을 삭이다' 등의 언어표현들에도 발효문화가 스며있음을 알 수 있다.

이 장은 다음과 같은 단계로 진행된다. 먼저, 발효음식의 제조과정에서 나타나는 발효의 원리는 무엇이며 그것이 연금술 및 음양오행의 원리와는 어떤 관련성을 지니는지 살펴본 후, 발효음식 속에 반영된 음양오행사상과 연금술적 상상력을 분석한다. 끝으로 발효음식과 깊이 관련된 것으로 추정되는 '감칠맛'의 어휘 및 다양한 표현들 속에 깃든 음양의 이미지(태극도)와 연금술적 상상력을 논할 것이다.

2. 발효의 원리와 연금술적 상상력

자연과 인간의 조화와 공생을 지향하는 관점에서 우리는 발효의 과학적 원리와 연금술의 관련성을 토대로 인문적 상상력을 논하려 한다.

발효와 부패는 유기물이 미생물의 작용에 의해 분해되어 변화하는 현상으로, 과학적으로는 동일한 현상으로 볼 수 있다. 그러나 부패가 사람의 몸에 해가 되는 썩은 음식으로 가식성(可食性)을 잃은 것이라면, 발효음식은 사람의 몸에 유익한 삭힌 음식이라는 점이 다르다. 또한 '삭힘'과 '썩힘'의 경계는 모호한 것이어서, 어떤 발효음식은 문화권에 따라 부패된 것으로 여겨지는 경우도 있다.[4] 즉, 일상적 음식생활에서는

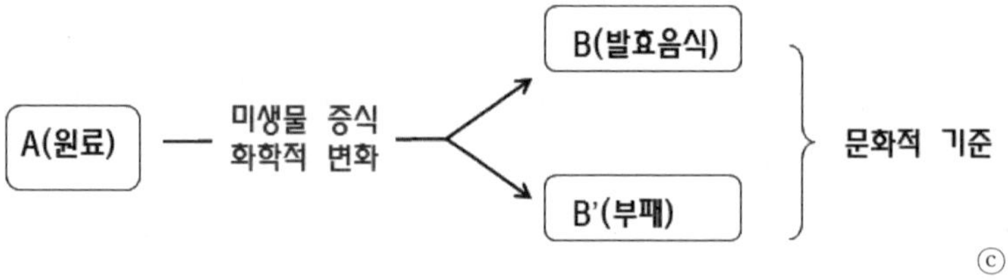

[그림 1] 발효와 부패

경험 및 환경, 효용성에 따라 발효와 부패의 차이가 결정되며, 궁극적으로는 인간의 사고와 가치관이 개입된 문화적 기준에 의해 구분된다. 따라서 발효와 부패의 구분을 그림으로 나타내면 [그림 1]과 같다.

이렇듯 발효음식의 특징은 익힌 것도 썩힌 것도 아닌 '삭힌' 음식으로서, 그 제조과정을 살펴보면 원재료가 '미생물'의 작용에 의해 분해되는 화학적 변화과정, 즉 발효과정을 거치는 데 있다. 곧, 발효의 원리란 '원재료가 화학적 변화를 거쳐 보다 바람직한 물질로 변환되는 것'이다. 이러한 변화의 원리에 의해 재생산된 발효음식은 버려질 수도 있는 것(-)을 삭힌 음식(+)으로 바꾸어 먹는 인간의 지혜가 담겨있는 자연친화적 재생산의 의미를 담고 있다.

이와 같은 발효의 원리는 연금술적 변화의 원리와 맞닿는 좋은 예이다. 연금술의 사전적 정의를 인용하면 다음과 같다.

> 고대 이집트에서 시작되어 아라비아를 거쳐 중세 유럽에 전해진 원시적 화학 기술. 구리·납·주석 따위의 비금속(卑金屬)으로 금·은 따위의 귀금속을 제조하고, 나아가서는 늙지 않는 영약(靈藥)을 만들려고 한 화학 기술로, 고대 이집트의 야금술(冶金術)과 그리스 철학의 원소 사상이 결합되어 생겼다. 근대 화학이 성립하기 이전까지 천 년 이상 계속되었다.[5]

4 한국을 포함한 동남아시아에서 먹는 젓갈류를 서양인들은 부패한 것으로 여겨 먹지 않는다. (石毛直道[이시게 나오미찌], 『魚醬과 食醢의 硏究_몬순·아시아의 食事文化』, 김상보 옮김, 수학사, 2005.)

우리는 이 정의의 두 가지 측면에 주목한다. 첫째, 연금술의 특징은 화학적 변화의 원리라는 데 있다. 곧, 연금술은 비금속을 귀금속으로, 병에서 건강으로, 늙음에서 젊음으로 변화를 꾀하는 것이다. 둘째, 고대 그리스 철학의 원소 사상(4대 근원 원소: 물, 불, 흙, 공기)이 이집트의 야금술과 결합해서 형성되었다는 점이다. 이러한 그리스 철학의 4원소론이 서양인의 정신세계를 구성하는 사상체계의 근간이 된다면, 한국의 전통사상을 비롯한 동양 철학은 음양오행론(5대 근원 원소: 물, 불, 흙, 나무, 쇠)에 근간을 두고 있음은 주지의 사실이다.

인문학에서의 변화의 대표적인 기제는 '상상력'이다. 서구에서 20세기에 '상상력의 코페르니쿠스적 혁명'을 이룩한 것으로 평가받고 있는 가스통 바슐라르의 '물질적 상상력'도 그리스 철학의 4원소론에 기반을 두고 있다.[6] 그는 과학의 객관적 인식론에서 출발하여 주관적 상상력의 세계가 우위에 있음을 깨닫고, 상상력이야말로 인간이 가지고 있는 가장 원초적 능력이자 소중한 능력임을 주장한 과학철학자이다. 소르본대학의 <상상력의 형이상학>이라는 강좌의 첫 시간에 "인간은 살균된 세계에서 행복할 수 없는 법이지요. 그 세계에 생명을 끌어 들이기 위해서는 미생물들을 들끓게 해야 했습니다. 상상력을 회복시키고, 시를 발견해야 했던 거지요"[7] 라고 한 그의 말은 유명하다. 생명을 되살리는 데 눈에 보이지 않는 '미생물'이 필요 하 듯이 인간의 삶에 활력을 불어넣는 것은 '상상력'이라는 것이다. 또한 수많은 문학가나 예술가들이 창조적 작업을 위해 연금술적 상상력과 자유로운 표현의 구사를 꿈꾸어 왔으며, 19세기 프랑스 시인 랭보가 꾀했던 "언어의 연금술(Alchimie du verbe)"[8]은 그 좋은 예라 하겠다. 곧, 발효의 원리는 인문적 사고로서의

---

5 Naver와 Daum 인터넷 사전

6 가스통 바슐라르, 『물과 꿈: 물질적 상상력에 관한 시론』, 이가림 옮김, 민음사, 1995.

7 홍명희, 『상상력과 가스통 바슐라르』, 살림, 2005, p.23.

연금술적 상상력과 맞닿는다.

다음 단원에서는 발효음식에 담긴 음양오행의 연금술적 상상력을 바탕으로 발효문화의 관념세계를 심층적으로 연구함으로써 발효음식의 문화콘텐츠화의 가능성을 탐색하려 한다.

3. 연금술과 음양오행론

서구사상의 근간이 되는 그리스 철학의 특징은 "세상은 쉽게 변하지 않는 고정된 것으로 보았다는 데 있고", 또 "그리스 철학자들은 변화를 인정하지 않는 '직선적(linear)' 사고와 '이것 아니면 저것(either-or)'의 이분법적 사고방식에 집착했다."[9]

그러나 중국인에게 "세상은 늘 변화며 모순으로 가득 찬 곳이다."[10] 이러한 동양사상적 근간을 이루는 것이 음양오행(陰陽五行)론이다. 이는 한국인의 전통적 철학, 과학, 예술, 실생활의 근간을 이루는 사상체계였으며, 음식을 포함한 관혼상제나, 민속·주거·의복·제례 등의 한국인의 생활문화에도 지대한 영향을 끼쳤다.

음양오행론은 음양(陰陽)과 오행(五行)의 움직임으로 우주의 생성소멸과 인간 생활의 모든 현상을 해석하는 이론이다. 음양오행에서 태극(太極)이란 음양으로 분리되기 이전의 상태를 말하며 우주 만물이 생성되기 이전의 모습이다. 무극(無極)인 태극이 음과 양으로 분화되고, 이 분화된 음과 양은 다시 소음(木), 태양(火), 소양(金), 태음(水)의 사상(四象)으로 분화되며, 여기에 중성자인 토(土)를 더하여 오행이라 한다.

---

8 Rimbaud, Arthur, *Une saison en enfer*, "Délires II - Alchimie du verbe"(*OEuvres*), Bordas, 1991, p.228.

9 리처드 니스벳, 『생각의 지도』, 최인철 옮김, 김영사, 2004, pp.36~37.

10 위의 책, p.39.

변화와 균형의 체계인 음양오행론은 곧 "우주 변화의 원리"[11]이며, 이 점에서 발효 및 연금술의 변화의 원리와 접목하여 생각해 볼 수 있다. 우리는 음양설과 오행설의 두 단계로 나누어 그 원리와 체계를 발효음식과 관련하여 살펴볼 것이다.

1) 음양의 원리와 발효의 원리

음양이란 무(無)에서 유(有)로 변화하기 위해 나타나는 두 가지의 상반된 거대한 요소를 말한다. 이 두 요소의 작용으로 낮과 밤이, 그리고 봄, 여름, 가을, 겨울이 반복되면서 만물이 낳고 성장하고 사라지면서 변화하는 것이다. 곧, 만물의 변화는 음양의 조화요 음양은 생명의 근원이다. 태극도는 이와 같은 음양설을 상징적으로 나타낸 것이다.

한동석은 음양설에 대해 다음과 같이 말한다.

> "우주에서 삼라만상이 무궁한 변화를 일으키고 있는 것은 음(陰)과 양(陽)이라는 이질적인 두 기운이 지닌 바의 작용으로 인하여 모순과 대립이 나타남으로써 일어나는 현상"이다.[12]

우리는 음양설의 세 가지 측면에 주목하고자 한다. 첫째, 음양의 원리는 우주를 지배하는 음과 양의 두 가지 원초적인 기운이 대립적 관계이자 보완적 관계로 작용하는 원리이다. 하락하는 성질을 지닌 음(陰)이 여성적이고 어둡고 정적인 세계를 상징한다면, 상승하는 성질의 양(陽)은 남성적이고 밝고 동적인 세계를 상징한다. 또한 음은 양의 기운을 품고 있고, 양은 음의 기운을 품고 있는 모순의 논리이기도 한다.

---

11 한동석, 『宇宙 變化의 原理』, 대원출판사, 2005.

12 위의 책, p.40.

둘째, 음과 양의 두 기운은 서로 '모순과 대립'을 통해 생성·성장·소멸하며 끊임없이 변화한다. 태극도의 물결 곡선은 이러한 변화를 나타낸다. 다시 말해, 음이 주도하는 세계 속에는 양의 기운이 내포되어 있고, 그 양의 기운이 움틀 거리며 세력을 확장하여 결국 음의 기운을 포위하면서 양이 주도하는 세계로 변하게 된다. 그 과정에서 온갖 모순과 대립이 나타나서 이 세계는 선악과 희비가 난무하는 혼돈의 상태가 되는 것이다.

셋째, 바로 이러한 모순과 대립의 작용에 의하여 세계는 발전하고, 이 과정에서 인물이 태어나고 인식 및 학설이 성립되며 또한 창조적 정신의 중대한 기반이 이루어지는 것이다. 이와 같이 죄악의 과정이 도리어 긍정적으로 발전되어 "덕(德)이 되는 세계를 음양세계"라고 한다.[13] 결국, 음이 주도하는 세계와 양이 주도하는 세계는 서로 충돌하면서 아울러 균형을 이루며 통일된다는 의미에서 '음양충합사상'이라고도 한다.[14]

김장 김치의 발효의 마법을 과학적으로 설명하는 다음 글에서 '잡균과 유산균의 전쟁'에 주목할 필요가 있다.

> "김장 김치는 유산균의 '소우주'다. 김장 김치를 막 담가 놓으면 그 속에 뒤섞여 있는 잡균과 유산균의 전쟁이 시작된다. 영토를 넓히고, 마릿수를 늘리기 위해서다. 문제는 생활 환경이다. 잡균은 산소가 포함된 공기를 좋아하고, 유산균은 산소를 싫어한다. 막 담근 김치와 국물 속에는 산소가 많지만 금방 소진된다. 처음에 번성하던 잡균은 산소의 결핍과 유산균의 번성으로 설 자리를 잃고 죽어나가기 시작한다. 산소가 없어진 국물에 잠긴 김장 김치는 이제 유산균의 세상으로 변하기 시작한다."[15]

13 위의 책, p.44.

14 이와 유사한 관점에서 안효성은 음양설을 이원적 일원론이라 표현했다. (안효성, 「음양이론의 상징적 상상력」, 『철학과 문화』 18호, 2009, pp.107~144.)

15 중앙일보, 「김장은 과학이다 _김치 박사 정가진 교수에게 듣는 발효의 마법」,

위의 글에서 산소를 좋아하는 잡균은 공기를 찾아 오르려는 성질을 지녔으나, 산소를 싫어하는 유산균은 공기를 피해 밑으로 가라앉는 성질을 지니고 있음을 알 수 있다. 이는 음양설에 따라 마치 잡균은 양의 성질을, 유산균은 음의 성질을 지니고 있어, 음과 양이 서로 대립하며 변화를 유도하는 것과 다르지 않다.

이렇듯 음양의 순환의 원리는 '불변하는 것은 모든 것이 변한다'는 의미로 해석될 수 있고, 이는 서구의 이원론적 관점에서는 합리적으로 해석되기 어렵다.

발효음식은 '자연적 변형'과 '문화적 변형'이 함께 어우러진 것으로, 상징적으로는 서로 상극(相克) 관계에 있는 '물'과 '불'의 속성을 동시에 가지고 있다.[16] 다시 말해서, 레비-스트로스[17]가 말하는 문화적 변형의 인자는 불(火)이고 자연적 변형의 인자는 물(水)인데, 포도주 및 김치류와 같은 발효식품은 불이 개입되지 않기에 문화적 변형이 아니며, 콩을 익혀서 만드는 장류와 같은 발효식품은 불이 개입되기에 문화적 변형이다. 한편, 발효식품은 부패가 아닌 먹을 수 있는 음식이기에 자연적 변형이 아니며, 물을 통한 변형이기에 자연적 변형이기도 하다. 결론적으로 발효음식은 물(水)을 인자로 한 자연적 변형과 불(火)을 인자로 한 문화적 변형을 동시에 내포하고 있는 것으로, 서구의 이원론적 사고로 고려할 때 논리적 모순에 직면한다.

이에 대한 대안으로 발효의 원리를 음양설의 변화의 원리와 접목해서 살펴보면, 음양설의 변화과정에서 나타나는 모순과 대립은 발효과정에서 나타나는 미생물의 증식에 의한 화학적 변화과정과 맞닿는다. 이

2011.11.30.

16 최인령·오정호, 「인지주의와 발효문화 —인지주의의 접근방법에 의한 언어와 문화의 관련성 연구」, 『프랑스문화예술연구』, 제30집, 2009, pp.556~558.

17 C. 레비-스트로스, 『신화학 1 —날 것과 익힌 것』, 임봉길 옮김, 한길사, 1995.

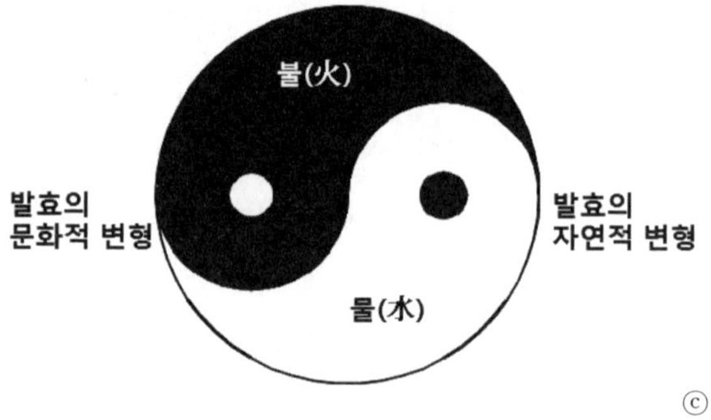

[그림 2] 발효의 원리와 태극도

화학적 변화과정에서 미생물들은 투쟁을 벌이며 유기물을 분해하는데, 이는 술의 경우 뽀글뽀글 소리를 내며 기포가 발생되는 현상으로 나타난다. 이처럼 투쟁의 과정을 거치는 발효의 변화 원리를 음양설의 상징인 태극도에 접목시켜 보면 [그림 2]와 같다.

2) 오행설과 생명존중의 소우주론

오행(五行)이란 화(火)·수(水)·목(木)·금(金)·토(土)의 5개의 원소를 지칭한다. 오행의 각 요소는 상대를 생(生)하기도 하고 극(剋)하기도 한다. 이를 상생(相生)과 상극(相剋)이라 한다. 상생이란 조화로서 서로를 살리는 것이고, 상극은 서로를 억제하는 적대적인 관계, 즉 부조화를 말한다.

오행에서 상생의 관계로 말하자면, 나무는 불을 만들고(木生火), 불은 타서 흙(재)을 만들고(火生土), 흙은 굳어서 쇠를 만들고(土生金), 쇠는 차갑기 때문에 주변에 물을 만들고(金生水), 물은 나무를 성장케 한다(水生木). 즉 상생은 나무→불→흙→쇠→물→나무의 순서로 순환된다. 이에 반하여, 상극의 관계는 나무는 흙을 파헤치고(木剋土), 흙은 물을 막아버리고(土剋水), 물은 불을 제압하고(水剋火), 불은 쇠를 녹이고(火

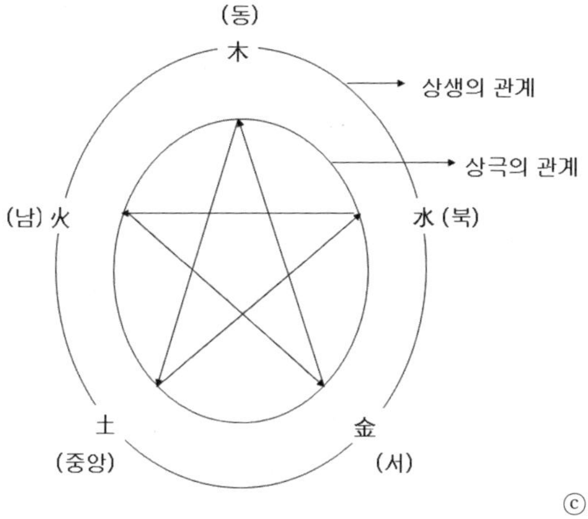

[그림 3] 오행의 상생과 상극의 관계

剋金), 쇠는 나무를 자른다(金剋木). 곧, 상극이란 나무→흙→물→불→쇠→나무의 순으로 견제하고 억제하는 부조화의 관계이다. 우주의 만물은 상생 관계와 상극 관계가 맞물리면서 순환하며, 이를 도식화하면 다음 [그림 3]과 같다.

동양의 자연관은 이와 같은 우주론에서 비롯된 음양오행(陰陽五行)의 원리에 근간을 두고 있다. 그리고 대우주 속에 존재하는 인간은 소우주이며, 음과 양에 해당하는 땅과 하늘을 연결하는 매개체가 된다. 나아가 서구인들이 20세기 전반기까지만 해도 인간의 몸과 마음(정신)은 서로 독립적으로 작용한다고 보았던 것과는 달리, 동양에서는 인간의 몸과 마음을 유기적으로 연결된 하나로 보았다.[18] 이러한 사고는 한국어의 어원을 통해서도 알 수 있다. 어원적으로 몸과 마음(맘)은 둘 다 'ᄆᆞᆷ'

18 서구에서 20세기 중반기 이후 인지과학을 중심으로 이원론에 대한 신앙이 무너지고, 마음도, 감성도, 이성도 몸의 작용에 의한 것으로 보는 일원론이 대두되면서 서구사회에서 새로운 인식의 전환점을 맞이했다. 그리고 사람의 사고도 '몸'을 중심으로 형성된다는 견해와 아울러 신체적 체험주의를 강조하는 인지철학은 음양오행론의 동양철학관과 일맥상통한다.

에서 비롯되었는데, 이것은 '몸'으로 읽을 수도 있고 '맘'으로도 읽을 수 있었다. 음식을 먹는 신체적 체험이 단순한 물질적 행위로 머무르지 않고, 유구한 역사의 흐름 속에서 공동체적 믿음 및 사상과 맞물려 있음에 주목할 필요가 있다.

음양오행론에 따라, 동양인은 계절과 방향뿐만 아니라 인간의 신체기관(오장육부, 오관)과 감각체계(오미, 오색 등)를 물, 나무, 불, 흙, 쇠의 오행의 특성에 근거하여 [표 1]처럼 분류하였다.

이와 같이 인간을 포함한 만물의 생성과 소멸 그리고 변화와 순환의 원리를 설명하는 음양오행론은 연금술과 발효처럼 변화의 원리에 기초하며, 자연과 인간, 몸과 마음, 감각의 세계를 통합적으로 관찰한 것이다.

[표 1] 오행의 특성과 분류

오행	물(水)	나무(木)	불(火)	흙(土)	쇠(金)
오장(五臟)	신(腎)	간(肝)	심장(心腸)	비장(脾臟)	폐(肺)
육부(六腑)	방광(膀胱), 삼초(三焦)	담(膽)	소장(小腸)	위(胃)	대장(大腸)
오방(五方)	북(北)	동(東)	남(南)	중앙(中央)	서(西)
계절(季節)	겨울(冬)	봄(春)	여름(夏)	장하(長夏)	가을(秋)
오상(五常)	지혜(智)	자애(仁)	예절(禮)	믿음(信)	의로움(義)
오색(五色)	검정(黑)	파랑(靑)	빨강(赤)	노랑(黃)	흰색(白)
오관(五官)	귀(耳)	눈(目)	혀(舌)	입(口)	코(鼻)
오과(五果)	밤(栗)	배(梨)	살구(杏)	대추(大棗)	복숭아(桃), 자도(紫桃)
오미(五味)	짜다(鹹)	시다(酸)	쓰다(苦)	달다(甘)	맵다(辛)
오화(五化)	장(藏)	생(生)	장(長)	화(化)	수(收)
오기(五氣)의 형태	저장과 뭉침	발생과 떠오름	성장과 퍼짐	모임과 중화	수렴과 떨어짐

ⓒ

4. 발효음식 속의 음양오행과 연금술적 상상력

한국 음식의 가장 큰 특징은 발효식품이 주류를 이루고 있다는 점이다. 우리는 그 속에 녹아 있는 오행사상과 연금술적 상상력을 살펴봄으로써, 음식이라는 실용적 가치를 넘어 맛과 멋이 어우러진 문화콘텐츠로 진화 가능성을 제시하려 한다.

동양에서는 식약동원(食藥同原)이라 하여, '음식과 약은 근원이 같다'라고 여겼다. 그리고 인간의 몸과 마음을 분리할 수 없듯이, 음식을 신체적, 정신적 건강을 유지하는 데 절대적인 것으로 여겨왔다. 이와 같은 사상적 기반 위에, 음양오행이 한국 음식에 적용되었고, 신선로 및 구절판, 비빔밥, 김밥, 잡채, 오곡밥 등은 그 대표적인 사례들로 잘 알려져 있다. 또 이어령은 음식물을 단순한 '먹이'로 보지 않고 복잡한 메시지를 담은 '소통의 미디어'로 여기며, 다음과 같이 말한다.

> "한국 음식은 음양오행설의 우주를 상징하는 오방색으로 되어 있다. 푸성귀는 푸른색으로 동쪽을 나타내고 고추는 붉은색으로 남쪽을 가리킨다. 계란 노른자위 같은 황색은 중앙을 상징하고 그 흰자위의 흰빛은 서쪽을 뜻한다. 물론 김이나 검은콩의 검은색은 북쪽에 속한다. 그러므로 우리가 오방색 음식을 먹는 것은 곧 우주를 먹는 것이요 내 몸이 우주를 담는 것이다."[19]

1) 밥과 상상력

한국인의 주식인 밥을 살펴보면, 쌀은 토(土, 황색)기의 집결체이고, 밥솥이 쇠로 만들어져 금(金, 백색)기이고, 물을 사용하여 수(水, 흑색)기를 얻고, 나무를 땔감으로 사용하여 목(木, 청색)기를 얻고, 불을 피워

---

19 이어령, 『디지로그 선언』, 생각의 나무, 2006, p.24.

쌀을 익히니 화(火, 적색)기를 얻는다. 그러므로 밥은 오행의 기운을 담은 음식인 것이다. 특히, 오곡밥은 쌀, 보리, 콩, 조, 기장의 오곡에 내재된 오행의 기운을 담아 오장과 육부의 이치에 맞는 건강식으로 알려져 있다. 이처럼 완전한 오행(五行)의 조화로 만들어진 밥을 주식으로 함으로써 오행의 기운을 섭취하는 것이다.

한국의 대표적인 전통음료인 식혜(食醯)는 밥을 발효시켜 만든 것으로 단술 혹은 감주(甘酒)라고도 한다. 식혜는 엿기름가루를 우려낸 물에 지에밥(찹쌀밥 또는 멥쌀밥)을 넣고 따뜻한 온도를 유지하면서 일정시간을 당화시킨 단맛의 음료로 국물과 밥알을 함께 마시며, 이 음료가 『수문사설(1740)』에 기록된 것으로 보아 예부터 발달된 우리 고유의 음청류다.

2) 김치와 상상력

세계 5대 건강식품으로 등재되어 있는 김치는 오색과 오미가 잘 중화되어 있는 발효식품이다. 배추의 푸른 잎과 부추, 파는 청(靑)색이고, 고춧가루와 당근은 적(赤)색이고, 배추의 속잎과 생강은 황(黃)색이고, 배추 줄기와 마늘, 소금, 무는 백(白)색이고, 젓갈은 흑(黑)색으로 오방색을 갖추고 있다.

나아가 김치는 발효되면서 생성되는 신맛이 더해져서 오미(五味)를 완벽하게 갖춘 음식이 된다. 즉, 유산 발효의 신맛과 고추와 마늘의 매운맛[20], 소금과 젓갈의 짠맛, 당분의 단맛, 소금의 삼투압 작용에 의한 섬유질의 쓴맛으로 오미가 조화를 이룬다.[21] 음식을 만들 때 흔히 일컫

---

20 김치에 자극성이 강한 파, 마늘, 부추, 고추, 젓갈을 넣는 것은 영양뿐만 아니라, 발효과정에서 숙성의 일정한 시간이 지나면 유해한 세균의 번식을 억제하기 위함이다.

21 이어령도 김치가 오행의 다섯 색깔과 다섯 맛을 지니고 있는 한국의 대표적인

는 '갖은 양념'은 오행의 기운을 담는다는 의미로 해석될 수 있다. 또한 발효과정을 통해 만들어지는 특유의 감칠맛이 있는데, 이 대해서는 뒤에서 보다 구체적으로 살펴볼 것이다.

김치는 그 종류만 해도 약 300종에 달할 만큼 사용하는 재료와 담그는 방법이 다양하게 발달했다(김치류 158개, 장아찌류 103개가 기록되어 있음).[22] 즉, 배추김치, 무김치, 백김치, 나박김치, 열무김치, 보쌈김치, 총각김치, 깍두기, 물김치, 동치미, 파김치, 갓김치, 알타리김치, 박김치, 더덕김치, 오이소박이, 고들빼기김치, 여기에 단풍든콩잎장아찌, 참외장아찌, 생치지 등의 장아찌류가 포함된다.

결국 김치는 시간과 공간, 즉 담그는 계절과 지방에 따라 각기 고유한 맛과 특성을 가지고 있다. 김치의 재료나 담그는 방법에 따른 재치 있는 명칭만으로도 풍부한 상상력 연구의 대상이 되며, 발효음식의 문화콘텐츠화 가능성을 보여 준다.

3) 장과 상상력

콩에 관한 한 우리만큼 깊이 있고 폭넓은 문화를 가진 나라는 찾아보기 어렵다. 한국에서 장의 역사는 콩의 재배시기인 서기전 4-5세기경으로 거슬러 올라간다.[23] 된장도 메주된장, 청국장, 담북장, 막장, 쪽장, 집장 등 그 종류가 다양하며, 간장, 고추장도 메주를 이용해 만드는 장류 발효식품(127개)에 속한다.[24]

장류에도 오행의 색과 변화가 반영되어 있다. 푸른 콩(청색)에서 누런색 대두(황색)가 되고, 그 대두로 청국장을 만들거나 메주를 띄우면 흰

고유 음식이라고 했다. (이어령, 위의 책, p.24~25.)

22 윤서석, 앞의 책, pp.249~284.

23 장지현, 『韓國傳來 醱酵食品史 硏究』, 수학사, 1996.

24 윤서석, 앞의 책, pp.429~448.

ⓒ Google 이미지

[그림 4] 장독

곰팡이(백색)와 푸른곰팡이(청색)가 생기고, 그 메주로 된장(황색), 고추장(적색), 간장(흑색)을 만든다. 장독에 장을 발효·숙성시키는 과정에서도 오행의 상징적 의미를 찾아볼 수 있다. 간장을 담글 때, 소금(백색)을 물에 타서 장독에 붇고, 그 안에 메주(황색)를 담그고 붉은 고추와 대추(적색), 참숯(흑색)을 넣었다.

또한 장독에는 새끼줄(황색)에 흰버선(백색), 숯(흑색), 고추(적색), 솔잎(청색)을 달아 외면적으로도 완벽한 오방색을 이루게 했다. 또, 예전에는 검은 옹기의 뚜껑을 푸른 하늘 아래 열어놓고 흰 종이 버선을 장독에 거꾸로 붙였으며 장독대 주변에 붉은 꽃인 맨드라미를 심었고 김칫독이나 술독을 땅(황토)에 묻었다. 흰 버선과 맨드라미는 각각 정화와 액을 물리치기 위한 기원으로 물질을 관념의 세계로 승화시키고자 한 옛 선인들의 의도를 엿볼 수 있다.

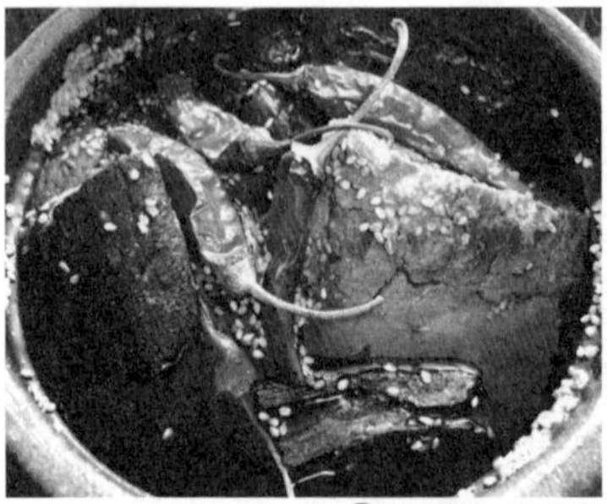

ⓒ Google 이미지

[그림 5] 장독과 메주

ⓒ Google 이미지

[그림 6] 장독과 새끼줄

오방색은 장류의 내용물의 변화 속에서도 나타난다. 푸른 콩(청색)에서 노란색으로 변한 대두(大豆)로 청국장(황색)이나 메주(황색)를 만들고, 그리고 메주로 고추장(적색)과 된장(황색)을 만들거나 소금물(백색)을 넣어 간장(흑색)을 만든다. 고추장은 콩(동방의 청색)에서 나온 대두를 물(북방의 흑색)로 삶고, 찹쌀이나 쌀가루(백색)와 고춧가루(적색)를 넣고 황토로 빚은 토기(황색)에 담는다.

이렇듯 콩에서 장으로 변화는 과정에서도 오행의 변화상을 엿볼 수 있다. 결국 전통 장류는 오랜 기다림과 정성의 시간을 거쳐 만들어진 음식으로 그 속에는 오행의 조화가 내재되어 있다.

5. 감칠맛과 연금술적 상상력

발효음식은 '버려질 수도 있는 것(-)'을 '삭힌 음식(+)'으로 바꾸어 먹는 음식으로 인간의 지혜가 담겨있는 연금술적 재생산의 의미를 담고 있음을 앞에서 보았다. 이러한 연금술적 변화의 원리는 '삭다'나 '곰삭다', '감칠맛'과 같은 한국 고유어의 의미에도 담겨 있다.

인지언어학 및 인지철학에서는 언어의 의미가 신체적 경험을 바탕으로 구체화되었고, 또 구체적 개념에서 추상적 개념으로 진화했으며, 그 추상적 개념은 대체로 은유적이라고 주장한다.[25] 이와 같은 접근방법에 의해 다른 지면에서 발효음식과 관련된 한국어와 프랑스어의 어휘 및 관용구, 속담을 분석하였고, 또 문화를 이해하는 데 언어의 중요성을 강조하였다.[26]

---

25 G. 레이코프 & M. 존슨, 『삶으로서의 은유』, 노양진·나익주 옮김, 서광사, 1995; G. 레이코프, 『몸의 철학 _신체화된 마음의 서구 사상에 대한 도전』, 임지룡·윤희수·노양진·나익주 역, 박이정, 2002; 김동환, 『인지언어학과 의미』, 태학사. 2005; 이종열, 『비유와 인지』, 한국문화사, 2004.

26 최인령·오정호, 앞의 글.

‘발효하다’는 순수 한국어로 ‘삭다’ 혹은 ‘곰삭다’라고 한다. 이 어휘들은 공통적으로 발효의 화학적 변화과정을 지칭하는 구체적 의미를 담은 본디 뜻에서 정신 및 마음의 추상적인 영역을 표현하는 비유적 의미로 진화한다. 그 비유적 의미는 원재료가 발효과정을 거쳐 인간에게 유익하게 변한 결과인 발효의 효과에 초점이 맞춰져 있다. 결국, 삭다와 곰삭다의 의미는 ‘기다림의 시간을 통해 발효·숙성된 재생산의 결과’, 즉 원재료가 미생물의 작용에 의해 인간에게 이로운 상태로 변한 ‘발효의 효과’에 초점이 맞춰진 것이다.[27] 본고에서는 삭힌 혹은 곰삭은 음식과 깊이 관련된 것으로 여겨지는 ‘감칠맛’에 주목하려 한다.

한국 발효음식은 감칠맛이란 어휘에 녹아있다. 흔히 혀에 착착 감기는 맛있는 음식을 먹을 때 한국에서는 ‘감칠맛‘이 난다고 말한다. 그 맛은 달콤한 맛도 새콤한 맛도 아니다. 감칠맛은 우리가 흔히 ‘깊은 맛이 난다’라고 말하는 것처럼, 신선한 맛과 대비되는 삭힌 음식의 묵은 맛과 깊이 관련된 것으로 생각된다.[28] 이 맛은 특히 그 자체의 맛보다는 다른 재료와 어우러져 맛을 돋워주는 역할을 하는데, 다시마, 표고버섯, 말린 멸치, 가쓰오부시 등의 천연 식재료와 젓갈류, 장류, 김치 등의 동남아시아 발효식품에 많이 함유되어 있는 맛이다.

‘감칠맛’은 이희승의 『국어대사전』에 본디 뜻과 바뀐 뜻의 두 가지로 정의되어 있다.

---

27 프랑스어가 ‘미생물의 작용에 의해 액체가 들끓는 발효과정의 현상’을 비유 의미로 활용한 것과는 달리, 한국어에서 비유 의미는 ‘기다림의 시간을 통해 발효·숙성된 재생산의 결과’, 즉 원재료가 미생물의 작용에 의해 인간에게 이로운 상태로 변한 ‘발효의 효과’에 초점이 맞춰졌다. 최인령·오정호, 앞의 글, pp.568-569.

28 감칠맛이 신맛, 단맛, 쓴맛, 짠맛의 사원미(四元味)와 다른 특정의 맛임을 최초로 발견한 사람은 일본의 이케다 기쿠나에 박사다. (이시게 나오미찌(石毛直道), 앞의 책, p.265.)

(1) ① 음식물이 입에 당기는 맛.

② 사물이 사람의 마음을 당기는 힘.

(1)의 정의 ①이 혀로 지각하는 음식의 맛에 해당하는 구체적인 의미라면 ②는 사람의 마음을 표현하는 추상적인 의미로 변한 것이다. 이 낱말은 곧 구체적인 영역을 지칭하는 본디 뜻에서 추상적인 영역을 표현하는 비유의 뜻으로 진화한 것이다.

(2) ① 김치는 숙성 기간을 거치면 감칠맛이 난다.

② 푹 삭혀 쫄깃쫄깃한 북어 김치 맛은 그야말로 감칠맛이다.

③ 알맞게 삭히어 감칠맛 나는 어리굴젓

④ 어머니가 담그신 김치는 혀끝에서 녹는 듯한 감칠맛이 난다.

⑤ 중국의 김치 격인 자차이와 함께 먹으면 더욱 감칠맛이 난다.

⑥ 된장이 감칠맛이 난다.

⑦ 그들 팔구인은 유 선달과 전 선생을 중심으로 삥 둘러앉아서 우선 초벌 술을 감칠맛 있게 마시었다.

⑧ 다산(정약용)도 맛깔스럽고 감칠맛 나는 게장에 잃었던 식욕이 돌아오는 것을 느꼈다.

⑨ 실제로 송 선생의 마파두부찌개는 그 얼큰한 감칠맛이 그만이었다.

⑩ 그는 더덕구이가 특히 감칠맛 있어서 그것만해서 밥 한 사발을 비웠다.

(2)의 모든 예문[29]의 감칠맛은 음식의 맛을 직접적으로 표현하는 본디 뜻으로 쓰였다. 여기서 우리의 관심을 끄는 것은 ①-⑧에 등장하는 음식들(김치, 어리굴젓, 중국의 자차이, 된장, 술, 게장[30])이 모두 발효식

---

29 상기한 예문 및 하기 예문들은 인터넷 사이트 Daum과 Naver 사전에서 인용한 것이다.

30 간장에 담가 삭힌 게장도 있지만, 신선한 게를 양념해서 먹는 경우도 있다.

품이라는 점이다. 특히 ①-③에는 '숙성의 기간'과 '푹 삭혀', '삭히어' 등 발효를 뜻하는 표현들과 함께 쓰여 감칠맛이 바로 발효·숙성의 시간을 거쳐 만들어진 특유의 맛임을 나타낸다. ⑨의 마파두부찌개와 ⑩의 더덕구이[31]는 발효식품이 아니다. 하지만 이 두 음식에 양념으로 쓴 간장과 고추장은 한국 특유의 발효식품임을 간과할 수 없다. 이러한 예문들을 통해, 감칠맛은 우리가 흔히 '깊은 맛이 난다'라고 말하는 것처럼 신선한 맛과 대비되는 묵은 맛임이 확인된다.

(3) ① 목소리가 감칠맛 있게 곱다.
② 그녀는 이야기를 감칠맛 나게 잘한다.
③ '옥신각신'이라는 단어는 참 감칠맛이 나는 말이다.
④ 감칠맛이 나는 문장
⑤ 우리 고유의 감칠맛을 영절스럽게도 잘 살려 쓴 송강(松江)의 작품들

'감칠맛'은 한국과 프랑스의 발효문화의 차이를 극명하게 드러내주는 낱말이다. 프랑스어에서는 '감칠맛'에 해당하는 용어가 없다.[32] 하지만, 한국어에서는 '감칠맛'이 독자적인 어휘를 확보하고 있으며, 혀로 지각하는 음식의 맛을 지칭하는 구체적인 의미에서 '감칠맛 나는 목소리 혹은 이야기, 문장' 등과 같은 추상적인 의미로 진화한 것을 (3)의 예문들을 통해 확인된다. 혀끝에 감돌듯 여운을 남기는 감칠맛의 독특한 이미지는 '감치다'와 '감침질'의 의미에서도 확인된다.

(4) ① 감치다: 잊혀지지 아니하고 늘 마음에 감돌다.
② 감치다: 바느질감의 맨 가장자리를 실올이 풀리지 아니하게 (...) 용

31 더덕구이는 고추장으로 버무려서 굽는 것이 일반적이다.
32 최인령·오정호, 앞의 글.

수철 모양으로 감아 꿰매 나아가다.

③ 감침질: 바늘로 감치는 일.

(4)의 ②와 ③은 바느질 기법에 해당하는 용어들이다. 특히 용수철 모양에 빗대어 감아 꿰매 나아가는 '감침질'이라는 바느질 기법의 설명에 주목할 필요가 있다. 혀에 감돌듯 여운을 남기는 감칠맛의 미각은 용수철의 곡선의 이미지를 환기시킨다.

이와 같은 감칠맛에 대한 느낌은 한국인의 유구한 문화전통과 깊이 관련된 것으로 볼 수 있다. 끊어질 듯 이어지는 전통 음악의 기법이나 한옥 및 한복의 곡선미는 감칠맛의 미각적 이미지와 맞닿은 좋은 예가 된다. 나아가 감칠맛은 태극도의 곡선미와 맞닿는 연금술적 상상력의 미각이라 할 수 있다(앞의 [그림 2] 참조).

결국 감칠맛은 한국문화와 상호작용하며 비유적 의미로 진화하여 독특한 미의식으로 자리매김하였다. 특히, 한국의 일상적 식생활이 발효음식에 기반을 두고 있는 만큼, 감칠맛은 삭힘과 숙성의 시간을 거친 발효식품의 맛과 깊이 관련된 것으로서 한국의 발효문화 및 한국음식의 정체성을 대변하는 표현으로 여겨진다.

6. 발효음식의 문화콘텐츠 가치 창출을 위한 제언

한국인의 일상적 식생활은 발효음식에 기반을 두고 있다. 이러한 발효음식의 대중문화적 가치의 중요성에도 불구하고, 그 문화에 대한 체계적인 인문학적 연구가 이루어지지 않고 있다는 문제의식에서 출발하여, 본 연구는 음양오행과 감칠맛을 중심으로 발효음식 속에 내재된 연금술적 상상력을 고찰하였다.

이러한 연구를 통해 도출한 성과를 정리하면 다음과 같다.

첫째, 발효음식은 '썩힘'과 '삭힘', 곧 부패와 발효 사이의 아슬아슬한 한계를 유지해야 하는 특수한 방식의 저장식품으로 인류의 음식문화사적 관점에서 볼 때 익힌 음식보다 진일보 발전한 단계이다. 그 제조과정을 살펴보면, 발효음식은 원재료가 미생물의 작용에 의해 분해되어 변화하는 것으로, 발효의 원리는 유기물이 화학적 변화과정을 거치는 '변화의 원리'임을 확인했다. 또한 연금술과 음양오행론이 각각 화학적 변화의 원리와 우주 변화의 원리라는 점에서 발효와 공통된 변화의 원리에 기초함을 알 수 있었다. 결국 발효음식은 버려질 수도 있는 것(-)을 삭힌 음식(+)으로 바꾸어 먹는 것으로 인간의 지혜가 담겨있는 연금술적 재생산의 의미를 담고 있으며, 다양한 저장방법에 의하여 재생산되는 연금술적 상상력의 산물이라 할 수 있다.

둘째, 김치와 장류는 그 속에 음양오행의 색과 맛이 반영된 연금술적 상상력의 창조물들임을 고찰하였다.

셋째, 감칠맛은 단맛, 신맛, 짠맛, 쓴맛과 구별되는 제5의 맛으로, 발효와 숙성의 시간을 거친 발효식품의 곰삭은 맛과 깊이 관련된 것으로서 한국 발효문화의 정체성을 대변하는 표현으로 볼 수 있음을 확인하였다. 나아가 혀끝에 감돌듯 여운을 남기는 감칠맛의 독특한 이미지는 한국인의 문화전통과 깊이 관련된 것으로 볼 수 있으며, 곧 한옥 및 한복, 그리고 태극도의 곡선미와 맞닿는 연금술적 상상력의 미각이라 할 수 있다. 곧 맛과 멋이 어우러진 감칠맛은 한국 발효음식의 문화적 이미지 및 가치를 새롭게 규정할 수 있을 것으로 생각하며 이에 대한 연구가 다각적으로 수행되어야 할 것이다.

이렇듯 본 연구는 발효음식의 문화콘텐츠적 가치 창출의 가능성을 제시한 인문학적 연구라는 데 의의가 있다. 향후 연구과제는 현장을 중심으로 발효음식의 자연친화적 가치와 감칠맛의 원형적 의미에 대한 연구가 심화될 필요가 있고, 아울러 인간과 자연이 공생하는 발효음식의 생태문화적 가치의 대중적 확산을 기대해 본다.

참고문헌

1장. 상상력과 이미지란 무엇인가

유평근, 진형준, 『이미지』, 살림, 2001.

진형준, 『성상 파괴주의와 성상 옹호주의』, 살림, 2003.

뒤랑(G.), 『신화비평과 신화분석』, 유평근 역, 살림 1998.

홍명희,「프랑스 상상력 연구의 제 경향」, 『불어불문학연구』, 제 50호, 2002.

Aumont, J., *L'image*, paris, nathan, 1990.

Bachelard, G., *La Psychanalyse du feu*, Paris, Gallimard, 1938.

______ , *L'eau et les rêves*, Paris, José Corti, 1942.

______ , *L'air et les songes*, Paris, José Corti, 1943.

______ , *La terre et les rêveries de la volonté*, Paris, José Corti, 1947.

______ , *La terre et les rêveries du repos*, Paris, José Corti, 1947.

______ , *La Poétique de l'espace*, Paris, PUF, 1957.

______ , *La Poétique de la rêverie*, Paris, PUF, 1960.

______ , *Fragments d'une poétique du feu,* PUF, 1988.

Cassirer, E., *Philosophie des formes symboliques* (3 vol.), Minuit, 1972.

Corbin, H., *L'Imagination créatrice dans le soufisme d'Ibn Arabî*, Flammarion, 1958.

Duborgel, B., *Imaginaire et pédagogie, de l'iconoclasme scolaire à la culture des songes*, Sourire qui mord, 1983.

Durand, G., *Les Structures anthropologiques de l'imaginaire, introduction à l'archétypologie générale* (1960), Dunod, 1993.

______ , *L'Imagination symbolique*, Paris, PUF, 1964.
______ , *L'Imaginaire*, Paris, Hatier, 1994.
Éliade, M, *Aspects du mythe*, Paris, Gallimard, 1966.
Holton, G., *L'Imagination scientifique*, Gallimard, 1982.
Merleau-Ponty, M., *L'oeil et l'esprit*, Paris, Gallimard, 1989.
______ , *Signe*, Paris, Gallimard, 1960.
Sartre, J.-P., *L'Imagination*, Paris, Alcan, 1936.
______ , *L'Imaginaire*, Paris, Gallimard, 1940.
Thomas, J., *Introduction aux méthodologies de l'imaginaire*, Paris, Ellipses, 1998.
Poulet, G., *La conscience critique*, José Corti, 1971.
______ , *La pensée indétérminée*, PUF, 1985.
Wunenberger, J.-J., *L'Imagination,* Paris, PUF, 1991.
______ , *La Raison contradictoire, sciences et philosophie modernes: la pensée du complexe*, Albin Michel, 1990.
______ , *Philosophie des images*, Paris, PUF, 1997.
______ , *L'maginaire*, Paris, PUF, 2003.

2장. 질베르 뒤랑의 이미지와 상징 해석이 갖는 현대적 의의 —『상징적 상상력』과 『신화비평과 신화분석』을 중심으로

데리다(J.), 『글쓰기와 차이』, 남수인 옮김, 동문선, 2001.
뒤랑(G.), 『신화비평과 신화분석 —심층사회학을 위하여』, 유평근 옮김, 살림, 1998.
______ , 『상징적 상상력』, 진형준 역, 문학과 지성사, 1990.
______ , 『상상력의 과학과 철학』, 진형준 옮김, 살림, 2003.
______ , 『상상계의 인류학적 구조들』, 진형준 역, 문학동네, 2007.
들뢰즈(G.), 『시네마 II: 시간-이미지』, 이정하 옮김, 시각과 언어, 2006.
들뢰즈(G.)·가타리(F.), 『앙띠 오이디푸스: 자본주의와 정신분열증』, 최명관 옮김, 민음사, 1994.
리오타르(J.-F.), 『포스트모던적 조건』, 이현복 옮김, 서광사, 1992.
맥루한(M.), 『미디어의 이해』, 김성기 외 옮김, 민음사, 2002.

바이셰델(W.), 『철학자들의 신』, 최상욱 옮김, 동문선, 2003.
박치완, 「G. 바슐라르에게 있어 '일상적인 것'의 가치」, 『프랑스학연구』 제45집, 2008.
______ , 「가스통 바슐라르와 무욕의 상상력」, 『프랑스학 연구』 제48집, 2009.
______ , 「미셸 메이에르의 철학적 수사학」, 『철학탐구』 제25집, 중앙대학교 철학연구소 편, 2009.
______ , 「P. 베르낭의 비가시적 세계의 형상화로서 이미지 개념」, 『해석학연구』 제23집, 2009.
슐츠(W.), 『철학자의 신』, 이정복 옮김, 사랑의 학교, 1995.
이정우, 「여러 세계 속에서 살아가기」, 『철학의 21세기』, 소명출판사, 2002.
졸리(M.), 『이미지와 기호』, 이선형 옮김, 동문선, 2004.
______ , 『이미지와 해석』, 김웅권 옮김, 동문선, 2009.
진형준, 『상상적인 것의 인간학 —질베르 뒤랑의 신화 방법론 연구』, 문학과 지성사, 1992.
______ , 「이미지론」, 『불어불문학연구』 제43집, 2000.
______ , 『성상파괴주의와 성상옹호주의』, 살림, 2003.
______ , 『싫증주의 시대의 힘, 상상력』, 살림, 2009.
플루서(V.), 『피상성 예찬』, 김성재 옮김, 커뮤니케이션북스, 2004.
Bergson. H., *La pensée et le mouvant*, P.U.F., coll. 《Quadrige》, 3e éd. 1990.
Cazenave, M., *La science et l'Âme du Monde*, Imago, 1983
De Beauregard, C., "Un cheminement intellectuel", *Pensées hors du rond. La liberté de l'Esprit*, Hachette, 1986.
Derrida, J., *La voix et le phénomène, Introduction au problème du signe dans la phénoménologie de Husserl*, P.U.F., 1967.
Durand, G., *Le décor mythique de <La chartreuse de Parme>. Contribution à l'esthétique du romanesque*, Corti, 1961.
______ , *L'âme tigrée. Les pluriels de psyché*, Denoël/Gonthier, 1980.
______ , *L'imagination symbolique*(1964), 4e éd. P.U.F., 1984.
______ , *Science de l'homme et tradition. Le nouvel esprit anthropologique*, Berg International, 1979.
______ , *L'imaginaire, science et philosophie de l'image*, Hatier, 1994.

______ , *Introduction à la mythodologie. Mythes et sociétés*, A. Michel, 1996.
Jankélévitch, V., *Le pur et l'impur*, Flammarion, 1960.
Marcuse, H., *L'Homme unidimensionnel*, Minuit, 1968.
Merleau-Ponty, M., *Le visible et l'invisible*, Gallimard, 1964.
Meyer, M., *La rhétorique*, P.U.F., coll. 《Que sais-je?》 , 2004.
______ , *Histoire de la rhétorique. Des Grecs à nos jours*, sous la dir. de M. Meyer, Librairie Générale Française, 1999.
Morin, E., *Le paradigme perdu, la nature humaine*, Seuil, 1973.
______ , *La méthode 1~3*, Seuil, 1977.
______ , *Introduction à la pensée complexe*, ESF, coll. 《Communication et complexité》 , 1990.
Nancy, J.-L., *Etre singulier pluriel*, Galilée, 1986.
Norris, Ch., *The Deconstructive Turn: Essays in the Rhetoric of Philosophy*, Routledge, 1983.
Prigogine, I. et Stengers, I., *La nouvelle alliance: Métamorphose de la science*, Gallimard, 1986.
Rozenberg, J. J., *Philosophie et folie*, L'Harmattan, 1994.
Védrine, H., *Les grandes conceptions de l'imaginaire. De Platon à Sartre et Lacan*, Librairie Générale Française, 1990.
Wunenburger, J.-J., *La vie des images*, P.U. de Strasbourg, 1995.
______ , *Philosophie des images*, P.U.F., 1997.

3장. 상상계의 구조로 본 예술

유평근·진형준, 『이미지』, 살림, 2001.
진중권, 『앙겔루스 노부스』, 아웃 사이더, 2003.
뒤랑(G.), 『상상력의 과학과 철학』, 진형준 옮김, 살림, 1997.
______ , 『신화비평과 신화분석』, 유평근 옮김, 살림, 1998.
______ , 『상상계의 인류학적 구조들』, 진형준 옮김, 문학동네, 2007.
Dubois, C.-G., *Le Baroque. profondeur de l'apparence*, Larousse, 1973.
______ , *L'imaginaire de 1a Renaissance,* P.U.F., 1985.

Durand, G., *Les Structures anthropologiques de l'Imaginaire. Introduction à l'Archétypologie générale*, Bordas, 1960.

______ , *Imagination symbolique*, Quadrige/PUF, 1964.

______ , *Figures mythiques et Visages de l'Oeuvre*, Berg International, 1979.

______ , *L'Ame tigrée*, Denoël, 1980.

______ , *Beaux-arts et Archétypes*, PUF, 1989.

______ , *L'Imaginaire. Essai sur les Sciences et la Philosophie de l'Image*, Hatier, 1994.

______ , *Introduction à la mythodologie. Mythes et Sociétés*, Albin Michel, 1995.

Roque, G., *Art et science de la couleur, Chevreul et les peintres, de Delacroix à la l'abstraction.* Editions Jacquline Chambon, 1997.

4장. 바슐라르의 윤리적 상상력과 풍경의 상상학 —『풍경』에 대한 새로운 접근과 해석 참고문헌

김억중, 「그 자리, 그런 집, 그런 사람, 그런 삶」, 『2008년도 추계학술발표회보』, 한국프랑스학회, 2008.

나카무라 요시오, 『풍경의 쾌락』, 강영조 옮김, 효형출판, 2007.

노르베리-헤지(H.), 『오래된 미래: 라다크로부터 배운다』, 김종철 등 역, 녹색평론사, 2001.

노양진, 「상상력의 윤리적 함의」, 『범한철학』 제41집, 2006.

다이슨(F.), 『상상의 세계』, 신중섭 옮김, 사이언스북스, 2000.

바슐라르(G.), 『꿈꿀 權利』, 이가림 역, 열화당, 1980.

______ , 『풍경』, 이가림 옮김, 열화당, 1982.

______ , 『공간의 시학』, 곽광수 옮김, 민음사, 1993.

박치완, 「삼독기법으로부터 벗어나는 길 —G. 바슐라르의 상상력의 철학이 주는 교훈」, 『불교평론』 제5권 제4호, 2003.

______ , 「상상력의 힘과 현대문명 비판」, 『비교문화연구』 제9집, 경희대학교 비교문화연구소, 2005.

보드리야르(J.), 『소비의 사회』, 이상률 옮김, 문예출판사, 2002.

오제키 슈지 외 엮음, 『환경사상 키워드』, 김원식 옮김, 알마, 2007.

이찬규, 「가스통 바슐라르와 펠릭스 가타리: 생태학적 상생의 문화를 위하여」, 『한국프랑스학논집』 제62집, 2008.
플루서(V.), 『피상성 예찬』, 김성재 옮김, 커뮤니케이션북스, 2004.
Bachelard, G., *La psychanalyse du feu*, Gallimard, 1938.
______ , *La philosophie du non*, P.U.F., 1940.
______ , *La terre et les rêveries de la volonté, essai sur l'imagination des forces*, Corti, 1948.
______ , *Paysages. Etudes pour quinze burins d'Albert Flocon*, Eynard, Suisse, 1950.
______ , *La poétique de l'espace*, P.U.F., 1972(1957).
______ , *Etudes*, J. Vrin, 1970.
Berçu, F., "Les paradis perdus de Proust et de Bachelard", *L'Arc*, n° 42, 1970.
Hyppolite, J., "Gaston Bachelard ou le romantisme de l'intelligence", *Revue philosophique de la France et de l'Etranger*, 144, 1954.
Kromicheff, E., "La morale antique comme logique de la nature", *Annales Doctorales*, Editions Universitaires de Dijon, n° 2, 1999.
Laborit, H., *L'homme imaginant*, Christian Bourgois Editeur, coll. 《10/18》, 1990.
Mansuy, M., "Bachelard et le politique", *Gaston Bachelard, l'homme du poème et du théorème*, EUD, 1986.
Marcondes César, C., "Ethique et vérité dans la connaissance de la nature", *Cahiers Gaston Bachelard*, n° 4, 2001.
Marcuse, H., *L'homme unidimensionnel. Essai sur l'idéologie de la société industrielle avancée*, trad. de M. Wittig, Minuit, 1968.
Nicolas, F., "Ontologie et éthique du poétique chez G. Bachelard et M. Heidegger", *Annales Doctorales*, Editions Universitaires de Dijon, n° 2, 1999.
Dictionnaire d'analyse du discours, s. dir. P. Charaudeau & D. Maingueneau, Seuil, 2002.

5장. 김동률의 노랫말에 투영된 공기적 상상력에 관한 고찰

바슐라르(G.), 『공기와 꿈』, 정영란 역, 이학사, 2001.

______ , 『공간의 시학』, 곽광수 역, 동문선, 2003.
______ , 『불의 정신분석』, 김병욱 역, 이학사, 2007.
브노아(L.), 『기호·상징·신화』, 박지구 역, 경북대학교 출판부, 2006.
로트만(Y.), 「문화를 유형학적으로 기술하기 위한 메타언어에 관하여」, 『기호계』, 김수환 편역, 문학과 지성사, 2008.
______ , 「예술적 공간에 관한 소고」, 『시간과 공간의 기호학』, 러시아시학연구회 편역, 열린책들, 1996.
홍명희, 『상상력과 가스통 바슐라르』, 살림, 2005.
동아일보 홈페이지, http://www.donga.com
Bachelard, G., La psychanalyse du feu, Gallimard, 1938.
______ , *L'air et les songes,* José Corti, 1943.
Stockwell, P. Cognitive poetics, Routledge, 2002.

6장. 불과 비주얼 사이버공간의 폭력 이미지 —게임 〈둠〉

곰브리치(E. H.), 『예술과 환영 —회화적 재현의 심리학적 연구』, 차미례 옮김, 열화당 출판부, 1985.
김성수, 「비주얼문화콘텐츠 핵심요소로서의 시지각적 착각의 유희 —뤼미에르 형제의 영화 <열차의 도착>에서 미국의 글로컬 게임 <스타크래프트>까지」, 『영상예술연구』, 제18호, 영상예술학회, 2011.
남혁우, "폭력적인 게임, 현실에도 영향을 끼칠까? —게임의 폭력성과 현실과의 관계를 연구한 논문 소개", 《디스이스게임닷컴》, 2011.
뒤랑(G.), 『상상력의 과학과 철학』, 진형준 옮김, 살림, 1997.
드보르(G.), 『스펙타클의 사회』, 이경숙 옮김, 한영문화사, 1996.
로렌츠(K.), 『공격성에 관하여』, 송준만 옮김, 이화여자대학교 출판부, 1985.
르페브르(H.), 『공간의 생산』, 양영란 옮김, 에코리브르, 2001.
바슐라르(G.), 『불의 시학의 단편들』, 안보옥 옮김, 문학동네, 2004,
______ , 『불의 정신분석』, 김병욱 옮김, 이학사, 2007,
______ , 『촛불의 미학』, 이가림 옮김, 문예출판사, 2001,
뱅상(J-D.), 『인간 속의 악마』, 류복렬 옮김, 이화여자대학교 출판부, 1985.
볼터(J. D.)·그루신(R.), 『재매개 —뉴미디어의 계보학』, 이재현 옮김, 커뮤니케이션북스, 2006.
안진수, 「창발적 장소의 변주들 —비디오게임 장르의 공간성에 대하여」, 『영상예술연구』, 제18호, 영상예술학회, 2011.
조브스키(W.), 『폭력사회 —폭력은 인간과 사회를 어떻게 움직이는가?』, 이한우 옮김, 푸른 숲, 2010.
퍼트남(H.), 『사실과 가치의 이분법을 넘어서』, 노양진 옮김, 서광사, 2010.
Campbell, J., *The Hero with a Thousand Faces*, Princeton University Press, 2nd edition, Princeton, 1973.
Foucault, M., "The Birth of Biopolitics", *Essential Works of Foucault 1954-1984*, translated by Robert Hurley and others, edited by Paul Rabinow, Penguin Books, 2000.
Heim, M., *The Metaphysics of Virtual Reality*, Oxford University Press, 1994.
Kant, I., *Observations on the Feeling of the Beautiful and Sublime*, translated by John T. Goldthwait, University of California Press, 2003.
Kushner, D., *Masters of Doom —How two guys created an empire and transformed pop culture*, Random House, 2003.
Schell, J., *The Art of Game Design —A Book of Lenses*, Morgan Kaufmann Publishers, 2008.
Singer, P., *Practical Ethics*, 3rd edtion, Cambridge University Press, 2011.
Smith, D. L., *The Most Dangerous Animal —Human Nature and the Origins of War*, ST.Martin's Press, 2007.
Turkle, S., *The Second Self: Computers and Human spirit*, Simon & Schuster, 1984.
http://www.thisisgame.com/board/view.php?category=102&id=608389

7장. 바슐라르와 물의 심상들 —『물과 꿈』 1~3장을 중심으로

니체(F. W.), 『반시대적 고찰』, 이진우 역, 책세상, 2005.
바슐라르(G.), 『풍경』, 이가림 역, 열화당, 1983.
프로이트(G.), 『프로이트 전집 14: 쾌락 원칙을 넘어서』, 박찬부 역, 열린 책들, 1997.

플라톤,『국가』, 박종현 역, 서광사, 1997.
______ ,『플라톤의 네 대화편』, 박종현 역, 서광사, 2003.
______ ,『크리티아스』, 이정호 역, 정암학당, 2007.
Bacon, F., *The Advance of Learning & New Atlantis*, Oxford University, 1956.
Bachelard G., *La philosophie du non*, PUF, 1940.
______ , *L'eau et les rêves*, J. Corti, 1942.
______ , *La psychanalyse du feu*, Gallimard, 1949.
Ricœur P., *L'ideologie et l'utopie*, Seuil, 1997.

8장. 공기, 헤르메스, 그리고 현대 디지털 아트

곽광수,『공간의 시학』, 동문선, 2003
______ ,『바슐라르』, 민음사, 2009.
그림(R.),『인터넷 아트』, 이수영 옮김, 시공아트, 2008.
김요한,『예술의 정의』, 서광사, 2007
김용석,「예술과 과학: 그 공생과 갈등의 기원 그리고 전망」, 홍성욱·김용석 외,『예술, 과학과 만나다, 이학사, 2007.
드 메르디(F.) 외,『예술과 뉴테크놀로지 —비디오·디지털아트·멀티미디어 설치예술』, 정재곤 역, 열화당, 2005.
러시(M.),『뉴미어 아트』, 심철웅 옮김, 시공아트, 2003.
바슐라르(G.),『공기와 꿈』, 정영란 옮김, 이학사, 2000.
______ ,『몽상의 시학』, 김현 옮김, 동문선, 2007.
박소윤,「뉴미디어아트에서 나타난 현대 사회적 이슈 분석」, 한국인포디자인학회,『인포디자인 이슈』(제20호), 2010.
박영욱,『매체, 매체예술 그리고 철학』, 향연, 2008.
박천신,『디지털 아트 디지털 페인팅』, 한언, 2008.
박치완,「바슐라르 읽기, 바슐라르와 더불어 꿈꾸기」,『세계의 문학』(제114호), 2004 겨울호
______ ,「상상력의 힘과 현대문명 비판」,『비교문화연구』(제9집), 2005.
베일즈(D.) 외,『예술가여, 무엇이 두려운가!』, 임경아 옮김, 루비박스, 2006.
송태현,『상상력의 위대한 모험가들』, 살림출판사, 2005.
신미라,「바슐라르의 4원소에 입각한 문화원형성과 문화브랜드」, 프랑스문

화예술학회, 『프랑스문화예술연구』Vol.26, 2008.
워커(J. A.)·채플린(S.), 『비주얼컬쳐』, 임산 옮김, 루비박스, 2004.
이기상, 『지구촌시대와 문화콘텐츠』, 한국외국어대학교출판부, 2009.
______ , 『콘텐츠와 문화철학 —문화의 발전단계와 콘텐츠』, 북코리아, 2009.
이지훈, 『예술과 연금술』, 창작과비평사, 2004.
조선령, 「미디어아트를 다시 생각한다」, 『문화과학』 겨울호(통권56호), 2008.
진자연, 「미디어아트의 현대적 해석」, 『프랑스문화예술연구』 봄호(제23집), 2008.
폴(C,), 『디지털 아트』, 조충연 옮김, 시공아트, 2007
홍동욱·김용석 외 5인, 『예술, 과학과 만나다』, 이학사, 2007.
홍명희, 『상상력과 가스통 바슐라르』, 살림, 2005.
Rush, M., *New Media in Art*, Thomas & Hudson world of art, 2009.
Townsend, C., *The art of Bill Viola*, Thames&Hudson, 2004.

9장. 대지와 디지털 보헤미안의 상상력 —바슐라르의 대지 이미지를 중심으로

고병헌, 『평화교육사상』, 학지사, 2006.
김희경, 「4원소 이미지의 역동성에 대한 연구」, 『불어불문학연구』 제67집, 2004.
도킨스(R.), 『이기적 유전자』, 홍영남 옮김, 을유문화사, 2010.
드 보통(A.), 『불안』, 정영목 옮김, 이레, 2008.
라캉(J.), 『욕망 이론: 자크 라캉』, 민승기 역, 문예출판사, 1994.
박치완, 「바슐라르와 무욕의 상상력」, 『프랑스학연구』 제48집. 2009.
보드리야르(J.), 『시뮬라시옹』, 하태환 옮김, 민음사, 2009.
보들레르(C. P.), 『악의 꽃』, 함유선 역, 밝은세상, 2004.
슈빈(N.), 『내안의 물고기』, 김명남 옮김, 김영사, 2009.
아탈리(J.), 『호모노마드: 유목하는 인간』, 이효숙 역, 웅진닷컴, 2005.
앵리슈(G.), 『잡노마드 사회』, 이미옥 옮김, 문예출판사. 2002.
엘리아스(N.), 『문명화 과정』, 박미애 옮김, 한길사, 2009.

이진경, 『노마디즘』, 휴머니스트, 2002.
이호영·유지연, 「유비쿼터스 통신환경의 사회문화적 영향연구」, 정보통신정책연구원, 2004.
페리스(T.), 『4시간』, 최원형 옮김, 부키, 2009.
푸코(M.), 『감시와 처벌』, 오생근 역, 나남출판, 2003.
프롬(E.), 『자유로부터의 도피』, 지경자 역, 홍신문화사, 1991.
프리베(H.)·로보(S.), 『디지털 보헤미안』, 두행숙 옮김, 크리에디트, 2007.
홍명희, 『상상력과 가스통 바슐라르』, 살림, 2006.
Bachelard, G., *La Terre et les rêveries du repos. Essai sur les images de l'intimité*, José Corti, 1948.
______ , *L'EAU et les RÊVES. Essai sur l'imagination de la matière*, José Corti, 1979.
______ , *La Psychanalyse du feu*, Gallimard, 1966.
______ , *L'Air et les songes. Essai sur l'imagination du mouvement*, José Corti, 1985.
______ , *La Poétique de l'espace*, PUF, 1957.
Weiser, M. 'The Computer for the 21st Century', *Scientific American*, Vol.265, No.3, September, 1991.

10장. 4원소의 도시 이스탄불

신종훈, 「유럽연합의 확장과 터키의 유럽연합 가입문제: 유럽 정체성에 대한 한 물음」, 『서양사론』 제108호, 2011.
이희수, 『이스탄불』, 살림, 2004.
Beyazit, E., & Tosun, Y., *Evaluating Istanbul in the Process of European Capital of Culture 2010*, 42th IsoCaRP Congress, 2006.
Bozkus, S. B.,, *Putting Istanbul on the Map of Art world: Analysing Istanbul 2010 Cultural Capital of Europe,* Atiner Conference Paper Series No. MDT2010-0075, 2012.
ECORYS, *Ex-post Evaluation of 2010 European Capitals of Culture*, Ecorys, 2011.
Erkök, F., "An Educational Experience Centering on the Theme of Istanbul,

European Capital of Culture 2010: An Attempt at a wider Look”, *Interdisciplinary Themes Journal* 1.1, 2009.
European Commission, *EU Enlargement: 20 Myths and Facts about Enlargement,* Oopec, 2006.
Göktürk, D., (ed), *Orienting Istanbul: Cultural Capital of Europe?*, Routledge, 2010.
Gültekin, A. O., *Istanbul 2010 European Capital of Culture Program*, Epsilon Reklam, 2009.

11장. 이미지와 상징의 배열, 신화를 다시 그리다

김원익, 「신화와 여성의 문제: 크리스타 볼프의 『메데아』를 중심으로」, 『독일언어문학』 제21집, 2003.
뒤랑(G.), 『신화비평과 신화 분석: 심층사회학을 위하여』, 유평근 옮김, 살림, 2002.
레비-스트로스(C.), 『가까이 그리고 멀리서』, 송태현 옮김, 강, 2003.
박기현, 「상상계의 구조로 본 예술 —질베르 뒤랑의 문화 현상에 대한 구조적 접근 1」, 『불어불문학연구』 제58권, 2004.
______ , 『프랑스 문화와 상상력』, 살림, 2004.
송전, 「신화의 문학적, 연극적 변용 연구 —하우프트만의 『아트리덴 4부작』과 관련하여」, 『뷔히너와 현대문학』 제21호, 2003.
송태현, 「질베르 뒤랑의 신화 비평연구」, 『해석학연구』 제5권, 1999.
유재명, 「장 콕토의 영화대본 《오르페우스》 에 나타난 패러디의 양상」, 『패러디와 문화』, 한양대학교 출판부, 2005.
이수진, 「프랑스어권 독립 만화와 독립 만화 출판사가 제시하는 문화 다원화의 대안적 지평」, 『프랑스문화예술연구』 제14집, 2005.
임종엽, 『상상과 욕망의 시공간 극장의 역사』, 살림, 2005.
임홍배, 「에우리피데스와 괴테의 “이피게니아”에 나타난 신화와 계몽」, 『괴테연구』 제11집, 1999.
Auroux, S., *Les Notions philosophiques dictionnaire*, Tome 2, Paris, PUF, 1990.
Brunel, B., *Dictionnaire des mythes littéraires*, Paris, Editions du Rocher, 1988.
Ciment, G., ‘La couleur dans la bande dessinée’, *Les musées imaginaires de la*

bande dessinée, Angoulême, Editions de l'an2, 2004.
Löwenthal, X., *Iphigénie*, Bruxelles, La 5e couche, 2000.
Sterckx P., 'Couleur directe: de la peinture en bande dessinée', *Bang* N° 8, 2004.

12장. 훈데르트바서의 건축물에 나타난 역동성과 소통의 이미지 —바슐라르의 공기적 상상력

김찬호, 『도시는 미디어다』, 책세상, 2002.
김현아 외, 『도시는 브랜드다』, 삼성경제연구소, 2008.
마로니에북스 편집부, 『훈데르트바서 2010 한국전시』, 마로니에북스, 2010.
바슐라르(G.), 『공간의 시학』, 민음사, 1990.
______ , 『공기와 꿈』, 정영란 옮김, 민음사, 1994.
박치완, 「가스통 바슐라르와 무욕의 상상력」, 『프랑스학 연구』 통권 제48호, 2009.
______ , 「바슐라르 읽기, 바슐라르와 더불어 꿈꾸기」, 『세계의 문학』 제114호, 2004.
______ , 「상상력의 힘과 현대문명 비판」, 『비교문화연구』 제9권, 경희대학교 비교문화연구소, 2005.
송희영, 「바슐라르와 상상력, 그리고 현대 디지털 아트」, 『글로벌문화콘텐츠』 제4호, 한국글로벌문화콘텐츠학회, 2010.
이경희, 「현대건축 디자인의 감성적 표현요소 연구: 상업, 문화건축의 사례분석을 중심으 로」, 단국대학교 박사학위논문, 2010.
이진경, 「현대 건축에서 기능주의와 기계주의」, 건축도시공간연구소, 2008.
______ , 『근대적 주거공간의 탄생』, 소명출판, 2000.
임석재, 『건축, 우리의 자화상』, 인물과 사상사, 2006.
______ , 『기계가 된 몸과 현대 건축의 탄생』, 인물과 사상사, 2012.
임성훈, 「속도의 관점에서 본 현대건축」, 부산대학교 박사학위논문, 2009.
채숙희, 「Gaston Bachelard의 시학에 나타난 물의 이미지와 죽음의 몽상」, 『프랑스어문교육』 제30집, 한국프랑스어문교육학회, 2009.
최창배, 「자연의 형태에서 도출된 유기적 디자인의 특성 분석」, 홍익대학교 석사학위논문, 2011.

레스타니(P.), 『훈데르트바서』, 박누리 옮김, 마로니에북스, 2010.
홍명희, 『상상력과 가스통 바슐라르』, 살림, 2010.
갤러리현대 공식 웹사이트
http://www.galleryhyundai.com/kor/artists/introduction.asp?SiteNum=1&ArtistsPK=320
http://www.galleryhyundai.com/kor/exhibitions/past.asp?SiteNum=1&Year=2011
훈데르트바서 한국 특별전 공식 웹사이트
http://www.hundertwasserkorea.kr/introduce1_3.html

13장. 찰나의 예술 '사진', 새롭게 보기

김아타, 『ON-AIR』, 예담, 2007.
도시하루, 이토, 『20세기 사진사』, 현대미학사, 1994.
류기상, 『Digital media& Phtography』, 두양사, 2006.
리스터(M.), 『디지털 시대의 사진 이미지』, 시각과 언어, 2000.
바르트(R.)·수잔 손탁(S.), 『바르트와 손탁: 사진론』, 현대미학사 현대문화론선 6, 1994.
바츠 (B.), 『사진』, 예경, 2005.
벤야민(W.), 『기술복제시대의 예술작품 —사진의 작은 역사 외』, 길, 2007
손탁(S.), 『사진이야기』, 해뜸, 1986.
송태현, 『상상력의 위대한 모험가들 융, 바슐라르, 뒤랑 —상징과 신화의 계보학』, 살림. 2005.
육명심, 『세계 사진가론 (1900-1960)』, 열화당 미술신서 62, 1994.
이경률, 『철학으로 읽어보는 사진예술』, 사진 마실 사진예술 문고 03, 2005.
이정우, 「상식, 과학기술, 형이상학-베르그송과 바슐라르를 중심으로」, 한국동서철학회 논문집 『동서철학연구』 제 25호, 2002.
정기철, 「시간의 해석학」, 『해석학 연구』 제 15집, 2005.
______ , 「사진의 해석학 —카르티에 브레송의 사진예술을 중심으로」, 『해석학 연구』 제16집, 2005.
졸리(M.), 『이미지와 기호』, 東文選, 2004.
켐프(W.), 『현대사진미학 1945-1980』, 해뜸, 1988.
플루서(V.), 『사진의 철학을 위하여』, 커뮤니케이션북스, 1999.
홍명희, 『상상력과 가스통 바슐라르』, 살림, 1990.

14장. 미각적 상상력, 음식 스토리텔링, 만화

강현구, 「인포테인먼트형 만화의 새로운 가능성」, 『인문콘텐츠』 제12호.

구성자·김희선, 『새롭게 쓴 세계의 음식문화』, 교문사, 2005.

김유중, 「무협 소설과 컴퓨터 게임」, 『한중인문학연구』 27호, 2009.

모리스(D.), 『피플 워칭』, 김동광 옮김, 까치, 2004.

무로나가 쿠미, 『바리스타』 제2권, 이은주 옮김, 서울문화사, 2011.

비어즈워스(A.)·케일(T.), 『메뉴의 사회학』, 박형신·정현주 옮김, 한울아카데미, 2010.

스티븐스(J. R.), 『기이한 역사』, 류경희 옮김, 예문, 1998.

오시로 요시타케, 『만화의 문화기호론』, 김이랑 옮김, 눈빛, 1996.

옥미나, '아시아에도 슈퍼히어로들이 있다'. 제13회 부산국제영화제 특별전에 앞서 미리 보는 아시아 슈퍼히어로 영화들. 『씨네21』 (통권 670호), 2008.

우강식, 「김용 무협소설의 악인의 형상 연구」, 『中國小說論叢』 第34輯, 2011.

유경철, 「무협소설을 보는 또 다른 시각」, 『中國現代文學』 第31號, 2004,

유평근·진형준, 『이미지』, 살림, 2001.

장동천, 「중국어권 영화의 뉴웨이브와 음식문화」, 『中國文化研究』 제9호, 2006.

조주희, 『키친』, 마녀의 책장, 2010.

최수웅, 「요리만화의 스토리텔링 양상 연구」, 『인문콘텐츠』, v18, 2010.

최혜실, 『디지털시대의 문화읽기』, 소명출판, 2001.

타다시 아기 글, 슈 오키모토 그림, 『신의 물방울』 제8권, 학산문화사, 2006.

한복진 외, 『한국음식문화와 콘텐츠』, 글누림, 2009.

허영만, 『식객: 아버지의 꿀단지』 제23권, 김영사, 2009.

호이징하(J.), 『호모 루덴스』, 김윤수 옮김, 1993.

홍경수, 「일본만화의 이야기 구조와 미디어 속성」, 『한국콘텐츠학회논문지』, v.10. 10, 2010.

Yami, 『코알랄라』, 웹툰, http://cartoon.media.daum.net/webtoon/viewer/7444.

Charles Perry, 「Cooking with Caliphs」, Saudi Aramco World, July/August, 2006

Encyclopædia Britannica. http://www.britannica.com/EBchecked/topic/136079/

cookbook
Farb, P. & Amelagos, G., *Consuming Passions: The Anthropology of Eating*. Houghton-Miffin. 1980
Showalter, E., *Food: My Dinner with Derrida, The American Prospect*, http://prospect.org/article/food-my-dinner-derrida
Siskind, Janet, *To Hunt in the Morning*, Oxford. 1973
Wolf, Marina, *Food for Thought, Food-studies scholars pursue truth at the table*. Metroactive. http://www.metroactive.

15장. 발효음식과 연금술적 상상력
—음양오행과 감칠맛의 언어표현을 중심으로

김동환, 『인지언어학과 의미』, 태학사. 2005.
김진우, 『言語와 文化』, 중앙대학교출판부, 1996,
니스벳(R.), 『생각의 지도』, 최인철 옮김, 김영사, 2004.
레비-스트로스(C.), 『신화학 1 —날 것과 익힌 것』, 임봉길 옮김, 한길사, 1995.
레이코프(G.) & 존슨(M.), 『삶으로서의 은유』, 노양진·나익주 옮김, 서광사, 1995.
레이코프(G.), 『몸의 철학 —신체화된 마음의 서구 사상에 대한 도전』, 임지룡·윤희수·노양진·나익주 옮김, 박이정, 2002.
바슐라르(G.), 『물과 꿈: 물질적 상상력에 관한 시론』, 이가림 옮김, 민음사, 1995.
안효성, 「음양이론의 상징적 상상력」, 『철학과 문화』 18호, 2009.
윤서석, 『한국의 음식용어』, 민음사, 1991.
이어령, 『디지로그 선언』, 생각의 나무, 2006.
이종열, 『비유와 인지』, 한국문화사, 2004.
이희승, 『국어대사전』, 민중서림, 2004.
장지현, 『韓國傳來 醱酵食品史 硏究』, 수학사, 1996.
최인령·노봉수(투고 예정), 「발효문화의 학제간 융합연구 —발효음식과 기다림의 미학을 중심으로」
최인령·오정호, 「인지주의와 발효문화 —인지주의의 접근방법에 의한 언어와 문화의 관련성 연구」, 『프랑스문화예술연구』, 제30집, 2009.
한동석, 『宇宙 變化의 原理』, 대원출판사, 2005.
홍명희, 『상상력과 가스통 바슐라르』, 살림, 2005.
石毛直道(이시게 나오미찌), 『魚醬과 食醢의 硏究 —몬순·아시아의 食事文化』, 김상보 역, 수학사, 2005.
Diller, A.-M.. 'Cohérence métaphore, action verbale et action mentale', Communications 53, Sémantique cognitive, 1991.
Rimbaud, A., OEuvres, Bordas, 1991.

찾아보기

[가]

감칠맛 406, 408, 410
거울 55, 180
건축물 77, 110, 306, 307, 314, 317, 320, 322
공기 116, 119, 131, 202, 203, 205, 222, 309, 310, 311
기능주의 314, 326
김아타 345, 346

[나]

나르시스 175, 179, 182, 185, 191
나르키소스의 거울 73
낭만주의 10, 69, 152
노동 88
뉴미디어아트 220, 221, 223
니에프스 334
니체 127, 128, 129, 194

[다]

대결 375
대지 112, 126, 225, 226, 233, 248, 250, 270, 271
도킨스 251
뒤샹 206
디지털 보헤미안 227, 241, 242, 244, 249

[라]

레디메이드 207
레비-스트로스 43, 282
로고스 20, 22, 24, 281
로트만 119
르 코르뷔지에 326

[마]

만화 299, 373
맥루한 82
메를로-퐁티 20, 21
명암법 70, 71
몽상 154, 230, 231
몽상가 180

무협 377, 378, 384
문학 19
문화창조산업 257
물 169, 171, 173, 176, 177, 179, 180, 183, 184, 195
물질적 상상력 172, 309
미메시스 62, 281
미토스 280

[바]

반사학 56
발효문화 390
발효음식 389, 391, 405, 410
벤야민 338
분위기 32
불 141, 143, 147, 149, 165, 168, 171
브레송 340, 342, 343
비디오게임 139, 150
비디오아트 208, 211, 212

[사]

사르트르 15
사유 11
사이버공간 144, 146, 157, 159
사진 333, 350
사회적 다원주의 142
상상계 5, 33, 39, 54, 56, 58, 78
상상력 3, 4, 11, 12, 13, 26, 35, 85, 154, 193, 194, 201, 228, 308, 313, 329, 330, 355, 393
상징 44, 47, 49, 51, 52, 58, 88, 303, 362
상호문화주의 260
색채 66
색채감 321
설치미술 211
성상파괴주의 5, 9, 36, 41
소통 305, 318
쇼펜하우어 142, 194
스펙터클 158, 160
승화 25, 26
시뮬라크르 232
시야 150, 151
신화 279, 280, 281, 283, 297, 300, 301

[아]

아방가르드 336
아우라 338
언어 19, 20, 21, 23, 305, 405
엠페도클레스 141, 147, 269
여행 116
연금술 394
영웅 151, 294, 379, 381, 382
영화사실주의 157
예술 63, 72, 79, 199, 201, 219, 235, 247, 284, 301, 302, 339, 350
오웰 216
오행 398, 401, 403

원근법 74, 75, 77, 144
원풍경 96, 101, 102, 103
원형 33
유럽문화수도 프로그램 255, 261, 265, 269
유비쿼터스 236, 237, 238, 239, 251
유토피아 181
융 187
음식 356, 357, 358, 359, 360
음식 스토리텔링 362, 366, 370, 386
음양오행 394, 399, 401, 410
의미의 물줄기 41, 56
의식 13, 14, 16, 17, 18, 19, 39
이미지 3, 4, 5, 6, 12, 13, 26, 35, 44, 52, 115, 152, 169, 206, 279, 308, 350, 355
이방인 122, 123, 124, 125, 126
이원론 6, 7, 8, 397
이피게니아 288, 289
인포테인먼트 362, 368, 369, 370, 386

[자]

자궁 191
재현 35, 147
제욱시스의 거울 62

[카]

카론 190
카메라 옵스큐라 333
카시러 27
컴퓨터 143, 156, 202, 204, 214, 215
콘크리트 86, 94, 109, 248

[타]

텔레프레즌스 217, 218

[파]

파롤 20, 21, 22, 24
포토 콜라주 350
폭력 137, 138, 139
프로메테우스 165
프로슈머 220
프로이트 15, 187
프리랜서 정신 243
플랫폼 155
플럭서스 202, 207
플로꽁 84, 85, 86, 87, 89, 90, 93, 95
플루서 335
피그말리온의 거울 67

[하]

하이퍼 163, 164
헤라클레이토스 190, 191
헤르메스 203, 223
현상학 14, 55, 351
호모 루푸스 82
호모 심볼리쿠스 47

회화 77
훈데르트바서하우스 314, 316

[4]

4원소 138, 201, 224, 228, 311

[F]

FPS 140, 141, 144, 145, 164

필자 (게재 순)

홍명희

서울대학교 불어불문학과를 졸업하고, 프랑스 부르고뉴대학교에서 바슐라르 전공으로 박사학위를 받았다. 현재 경희대학교 프랑스어학과 교수로 있다.

박기현

연세대학교 불어불문학과를 졸업하고, 프랑스 파리 8대학에서 보들레르 전공으로 박사학위를 받았다. 캐나다 몬트리올대학교에서 미술·음악·영화 분야의 멀티매체연구소인 CRI 연구소 (Centre de Recherche sur l'Intermédialité)의 초빙 연구원으로 활동했다. 현재 전남대학교 문화전문대학원 교수로 있다.

박치완

한국외국어대학교 불어과 및 철학과를 졸업하고, 동대학원에서 프랑스철학 전공으로 석사학위를, 프랑스 부르고뉴대학교에서 베르그송 전공으로 철학박사 학위를 받았다. 현재 한국외국어대학교 철학과·및 대학원 글로벌문화콘텐츠학과 교수로 재직 중이며, 철학연구소 소장을 맡고 있다. <불교신문>, <매일경제신문>, <중앙 이코노미스트> 등에 칼럼을 쓰면서 우리사회의 트렌드 변화와 문화코드 읽기 작업을 병행하고 있다.

김정희

중앙대학교 문예창작학과를 졸업하고, 경북대학교 불어불문학과에서 프랑스 영화 작품의 신화비평에 관한 논문으로 석사학위를 취득했다. 2009년 한국외국어대학교 글로벌문화콘텐츠학과에서 스토리텔링 구성 전략에 관한 논문으로 문화콘텐츠학 박사학위를 받았다. 2003년부터 문화콘텐츠 기획/비평과 스토리텔링에 관해 강의와 연구를 해 오고 있다. 현재 선문대학교 문화콘텐츠학과 교수로 재직 중이다.

김성수

한국외국어대학교 철학과를 졸업하고, 동대학원에서 고대철학, 영국 랭카스터대학교에서 사회윤리학 전공으로 석사학위를 받았다. 케임브리지, 에섹스대학교에서 문화연구와 사회철학을 수학했으며, 오마이뉴스 등에서 정기·자유기고가로 활동했다. 한국외국어대학교 글로벌문화콘텐츠학과에서 글로컬, 비주얼콘텐츠 연구로 박사학위를 취득하고, 사회·문화, 비주얼문화 관련 주제들을 강의, 연구하고 있다.

송종인

한국외국어대학교 정치외교학과를 졸업하고, 동대학원 철학과에서 프랑스철학 전공으로 석사학위를 받았다. 박사과정 수료 후에는 한국고등과학원(KIAS) 초학제연구단의 공동연구원으로 일했다.

송희영

한국외국어대학교 불어과를 졸업하고 공연예술 현장에서 공연장 운영 및 음악 기획자로 활동하던 중 삼성문화재단의 문화예술장학 프로그램인 맴피스트에 선발되어 미국에 유학, 뉴욕대학교 대학원에서 예술경영학 석사학위를 받았다. 2011년 한국외국어대학교 대학원 글로벌문화콘텐츠학 박사과정을 수료하였다. 세부 전공분야는 공연예술경영, 주요 관심분야는 지역의 전통문화자원을 활용한 문화기획 연구이다. 2002년부터 현재까지 서울예술대학교 미디어창작학부 예술경영전공 주임교수로 재직 중이다.

홍종열

독일 트리어대학교 경영학과를 졸업하고, 영국 런던대학교(Royal Holloway)에서 비교문화경영학과 유럽연합학을 전공하여 석사학위를 취득했다. 한국외국어대학교에서 유럽연합의 문화정책과 글로컬라이제이션에 관한 논문으로 문화콘텐츠학 박사학위를 받았다. 현재 한국외국어대학교, 인하대학교에서 강의하며, EU 문화산업 정책, 문화다양성과 상호문화주의 등을 연구하고 있다.

구모니카

도서기획출판 M&K/디지텔링 대표이자 e-KPC(한국출판콘텐츠) 전문위원이다. 한국외국어대학교 글로벌문화콘텐츠학과 박사과정을 수료하고, 출판과 전자책에 대해 강의하면서 디지털 시대 출판업계의 과도기 상황에서 출판사-편집자-작가-플랫폼사의 과업과 관계정립, 환골탈태 방안 등을 고민하고 있다. 읽기·쓰기 문화의 변화에 따른 콘텐츠 창작 및 플랫폼에 대해 연구 중이며, 전자책 기획 제작에 대해 업계와 서일대학교 미디어출판과에서 강의하고 있다.

이수진

서강대학교 불문과를 졸업하고 동대학원에서 연극기호학으로 석사학위를 받았다. 프랑스 파리 8대학에서 「한국적 담화 상황에 적용된 기호학」이란 논문으로 박사학위를 취득했다. 저서로 『만화기호학』, *Une lecture du film d'Im Kwon-Taek: Chunhyang*(프랑스), 역서로 『이미지, 모험을 떠나다』, 『상상적 기표 - 영화, 정신분석, 기호학』, 『영화의 의미작용에 관한 에세이 1,2권』 등이 있으며, 디지털 문화 이론, 이미지 내레이션 기호학과 관련된 다수의 논문이 있다. 그 밖에 서울국제만화애니메이션페스티벌(SICAF)에서 <박찬욱&뫼비우스 대담>, <봉준호&설국열차 작가 대담>, <유럽만화 특별전 다색느낌> 등을 기획, 운영한 큐레이터로 활동했으며 현재 이화여대 이화인문과학원 HK연구교수로 재직 중이다.

김양수

도서 전문잡지인 『라이브러리 앤 리브로』에서 서평가로 활동한 바 있으며, 현재는 한국외국어대학교 대학원 글로벌문화콘텐츠학과 석사과정에 재학 중이다.

조소연

한국외국어대학교 일본어과를 졸업하고, 동대학원 글로벌문화콘텐츠학과에서 석사, 한·중·일 3국의 문화 정책 비교 연구로 박사학위를 취득했다. 문화예술 관련 정책연구기관에서 근무한 바 있고, 다문화 정책을 위한 인력양성 연구에도 참여하였다. 최근에는 각 분야의 글로벌화 및 글로컬 현상에 대해 연구하고 있다. 한국국학진흥원 전임연구원으로 재직하면서, 한국외국어대학교, 단국대학교, 한신대학교 등에서 강의하고 있다.

김기홍

한국외국어대학교 독일어과를 졸업하고, 스포츠서울과 스포츠투데이 신춘문예에 당선되어 작가·영상콘텐츠 기획 프로듀서·국제콘텐츠페스티벌기획자로 오랫동안 일해 왔다. 서강대학교 영상대학원에서 영상미디어, 영국 워릭(Warwick)대학교에서 문화정책경영 연구로 석사학위를 받았으며, 현재 한국외국어대학교 글로벌문화콘텐츠학과 박사과정에서 문화콘텐츠의 지역성과 창의성, 문화코드, 이미지텔링 등에 대해 연구하고 있다. 한국외국어대, 한성대, 상명대, 청강문화산업대 등에서 강의하고 있다.

최인령

파리-VIII대학교에서 시와 음악을 주제로 언어학 박사학위를 받았다. 프랑스 국립과학연구소 파리-VIII대학교 언어학 연구소(CNRS, UPRESA 7023) 회원이 되어 다양한 연구 활동을 하였으며, 귀국 후 서울여자대학교 연구교수를 거쳐 한국외국어대학교 글로벌문화콘텐츠학과에 출강했고, 현재 <문화연구소 곰·삭다> 소장이다. 논저로 『*Evocation et cognition: reflets dans l'eau* 환기와 인지: 물에 비치는 그림자』(파리-VIII대학교출판부, 2001), 「Parole et musique dans *L'ombre des arbres* «나무그림자»를 통해서 본 시와 음악: 베를렌과 드뷔시」, 「L'évocation en poésie et en musique est-elle une notion universelle? Application à la poésie chantée coréenne: sijo 시와 음악에 있어서 환기는 보편적 개념인가? 한국 고시조에 적용」, 「«한숨Soupir» 를 통해서 본 시적 환기, 음악적 환기 – 말라르메 시와 드뷔시, 라벨 음악 분석」, 「광고에 나타난 시와 속담의 모방 및 변형에 관한 인지주의 연구」, 「인지주의와 발효문화 – 인지주의의 접근방법에 의한 언어와 문화의 관련성 연구」(공동) 등이 있다.

오정호

프랑스 스트라스부르그-II대학교에서 문화인류학 학사과정을 거쳐 프랑스 니스(NICE-SOPHIA ANTIPOLIS)대학교에서 문화인류학 석사학위를 받고, 프랑스 사회과학고등연구원(EHESS)에서 '지리산 청학동'을 주제로 문화인류학·사회인류학(ANTHROPOLOGIE SOCIALE ET ETHNOLOGIE) 박사학위를 받았다. 2000~2007년 동안 프랑스 국립과학연구소 한국학 연구소 회원(CNRS, UMR 8033)이었고, 현재 서울대학교 사회과학연구원 비교문화연구소 연구원으로 재직하고 있다. 출강한 대학으로는 덕성여자대학교, 중앙대학교, 서울대학교, 서울여자대학교, 아주대학교, 강원대학교가 있다.

상상력과 문화콘텐츠

바슐라르와 뒤랑을 중심으로

초판 인쇄 2013년 1월 3일
초판 발행 2013년 1월 10일

지 은 이 박치완, 김성수 외
발 행 인 박 철
발 행 처 한국외국어대학교 출판부
130-791 서울특별시 동대문구 이문로 107
전화 02)2173-2495~7
FAX 02)2173-3363
홈페이지 http://press.hufs.ac.kr
전자우편 press@hufs.ac.kr
출판등록 제6-6호(1969. 4. 30)
편집·디자인 (주)이환디앤비 02)2254-4301
인쇄·제본 SM C&P 02)468-6100

ISBN 978-89-7464-756-8 94100 정가 23,000원
ISBN 978-89-7464-739-1 (세트)

[철학과문화연구소 에피스테메총서]

* 잘못된 책은 교환하여 드립니다.

HUEBOOKS는 한국외국어대학교출판부의 인문학도서 Sub Brand이다. 한국외대의 영문명인 HUFS, 사람을 위하는 Humanism, 교육의 Education, 색조의 Hue의 다의적인 뜻으로 해석할 수 있으며, 인문학도서 출판에 대한 의지가 담겨있다.